Galo W. VERA CHAMAZA

Die Rolle Moabs in der neuassyrischen Expansionspolitik

Alter Orient und Altes Testament
Veröffentlichungen zur Kultur und Geschichte des Alten Orients
und des Alten Testaments

Band 321

Herausgeber

Manfried Dietrich • Oswald Loretz

Beratergremium
R. Albertz • J. Bretschneider • St. Maul
K.A. Metzler • H. Neumann • U. Rüterswörden
W. Sallaberger • G. Selz • W. Zwickel

2005
Ugarit-Verlag
Münster

Die Rolle Moabs in der neuassyrischen Expansionspolitik

Galo W. VERA CHAMAZA

2005
Ugarit-Verlag
Münster

Vera Chamaza, Galo W.:
Die Rolle Moabs in der neuassyrischen Expansionspolitik
Alter Orient und Altes Testament Bd. 321

Herstellung: Hanf Buch und Mediendruck GmbH, Pfungstadt
Printed in Germany
ISBN 3-934628-61-3

Printed on acid-free paper

Vorwort

Die vorliegende Arbeit befasst sich mit den moabitisch-assyrischen Beziehungen, deren Rolle in der neuassyrischen Westexpansionspolitik und deren komplexen Erscheinungsformen. Ich hoffe, dass damit ein weiterer Beitrag zur Aufhellung der Geschichte Moabs gewährleistet ist.

An dieser Stelle möchte ich Herrn Prof. Dr. Ivo Meyer (Luzern/CH) für die unschätzbaren Anregungen und Vorschläge – was die alttestamentlichen Texte anbelangt – danken.

Mein Dank richtet sich auch an Herrn Otto Hartlieb (Standsstadt/CH) und Herrn Dr. Reinhard Hölzl (Würzburg) für die Lektüre und Korrekturen des Manuskriptes.

Schliesslich gilt mein Dank Herrn Prof. Dr. M. Dietrich (Münster) und Herrn Prof. O. Loretz (Münster) für die Aufnahme der vorliegenden Arbeit in die Reihe *Alter Orient und Altes Testament*.

Nottwil, im Herbst 2002 Galo W. Vera Chamaza

Inhaltsverzeichnis

1

Einführung

1.1 Status Quaestionis

Die Geschichte des Staates Moab wird in der assyriologischen Forschung kaum thematisiert. Im Zusammenhang mit Darstellungen der assyrischen Expansionspolitik finden sich gelegentlich Hinweise[1]. Die Rolle Moabs in der Expansionspolitik des neuassyrischen Imperiums wurden aber bisher kaum detailliert und systematisch untersucht.

Saggs befasst sich 1952[2] anlässlich der Veröffentlichung einiger Nimrūd-Briefe kurz mit diesem transjordanischen Land, wobei er die Briefe historisch auszuwerten versucht.

Donner[3] widmet dem von Saggs publizierten Brief ND 2773[4] eine Abhandlung zur Datierung und Erörterung des historischen Inhalts des erwähnten Dokumentes. Doch bedürfen die Bearbeitung und die Ergebnisse seiner Untersuchung der Korrektur.

Häufiger – wenn auch meist nur am Rand – wird Moab in der alttestamentlichen Forschung erwähnt, vor allem in Untersuchungen zur Geschichte Israels, in exegetischen Kommentaren und Aufsätzen mit einschlägiger Thematik, doch bleibt deren Ertrag für Fragen nach der Rolle und Funktion Moabs in der imperialistischen neuassyrischen Expansionspolitik bescheiden[5]. Das Interesse der

---

1 Mit der assyrischen Westexpansion befasst sich R. Lamprichs in seinen Untersuchungen *Die Westexpansion des neuassyrischen Reiches. Eine Strukturanalyse* (AOAT 239, Kevelaer/Neukirchen-Vluyn 1995), *Der Expansionsprozess des neuassyrischen Reiches. Versuch einer Neubewertung* (in K. Bartl / R. Bernbeck / M. Heinz (Hrsg.): Zwischen Euphrat und Indus. Aktuelle Forschungsprobleme in der Vorderasiatischen Archäologie. Deutsches Archäologisches Institut, Abteilung Baghdad. Hildesheim / Zürich / New York 1995, 209ff.)

2 Saggs, Iraq 17, 126ff.

3 Donner, MIO 5, 155ff.

4 Saggs, Iraq 17, 131ff. und Tf. XXXII, Nr. 14. Vgl. Text 3 dieser Untersuchung.

5 Hier sind vor allem die interdisziplinären Arbeiten von M. Weippert zu erwähnen, der sich am intensivsten mit Transjordanien befasst. In seinen Untersuchungen sind sowohl die alttestamentlichen als auch die keilschriftlichen und die ägyptischen Quellen und die Ergebnisse der archäologischen Ausgrabungen einbezogen: M. Weippert: Edom, Studien und Materialien zur Geschichte der Edomiter auf Grund schriftlicher und archäologischer Quellen. Diss. Tübingen 1971. Ders.: Menachem von Israel und seine Zeitgenossen in einer Steleninschrift des neuassyrischen Königs Tiglatpileser III. aus dem Iran. ZDPV 89 (1973) 26ff. Ders.: Semitische No-

Alttestamentler an diesem transjordanischen Land ist dadurch bedingt, dass Moab und die Moabiter im Alten Testament (AT) relativ häufig vorkommen und die Wechselbeziehungen zu Israel und Juda[6] von komplexer Art sind. Man findet sie mal als Verbündete, bald aber auch als Feinde dieser beiden Länder. Auf diese oder jene Weise spielen sie in der Geschichte der beiden Nachbarstaaten eine wichtige Rolle.

Hier ist die Arbeit von Timm über die Geschichte der Moabiter[7] zu erwähnen, der nicht nur die alttestamentlichen, sondern auch die ägyptischen, moabitischen und neuassyrischen Quellen einbezieht. Dennoch lässt er die Frage nach der Rolle Moabs in der neuassyrischen Expansionspolitik völlig ausser Betracht. Der Autor liefert eine bemerkenswerte Synthese der Diskussion bezüglich der Belege für „Moabitisches" in der ägyptischen Literatur. Doch bleiben angesichts der dürftigen Quellenlage seine diesbezüglichen Ergebnisse zwangsläufig bescheiden. Timms Untersuchung der neuassyrischen Texte lässt hingegen viel zu wünschen übrig. Das Textmaterial wird nur selektiv gesichtet, was den Wert seiner Darstellung für eine wissenschaftliche Auseinandersetzung erheblich mindert. Dies gilt besonders für die Privatkorrespondenz aus neuassyrischer Zeit; dabei lagen einige Briefe zum Zeitpunkt der Veröffentlichung seiner Monographie bereits in den von Simo Parpola herausgegebenen Helsinkier Untersuchungen *State Archives of Assyria* in einer guten Bearbeitung vor.

Die neuassyrischen Briefe bieten gewiss wichtigstes Quellenmaterial für die Erforschung sowohl der Innenpolitik Assyriens wie dessen Beziehungen zu den Vasallenstaaten, zu denen auch Moab gehört, doch lässt sich der historische Gehalt nur mit minuziöser und gründlicher Untersuchung gewinnen. Ausserordentlich schwierig ist allerdings die Datierung dieser Urkunden. Ohne methodischen Vergleich der in den Briefen angesprochen Vorkommnisse, Personen und Institutionen kann man sie kaum in die politische Geschichte des neuassyrischen Imperiums einordnen.

In Timms Untersuchung gibt auch die Auslegung der alttestamentlichen Texte zu Bedenken Anlass: So wird z. B. die Entstehung von Num. 21,27–30 auf Grund der Erwähnung des Sichon in die exilisch-nachexilische Zeit datiert. Der Personenname sei als Nachbildung aus einem Toponym hervorgegangen. Eine Begründung mittels einer Vergleichsuntersuchung weiterer alttestamentlicher Texte bleibt er uns jedoch schuldig.

---

maden des 2. Jahrtausends. Über die *š3św* der ägyptischen Quellen. Bib. 55 (1974) 265ff. Ders.: The Israelite Conquest and the Evidence from Transjordan. In F. M. Cross (Hrsg.): Symposia Celebrating the 75th Anniversary of the American School of Oriental Research (1900–1975). Cambridge 1979, 15ff. Ders.: Synkretismus und Monotheismus: Religionsinterne Konfliktbewältigung im alten Israel. In J. Assman / D. Harth (Hrsg.), Kultur und Konflikte. Frankfurt 1990, 143ff. Ders., Moab, RlA 8, 318ff.

6 Ausgenommen Gen. 19, Num. 21,21–31 und Jes. 14–15, in denen es allein um das Schicksal der Moabiter geht.

7 S. Timm: Moab zwischen den Mächten. Studien zu historischen Denkmälern und Texten. ÄTT 17. 1989.

Besonders dürftig ist das ausserbiblische Quellenmaterial für die Rekonstruktion der frühesten Phase der Geschichte Moabs. Uns stehen lediglich zwei Belege ägyptischer Provenienz zur Verfügung. Görg[8] hat dazu einige Anregungen zur Diskussion gestellt. Zu beachten sind die Ergebnisse seiner Untersuchung über den Feldzug Ramses II. gegen Transjordanien[9] und die Identifikation der *š3św* mit den aus keilschriftlichen Quellen bekannten nomadischen Stämmen Sutû[10] – die er als Vorfahren der Moabiter ansieht.

Doch ist in der Forschung immer deutlicher geworden, dass die ägyptischen Quellen mit der Bezeichnung *š3św* bzw. *šū-tū* nicht eine spezifische Volksgruppe meinen, sondern die Nomaden in Palästina. In diesem Zusammenhang wird darauf hingewiesen, dass der Name Moab in jenen Quellen als Bezeichnung einer Landschaft und nicht als eine Volksgruppenbezeichnung zu verstehen sei.

Schliesslich sind die Ergebnisse der Ausgrabungen in Transjordanien für ein Bild der Frühgeschichte der Moabiter besonders zu berücksichtigen; Archäologen tendieren in jüngerer Zeit eher dazu, die Ansiedlung der Moabiter in Transjordanien in die Spätbronze- bzw. Früheisenzeit und die eigentliche Staatenbildung erst ins 9. Jh. v. Chr. zu datieren.

1.2 Quellen

Was die Quellen anbelangt, so sind wir auf vier verschiedene Schriftcorpora angewiesen.

a) Die keilschriftlichen Quellen: Man findet Moab sowohl in den Königsinschriften als auch in der Privatkorrespondenz der neuassyrischen Zeit. Diese Texte bilden die Grundlage der vorliegenden Untersuchung.
b) Die ägyptischen Quellen: Besonders wichtig ist die Erwähnung Moabs anlässlich eines Feldzuges Ramses II., welcher etwa in dessen 9. Regierungsjahr (1281) stattfand[11].
c) Die moabitischen Quellen: Zu nennen sind hier die Meša-Inschrift (M-I)[12], ein Bruchstück einer Weihinschrift von el-Kerak[13] und ein Siegel von Meša[14].

---

8 Vgl. auch Kitchen, JEA 50, 47ff.; Görg, ÄAT 2, 115ff., 123ff., 161ff. Siehe ferner Haider, SAK 14, 107ff. Zudem ist einer von diesen Belegen umstritten, nämlich die Identifikation des Ortsnamens *tbwnw* mit der moabitischen Stadt Dibon; siehe Anm. 51.

9 Görg, ÄAT 2, 161ff.

10 Ders., op. cit., 123ff.; Kitchen, JEA 50, 47ff.; ANET[3], 329 Anm. 4; Worschech, UF 25, 441ff.

11 Görg, ÄAT 2, 123.

12 Für die Textlage der M-I vgl. Donner/Röllig, KAI 646ff., und Müller, TUAT I, 640ff. Für die Geschichte dieser Inschrift vgl. Horn, Discovery, 497ff. Eine weitere Untersuchung bietet Dearman, Studies, 41ff., 93ff., 131ff. Ferner siehe Miller, PEQ 106, 9f.; ders., Or NS 38, 461ff.; Smelik, King, 59ff. (eine literarische Untersuchung).

d) Die alttestamentlichen Quellen, die für die historische Beurteilung Moabs jedoch mit Vorsicht benutzt werden müssen.

Das grosse Hindernis für eine zufriedenstellende Rekonstruktion der Geschichte Moabs liegt vor allem darin, dass ausserbiblische Texte, die als zeitgenössische Dokumente zuverlässiger historisch informieren könnten, nur selten von Moab Notiz nehmen. Am sichersten sind die Keilschriftquellen, in denen uns einige Zeugnisse aus der neuassyrischen Zeit zur Verfügung stehen. Sie sind für das gesamte historisch-politische Verständnis Moabs in der damaligen Epochen von ausserordentlicher Bedeutung. Die M-I stellt einen wichtigen Zeugen für die politische und kulturelle Entwicklung des Landes, sowie für die kriegerischen Auseinandersetzungen mit Israel im 9. Jh. v. Chr. dar. Für die frühere Geschichte Moabs ist man auf alttestamentliche Quellen, die ägyptischen Belege und die archäologische Erforschung angewiesen, deren Ergebnisse jedoch nicht ganz unumstritten sind. Die alttestamentlichen Quellen besitzen nicht den Charakter zeitgenössischer Annalen oder Chroniken, wie wir sie aus Assyrien oder Babylonien kennen. Daher muss dieses Material unbedingt mit einer Vergleichsmethode ausgewertet werden. Hierfür können Beobachtungen zu zeitgenössischen Völkergruppen, die in der Keilschriftliteratur gut belegt sind, hilfreich sein.

1.3 Zielsetzung

Ziel dieser Untersuchung ist, das bisher bekannte und neu zu publizierende Quellenmaterial, besonders aus der Keilschriftliteratur, neu auszuwerten, um die Geschichte Moabs im Rahmen der neuassyrischen Westexpansionspolitik zu skizzieren. Dementsprechend bildet die Darstellung der neuassyrischen Zeit, in der Moab dokumentarisch belegt ist, das Hauptanliegen der vorliegenden Arbeit; auch das Anfangs- und Endstadium des Staates Moab – vor allem auch die Meša-Zeit – sollen diskutiert werden. Hierbei werden die alttestamentlichen Texte und weiteren Quellen untersucht und mit einer Vergleichsmethode historisch ausgewertet.

1.4 Struktur der Arbeit

Die vorliegende Untersuchung ist in vier Abschnitte eingeteilt.

Im ersten Abschnitt (Kapitel 2) wird die Frage nach der Herkunft und der Staatenbildung der Moabiter erörtert. Dabei wird sich zeigen, dass sich eine aramäische Herkunft dieses Volkes, wie in alttestamentlichen Texten angedeutet und in der alttestamentlichen Forschung oft postuliert wird, nicht ohne Begründung vertreten lässt. Wenig spricht für die Annahme, dass die in den keilschriftlichen

13 Vgl. Anm. 210.

14 Vgl. Anm. 209.

Quellen ausreichend dokumentierten Sutû ihre Vorfahren gewesen sein könnten. In der vorliegenden Arbeit wird die Zeit bis zum 9. Jh. v. Chr. als moabitische Vorgeschichte bezeichnet – eine unkonventionelle Bezeichnung, die aber keiner Begründung bedarf. Sie ist für uns gekennzeichnet durch den Mangel an ausserbiblischen Schriftzeugnissen und lässt sich nicht mehr befriedigend rekonstruieren.

Forschungsgegenstand des zweiten Abschnitts (Kapitel 3) ist die von der M-I hochgepriesene Befreiung Moabs aus der Knechtschaft Israels, wobei dieses Thema breit in die Westexpansionspolitik Salmanassars III. eingebettet wird. Es geht hier konkret darum, die möglichen Gründe für den Erfolg dieser Befreiungsaktion und den kulturellen Aufschwung Moabs im 9. Jh. zu eruieren. Es zeigt sich u. E. deutlich, dass der assyrische Expansionismus nach Westen den plausibelsten Erklärungshintergrund abgibt. Mit einem Wort lässt sich die Politik des moabitischen Fürsten Meša als „*Opportunismus*“ charakterisieren.

Im dritten Abschnitt (Kapitel 4) folgen die zu behandelnden Phasen der Geschichte Moabs der Chronologie der neuassyrischen Herrscher des 8. und 7. Jhs. Die jahrhundertlange assyrische Vasallität Moabs, welche mit Tiglat-pileser III. beginnt und sicher bis zur Zeit Assurbanipals reicht, ist in den keilschriftlichen Quellen gut belegt. Das moabitische Verhältnis zu Assyrien soll über die Regierungsperioden der einzelnen Assyrerkönige untersucht werden. Hier kommt die Wichtigkeit der offiziellen Hofhistoriographie und besonders der Privatkorrespondenz zum Tragen.

Aufgrund dieser Quellen lässt sich eine durchgehend loyale politische Haltung der moabitischen Fürsten gegenüber Assyrien nachzeichnen, welche sich konkret in Zurückhaltung gegenüber jeglichen antiassyrischen Konspirationen im Westen äussert. Hier liegen die Gründe dafür, dass Assurbanipal dem Fürsten Kamas-ḫaltâ die Bildung einer Front gegen die von seinem Bruder Šamaš-šumu-ukīn im Westen veranlasste arabische Koalition anvertraut. Diese Zurückhaltung wird zum Charakteristikum der politischen Geschichte Moabs in der neuassyrischen Zeit. Hierin wird man auch die Gründe dafür sehen müssen, weshalb Moab von direkten Angriffen, Plünderungen und Okkupation durch assyrische Truppen verschont blieb. Darüber hinaus wird die Feindschaft der Moabiter mit dem arabischen Stamm der Geder bzw. Gidirīja – welche ihren Anfang in der Zeit Tiglat-pilesers III. hat – im einzelnen unter die Lupe genommen.

Das Vasallitätsverhältnis der Moabiter wäre kaum zu verstehen, wenn nicht zugleich die Interessen der neuassyrischen Herrscher an jenen weit von der Zentralmacht abgelegenen transjordanischen Regionen untersucht würden. Diesem Thema ist deshalb der vierte Abschnitt (Kapitel 5) gewidmet: Hier wird detailliert gefragt, ob Moab jemals eine Rolle in der Ökonomie und in der Sicherheitspolitik des neuassyrischen Imperiums gespielt hat. Für den wirtschaftlichen Faktor, sowohl im Bereich der Rohstoffe, des Handels und der jährlichen

Tributzahlung, fällt die Antwort negativ aus. Moab spielte keine Rolle in der assyrischen Imperialökonomie. Die assyrischen Interessen waren rein sicherheitspolitischer Natur. Mit einem zuverlässig proassyrischen Vasallenstaat – wie Moab – errichteten die Assyrer das Bollwerk gegen zwei Feinde: Ägypten und die arabischen Stämme. Hier wird die Rolle und Funktion Moabs in der westlichen, neuassyrischen Sicherheitspolitik deutlich sichtbar.

Der Untersuchung des keilschriftlichen Quellenmaterials liegt eine Vergleichsmethode zugrunde: Erwähnte Personen, Würdenträger, Ortsnamen, Institutionen und einschneidende Geschehnisse werden mit entsprechenden Textbelegen verglichen. Diese Methode bietet eine gewisse Sicherheit für die Datierung der im Hauptkorpus behandelten Briefe.

Die Haupttexte – insgesamt 16 – werden am Ende der Untersuchung in Transkription, Übersetzung und Kommentar vorgelegt (Kapitel 6). Die Umschrift richtet sich nach *Borgers* System[15]. Sekundäre Textpassagen sind an Ort und Stelle kommentiert und in das Arbeitskorpus integriert. Was die im Laufe der Untersuchung zitierten alttestamentlichen Texte anbelangt, sind sie nach demselben Muster – wo möglich – historisch ausgewertet. In der Regel wird keine exegetische Auseinandersetzung geboten. Die vorliegende Arbeit versteht sich nicht als biblisch-exegetische Untersuchung. Die einschlägigen Texte werden eher beiläufig herangezogen.

Die Abkürzungen sind nach dem von *Borger* im *Handbuch der Keilschriftliteratur* vorgeschlagenen System verwendet worden[16]. Weitere Abkürzungen sind am Ende dieser Untersuchung zusammengestellt.

---

15 R. Borger, Assyrisch-babylonische Zeichenliste. Mit Supplement. AOAT 33. Kevelaer/Neukirchen-Vluyn ²1981. Vgl. auch ders., Beiträge zum Inschriftenwerk Assurbanipals. Die Prismen A, B, C=K, E, F, G, H, J, und T sowie andere Inschriften. Mit einem Beitrag von Andreas Fuchs. Wiesbaden 1996.

16 R. Borger, Handbuch der Keilschriftliteratur. 3 Bde. Berlin 1967–1975.

2

Vorgeschichte der Moabiter

Über die Herkunft der in Ostjordan angesiedelten Moabiter sind wir schlecht informiert. Das Hauptproblem liegt darin, dass die schriftlichen Quellen darüber schweigen[17]. Ihr Auftreten muss jedoch im Zusammenhang mit den grossen Völkerwanderungen des ausgehenden 2. Jts. v. Chr. gesehen werden[18].

---

17 Ausgenommen Gen. 19, 30–38 – ein Text, der herkömmlich der ältesten Quelle des Pentateuchs, dem Jahwisten, zugeschrieben wird. Danach sind Moabiter und Ammoniter Nachkommen von Lot, hervorgegangen aus einer inzestuösen Beziehung der Töchter Lots mit ihrem Vater. Nach dieser Quelle gelten Moab und Ammon als Stammesväter der gleichnamigen Völkergruppen.

Selbstverständlich ist diese Erzählung kein historischer Tatsachenbericht. Sie verrät uns jedoch eine tiefgehende Abneigung gegen diese beiden Völker von israelitischer Seite her. Die Blutschande der beiden Töchter mit ihrem Vater Lot drückt sich in einer volksetymologisch-ätiologischen Deutung des Namens aus: *mō'ab* < *me'ab* (V. 34.36). Der Name Moab bzw. *Me'abī-* soll also als *compositum* aus der Präposition *min* und dem Nomen *'ab* entstanden sein. Zimmerli, 1. Mose, 94, erklärt die Bedeutung des Namens als „von Vater (in Blutschande gezeugt)". Neulich versucht man, ihn aus dem arabischen *wa'bun* („eximia egregia") abzuleiten, und man denkt dabei etwa an die Westnachbarländer Moabs; vgl. Knauf, The Culturel Impact, 48. Dearman, Studies, 1ff., bietet bereits eine Zusammenfassung über die philologischen Erklärungen des Namens Moab. Die griechische Version (LXX) übersetzt ἐκ τοῦ πατρός μου. Die Vorstellung von der Entstehung Moabs bei Josephus, Ant. I 11,5, ist identisch mit der des ATs.

18 Der Problemkreis Sesshaftigkeit–Nomaden braucht in der vorliegenden Arbeit nicht neu verhandelt zu werden; wir verweisen auf G. Buccellatis Artikel *"River Bank," "High Country," and "Pasture Land." The Growth of Nomadism on the Middle Euphrat and the Khabur* in S. Eichler / M. Wäfler / D. Warburton (Hrsg.), Tell Al-Hamīdīja. OBO Series Archaeologica 6. Fribourg 1990. S. 87ff. Hier sind alle Theorien zusammenfassend dargestellt und ausgewertet:

die Invasionstheorie, vertreten von H. Winckler in *Auszug der Vorderasiatischen Geschichte* (Leipzig 1902);

die Infiltrationstheorie, vertreten von J. R. Kupper in seiner Monographie *Les nomades en Mésopotamie au temps des roi de Mari* (Paris 1957);

die Interaktionstheorie von J. J. Luck, Pastoralism and Politics in the Mari Period: A Reexamination of the Character and Political Significance of the Major West Semitic Tribal Groups on the Middle Euphrat, ca. 1828–1758 B. C. Ph. D. Diss. University Michigan. Michigan 1965, 1–50;

die „*Nomadization of the peasants*"-Theorie von G. Buccellati, River Bank, 87ff. Seine Abhandlung legt nicht nur den Stand der gegenwärtigen Diskussion zum

2.1 Moab und die Aramäer-Wanderungswellen

Die Aramû[19] treten in der Keilschriftliteratur erst zur Zeit Tiglat-pilesers I. (1115–1077) in Erscheinung. Von Bedeutung ist, dass sie gelegentlich in den keilschriftlichen Quellen in einem Zug mit den Aḫlamû erwähnt werden[20], also als Amurrû-Aḫlamû[21]. So berichtet der oben erwähnte Assyrerkönig, dass er achtundzwanzigmal den Euphrat überquert und die Aramû-Aḫlamû bekämpft habe[22]. Aus den keilschriftlichen Quellen darf man also schliessen, dass es sich bei den Aḫlamû, die früherer als die binomische Bezeichnung Aramû-Aḫlamû belegt sind[23], um eine von den Aramû zu unterscheidende Völkergruppe han-

Thema dar, sondern bietet auch ein neues Erklärungsmodell, nämlich die Nomadisierung der Bauernbevölkerung. Hier sind die Untersuchungen von Flannery, RES 3, 399ff.; Cohen, State Origins, 31ff.; Finkelstein, JSOT 44, 43ff., zu berücksichtigen, welche mit vier Sozialentwicklungsstufen der Nomadenbevölkerung rechnen: „Bands, Tribas, Chiefdom, States". Vgl. weiter Carneiro, Political Expansion, 205ff.; Mattingly, The Culture-Historical Approach, 62ff., und Younker, Bib. Arch. 60/4, 237ff.; Ferner Rowton, Or NS 42, 247ff.; ders., JNES 32, 201ff.; ders., JESHO 17, 1ff.

19 Die Bezeichnung Aramû bzw. Aramāja ist weniger als eine ethnische Völkereinheit zu verstehen als vielmehr eine Völkerbewegung mit auffallenden sprachlichen und kulturellen Gemeinsamkeiten; Donner, Geschichte, 43.57. Sie scheinen vor ihrem Eindringen in den Bereich des fruchtbaren Halbmondes im nordsyrischen Steppengebiet beheimatet gewesen zu sein und dort als Nomaden gelebt zu haben: Klengel, GKA, 165. Nach Am. 9,7 kamen sie aus *Qīr*, einem Ort oder Gebiet, das sich nicht lokalisieren lässt. Gen. 22,21ff. behauptet, der Stammesvater der Aramäer sei Qemū'el, der Bruder von Käsäd, dem Vorfahr der Kaldäer, beide Verwandte Abrahams. Doch lassen sich solche Angaben nicht historisch auswerten.

20 So bei Tiglat-pileser I.: AKA 73,46–47; Weidner, AfO 18, 344, 29; 350, 34; bei Adad-nārārī II.: KAH I, Nr. 84, 33; und bei Aššur-nāṣir-apli II.: AKA 240,47.

21 Der PN *Aḫ-la-mu* begegnet uns in der Mari-Zeit; vgl. Birot, Figure, 40ff. Siehe auch Kupper, Les nomades, 108ff., und Cornwall, JCS 6, 137ff. Die Aḫlamû anderseits erscheinen als Volksgruppe in der Amarna-Zeit. Adad-nārārī I. (1307–1275) vermerkt im Prolog seiner Inschriften, dass sein Vater Arik-dīn-ili (1319–1308) bereits die Aḫlamû unterworfen habe; AKA 6,20–27. Von deren Bekämpfung ist auch in den Inschriften Salmanassars I. (1274–1245) (IAK 116/118,21–27) und Tukultī-Ninurtas I. (1244–1208) (Tn. I, Nr. 16,70) die Rede. Zur Zeit Aššur-rēš-īšis (1133–1116) berichten die Quellen von gegen Assyrien und Babylonien gerichteten, feindseligen Aktivitäten der Aḫlamû; Cornwall, JCS 6, 144,14; 145,12–16; AOB I, 62,23; 118, II 39; KBO I, 10,36.54. Als Kaufleute (PBS II/2, 56,3), Söldner der babylonischen Armee, Arbeiter in Dienst der Stadt Nippur (PBS II/2, 56,3) und Bewohner Babyloniens (BE XVII, 31,25; PBS II/2, 114) sind die Aḫlamû in der Keilschriftliteratur mehrmals belegt. Nicht ganz sicher scheint ihre Erwähnung in einem bis jetzt unpublizierten Text aus der Zeit vom Rim-Sîn (1822–1763) zu sein; vgl. Dietrich/Loretz, OLZ 61, 243; TR 65, 365. EA 200, 7, ein Brief, dessen Absender anonym bleiben, erwähnt die Aḫlamû in einem lückenhaften Kontext (Z. 8.10). Ihre Rolle ist jedoch der Lücke wegen nicht mehr zu bestimmen.

22 Vgl. KAH II, Nr. 63, III 3–8; 66,6–7; 69,11; 71,19. Ferner siehe AKA 73,47; 132,1.2; 134,8.10.12; 135,13; 136,18.21.22, und Weidner, AfO 18, 344,29–30.

23 Für die philologische Erklärung des Ausdrucks Aramû-Aḫlamû vgl. Brinkman,

delt[24] – und nicht eine Konföderation von Stämmen, zu denen etwa die Aramû gehört hätten[25]. Darüber hinaus sind derartige binomische Bezeichnungen aus den Mari-Briefen und aus Texten der dritten Dynastie von Ur wohlbekannt[26].

Das gleiche Phänomen finden wir bei den Ḫirānäern, welche sich im Gebiet zwischen Mittel- und Oberlauf des Euphrat aufhalten[27] und die zeitweilig in Verbindung sowohl mit den Aḫlamû[28], als auch mit den Aramû[29] gesetzt werden.

Vermutlich sind solche binomischen Bezeichnungen nur geographisch bedingt, denn die Region, wo die Aḫlamû vorwiegend weilen, entspricht auch dem Kerngebiet der unter Tiglat-pileser I. erscheinenden Aramû: So berichtet der Assyrerkönig auf dem zerbrochenen Obelisken, dass er die Aramû [*ša* ^{uru}*a-n*]*a-at ša* ^{kur}*su-ḫi*[30] *ù* [(*a-di*) ^{uru}*gar-ga-miš ša* ^{kur}*ḫa-at-te*][31] „[von der Stadt An]āt im Lande Suḫi [(bis) Gargemiš im Lande Ḫattî]" unterworfen habe. In seiner Zylinder-Inschrift erscheinen die Aramû-Aḫlamû in eben derselben Gegend[32], woraus zu schliessen ist, dass die Aramû und Aramû-Aḫlamû eine und dieselbe Nomadengruppe sind[33]. Diese haben sich jedoch weiterhin bis in das Land Amurrû und Babylonien ausgedehnt[34].

In den Texten von Ras-Schamra ist auch ein Gentilicium *bn årmy*[35] mehrfach

---

PKB, 277[1799].

24 Wie schon in der Sekundärliteratur vermerkt ist; vgl. Forrer, RlA 1, 131; Gibson, JNES 20, 231; Brinkman, loc. cit.; de Vaux, Historia I, 207–9; Alt, Kleine Schriften I, 174[1].

25 Wie Moscati, JSS 4, 307, meint, der den Terminus Aḫlamû in Verbindung mit dem arabischen *ḥilim* (Pl. *'aḥlâm*) erklären will. Doch ist diese Erklärung unbefriedigend, denn das arabische *ḥilim* beinhaltet kaum den Sinn „Konföderation". Die Bedeutung „Begleiter", mit dem es erscheint, bezieht sich nur auf das Verhältnis Mann/Frau; vgl. de Vaux, Historia I, 208.

AHw I 21 schlägt vor, den Terminus Aḫlamû mit „Jungmannschaften" wiederzugeben.

26 So die Ḫanianäer-Benjaminiten, Ḫananäer-Jamaḫamäer und die Amoriter-Sutäer; vgl. das bei Kupper, Les nomades, 72–73.88–89, aufgelistete Material. Ferner siehe Buccellati, River Bank, 105ff., und Anbar, La distribution géographique, 17ff.

27 Vgl. Brinkman, PKB, 277[+1799], und RGTC 5, 128.

28 Vgl. PBS II/2, 114, aus der Kassiten-Zeit.

29 Vgl. 2R, Tf. 67,4. Siehe auch Brinkman, PKB, 277[1799].

30 Ein am Mittellauf des Euphrat zwischen Rapiqu und Ḫindānu (für die Lokalisierung vgl. RGTC 5, 127.224) liegendes Land, dessen Hauptzentrum die Stadt Anāt war; vgl. Brinkman, PKB 183[1127], und RGTC 5, 235f.

31 Bearbeitung: Weidner, AfO 6, 91 (VAT 9539), 7–9.

32 AKA 73, V 47.

33 Wie schon früher vermerkt worden ist; vgl. Weidner, AfO 6, 85[65]; ferner siehe RGTC 5, 35.

34 Nach Weidner, AfO 18, 344, 29–35, operieren die Aramû-Aḫlamû im Libanongebiet, im Land Amurrû, Ḫattî und in Babylonien. Ferner siehe Frame, Babylonia, 43ff.

35 Vgl. Gordon, UTB, 321 III 22 (= Herdner, CTCA, Nr. 119; KTU 4.63), 1046, 7.9 (= KTU 4.232) und 1064, 10 (= Virolleaud, PRU II, 46 und 64; KTU 4.309). Ob es

belegt.

Aus einer topographischen Liste aus der Zeit von Ramses III. (1184–1153) ist ferner ein Land *pꜣ ʾrm*[36] bekannt[37].

Darüber hinaus ist uns aus dem AT ein Land namens ʾAram Naharajim überliefert worden[38], das man im Gebiet am Oberlauf des Tigris und Euphrat sucht[39]. Naharajim ist aber auch eine geographische Bezeichnung für das Mitannische Reich[40] in den ägyptischen Texten seit Thutmoses I.[41]. Die El-Amarna-Briefe nennen es Naḫrima[42]. Es ist sehr wahrscheinlich, dass es sich bei dem hebräischen Namen nur um eine Anpassung an die ältere Bezeichnung dieser Region handelt[43].

Die Verbindung der Aramäer mit „ʾAram Naharajim“ dürfte jedoch ein Anachronismus sein, da zur fraglichen Zeit die Aramû noch gar nicht in Erscheinung getreten sind – und erst recht noch keine Staaten gegründet haben[44]. Die Schwierigkeit einer Identifikation des Landes Naḫrima/Naharajim mit den in den keilschriftlichen Quellen erwähnten Aramû besteht also darin, dass die Aramû nirgends vor dem 12. Jh. v. Chr. erwähnt werden. Erst zur Zeit Tiglatpilesers I. tritt ihre historische Kraft im Vorderasien in Erscheinung. Sie wurden dann schnell sesshaft, passten sich an die Lebensbedingungen des Kulturlandes an und übernahmen die Führung der politischen Geschichte Syriens[45].

---

sich wirklich um die Aramû handelt, ist unsicher.

36 Vgl. Edel, Ortsnamenlisten, 28–29. Der Name erscheint aber in einem fragmentarischen Kontext.

37 Für die Bildung der Aramäer-Staaten vgl. Klengel, GKA, 179ff.

38 Vgl. Gen. 24,10; Dt. 23,5; Ri. 3,8; Ps. 60,2. Die Septuaginta übersetzt Μεσοποταμία.

39 O'Callaghan widmet diesem Thema eine Monographie: „Aram Naharaim“, Rom 1948; HAK 1B/C1. Vgl. auch Finkelstein, JNES 21, 73ff. Noth, Ursprünge, 31f., spricht diesem Land das Gebiet zwischen dem Euphrat und dem Baliḫ zu. De Vaux, RB LV, 323, ders., Historia I, 200, interpretiert den Namen Naharajim als Plural von geographischen Namen: „Aram der Flüsse“. Damit soll das Gebiet zwischen Tigris und Euphrat, welches von den Nebenflüssen Baliḫ und Ḫabur durchströmt wird, gemeint sein. In diesem Zusammenhang ist darauf hinzuweisen, dass die babylonischen Texte diese Region als *birīt nāri* „zwischen den Flüssen“ bezeichnen; vgl. Finkelstein, JNES 21, 74.

40 Das Mitanische Reich konsolidierte sich in der Gegend zwischen dem Ḫabur und dem Baliḫ.

41 Vgl. Timm, ÄAT 17, 6. Es handelt sich um eine Toponymenliste aus Luxor. Zur Schreibung des Ortsnamen Naharajim in ägyptischen Quellen siehe Weippert, Edom, 11.

42 Vgl. dazu Kühne, Chronologie, Anm. 75.85.94 und 120.

43 Vgl. Finkelstein, JNES 21, 84ff.

44 Das gleiche gilt für die Bezeichnung Padan Aram, die in jüngeren Texten (Gen. 25,20; 28,2.5–7; 31,18; 33,18; 35,9.25; 46,15) erscheint. Vgl. dazu Vaux, Historia I, 200f.

45 Klengel, GKA, 165.

Ob die Moabiter wirklich mit jenen Aramû-Stämmen der keilschriftlichen Quellen zu verbinden sind[46], ist nicht auszuschliessen – allerdings nicht aufgrund der alttestamentlichen Gleichsetzung von „Aramäer“ und „ʼAram-Naharajim“[47], denn die sicheren Belege über die Aramû stammen erst aus dem 12. Jh. Man fragt sich, ob die Mari- und die El-Amarna-Briefe von ihnen nicht berichten müssten, wenn sie viel früher – wie etwa die Aḫlamû und die Sutû – in der Geschichte des Alten Orients aufgetreten wären. Die eben erwähnten Quellen befassen sich ja mit politischen Problemen Syriens und Palästinas.

Andererseits taucht der Name Moab in einer Inschrift von Ramses II.[48] aus dem 13. Jh. v. Chr.[49] auf, welche über einen Feldzug dieses Pharaos gegen Moab berichtet[50]. Doch der Mangel an Belegen lässt keine sichere Schlussfolgerung zu.

Jüngst wurde die Ansicht vertreten, der Name Moab sei in diesen Quellen die Bezeichnung für eine Landschaft, nicht ein Volk, und sei erst im Laufe der Zeit auf die in dieser Region angesiedelte Nomadenbevölkerung übertragen worden[51]. Grosse Sicherheit bietet diese These jedoch nicht. Der ON ist in diesen

---

46 Die biblische Vorstellung, dass der Eponym der Moabiter ein Sohn Lots sei, hilft sehr wenig, um Moab als Aramû-Gruppe zu identifizieren, da diese Texte (wie beispielsweise Gen. 19,30–38) anachronistisch sind.

47 Vgl. Metzger, Geschichte[6], 22; Gunneweg, Geschichte[5], 13; Noth, Geschichte[8], 147; Donner, Geschichte, 43.

48 Der Name Moab erscheint in einer lückenhaften Toponymenliste einer Statue Ramses II., die sich auf dem nördlichen Turm des Luxor Tempels befindet (dazu Simons, Handbook, 70f. 155f.; Timm, ÄAT 17, 5ff.), möglicherweise auch in der Südmauer der „Hypostyle Hall“ des Tempels von „Amara West“ in Nubien (PM VII, 157ff.; Miller, Early Monarchy, 77; Timm, ÄAT 17, 9ff.).

Der Text wurde von Kitchen, JEA 50, 47ff., ergänzt und veröffentlicht. Ferner siehe Darnell/Jasnow, JNES 52, 263ff.; Görg, ÄAT 2, 129ff.; Haider, SAK 14, 107ff.; Worschech, ÄAT 18, 124; Timm, ÄAT 17, 5ff.14ff.; Miller, Early Monarchy, 77.

Die Annahme von Timm, loc. cit., dass Moab bereits zu Beginn des 14. Jhs. in der beschädigten geographischen Liste des Amenophis III. in Soleb belegt sei, da die beiden Toponymenlisten Ramses II. in Akša und in Amāra-West mit der von Soleb parallel gehen, ist nicht zu beweisen.

49 Görg, ÄAT 2, 123ff., datiert den Feldzug in das 9. Regierungsjahr Ramses II. (1281).

50 In diesem Zusammenhang zieht man gerne auch die Stele von el-Bālūʿ in Betracht, entdeckt 1930 in Ḫirbet el-Bālūʿ; vgl. Horstfield/Vincent, RB 41, 417ff.; Ward/Martin, ADAJ 8–9, 5ff. Die Stele wird in die Spätbronzezeit datiert, nach einem Vergleich mit ägyptischen Inschriften, die über die Verwicklung Ägyptens in Moab zu jener Zeit berichten (so Ward/Martin, ADAJ 8–9, 18ff.). Doch sind sowohl ihre Schrift als auch ihre Sprache und ihre Datierung unsicher; vgl. Miller, Early Monarchy, 78. H. Weippert, Palästina, 666f., datiert sie in die Eisenzeit II.

51 Einen Feldzug gegen die Stadt *bwtrt* in Moab ist in derselben Toponymenliste Ramses II. bezeugt (Kitchen, JEA 50, 49 A.I (A), Tf. 3; ders., The Egpytian Evidence, 27f.). Doch ist hier Ard el-Kerak gemeint (Weippert, RlA 8, 321).

Ob die Plünderung der Stadt *yn⌜x⌝d* im Gebirge *mrrn*, von der unmittelbar danach berichtet wird, in denselben geographischen Kontext gehört (so Kitchen, The

Quellen sonst nicht belegt. Zudem lag wohl diese Region in der Spätbronzezeit ausserhalb des ägyptischen Herrschaftsbereichs in Asien[52].

Die archäologischen Ausgrabungen in Transjordanien legen insgesamt die Vermutung nahe, dass die Region östlich des Toten Meeres ausserhalb des Bereichs der urbanen Kultur der Spätbronzezeit lag[53]. Sie war von Nomaden bewohnt. Die spärlichen Siedlungsspuren der Spätbronzezeit lassen sich entweder als Dorfniederlassungen dieser Nomaden – mit Häuptlingsresidenzen und/oder Vorratshaltung – oder als Zeugnisse für den Beginn ihrer Sesshaftigkeit erklären[54], die schliesslich in der Eisenzeit zu einer bäuerlich-sedentären Gesellschaft führte[55].

Sollte es sich bei der Erwähnung Moabs in der ägyptischen Literatur tatsächlich um die Bezeichnung einer Landschaft handeln, die auf sesshaftgewordene Nomadenbevölkerungen überging[56], so liesse sich ein aramäischer Ursprung der

---

Egyptian Evidence, 27ff.), ist recht unsicher. Unsicher ist auch die Identifikation des ONs *tbwnw* in derselben topographischen Liste; vgl. Simons, Handbook, 156; Görg, ÄAT 2, 120ff. Kitchen, JEA 50, 47ff., setzt ihn mit Dibon gleich. Doch ist bei der Ausgrabung auf Tell Ḏībān festgestellt worden, dass keine Spur spätbronzezeitlicher Besiedlung vorhanden ist und dass überhaupt wegen *tpn* eine Lokalisierung des Orts im Gōlān oder Ḥaurān wahrscheinlicher ist; vgl. Weippert, The Israelite Conquest, 27+Anm. 44. Aus den genannten Gründen bleiben alle Schlussfolgerungen fragwürdig; vgl. dazu Weippert, RlA 8, 321.

52 Weippert, RlA 8, 321.

53 Vgl. Mattingly, The Culture-Historical Approach, 62; Mendenhall, The Tenth Generation, 108f., 149, 157ff.; ders., Ancient Israels Hyphenated History, 97ff.; Ahlström, Who were the Israelites?, 83ff.; ders., Diffusion, 82ff.; Dearman, Settlement, 69.

54 Auch die in el-'Al (ca. 2 km nördlich vom Tell Ḥesbān) und im Tell von el-Ǧalūl (5 km östlich von Hešbon) gefundene Keramik stammt aus der Spätbronzezeit. Das gleiche gilt für das Heiligtum unter dem Aerodrom von Amman; dazu Hennessy, PEQ (1966) 155ff.; Campbell/Wright, Bib. Arch. 60/4, 32, 104ff.

Für Hešbon rechnet man mit einer Besiedlung erst in der Spätbronzezeit; vgl. Mattingly, ADAJ 26, 418ff.; Glueck, The other Side of the Jordan, 140; ders., A History of the Negev, 68ff.; Fröhlich/Ortner, ADAJ 26, 264f.; Sauer, BAT, 206ff. Selbst der Quadratbau-Tempel bei Amman wird in die Spätbronzezeit datiert; vgl. Worschech, Land, 120f. Dearman, Studies, 3ff., bietet eine Synthese über die Geschichte der archäologischen Ausgrabungen in Moab bzw. Transjordanien.

Die Mauerzüge in der Nähe des kleinen Wādī Ḥesbān werden etwa in die Früheisenzeit datiert. Eine Ausnahme bilden die Gräber in der Nähe von Medeba (ca. 4 km von Amman entfernt) aus der Mittelbronzezeit; vgl. Worschech, Land, 120ff.; de Vaux, Historia II, 54ff. De Vaux schliesst nicht aus, dass die Gräber von Medeba von Seminomaden verwendet wurden.

55 Dearman, Settlement, 69; Weippert, RlA 8, 321.

56 Ein ähnliches Phänomen ist uns aus den neuassyrischen Quellen bekannt: ABL 198, Rs. 12ff., erwähnt ein Land bzw. einen urartäischen Bezirk namens ^{kur}*ar-za-bi-ia-a* (bzw. als Gentilicium Arzabäer). Als Bergname im Grenzgebiet zum urartäischen Bezirk Sangibutu (nordwestlich des Urmiasees) begegnet er uns in den Inschriften Sargons II.: TCL 3+, 239, und Sg. Ann. 114f. (Winckler) / 140f. (Lie) (= Fuchs, ISK, S. 108). Arzabia ist sonst nicht als urartäischer Bezirk bekannt; vgl.

Moabiter vermuten. Die archäologischen Befunde deuten ja darauf hin, dass diese Gebiete in der Spätbronzezeit von Nomaden bewohnt waren, die sich auf den Weg zur Sedentarisation befanden und in der Eisenzeit den Status einer bäuerlich-sesshaften Gesellschaft erreichten[57].

2.2 Moab und die Sutäer

Die Sutû erscheinen viel früher als die Aramû in der Keilschriftliteratur[58]: In der Mari-Zeit operieren sie überwiegend im Gebiet zwischen dem Mittel- und Oberlauf des Euphrat. Sie werden hier für eine Reihe von Überfällen auf Weide- bzw. Kulturland[59] und auf Reisende in der Gegend zwischen Gargemiš und Mari verantwortlich gemacht[60]. Darüber hinaus begegnen sie uns auch als Palastdiener in Mari[61] und als Söldner der babylonischen Armee unter Hammurapi (1728–1686)[62].

Den babylonischen Quellen zufolge dehnten sich die Sutû bis Babylonien aus. Seit der Zeit Rīm-Sîns sind sie hier bekannt als Sklaven in Larsa[63], Ausbeuter/ Betrüger[64], Unruhestifter[65], Individuen niedriges Rangs[66], aber auch als Räuber-

---

dazu Vera Chamaza, AMI 28, 239f.

57 Zwingend ist diese These jedoch bis zur Entdeckung neuer Belege nicht. Ebenso gut können die Moabiter anderen semitischen Stämmen angehört haben, die ins Gebiet östlich des Jordan eindrangen.

58 Wir beschränken uns hier auf die Quellen, die für die Feststellung der Operationsgebiete dieser Nomadenstämme wichtig sind. Kupper, Les nomades, 83ff. hat dazu umfangreiches Material gesammelt.

59 ARM 5, 23: Die Sutû überfallen das Weideland bei Qatna, Tadmar und Našāla. Für die Lokalisierung dieser Ortschaften vgl. RGTC 5, 221.256. ARM 5, 83: Angriff der Sutû auf die Stadt Rapiqum. ARM 1, 100: Angriffsvorbereitung derselben gegen Jablija, eine südlich des heutigen Ana liegende Stadt; vgl. Klengel, Iraq 39, 164. ARM 3, 12: Kībri-Dagan berichtet Zimri-Lim über die Anwesenheit der Sutû bei Terqa, wofür er seine Truppen in Einsatzbereitschaft bringt. Vgl. weiter ARM 6, 57,4ff., und 58,10ff.

Als Sklavenhändler sind Sutû seit der Mari-Zeit gut dokumentiert; vgl. Klengel, Iraq 39, 168f.

60 ARM 14, 86: Danach dürfte das Ereignis etwa im Bereich der Mündung des Ḫabur stattgefunden haben. Der Brief stammt von einem gewissen Jaqqin-Adad, Gouverneur des Distrikts von Sagaratum am Unterlauf des Ḫabur; vgl. Klengel, Iraq 39, 169[9].

61 ARM 6, 15,18–22, ein Brief von Baḫdi-Lim bzw. Baḫidi-Lim, der einen Sutäer namens Ḫammitalû erwähnt. Er sei im Dienst des Palastes eingestellt. ARM 9, 10–11, berichtet über Abgabelieferung der Sutû an den König von Mari.

62 ARM 6, 51 und 54. Ferner vgl. Kupper, Les nomades, 86.

63 YOS 8, 98,15. Aber auch in Ur: UET 5, 108,3.10.

64 TCL 11, 187,8.

65 In Ur: UET 5, 496,11. In Dilbat: VS 7, 187, XII 1.6.14, XIII 29, XVIII 3.

66 VS 16, 65,6; TCL 17, 52,8; Pinches, Berens Coll., 102,4. Ferner siehe Kupper, Les nomades, 87.

bande, die das ganze Gebiet Nordbabyloniens verunsichert[67]. Während der Regierung Adad-apla-iddinas (1069–1048) plünderten sie das Land Šumer und Akkad. Verbündet mit den Aramû griffen sie Nippur, dessen Heiligtum Ekur, Sippar[68] und vermutlich auch Dēr und Dūr-Kurigalzi an[69]. Dementsprechend führte Adad-apla-iddina dann einen Feldzug gegen die Sutû im Mittellauf des Euphratgebietes[70]. Solche Vorgänge mögen als Hintergründe der in dem babylonischen Erra-Epos geschilderten Plünderungen der Städte Uruk, Babylon und Borsippa, Dūr-Kurigalzi und Dēr gedient haben[71].

Im 10. Jh. v. Chr. findet man Sutû in der Umgebung von Babylon und Borsippa, wo sie kultische Handlungen zu boykottieren versuchen[72]. Bis in die neuassyrische Zeit sind ihre feindseligen Aktivitäten gegen das Kulturland belegt[73]. Doch scheint es, dass sich viele von ihnen in die sesshaften Gesellschaften integriert haben. Die Quellen berichten von Sutäern, die in Sippar[74], Ekallāte[75] und Ur[76] wohnen[77]. Darüber hinaus ist uns eine Gottheit, deren Name

---

67 So in einem altbabylonischen Brief: Ungnad, Babylon, Nr. 154 = Frankena, AB 2, 34. Vgl. auch Kupper, Les nomades, 89, und Klengel, Iraq 39, 164.
In der Kassiten-Zeit sind die Sutäer als Begleiter eines assyrischen Boten nach Ägypten bezeugt; vgl. dazu E. Cassin in *Fischer Weltgeschichte* 3. Frankfurt (Main) 1966, 30.

68 Vgl. Goetze, JCS 19, 123,10–14.

69 Vgl. Brinkman, PKB, 285[1847], und ABC 181,10–11. – Über weitere Plünderungen von Heiligtümern durch die feindlichen Sutäer und Aramäer berichtet die späte Kopie einer Inschrift des Simbar-šipak (11. Jh.): Goetze, JCS 19, 121ff., und Brinkman, PKB, 285.

70 AKA 350–53, III 16–26.

71 Er.-Ep. IV 5–51.63–71. Siehe auch Brinkman, PKB, 285, und Klengel, Iraq 39, 165.

72 Vgl. Brinkman, PKB, 279.

73 Sargon II. berichtet von der Ansiedlung gefangener Sutû in Tilgarimmi; Sg. Prunk. 82 (= Fuchs, ISK, S. 217). Nach der gleichen Quelle, Z. 123.130, waren sie Söldner bzw. Verbündete des Elamiterkönigs Ḫumbanigāš. Ferner siehe die von Parpola, NAT, 320, aufgelisteten Belege über die Sutû; Brinkman, PKB, 286. An der Seite von Marduk-apla-iddina II. kämpften sie 704 v. Chr. gegen Sanherib; Snh. 49,8. Asarhaddon bekämpfte ebenfalls die Sutû; Ash. § 27 Ep. 18, 15. In ABL 629+ (Parpola, LAS I, Nr. 279; SAA 10, 351), 22 werden sie zusammen mit Amurrû und Ḫattî erwähnt.

74 In CT 8, 21d,10, ist von der Zuteilung von Verpflegung zugunsten eines Sutäers, der ein Feld bewacht, die Rede. VS 16, 10,5, erwähnt einen weiteren Sutäer namens *Mi-il-ki-lu-i-la*, der im Dienst eines Truppenkomandeurs steht. Als Bürger von Sippar findet man einen Dritten namens *Ja-di-ú su-tu-ú* in CT 8, 14a,7 (Duplikat CT 8, 10b,7).

75 Gadd, Chagar Bazar, 43, Nr. 991: Eine Sutäerin namens *A-at-ta* gehört zur Dienerschaft des Palastes von Ekallāte.

76 Nach TCL 17, 58, haben sich Sutû an den Toren von Ur niedergelassen; vgl. Kupper, Les nomades, 87f.

77 Aber auch nach Assyrien sind sie eingedrungen; vgl. Kupper, Les nomades, 89.92.

[d]*su-ti-ti* lautet, aus der Zeit Nabû-šuma-iškuns (ca. 760–748) in Borsippa bekannt[78]. Ihr *ērib bīti-* und ihr *šangû*-Priester[79] werden hier erwähnt[80].

Sutû sind wohl auch in den El-Amarna-Briefen belegt. Aššur-uballiṭ I. berichtet dem Pharao Amenophis IV. (1364–1347)[81], dass seine Boten, die offensichtlich unterwegs nach Assyrien waren, von Sutû überfallen und getötet worden seien. Die Gegend, wo das Ereignis stattfindet, wird nicht angegeben. Es ist aber anzunehmen, dass es sich hier um das Gebiet Nordsyrien handelt[82]. Rib-Addi, ein Fürst von Byblos[83], beklagt sich beim Pharao, ein gewisser Paḫura[84] habe gegen ihn die Sutû angeheuert; der Autor des Briefes macht sie für Mord und Menschenverachtung verantwortlich[85]. In einem weiteren Brief von einem Sohn von Aziru, dem Fürsten von Amurrû[86], wird den Sutû Verschwörung gegen den Autor des Briefes vorgeworfen. Der Grund dafür ist, dass der Fürstensohn von den Königen des Landes Nuḫašše[87] und von den Sutû selbst für die Verbannung seines Vaters nach Ägypten verantwortlich gemacht wird: Er habe seinen Vater Aziru für Gold an den König von Ägypten verkauft[88]. Interessant ist die Bemerkung des Briefes LÚ.MEŠ *su-u-du iš-tu* KUR.MEŠ[89] „die Sutäer aus den Ländern“. Diese drückt aus, dass die Sutû kein bestimmtes Territorialgebiet gehabt haben, und dass sie sich in verschiedenen Regionen bzw. Ländern aufhielten. Nach EA 195 sind die Ḫapiru[90] und die Sutû Bundesgenossen(?) oder Söldner eines

---

78 VS 1, 36, IV 2. Die Inschrift stammt aus dem 8. Jahr Nabû-šuma-iškuns.

79 Ders., IV 9. Für diese Gottheit vgl. Brinkman, PKB, 286[1854].

80 Bis in die neuassyrische Zeit hinein wird diese Gottheit erwähnt; so bildet sie das theophore Element des PN Arad-Sutīti in einer Urkunde aus der Zeit Asarhaddons; vgl. Vera Chamaza, OG, Nr. 138,5.

81 EA 16, 37–45. Der Brief ist ein Zeuge für die Wiederaufnahme der diplomatischen Beziehung zwischen Assyrien und Ägypten; vgl. dazu Kühne, Chronologie, 77f., 81f.

82 Kupper, Les nomades, 100, lokalisiert den Überfall in der Region zwischen Euphrat und ägyptischem Hoheitsgebiet.

83 Vgl. dazu Kupper, Les nomades, 100.

84 Kupper, loc. cit., meint, dass Paḫura ein „résident égyptien“ aus der Region von Damaskus sei. Kupper führt jedoch keinen weiteren Beleg für die Identifikation dieses Mannes ein. Vgl. die von Tallqvist, APN, 179, aufgelisteten Belege.

85 EA 122,31–35; vgl. auch 123,14.

86 Vgl. dazu Tallqvist, APN, 48f.; Kupper, Les nomades, 100, und Kühne, Chronologie, 79[401].131.

87 Für die Lokalisierung von Nuḫašše vgl. Kühne, Chronologie, 90.131.

88 EA 169,17–34.

89 EA 169,29–30.

90 Zur Diskussion über die Ḫapiru vgl. die Monographien von O. Loretz, Habiru-Hebräer. Eine sozio-linguistische Studie über die Herkunft des Gentiliziums *ʿibrî* vom Appellativum *ḫabiru*. Berlin / New York. 1984; J. Bottéro, Le problème des Habiru à la 4e recontre assyriologique internationale. Paris 1954; N. Na'aman, JNES 45, 271ff.; Buccellati, River Bank, 105, und Astour, UF 31, 31ff. ; Rowton, JNES 35, 13ff.

Fürsten namens Namiawaza[91], Absender des Briefes, welcher dem Pharao seine Truppen zur Verfügung stellt[92]. In einem lückenhaften Kontext finden man sie auch in EA 297[93]. Ihre genaue Rolle bleibt jedoch der Lücke wegen unbestimmbar[94]. EA 318[95] berichtet, dass die Ḫapiru- und die Sutû-Leute den Fürsten Dagan-takala[96], den Verfasser des Briefes, bedrängen, weshalb er den Pharao um Hilfe bittet.

Das bisher untersuchte Quellenmaterial hinterlässt also den Eindruck, dass die Sutû sehr bewegliche Nomadengruppen waren[97], die überwiegend in der Region zwischen Mittel- und Oberlauf des Euphrat operierten[98]. Darüber hinaus weist ihre in verschiedenen Ländern und Regionen des Alten Orients belegte Anwesenheit darauf hin, dass sie weniger eine hegemonial-politische Einheit bildeten[99] als vielmehr ein Konglomerat von relativ selbständigen Nomadenstämmen. Ein konkretes Territorialgebiet wird ihnen in den keilschriftlichen Quellen nicht zugeschrieben[100]. Man findet den Namen „Sutû“ mit dem Ortsdeterminativ KI in einem altbabylonischen Text, in dem er neben *Elam*^{ki} vorkommt[101], die geographische Lage ist jedoch undefinierbar. Dieselben Schwierigkeiten bietet die gelegentlich erscheinende Form ^{kur}*sutû*, die ebenfalls zusammen mit Elam belegt ist und im Zusammenhang mit Sklavenhandel[102] steht[103]. Daraus die Errichtung irgendeines sutäischen Staates im Ostzagros oder gar im Westiran schliessen zu wollen, ist recht abenteuerlich.

Eher scheint es, dass die keilschriftlichen Quellen diese Bezeichnungen promiscue anwenden, wie die El-Amarna-Briefe nahelegen: Hier taucht der Name

---

91 Für den PN vgl. APN, 166, und Kupper, Les nomades, 100; Kühne, Chronologie, 3^{13}.

92 EA 195,24–32.

93 Der Autor des Briefes ist ein gewisser Japaḫi von Gazri, wohl Gezer; vgl. Kupper, Les nomades, 100.

94 EA 297,16. Vgl. dazu ANET^{3}, 490.

95 EA 318,10–14.

96 Die Identifikation dieses Mannes, wie seines Amtssitzes ist unbekannt. Knudtzon, VAB 2, 1039, verlegt sein Herrschaftsgebiet, ohne nähere Begründung, nach Palästina. Siehe auch Kupper, Les nomades, 100.

97 Vgl. auch Kupper, Les nomades, 83ff.; Rowton, JNES 35, 16. Klengel, Iraq 39, 165^{+9}, bezeichnet sie als „mobile Schafzüchter“.

98 Knudtzon, VAB 2, 1039, und Kupper, Les nomades, 84, sprechen den Sutäern das westliche Gebiet der syro-arabischen Wüste zu.

99 Wie etwa die Perser im 9. Jh. v. Chr.; dazu vgl. Vera Chamaza, AMI 27, 92ff.

100 Die von Albright, BASOR 83, 34^{+8}; JBL 63, 220^{+89}, aufgrund eines Exekrationstexts geäusserte Vermutung, dass es zwei Sutû- bzw. *šwtw-Länder* in Palästina gegeben habe, lässt sich aus keilschriftlichen Quellen nicht bestätigen. Hier sind sie ausschliesslich als mobile Nomadenstämme konzipiert, die sich überall aufhalten.

101 4R^{2}, Tf. 36, Nr. I, 23.

102 Ob die in Gen. 37,28 erwähnten Sklavenhändler aus Midian identisch sind mit den Sutû, die mit diesem Handelssystem gut betraut zu sein scheinen, wie Klengel, Iraq 39, 168, nahelegt, lässt sich kaum beweisen.

103 Vgl. dazu Kupper, Les nomades, 93^{+2}, und Klengel, loc. cit.

„Sutû" sowohl mit als auch ohne Determinativ KUR bzw. *mātu* „Land" auf: LÚ.MEŠ *Sutû*[104] „die Sutäer", LÚ.MEŠ ^{kur}*sutû*[105] „die Bewohner des Landes Sutû" und LÚ.MEŠ ERIM.MEŠ *Sutû*[106] „die Bürger (und) die Mannschaften der Sutäer". Bis hin in die neuassyrische Zeit sind solche Bezeichnungen belegt. Hier ist von einem ^{kur}*su-tu-u*[107] und von ^{lú}*su-te-e* ÉRIN.MEŠ EDIN[108] „die Sutäer der Steppe" die Rede[109].

Ob die Sutû mit den in Num. 24, 17 erwähnten *bnē šet*[110], die zusammen mit Moab erscheinen[111], gleichgesetzt werden dürfen[112], wie in der Sekundärliteratur gelegentlich behauptet wird[113], ist äusserst unsicher.

Man beachte, dass die keilschriftlichen Quellen, in denen die Sutû vor allem belegt sind, die Gegend Südostpalästinas nicht als deren Operations-Gebiet angeben – ihr Zentralbereich erscheint nach wie vor die Landschaft zwischen dem Mittel- und Oberlauf des Euphrat bzw. die Landschaft Jauri[114], Babylonien und etwa Nordpalästina bzw. Syrien, wie aus den El-Amarna-Briefen zu entnehmen

---

104 EA 16,38.40; 169,29; 195,29; 318,13; UET 5, 108,3; VS 18, 41,4–5. So auch in einem ugaritischen Text; vgl. Dhorme, Mél. Dussaud, 203–207.

105 EA 122,34; 297,16: LÚ.MEŠ ^{kur}*sutû*.MEŠ. – In einem Text aus Nuzi wird ein Sutäer mit Herkunftsland bzw. Stamm genannt: *ša* ^{kur}*su-ti-i*; vgl. Lacheman, BASOR 78, 23.

106 EA 169,25.

107 ABL 629,22.

108 Sg. Ann. 231–234 (Winckler) / 266 (Lie) (= Fuchs, ISK, S. 136, Z. 258); Sg. Prunk. 123.135–136 (= Fuchs, ISK, S. 225–226.229); Gadd, Iraq 16, 186,71.

109 Vielleicht liegt die Erwähnung der *šū-tū-Fürsten* in den Ächtungstexten – ohne Ortsangabe – derselben Vorstellung zugrunde, wie in der Keilschriftliteratur.

110 Im selben Kontext erscheinen Edom und Śeʿīr; Num. 24,17–18.

Görg, ÄAT 2, 135ff., hat die Vermutung geäussert, ob man das Land Śeʿīr nicht mit dem in einer topographischen Liste Ramses II. erscheinenden Land „Seir" gleichzusetzen hätte. Mangels Belegen lässt sich diese These jedoch nicht mit Sicherheit vertreten.

111 Daher rührt die Auffassung, die Sutû seien die Vorfahren der Moabiter; vgl. ANET^{3}, 329^{4}; Worschech, Land, 116; Meyer, Israeliten, 219; Helck, Beziehungen, 46.50.

112 Und zwar gleichgültig, ob der biblische Text in monarchischer Zeit eine spätere politische Lage polemisch darstellt oder ob sich die Situation der Landnahme Palästinas durch die israelitischen Stämme widerspiegelt.

113 Vgl. Gesenius, Handw.^{17}, 866 b; Cazelles, VT 8, 318; Görg, ÄAT 2, 161, und Dearman, Studies, 14.

114 Besonders wichtig für die Lokalisierung der Weidegebiete der Sutû ist IAK 60/62, 22–24. Hier werden sie zusammen mit den Aḫlamû erwähnt, die in Verbindung mit dem Land Katmuḫu, dessen geographische Lage östlich des Tigris zu bestimmen ist (vgl. RGTC 5, 165f.), auftreten und gegen die Adad-nārārī I. kämpfte. Nach Weidner, AfO 6, 91 (VAT 9539), 10–11 (und Parallelstelle), hielten sie sich in der Region von ^{kur}*na-*[... *a-di* ...]*-mi-ra-ia*.MEŠ auf. Sie siedelten am Fuss des Libanongebirges. Vgl. weiter TCS 6, 171, 6.

ist[115]. Erst in neuassyrischer Zeit bringen sie die Quellen in Zusammenhang mit dem Land Amurrû[116].

Darüber hinaus versucht man, die *bnē šet* mit den in ägyptischen Ächtungstexten[117] bezeugten *šwt* bzw. *šū-tū* gleichzusetzen, aus denen die Moabiter hervorgegangen seien[118]. Unproblematisch ist diese Ansicht jedoch nicht, denn die historisch-geographischen Schwierigkeiten werden dadurch nicht überwunden[119]: Eine Territorialidentifikation der *šwt* ist nach wie vor heftig umstritten[120], wie auch eine etwaige Ausdehnung dieser Stämme zum Osten des Toten Meeres. Andererseits haben neue Untersuchungen der ägyptischen Quellen ergeben, dass die erwähnten *šū-tū* die noch nicht sesshafte Bevölkerung in Palästina während der Spätbronzezeit darstellen – und nicht etwa eine spezifische Volksgruppe in der moabitischen Region[121].

Abgesehen von den oben genannten Einwänden gegen eine Gleichsetzung bleibt das syntaktisch-textuelle Verhältnis des Ausdrucks *bnē šet* zum Namen Moab im alttestamentlichen Text ungeklärt. Man darf dies nicht ohne Begründung als

---

115 EA 122,30; 297,16.
Ob die LÚ.MEŠ *šu*ˀ*-ti-i* von EA 318,13, wirklich in Südpalästina beheimatet waren, wie Knudtzon, VAB 2, 1039, annehmen will, hängt von der Identifikation des Herrschaftsgebiets von Dagan-takala ab. Aus dem erwähnten Brief – wie auch aus EA 317 vom selben Verfasser – lassen sich kaum Hinweise finden, um sein Herrschaftsgebiet etwa in Südpalästina anzusetzen. Eher erweckt EA 318 den Eindruck, dass dieses Fürstentum sei im syrischen oder nordpalästinischen Raum zu suchen. Daher ist auch die Behauptung von Görg, ÄAT 2, 163, dass sich die Sutû in Südpalästina befanden, mit Vorsicht zu betrachten.

116 Vgl. ABL 629,21–22.

117 Zu diesen Texten vgl. Sethe, Ächtung, 46, e-5; Posener, Princes, 88ff.

118 So Worschech, ÄAT 18, 94ff.; ders., UF 25, 441ff.; ders., Bib. Arch. 60/4, 229f.; Giveon, Les bédouins, 235; Helck, Beziehungen, 335f.; ders., VT 18, 475ff.; Ward, JESHO 15, 35ff.; Görg, ÄAT 2, 162f.

119 Wenn auch ähnlich klingende Namen (*bnē šet* = *šwt*/*šū-tū*) in diese Richtung deuten; vgl. Görg, ÄAT 2, 135ff., 116ff. Auf ähnliche Schwierigkeiten stösst die Gleichsetzung *bnē šet* = *swtw* (wie Görg, ÄAT 2, 162f., vorschlägt). Vgl. Fritz, Entstehung, 27ff.

120 Man spricht in diesem Sinne von einem „Oberen“ und einem „Unteren“ *šū-tū*, die Helck, Beziehungen, 51, südlich des Wādī el-Moǧib (Oberes *šū-tū*) und südlich des Wādī el-Ḥesā (Unteres *šū-tū*) lokalisieren will. Die jüngeren Ächtungstexte (vgl. Posener, Princes, 89ff.; Kitchen, The Egyptian Evidence, 30; Moran, Or. 26, 342) bezeugen tatsächlich ein „Oberes“ und ein „Unteres“ *šū-tū*. Das erste wird aber mit Ammon (jedoch nicht ohne Einwände) und das zweite mit Zentralmoab identifiziert; vgl. Worschech, UF 25, 442ff. Weippert, The Israelite Conquest, 275, meint, dass die *šū-tū* bzw. *šwt* im 14. und 13. Jh. v. Chr. ein wesentliches Bevölkerungselement neben der sesshaften bäuerlichen und städtischen Gesellschaft im Ostjordanland gebildet haben.

121 Vgl. Weippert, Bib. 55, 265ff.; ders., RlA 8, 321; Miller, Early Monarchy, 77ff., und Gibeon, Les bédouins, 235ff.

Apposition voraussetzen[122]. Vielleicht ist der alttestamentliche Ausdruck *bnē šet* auch keine spezifische Volksbezeichnung, sondern eine pejorative soziologische Kennzeichnung für die Nomadenbevölkerung im allgemeinen, so wie die *bnē šaʾōn* („Söhne des Getümmels bzw. der Verwüstung") in Jer. 48,45. Leitet man das Wort *šet* von der Wurzel *šʾh* I („lärmen, verwüsten") ab, aus der auch *šaʾōn* und *šēʾt* („Untergang") stammen, so könnte man den Ausdruck *bnē šet* als „Söhne des Untergangs" (bzw. „die den Untergang und Verwüstung bringen") verstehen. Ein bekanntes Stereotyp Sesshafter für Nomaden[123].

2.3 Die Entstehung des Staates Moab

Nach Num. 21, 27–30[124] soll Sichon, den das AT als „Amoriterkönig" bezeichnet[125], Moab unterworfen und Teile seines Territoriums, nämlich vom Arnon bis

122 Vgl. dazu auch Weippert, RlA 8, 321.

123 Überfälle, Vandalismus, und Zerstörung durch die Nomaden sind uns wohl bekannt; vgl. dazu Kap. 4.5 und 5.

124 Die literarische Zugehörigkeit und die Datierung von Num. 21,27–30 ist in der alttestamentlichen Forschung recht umstritten. Sekundärliteratur dazu bei Timm, ÄAT 17, 62f.[1.2].63f.[4]; Schmitt, ZDPV 104, 26ff., und Knauf, ZDPV 106, 135ff.

V. 30 ist textlich recht unsicher. Die von Timm (S. 72ff.) vorgeschlagene Konjektur bringt keine weitere Klärung zum Problem. Timm (S. 75ff., 89) datiert den Text aufgrund einer Wortuntersuchung in die exilische bzw. nachexilische Zeit: Die Wendung *ysʾ eš* soll frühesten der priesterlichen Sprache angehören (S. 76). Doch begegnet uns diese Wortkombination mit *eš* als Subjekt gerade in Ri. 9,15. 20, wo sie zusammen mit *ʾkl* + ON/EN eine Art von Schema bildet. Darüber hinaus auch in Ex. 22,5; Lev. 9,24; 10,2; Jer. 4,4; Ez. 5,4 – auch mit *eš* als Subjekt. Vgl. weiter Ez. 1,13; 15,7; 28,18. Die Verwendung dieser Wortkombination in Ri. 9,15.20 ist wohl vorpriesterlich. Mit „ON, aus dem Feuer ausgeht" finde ich keinen weiteren Beleg. Für *ysʾ lähabah* ist mir nur noch ein Paralleltext bekannt, nämlich Jer. 48,45. Für *lähabah* in anderer Wortkombination vgl. Ex. 3,2 und 1Sam. 17,7; Hos. 7,6, etc.

Ob das Wort *bamōt* (V. 28) als deuteronomistischer *terminus technicus* für fremde Kulte zu verstehen ist (S. 77ff.), ist ohne eine Vergleichuntersuchung kaum vertretbar. Man darf die Anwendung dieses Wortes nicht sofort mit kultischem Inhalt verbinden, denn dies kann auch eine geographisch-topographische Bedeutung haben, was der Kontext nahelegt. Die Wortkombination *blʿ bamōt* + ON ist jedoch einmalig.

Der Ausdruck *ʿam Kemoš* findet man nur noch hier – *ʿam Jahwe* jedoch bereits in Ri. 11,13 und vornehmlich in der prophetischen Literatur des 8. und 7. Jhs. Dasselbe gilt für die Wendung *ntn ben* + ePP + *palet*, die man nur noch im Num. 21,29 vorfindet – *palet* allein wohl in Ri. 12,4.5; Jes. 8,22; Am. 9,1 und 2Kön. 9,15.

Das Wort *šibīt* ist in Ri. 5,12; Am. 4,10; Dt. 21,10.13; 28,31, etc. bereits belegt (Timm, ÄAT 17, 82). Die Wendung *ntn bnōt* + ePP + *b[h]a-šibīt* aber nur in Num. 21,29.

Darüber hinaus sind noch folgende weitere Wendungen und Wortkombinationen zu erwähnen: *ʾmr mošel* (V. 27a) als Einführung des Liedes hat keine Parallele. Hingegen *yśʾ* (Nar.) *mšal* + ePP + *ʾmr* (Nar.) ist weiter in Num. 23,7.18; 24,3.15.20.21.23 belegt. *bʾû ON* (V. 27b) ist keine Wendung.

zum Galaad-Gebirge, in Besitz genommen haben. Moabitische Städte wie Hešbon[126], Dibon[127], Nofah[128], Medeba[129] und Ar-Moab[130] sollen ihm zum Op-

---

Es bleibt ein unsicheres Argument, mit einer Einzelwortuntersuchung die Datierung eines Textes zu begründen – zumal, wenn semantischer Aspekt und Formalstruktur bei der Anwendung solcher Wörter nicht auseinandergehalten werden. Viel ergiebiger wäre die Untersuchung der geprägten Sprache des Texts, d. h. konkret: Wendung, Formel und Schema (vgl. dazu Richter, Exegese, 99ff.), die auf eine bestimmte Epoche hinweisen könnten.

Doch fällt es auf, dass Num. 21,27–30 frei von geprägter Sprache ist – abgesehen von der Wendung *yṣ' 'eš*, die zusammen mit *'kl* u. a. im Ri. 9,15.20 erscheint und auf einen ähnlichen Gebrauch hinweist. Vgl. auch Ex. 22,5; Lev. 9,24; 10,2; Ez. 15,7.

Dann stellt sich sofort die Frage nach dem vorliterarischen Stadium des Liedes, welche hier nicht verfolgt werden kann. Es genügt anzumerken, dass das geprägte Material des Textes keine Unterstützung für exilisch-nachexilische Datierung bietet. Manches deutet eher auf vorexilische Zeit hin.

Darüber hinaus muss die Frage nach der Intention des Liedes gestellt werden; die Einbettung in den Kontext der Landnahme-Tradition kann kein Zufall sein. Es scheint zur Legitimation der Ansprüche Israels auf das Ostjordanland zu dienen. Möglicherweise liegt hier der Grund, weshalb dieses Gebiet „desmoabitisiert“ wird, denn im Text wird ausdrücklich betont, die Stämme Israels hätten es von Anfang an dem Fürsten Sichon abgenommen; vgl. dazu die V. 21–26. Vielleicht ist so auch die vorangehende Bemerkung im V. 26 zu verstehen: „Sichon hatte mit dem König von Moab Krieg geführt und sein ganzes Land bis zum Arnon seiner Gewalt entrissen“. Dann wäre zu fragen, in welcher Phase der Geschichte Israels solche politischen Ansprüche akut und lebendig waren – kaum in der exilischen oder gar nachexilischen Zeit, in der die Israeliten bzw. die Judäer ihr Land verloren und ihre eigene Staatsidentität eingebüsst haben. In Frage kommt vielmehr die Zeit, da Israel als Staat existierte: Nun wissen wir durch die M-I (vgl. auch 1Sam. 14,47; 2Kön. 1; 3,4ff.), dass diese Ansprüche besonders seit dem 9. Jh. in Israel sehr akut geworden sind. Deshalb sind ja die Kriege zwischen Moab und Israel ausgebrochen.

Schmitt, ZDPV 104 (1988) 26ff., datiert das Lied ins 7. Jh., van Seters, JBL 9 (1972) 182ff., und Knauf, ZDPV 106, 135ff., hingegen ins 5. Jh. aufgrund von archäologischen Befunde.

125 Vgl. Num. 21,21; Dt. 3,28; Jos. 2,10; Ri. 11,19 – während ihn Dt. 2,26–27 nur als „König von Hešbon“ kennt.

126 Modern Tell Ḥesbān. Vgl. Knauf, Bib. Arch. 60/4, 135ff. Für die archäologische Geschichte vgl. Boraas/Geraty, Heshbon 1974. The Fourth Campaign at Tell Hesbon. Berrier Springs, MI, 1976; dies., Heshbon 1976. The Fifth Campaign at Tell Hesbon. Berrier Springs, MI, 1978; Boraas/Horn, Heshbon 1973: The Third Campaign at Tell Hesbon. Berrier Springs, MI, 1975; Miller, Early Monarchy, 78; R. D. Ibach, Archaeological Suvery of the Hesbon Region. Catalogue of Sites and Characterisation of Periods. Hesbon 5. Berrien Springs, MI, 1987.

127 Modern Ḏībān. Für die archäologische Geschichte vgl. Morton, BASOR 140, 47; ders., RB 64, 221ff.; ders., Excavations, 239ff.; Miller, Early Monarchy, 78.; A. D. Tushinghan, The Excavations at Dibon (Dhibân) in Moab: The Third Campaign 1952–1953. AASOR 40.

128 Nof/pah; griechische Übersetzung: Προσεδέκαυσαν. Vgl. auch Ri. 8,11. Der Ortsname ist wohl fehlerhaft überliefert worden.

fer gefallen sein. Den erwähnten Quellen zufolge dehnte sich das Land Sichons dann vom Arnon bis zum Jabbok, der Grenze zum Land der Ammoniter, aus. Nach der Eroberung soll Sichon nunmehr die Stadt Hešbon zu seiner Residenz gemacht haben[131]. Die israelitischen Stämme haben danach Sichon beseitigt, sich dessen Landes bemächtigt[132] und es unter den Stämmen Ruben, Gad und Manasses verteilt[133]. Im einzelnen lassen sich diese Angaben historisch nicht überprüfen, da jegliche Information aus ausserbiblischen Quellen fehlt[134]. Nicht ausgeschlossen ist, dass es sich bei diesem Text um eine retrospektive Projektion von zur Königszeit erhobenen Territorialansprüchen handelt und diese legitimieren soll. Es ist daher kein Wunder, dass an einem historischen Gehalt des Texts immer wieder gezweifelt wird[135].

Damit sind aber noch nicht alle Schwierigkeiten erwähnt. Im AT wird Sichon als *mäläk 'ämorī*[136] „König von Amurrû" bezeichnet. Ein amoritisches

---

129 Modern Mādebā. Für die archäologische Geschichte vgl. Harding, PEFA 6, 27ff.; Piccirillo, LA 25, 199ff.; Miller, Early Monarchy, 78.

130 In Jes. 15,1 kommt dieser ON als Kir-Moab vor. Jones, JSOT 52, 3ff., setzt ihn mit Kirhereseth (in der M-I), der moabitischen Hauptstadt, dem modernen el-Kerak, gleich; so auch Miller, Early Monarchy, 85ff.

131 Dearman, Bib. Arch. 60/4, 207, geht davon aus, dass die Aussage des biblischen Texts, Sichon habe Hešbon zu seiner Residenz gemacht, sagenhaft und nicht historisch sei, da die Ausgrabungen in jener Region ergeben haben, dass Tell Ḥesbān in der Spätbronzezeit keine Mauer besass. Hešbon sei eher der Name einer Landschaft.

132 An diesen Sieg der Israeliten über Sichon erinnert weiter Dt. 2,26–27; 3,2; Jos. 2,10; 24,8; Ri. 11,19–23.

133 Vgl. Dt. 3,12–17.

134 Neuerdings versucht man in der alttestamentlichen Forschung die Wanderungswege und Itinerare der Nomadenvölker in Ostjordan zu rekonstruieren: Walsh, CBQ 39, 20ff.; Coats, CBQ 34, 135ff.; Davies, Tyndale Bulletin 25, 46ff.; ders., VT 33, 1ff. Ein Unternehmen, das mit Unsicherheiten verbunden ist, denn nach wie vor fehlt Vergleichsmaterial in den ausserbiblischen Quellen.

135 Vgl. Timm, ÄAT 17, 84ff.; V. Fritz, Entstehung, 27.28.169; Schmitt, ZDPV 104, 30ff.

136 Timm, ÄAT 17, 84ff., der mit der Entstehung des Liedes in der exilisch-nachexilischen Zeit rechnet, erklärt den Namen als eine fiktive Nachbildung aus einem topographischen Namen. Spuren dafür meint er, in den Ausdrücken *ʿīr sīḥōn* (Num. 21,27d) und *mi[n]-qirjat sīḥōn* (V. 28b) zu finden; zur Unterstützung der These bietet er als parallele Belege *'äbän bohon* (Jos. 15,6), *qirjat sannah* (Jos. 15,49), *har ʿäprōn* (Jos. 15,9) und *qirjat 'arbaʿ* (Gen. 23,2). Darüber hinaus sei der Ausdruck *l-mäläk 'ämorī sīḥōn* „der Amoriterkönig Sichon" sekundär in den Kontext eingefügt worden (S. 83.92[11]). Schlussendlich versucht der zitierte Autor die Etymologie des Namens durch ähnlich klingende akkadische Nomen wie *sīḫu* und *šīḫu* zu erklären. In Anlehnung an Wetzstein, ZAEK NF 7, 149, sieht er weiter eine Verbindung mit dem arabischen *šīḥ*. Dieses Wort drückt aber im Arabischen einen Pflanzennamen aus (vgl. auch Anm. 165). Zuletzt zieht er die Ergebnisse der archäologischen Ausgrabungen in Hešbon in Betracht, wobei er sich hier auf Dornemann, Archaelogy, 21.119.165ff., verlässt: Die archäologischen Befunde zeigen „lokale Ausprägungen, aber keine, Spezifika" (S. 92). Für die von ihm behandelte

Sekundärliteratur verschiedener Natur siehe ÄAT 17, 74–96, Anm. 10–19. Hier wird diese nicht mehr vollständig zitiert, um unnötige Wiederholung zu vermeiden.

Fritz, Entstehung, 27.28.169, betrachtet Sichon als fiktiven Stadtkönig. Der Text sei später abgefasst worden und deshalb sei eine Erinnerung an historische Vorgänge unwahrscheinlich.

Timms Ansicht basiert auf zwei Argumenten: Die Fiktion des PN Sichon, der zuzustimmen ist, und die sekundäre Glossierung des Ausdrucks *mäläk 'ämorī sīḥōn* in Kontext von Num. 21,27–30: Es ist ein kapriziöses Argument, mit archäologischen und historischen Erwägungen den Ausdruck *l-mäläk 'ämorī sīḥōn* aus dem literarischen Kontext auszuscheiden. Denn die Ausgrabungen – aufgrund schwerwiegender Unsicherheiten – können seine These nicht stützen. Und was die Geschichte anbelangt, bildet diese gerade das grosse Hindernis. Ein Problem kann und darf nicht durch ein anderes geklärt werden. Ausserdem fällt es auf, dass Timm jede literar- und formkritische Untersuchung des Texts ignoriert – umso erstaunlicher, da diese des Alttestamentlers ureigenes Handwerk ist, worauf er seine Textscheidung begründen muss. Hier aber findet Timms Meinung keine Stütze, denn Sichon ist ja der Hauptdarsteller der Handlung. Bei der Bezeichnung *'ämorī* zieht er die Möglichkeit offenbar nicht in Betracht, dass es sich um einen Anachronismus handeln könnte.

Nach Timms These müsste Sichon, den die alttestamentlichen Überlieferungen und besonders die Landnahme-Tradition, als Gegenspieler der israelitischen Stämme auftreten lassen (vgl. Num. 21,13.31.34; Dt. 1,4ff., 27, 44; 2,24–3,11; 4,46; 29,6; 31,4; Jos. 2,10; 12,2.5; 9,10; 13,10.21.27; 24,8.12.15; Ri. 11,19ff.; 1Kön. 4,19ff.; Ps. 135,11; 136,19; Jer. 48,45; Neh. 9,22), in allen erwähnten Texten sekundäre Glossierung sein. Ihm zufolge ist ja *mäläk 'ämorī sīḥōn* nur eine in der exilischen bzw. nachexilischen Zeit entstandene literarische Fiktion. Oder muss man davon ausgehen, dass sich die Landnahme-Tradition erst in dieser späteren Phase gebildet hat? Das wäre aber ein billiges Argument.

Timm hat richtig erkannt, dass es sich bei *'äbän bohan*, *qirjat sannah*, *har 'äprōn* und *qirjat 'arba'* um Toponymien handelt, die auch als Personennamen belegt sind: Hasnū'ah in Neh. 11,9 und in 1Chr. 9,7, 'Äprōn als Sohn eines Zochar in Gen. 23,8ff.; 25,9; 49,29f.; 50,3. Die übrigen zwei kommen nur noch im Zusammenhang mit *'äbän* bzw. *qirjat* vor. Deshalb sind sie für einen derartigen Vergleich unergiebig, denn es geht ja darum, festzustellen, ob sich der Personenname aus Toponymien entwickelt hat oder umgekehrt. Bei 'Äprōn müssen die Texte, in denen er – nach Vorstellung des zitierten Autors – als PN erscheint, unbedingt jünger sein als der Text, in dem er als Toponym belegt ist. Eine derartige Schlussfolgerung ohne vorausgehende literar-, form- und redaktionskritische Untersuchung des Textes ist nicht zu verantworten. Die Belege für die PN Sina'ah und Hasnū'ah in Neh. 11,9 und 1Chr. 9,7 sind kein Beweis, dass der TN älter als der PN ist. Selbst wenn dies der Fall wäre, bedeutet dies nicht unbedingt, dass dasselbe Kriterium für der PN Sichon anwendbar ist.

Ebenso wenig kann man die These durch die Erklärung der Ausdrücke *'īr sīḥōn*, *qirjat sīḥōn* als Namenszusammensetzung (Timm, ÄAT 17, 85) erhärten, wenn die grammatikalischen Probleme nicht einmal erwähnt werden: Die morphemlose Endung des Sg. *'īr* kann sowohl *status absolutus* wie auch *constructus* sein. Man darf den Ausdruck nicht ohne weiteres als „Stadt Sichon" lesen. Kombinationen mit angehängtem PN sind immerhin gut belegt: *'īr david*: 2Sam. 5,7.9; 6,10.12.16; 1Kön. 2,10; 3,1; 8,1; 9,24; 11,27.43; 14,31; 15,8.24; 22,51; 2Kön. 8,24; 9,28; 12,22; 14,20; 15,7.38; 16,20; Jes. 22,9. Damit wird Jerusalem (das

Fürstentum in Mittelpalästina oder gar im Ostjordanland bzw. östlich und nordöstlich des Toten Meeres im 14. oder im 13. Jh. v. Chr. findet jedoch keine Bestätigung in der ausserbiblischen Literatur[137]. Das wohl bekannteste amoritische Fürstentum jener Zeit ist das von Abdi-Aširti und dessen Sohn Aziru, deren Nachfolger namentlich erwähnt werden[138]. Ihr Land umfasste aber die Landschaft Mittelsyriens[139] und ist in der El-Amarna-Korrespondenz gut dokumentiert[140]. Diese Herrscher werden in den keilschriftlichen Quellen jeweils als LUGAL ^{kur}MAR.TU „König von Amurrû" bezeichnet[141] und standen zeitweilig unter der Vormundschaft des ägyptischen Pharaos[142]. Doch darf man die Landesbezeichnung in LUGAL ^{kur}MAR.TU „König von Amurrû" nicht als eine hegemonial-staatliche Einheit betrachten, denn dieselben Quellen erwähnen weiter eine Reihe von kleinen, selbständigen amoritischen Staaten in syrischen Ge-

---

hier gemeint ist), nicht als „Stadt David" verstanden, sondern als Stadt des David. Für die Behauptung von Timm, ÄAT 17, 85[70], damit sei das Recht des Eroberers der Stadt zum Ausdruck gebracht, fehlt jede Grundlage. Wie müssten dann wohl ähnliche Bezeichnungen wie *ʿīr bnē* Juda (Jos. 18,14), *ʾäl ʿīr naḥōr* (Gen. 24,10) *ʿarē hadad-ʿazär* (2Sam. 8,8) gedeutet werden? Die Bezeichnung *ʿīr David* bedeutet nichts anderes als den Residenzstatus des Königs bzw. der Stadt.

Ähnliche Formulierungen sind uns aus der Keilschriftliteratur bekannt: ^{uru}*a-ri-du* URU *dan-nu-ti-[šu ša* ^{I}*n]i-in-ni* „die Stadt Uridu, die mächtige Stadt [von N]inni"; Michel, WO 1,12, Vs. 14–15. [^{uru}*p]ad-di-ra* URU *dan-nu-ti-šú šá* ^{I}*ia-an-z[i]* „Paddira, die mächtige Stadt von Iânz[u]"; Michel, WO 1, 16,10. ^{uru}*ar-za-áš-ku-un* URU lugal-*ti-šu* „Arzaškun, seine königliche Residenz"; Michel, WO 1, 460,71. Das ePP bezieht sich auf den Fürsten Aramu. Vgl. weiter TCL 3+, 35.84.216.308, und Sg. Prunk. 47 (= Fuchs, ISK, S. 206).

Bei dem Ausdruck *ʾäl ʿīr naḥōr*, unter welchem Harran gemeint ist, handelt es sich um die Heimat bzw. den Herkunftsort von Nachor.

Die Bezeichnung *kol ʿarē sīḥōn mäläk ha-ʾämorī* „alle Städte von Sichon, des Amoriterkönigs," in Jos. 13,10 ist dies bezüglich aufschlussreich. Hier zeigt sich klar und deutlich die Constructus-Verbindung des Wortes mit dem PN. So auch ein weiterer Beleg in Jos. 21,19 mit dem Namen Aaron.

Der *status constructus* des Wortes *qirjat* ist morphologisch erkennbar und bietet deshalb keine Beweiskraft für die von *Timm* postulierte These.

137 Allgemeine Literatur zur Geschichte Amurrûs in Forrer, RlA 1, 99f.; de Vaux, Historia I, 207[103–106]; RGTC 5, 31; Gibson, JNES 20/4, 22[11]; de Guss, UF 3, 41ff.; Durand, RA 42, 3ff.; Rowton, Iraq 31, 68ff.; Lemaire, RA 93, 49ff.; Streck, AOAT 271/1, 26ff., 65ff.

138 So Du-Tešup, Tuppi-Tešup, Bentišina, Šabiliš, etc.; vgl. Forrer, RlA 1, 100a.

139 Vgl. Klengel, MIO 10, 57ff.

140 Vgl. EA 85–87.

141 Vgl. einen in Ugarit erhaltenen akkadischen Text: Nougayrol, MRS 9, 284,3. Der Pharao (Amenophis IV.?) nennt Aziru demütigend LÚ ^{uru}*a-mu-ur-ra*; EA 162,1. Vgl. auch KUB III, 14,13ff.

142 So bezeichnet Aziru den Pharao als EN-*ia* DINGIR-*ia* ^{d}UTU-*ia* (...) ^{I}*a-zi-ri* ^{lú}ÌR-*ka* - „mein Herr, mein Gott, meine Sonne (...) Aziru, dein Diener"; EA 85,1–2. *ù at-ta-ma* EN-*ia ù* EN-*ia li-iš-mi-me a-na* ^{lú}ÌR.MEŠ$^{!}$-*šu* ^{I}*a-zi-ri* ^{lú}ÌR-*ka* „du bist ja mein Herr, so möge mein Herr auf seinen Diener hören, Aziru ist dein Diener"; EA 93,10–11.

bieten, die wohl als Stadtfürstentümer zu verstehen sind[143].

Die keilschriftlichen Quellen der mittelassyrischen Zeit kommen also darin überein, den Amurrû-Staaten den grossen Bereich zwischen dem Mittellauf des Euphrat und der syrischen Mittelmeerküste zuzuschreiben. Im Norden stossen sie an das Ḫattî-Land[144]. Erst in späterer Zeit – nachdem die hethitischen Eroberungen und die Einfälle der Seevölker der Selbständigkeit der Amurrû-Staaten ein Ende bereitet haben – wird der Name „Amurrû" undifferenziert *pars pro toto* für den umfassenden Westen einschliesslich des Ḫattî-Landes[145] und Palästinas[146] verwendet. Die keilschriftlichen Quellen des 14. und 13. Jhs. trennen aber deutlich die südliche Landschaft Syriens und Palästinas von den Amurrû-Staaten ab, welche sie als Land Kinaḫi bzw. Kinaḫḫi[147], was mit dem biblischen Land Kanaan gleichgesetzt wird[148], bezeichnen[149].

---

143 So. z. B. ^{uru}*ṣu-mu-ri*, EA 27,23; Weidner, AfO 18, 344,23; KAH II, 68,24. Identisch mit Tell Kazal bei Mantār(?); vgl. Kessler, WO 8/1, 60[50]; Klengel, GS 2, 436; RGTC 5, 238. ^{uru}*ul-la-za*; EA 27,23. ^{kur}*gu-bal*: AfO 18, 344,19; ein Land, dessen Zentrum Ǧubal (= Byblos) ist: RGTC 5, 110. *am-bi*; EA 73,27 (wohl ^{uru}*am-mi-ia*); 102,20. ^{uru}*ma-ag-da-lim*; EA 69,20. ^{uru}*ši-ga-la*; EA 90,9; 95,44. ^{uru}*ir-qa-ta*; EA 103,12. ^{uru}*tu-bi-ḫi*; EA 179,15.

144 Vgl. KAH II, 71,11; Weidner, AfO 18, 344,18–23.32.35; AKA 153,7. Darüber hinaus vgl. Klengel, GS 2, 227.230; van Seters, VT 2, 64f. Klengel, GS 2, 178, lokalisiert die Amurrû-Landschaft zwischen dem Ǧebel el-Bišrī und dem Unterlauf des Orontes. Ferner siehe Loretz, UF 31, 323ff.

145 Vgl. Michel, WO 1, 383,3. Sg. Ann. 41 (Winckler) / 67 (Lie 12, 78) (= Fuchs, ISK, S. 91f., Z. 67); Sg. Prunk. 161 (= Fuchs, ISK, S. 238); Sg. Schwellen. II 28–29 (= Fuchs, ISK, 253); IV 106 (= Fuchs, ISK, 268); V 39 (= Fuchs, ISK, 275); Snh. 97,82.

146 Sargon II. zieht die Grenze des Landes Amurrû/Ḫattî bis zur Grenze von Ägypten und Muški: *iš-tu* ^{kur}*ia-ad-na-na ša* MURUB$_4$ *tam-tim šá-lim* ^{d}UTU-*ši a-di pa-aṭ mu-uṣ-ri u* ^{kur}*mu-uš-ki* ^{kur}MAR.TU DAGAL-*tum* ^{kur}*ḫat-ti*; Sg. Prunk. 16–17 (= Fuchs, ISK, S. 194). (*Jadnana*: ein Gebiet auf der Insel Zypern; vgl. Fuchs, ISK, 439.440.) Muški waren nordöstliche, anatolische Stämme, die später mit den Phrygern assoziiert wurden; vgl. RGTC 5, 199.

Snh. 168, II 50–58, bezeichnet die Fürsten von Samsimuruna, Ṣidūnu, Arwad, Gubla, Asdūdu, Bīt-Ammān, Ma'ab, Udūma als LUGAL.MEŠ ^{kur}MAR.TU „Könige von Amurrû". Vgl. weiter Snh. 69,19–20; 132,69–70.

Als Bezeichnung für den gesamten Westen erscheint Amurrû in Ash. § 2,II 7. Siehe ferner Rm. VIII, 16 (VAB 7/II, 68; BIA 62, A§ 68); K. 2802+, IV 12 (VAB 7/II, 202,17; BIA 80, IV 12).

147 Für die Erklärung des Namens Kinaḫi/Kinaḫḫi vgl. de Vaux, JAOS 88, 23ff.; Astour, JNES 24, 346ff.; Moscati, AnBi 12, 266ff.

148 Vgl. VAB 2, 1133; Weidner, AfO 19, 38[31]; Maisler, Untersuchungen 1, 54ff.; Gibson, JNES 20/4, 217ff.; Astour, JNES 24, 346; de Vaux, JAOS 88, 23ff.; Hess, UF 31, 225ff.

149 In diesen Zusammenhang lässt sich aus Gen. 10,15–16, wonach Kanaan Vater von Amurrû sei, keine Zusammengehörigkeit beider Völker ableiten, da die Bibel diese nach ihrer geschichtlichen Erscheinung einordnet. Die ausserbiblischen Quellen setzen zwischen Amurrû und Kinaḫi/Kinaḫḫi eine klare Grenze; vgl. EA 5,15–29; 9,19; 36,15; 109,46; 162,40–41. Das Land wird bereits zur Mari-Zeit bezeugt; vgl. Charpin/Durand, Fils Sim'al, 153ff.; Buccellati, River Bank, 106ff. Moscati, Is-

Ähnlich wie bei den Amurrû-Staaten handelt es sich auch hier nicht um eine politisch-staatliche Grösse, sondern um selbständige Lokalfürstentümer, welche in Rahmen der politischen und geschäftlichen Beziehungen mit Ägypten, Babylonien, Assyrien und Ḫattî eine nicht unwichtige Rolle gespielt zu haben scheinen[150]. Von ihnen sind uns einige Stadtstaatennamen überliefert worden: Ammia[151], Ḫinnutuna[152], Akšapa[153], Arwad und Ulluzaba[154], Gubla und Sumur[155],

---

rael, 101–109, hat diesbezüglich genügendes Quellenmaterial gesammelt. Für die in den ugaritischen Quellen vorkommenden Belege vgl. Nougayrol, MRS 9, 284–86.

150 EA 5,15–29, ein Brief von Burnaburiaš an Amenophis IV., berichtet unter anderem über babylonische Geschäftsleute, die offenbar in der Stadt Ḫinnutuna im Land Kinaḫi/Kinaḫḫi ermordet worden sind. Bei dieser Gelegenheit wendet sich der babylonische König an den Pharao, um die Bestrafung der Übeltäter zu fordern. Dieser Brief zeigt deutlich, dass das Land Kinaḫi zu jener Zeit unter ägyptischer Herrschaft gestanden hat. Vgl. weiter EA 30; 109,44–55; 131; 137; 148; 151; 152. Nach EA 9,19–20 waren die Kinahäer zur Zeit des babylonischen Königs Kurigalzu als dessen „Informanten“ über politische Angelegenheiten jener Region tätig. Vgl. weiter EA 14,52–53; 36,15 (in lückenhaftem Kontext).

Aus einem Brief (VAT 8009 = Weidner, AfO 19, Tf. VII) aus der Zeit Salmanassars I. erfahren wir über Handelsbeziehungen zwischen Assyrien und Kinaḫi folgendes:

^{1}1 ^{túg}*iš-ḫa-na-be ša* ÚR.UD ^{2}GIŠ.GAR ša ^{mi}*al-la-an-zu* ^{3}1 ^{túg}BAR.⸢DUL⸣ GIŠ.GAR *ša* ^{I}SUM-^{d}*a-šur* ^{4}GIŠ.GAR *li-me* ^{Id}IŠ$_8$ KAM ^{5}1 ^{túg}*iš-ḫa-na-be ša* ÚR.UD ^{6}GIŠ.GAR ša ^{mí}*al-la-an-⸢zu⸣* ^{7}*ša li-me* ^{8Id}*a-šur-da-i-su-⸢nu⸣* ^{9}*iš-tu lu-bu-ul-te* ^{10}*ša* ^{giš}*um-ni-na-te* ^{11}*a-na* ^{uru}*ar-ba-il* ^{12I}*mu-šal-lim-*^{d}*a-šur* ^{I}EN-*li-ter* $^{13\ Id}$AG-EN-SIG$_5$ *ù* ^{I}*x-tu-ra* ^{14}*il-te-qi-ú* ^{15}*a-na* ^{I}*si-qi*-DINGIR.MEŠ-*ni a-na* KASKAL ^{kur}*ki-na-ḫi* ^{16}*ta-ad-na* $^{17\ itu}$ŠÁ *sa-ra-te* UD 12.KÁM ^{18}*li-mu* $^{19\ I}$*ú-sa-at-*^{d}AMAR.UTU

„^{1}Ein Kleid, ^{2}Ablieferung von Allānzu; ^{3}1 Gewand, Ablieferung von Iddin-Aššur, ^{4}Ablieferung im Eponymat von Ištar-ēreš. ^{5}1 Kleid, ^{6}Ablieferung von Allānzu, ^{7}im Eponymat ^{8}(von) Aššur-daisuna ^{9}aus dem Kleider(vorrat) $^{10–14}$des Truhen(-Hauses) haben Mušallim-Aššur, Bēl-litēr, Nabû-bēl-dāmiq und Ištar-Tūra (diese Kleider) nach Arbail mitgenommen. $^{15–17}$Dem Siqi-ilāni wurden sie für die Reise nach Kinaḫi gegeben. II-12, $^{18–19}$Eponymat (von) Usāt-Marduk“.

Der Brief wurde teilweise von Weidner, AfO 19, 38, bearbeitet. Siqi-ilāni wird also offiziell beauftragt, in Kinaḫi Handelsbeziehungen anzuknüpfen. Offensichtlich war er ein erfahrender Geschäftsmann: In KAJ 274, 3 ist ebenfalls von einer Reise die Rede – doch wird das Ziel der Unternehmung nicht angegeben. Dass die Assyrer nicht nur Handelsbeziehungen zu den kleinen Staaten des Landes Kinaḫi suchten, sondern auch Unruhe gegen die hethitische Oberherrschaft stifteten, geht aus der Reaktion des Hethiterkönigs Tuthalija IV. deutlich hervor, der daraufhin mit einer Handelsblockade gegen Assyrien antwortete, zu der er seine Vasallen im Westen zu zwingen versuchte; vgl. KUB 23, 1, IV 12–22; Forrer, MDOG 63, 16f.

151 In einer Inschrift aus Alalaḫ, veröffentlicht von S. Smith, The Statue of Idrimi, 72–77,18–33, erscheint diese Stadt zum ersten Mal. Vgl. weiter Moscati, Israel, 45. De Vaux, JAOS 88, 26, lokalisiert sie an der phönizischen Küstenebene, nördlich von Gubla.

152 EA 5,17. Ḫinnutuna wird mit der biblischen Hannaton (vgl. Jos. 19,14) gleichgesetzt; vgl. de Vaux, loc. cit.; Gibson, JNES 20/4, 218^{+5}.

Ṣidūnu und Ḫazura[156] – Städte, die mit Ausnahme der letzten an der phönizischen Küstenebene zu finden sind[157]. Dadurch lässt sich erklären, weshalb die keilschriftlichen Quellen gelegentlich das Ortsdeterminativ für Kinaḫi/Kinaḫḫi pluralisch verwenden (KUR.MEŠ[158] „Länder") und dementsprechend von LUGAL.MEŠ *ša* [kur]*ki-na-a-aḫ-*[*ḫi*] „Königen des Landes Kinaḫḫi" sprechen[159].

Unter der Herrschaft Ramses II. umfasste dieses Land das gesamt heutige Palästina[160]. Im Norden grenzte es an das „Land Amurrû", im Süden an Ägypten, und im Osten bildete der Jordan eine natürliche Grenze[161].

Zieht man nun alles bisher erörterte Quellenmaterial in Betracht, können wir schliessen, dass das im AT bekannte amoritische Fürstentum des Sichon[162] einen Anachronismus bildet, da es im 13. Jh. in Transjordanien keinen amoritischen Staat gegeben hat[163].

---

153 In einem Text, den Thureau-Dagin, RA 19, 100–101,1, veröffentlicht hat, wird Akšapa mit seinem Herrscher erwähnt: [1]*in-tar-ú-da* LÚ [uru]*ak-ša-pa*. Diese Stadt ist mit der 'Akšap von Jos. 11,1 identisch; vgl. de Vaux, JAOS 88, 26; Gibson, JNES 20/4, 218[+6].

154 EA 109,9ff., 44ff.

155 EA 131,7ff., 59ff.

156 EA 148,39ff.

157 Diese geographischen Angaben entsprechen *grosso modo* der biblischen geographischen Vorstellung vom Land Kanaan: danach waren die Kanaanäer an der Küstenebene und in der Jordanebene angesiedelt: Num. 13,29; Jos. 5,1; 11,3; 17,11ff. Nach Gen. 10,19 dehnte sich dieses Land von Sidon (wohl Ṣidūnu der Keilschriftliteratur) bis Gaza, von Adma (El 'Adma) und Zebojim (Wādī Abū Dābaʿ) bis Leša (unlokalisierbar) aus.

158 EA 131,71. Vgl. auch EA 137, 76.

159 EA 30,1; 109,46. In EA 148,25.40 ist ausserdem der Name des Fürsten von Ṣidūnu überliefert worden; in EA 151,11 die von Danuna und Ugarit (Z. 50–58). Diese Angaben finden auch in Ri. 5,19 ihre Bestätigung, wo von den „Königen Kanaans", die gegen die Stämme Israels ziehen, die Rede ist.

160 Vgl. Kitchen, JEA 50, 47ff.

161 Vgl. de Vaux, JAOS 88, 27ff.; Charpin/Durand, RA 80, 153ff.

162 Der Titel „König" ohne tatsächliches Königtum (im Sinne) von Territorialgebieten wird in der Keilschriftliteratur oft verwendet: In Mari haben die nomadischen Stämme wie die Ḫananäer und die Benjaminiter auch ihre Könige; vgl. Kupper, Les nomades, 32.59. Die Vorfahren Šamšī-Adads I. waren offensichtlich Zeltkönige: *Kraus* widmet diesem Thema seine Monographie *Könige, die im Zelten wohnen* (Amsterdam 1965). Sogar die Vorfahren Hammurapis scheinen eine ähnliche Tradition wie die von dem Assyrerkönig zu haben; vgl. Klengel, Hammurapi, 135f.

Salmanassar III. berichtet von 27 persischen Königen, die er in 24. Feldzug (835) zum Tribut zwang. Im Grunde genommen handelt es sich bei diesen um Stammeshäuptlingen von Parsuaš; vgl. Vera Chamaza, AMI 27, 98ff. Sargon II. spricht ebenfalls von der Königin der Araber; Sg. Ann. 162 (Winckler) / 188 (Lie) (= Fuchs, ISK, S. 122, Z. 188); Sg. Prunk. 69.95 (= Fuchs, ISK, S. 213.219). Aber auch die Bibel kennt solche Bezeichnungen: Nach Num. 31,8ff. und Ri. 8,12 haben die noch nicht sesshaften Midianiter einen König, und ebenfalls die Amalekiter (1Sam. 15,8.20.32).

163 De Vaux, Historia II, 97, meint jedoch, dass sich dieses amoritische Fürstentum viel früher als der Staat Moab gebildet hat, eine Meinung, die dem keilschriftlichen

Num. 21,27–30 scheint also historische und geographische Vorstellungen seiner Abfassungszeit unreflektiert übernommen und auf die frühere geschichtliche Situation übertragen zu haben. Die Bezeichnung „Amurrû" galt ja besonders in der neuassyrischer Zeit für den gesamten Westen[164]. Daraus lässt sich auch schliessen, dass der PN Sichon kaum historischer Realität zugrunde liegt, in mittelassyrischer Zeit hat es in Transjordanien kein amoritisches Fürstentum gegeben; und in der neuassyrischen Zeit ist uns dieser Name weder als TN noch als PN bekannt. Die Etymologie des Namens ist nach wie vor rätselhaft[165]. Somit bleibt dieser biblische Text in Bezug auf die Entstehung und Entwicklung des Staates Moab unergiebig. Er erweckt den Eindruck, im Dienst von politisch-territorialen Ansprüchen aus der Königszeit zu stehen und reflektiert keine historische Lage zur Zeit der Landnahme[166].

Zeugnis völlig widerspricht. Vgl. auch Miller, Moab, 1ff.; ders., Early Monarchy, 81.

164 Dazu Anm. 146. Nicht zu unrecht datiert Schmitt, ZDPV 104, 26ff., Num. 21,27–30 ins 7. Jh. v. Chr., in jene Zeit, in der die Bezeichnung „Amurrû" für den gesamten Westen galt.

165 Die Etymologie des Namens Sichon hilft hier nicht weiter, da er ohnegleichen dasteht. Sowohl im AT als auch in der ausserbiblischen Literatur findet man dafür keine geeignete Parallele. Die Akkadischen Nomen *sīḫu* II („Artemisia", eine Art von Droge), *siḫu* I < *seḫû* („Aufstand") oder *šīḫu* < *šaḫu* (Adj. „hoch-, langwachsen") tragen nichts zur Klärung des Namens bei. Man müsste darüber hinaus erklären können, wie sich ein akkadisches Nomen im AT eingebürgert hat. Interne Sprachverbindungen oder gar politische Zusammenhänge müssten vorhanden sein. Doch nichts dergleichen ist überliefert worden. Und vom politischen Gesichtspunkt aus betrachtet scheitert dieser Versuch daran, dass sowohl die babylonischen als auch die assyrischen Quellen keine derartigen oder ähnliche Toponymien kennen – abgesehen davon, dass sich die Assyrer und die Babylonier, was die Ostjordanländer betrifft, mit der Vasallität der Fürsten begnügten.

Knauf, ZDPV 106, 140ff., verbindet den Namen Sichon mit dem modernen Bergnamen Ǧabal Šihān, in dem er Spuren des alten Namens Sichon finden will.

Ebensogut hätte man den Namen auf die ugaritischen Wurzel *šḫn* (vgl. dazu Ward, JNES 20,33) zurückführen können, deren Verwendung in Stammesnamen aus dem Text 1067 (UTB 3, 229 = KTU 4.233,4) bekannt ist: *bn šḫyn*; siehe auch KTU 4.690,4). Aber selbst hier sind nicht alle Schwierigkeiten überwunden. Ausserdem kann dies nur beweisen, dass der PN bereits im 2. Jt. v. Chr. geläufig war, ein Beweis für die Historizität des Sichon ist dies jedoch nicht.

166 Dieselben Schwierigkeiten begegnen uns bei

Ri. 3,12–30 (Vgl. dazu Fritz, Entstehung, 40; de Vaux, Historia II, 308–312; Donner, Geschichte, 158; Auerbach, ZAW 51,47ff.; Kraeling, JBL 54, 205ff.; Taubler, Bib. St. 21ff.; Soggin, VT 39, 99; Knauf, JSOT 51, 25ff.; Miller Early Monarchy, 85. Num. 22–24; vgl. de Vaux, Historia II, 56.99ff.; Noth, Geschichte, 144 und Anm. 2; Fritz, Entstehung, 23f. 38ff., 45f., 469 (hier weitere Sekundärliteratur); Gross, Bileam, 19ff.; Timm, ÄAT 17, 171ff. Coats, Semeia 24, 53ff. – Zu diesem Thema müsste auch die Dēr-ʿAllā-Inschrift einbezogen werden; dazu Müller, ZAW 94, 238ff.; Hoftijzer / van der Kooij, Aramaic Texts from Deir ʿAlla. Leiden 1976; Miller, Early Monarchy, 84f. Dies ist je-

Zusammenfassend ergibt sich, dass die Ankunft der Moabiter in Transjordanien erst in der Spätbronze- oder gar in der Früheisenzeit stattfand, was wiederum die Vermutung zulässt, sie mit dem Auftreten der Aramäer in 12. Jh. zu verbinden. Wann ihr Sedentarisationsprozess begonnen hat und unter welchen Umständen und wann die Neuankommenden sich staatlich konsolidiert haben, sind lauter Fragen, die angesichts des Quellenmangels unbeantwortet bleiben müssen.

Die Staatenbildung in die Zeit Mešas bzw. seines Vaters Kemošyat, also in der ersten Hälfte des 9. Jhs. zu verlegen, ist nicht zwingend, da uns kein Quellenmaterial über die moabitische Frühgeschichte überliefert worden ist[167].

---

doch kein Gegenstand der vorliegenden Untersuchung.) und

Ri. 10,6–12,7 (dazu Richter, Bib. 47, 485ff., und Täubler, Bib. St. 283ff.; siehe ferner Albright, Prolegomenon, 21.).

Nicht besser geht es mit dem kurzen Bericht von 2Sam. 8,1–3 (vgl. auch 2Sam. 23,20; 1Chr. 18,11 und 2Chr. 4,22), in dem König David als Unterwerfer der Moabiter gepriesen wird.

In 2Sam. 12,12 werden die Moabiter weiter zusammen mit den Ammonitern, Philistern und Amalekitern als Tributpflichtige Israels unter Saul gezählt. Weippert, RlA 8, 321, hält mit Recht die im AT erwähnten früheren Könige von Moab: anonym im Num. 21,6, Balak und Eglon für rein apokryphen.

167 Hadidi, SHAJ I, 17, rechnet damit, dass das moabitische Königtum zum Beginn des 13. Jhs. v. Chr. entstanden ist; Fritz, Entstehung, 173, datiert die Konsolidierung des Staates Moab ins 11. Jh. Vgl. auch Dietrich, Königszeit, 110f. Miller, Early Monarchy, 77ff. 81; ders., SHAJ I, 172a.; Knauf, The Cultural Impact, 53, datieren die Entstehung des moabitischen Staates im 9. Jh. Weippert, RlA 8, 321, bringt die Entstehung des Staates Moab im Zusammenhang mit dem Zerfall des Davids Reiches. David selbst habe bei seiner Eroberung Moabs keinen konsolidierten Staat vorgefunden, sondern eine Tribalgesellschaft, die sich unter dem Druck der Okkupation allmählich auf den Weg der Ethnogenese begab.

3

Der Aufstieg des Staates Moab und seine israelitische Vasallität

3.1 Hintergründe und Entwicklung des moabitisch-israelitischen Konflikts

Der moabitische König Meša berichtet in seiner Siegesinschrift, dass Omri, König von Israel, das ganze Land um Medeba eingenommen und die Moabiter lange Zeit unterdrückt habe. 40 Jahre habe das Haus Omris über Moab geherrscht, bis er – Meša – das Land wieder befreit habe[168].

Aus dem AT erfahren wir andererseits, dass Omri, ein aus dem israelitischen Heer stammender Befehlshaber[169], durch eine Revolte im 31. Regierungsjahr des judäischen Königs Asa (908–868?) im Nordstaat Israel zur Macht kam. Diese war zugleich eine Gegenrevolte gegen den Usurpator Simri, der sich nur knapp sieben Tage der Macht erfreuen konnte[170]. Omris Aufstand ging von Gibbeton aus. Das Volk erhob sich gegen Simri und proklamierte den Heerführer zum König[171]. Gemeinsam zogen sie gegen Tirza, die Königsresidenz des Usurpators, der in den Flammen seines Palastes umkam[172]. Erstaunlicherweise be-

---

168 M-I 5–9.14–21.

169 Von ihm wird neben seiner militärischen Stellung keine Filiation gegeben – wie es sonst bei diesen Königen üblich war. Aus diesem Grund nimmt Würthwein, ATD 11/1, 197, an, es könnte sich um einen ehemaligen Söldner fremder Herkunft handeln. Eine Vermutung, die nicht auszuschliessen ist. In diesem Zusammenhang muss man darauf hinweisen, dass das Gesetz in Dt. 17,15 den Israeliten verbietet, Ausländer als König über Israel einzusetzen. Man fragt sich sofort nach dem Sinn dieses Gesetzes: Sollte es heissen, dass es in Israel bereits solche Vorfälle gegeben hat, oder hat das Gesetz nur eine präventive Bedeutung? Wir können dies nur schwer feststellen, da uns sonst kein vergleichbares Beispiel im AT bekannt ist.

170 Der Bürgerkrieg begann mit dem Sturz von Simri im 27. Regierungsjahr des Königs Asa und endete mit dem Tod des Tibni im 31. Regierungsjahr des gleichen judäischen Königs: 1Kön. 16,15–28. Für die theologische Deutung dieser Erzählung vgl. Würthwein, ATD 11/1, 197ff., und Hentschel, 1Könige, 101.

171 Omri residierte die Hälfte seiner Regierungszeit in Tirza (1Kön. 16,23) und dürfte 12 Jahre – miteingerechnet die vier Jahre des Bürgerkrieges – geherrscht haben; 1Kön. 16,23.29. Danach verlegte er seine Residenz nach Samaria.

172 Trotz der Angabe der biblischen Quellen, dass das ganze Israel hinter der erneuten Revolte gestanden habe, dürfte Omri in der Tat nur von einem Teil der Bevölkerung Unterstützung erhofft haben – vermutlich überwiegend von dem Heer, woher

richtet kein alttestamentlicher Text über die kriegerischen Auseinandersetzungen Omris mit Moab. Wir dürfen jedoch aufgrund der M-I annehmen, dass Omri noch einmal die alten Ansprüche Israels auf das Ostjordanland durchsetzte[173]. Auf dem Hintergrund dieser Expansionspolitik werden die ostjordanischen Eroberungen Omris verständlich.

Omris Sohn Ahab (871–852), der im 38. Regierungsjahr des Königs Asa von Juda den Thron von Israel bestieg, scheint das Erbe seines Vaters ohne grosse innenpolitische Probleme angetreten zu haben[174]. Anders aber zeichnet sich seine Aussenpolitik ab. Gegen Ende seiner Regierung wurde er mit der gefährlichen politischen Entwicklung der syrisch-aramäischen Staaten konfrontiert, die sich zu einer grossen Koalition zusammengeschlossen hatten, um den Eroberungen der assyrischen Kriegsmaschinerie im Westen Einhalt zu gebieten. An die Spitze dieses Bündnisses traten Adad-idri von Damaskus und Irḫulani von Ḫamat[175].

Die biblischen Quellen berichten ihrerseits, dass Ben-Hadad, König von Aram, gegen die Stadt Samaria vorgerückt sei und sie belagert habe. Ein Unternehmen, das ihm – laut AT – zum Verhängnis wurde. Mit epischer Breite wird erzählt, dass die Israeliten heldenhaft die belagernden Truppen Ben-Hadads zurückgewiesen hätten[176]. Ein zweiter Versuch des Damaszeners soll bereits bei 'Afek[177] gescheitert sein, bevor die feindlichen Truppen überhaupt die Hauptstadt Samaria erreicht hatten. Die Israeliten sollen nach sieben Tagen heftiger

er kam und von den Vollbürgern, die zum Heerdienst verpflichtet und politisch vollberechtigt waren. Israel war ja bezüglich der Thronfolge gespaltet. Ein zweiter Mann namens Tibni, Sohn des Gimat, wurde von einer anderen Partei zum Herrscher von Israel erhoben, und es ist anzunehmen, dass er als König von einigen Stämmen Israels anerkannt wurde. Daher lässt sich vermuten, dass während dieser politischen Wirre in Israel sowohl Omri als auch Tibni gleichzeitig geherrscht haben, was das Land in einen Bürgerkrieg stürzte. Vier Jahre dauerte dieser Kriegszustand der biblisch-synchronistischen Darstellung zufolge. Dieselbe Quelle vermerkt weiter, dass Omri nach dem Tode Tibnis König über Israel wurde – es dürfte jedoch damit gemeint sein, dass ihn ganz Israel als König anerkannt hat.

173 Wenn wir 2Sam. 8,1–31 Glauben schenken dürfen. Vgl. auch 2Sam. 23,20; 1Chr. 18,11 und 2Chr. 4,22, die über die Eroberungen der ostjordanischen Länder durch David berichten.

174 1Kön. 16,29.

175 Vgl. KAH II, 110,9; ICC 90,59–60; 3R, Tf. 7–8, II 90–91; Balawat, 71,87–88.92.100. Zur Lokalisierung von Ḫamat vgl. Na'aman, UF 31, 417ff.

176 1Kön. 20,1–21. Lakonisch bezieht sich auch 2Kön. 6,24–27 auf dasselbe Ereignis.

177 Die Identifikation von ʾAfek bereitet Schwierigkeiten, da das AT drei verschiedene Ortschaften mit diesem Namen auszeichnet: eine in der Küstenebene des Mittelmeers (Jos. 12,18; 1Sam. 4,1; 29,1), identisch mit Antipatris, dem heutige Rās el-ʿēn; eine kanaanäische Stadt (Ri. 1,31; Jos. 19,30), identisch mit dem Tell Kerdāne bei Akko; und eine dritte, die man östlich des Genesaret-Sees sucht und mit dem in 1Kön. 20,26–30 erwähnten 'Afek gleichgesetzt wird: PHAK, 4.

In den ägyptischen Quellen wird ebenfalls ein Ortsname *jꜣ-pw -qꜣ 'pq* erwähnt, den Timm, ÄAT 17, 30, mit der palästinischen 'Afek gleichsetzt.

Kämpfe hunderttausend Mann an einem einzigen Tag niedergemacht haben. Ben-Hadad selbst habe sich dem König von Israel unterworfen – wie aus dem Satz *bän-hadad 'amar ṯḥī nā' napš-ī* „Ben-hadad sagte: ‚Lass mich doch am Leben'" zu entnehmen ist[178].

Die ersten Schwierigkeiten bereitet die Identifikation des Ben-Hadad der Bibel – hier als Zeitgenosse Ahabs vorgestellt, da kein Damaszener König zu dieser Zeit diesen Namen trägt. Assyrischen Quellen zufolge herrschte damals ein gewisser Adad-idri in Damaskus – im AT als Hadad-ezer bekannt[179]. Er dürfte bis ca. 845/844 v. Chr. regiert haben. In den genannten Quellen findet er seine letzte Erwähnung im Feldzugsbericht des 14. Regierungsjahres Salmanassars III.[180]. Der Ben-Hadad des ATs ist wohl mit diesem Adad-idri identisch[181]. Es scheint, als ob dieser Königsname, der von mehreren Damaszener Königen getragen wurde, eine paradigmatische Bedeutung in Israel hatte[182].

Darüber hinaus ist zu fragen, ob Ahab tatsächlich so viele Kriege gegen die verbündeten Aramäer geführt hat, oder ob man eher mit einem weiteren Anachronismus rechnen muss, der durch die Übertragung der Kriegszüge Jehus auf Ahab entstanden ist[183]. Aber selbst wenn der erwähnte israelitische Fürst heftige militärische Auseinandersetzungen mit den syrischen Aramäern gehabt hätte, darf man diese Kriegsberichte nicht als zuverlässige Quelle annehmen, denn sie sind sagenhaft geschrieben und dienen u. a. zur Verherrlichung der Heldentaten Israels. In diesem Zusammenhang ist die Behauptung, dass die Israeliten in einem Tag hunderttausend Mann erschlagen hätten, als masslose Prahlerei zu werten[184]. Nicht einmal im Kampf gegen Salmanassar III. – der für die syrischen Verbündeten eine ernsthafte Bedrohung darstellte – rekrutierte Adad-idri soviel Leute: 20.500 Mann beim ersten Kampf im 6. Regierungsjahr Salmanassars III.[185], 10.000 Mann beim zweiten im 11. Regierungsjahr[186] und 36.000(?) beim

178 1Kön. 20,29–32. Vgl. besonders V. 32.

179 Vgl. die Quellen in Anm. 175.

180 Vgl. IM 54669 (Sumer VI, Tf. 6ff.) III 24–33; KAH II, 30, I 25–27. Hier berichten die Annalen, dass Haza'el, der Sohn eines Niemanden, den Thron von Damaskus usurpiert habe, nachdem Adad-idri die Flucht ergriffen hatte.

181 So auch Pitard, Damascus, 114ff., und Arbino, Effects, 185.

182 Vgl. dazu de Vaux, RB 43, 512ff.; Miller, PEQ 115, 95ff. Ferner siehe auch Timm, WO 24, 55ff.

183 Wie etwa Jepsen, AfO 14,153ff., vermutet; vgl. auch Donner, Geschichte, 261. Bernhard, SHAJ I, 163, hält alle diese Kriegsberichte von Ahab und Joram für einen späteren redaktionellen Beitrag ohne jeglichen historischen Hintergrund.

184 Den gleichen Übertreibungsstil findet man auch in 2Kön. 19,35, in dem es heisst, der Engel Jahwes habe in einer Nacht 158.000 Mann der Armee Sanheribs erschlagen, um das belagerte Jerusalem zu retten.

185 ICC, Tf. 90,66. Nach 3R, Tf. 7f., 90–95, stammten 20.000 Mann von Adad-idri, 700 Streitwagen, 700 Reiter, 10.000 Infanteristen von Irḫulani, 2.000 Streitwagen und 10.000 Soldaten von Aḫabbu, 500 Soldaten von Gū, 1.000 Soldaten von Muṣri, 10 Wagen und 10.000 Infanteristen von Irqanat, 200 Mann von Matinuba'li, 200 Mann von Usanat, 30 Streitwagen und 10.000 Mann von Adunuba'li, 100 Kamele von Gūndibu'.

dritten im 14. Regierungsjahr[187]. Dass es sich bei diesen Kriegsberichten um die Verherrlichung der Heldentaten der Israeliten handelt, lässt sich anhand der Ungleichheit beider Streitkräfte weiter erkennen: 7.000 Israeliten gegenüber 100.000 Damaszener, die dennoch die Flucht ergreifen mussten. Dies hat mit historischer Realität aber so wenig zu tun, wie die Unterwerfung Adad-idris. Sollte es wirklich einen Krieg zwischen Israel und den alliierten syrischen Aramäern gegeben haben, dann war Ahab kaum ein Kraut gegen diesen mächtigen Gegner gewachsen, mit welchem selbst Salmanassar III. grosse Schwierigkeiten hatte. Vermutlich handelt es sich nur um eine Zwangsmassnahme des Damaszeners, den israelitischen Fürsten durch die Waffen in das antiassyrische Bündnis einzubringen – eine Taktik, die Damaskus unter Tiglat-pileser III. noch einmal praktizieren wird[188]. Die Annalen Salmanassars III. rechnen ja Ahab als einen der Verbündeten Adad-idris[189]. Wann die Damaszener das Gebiet Ramot-Gilead den Israeliten entrissen haben, lässt sich nicht mehr überprüfen[190]. Von einer Territorialexpansion ins Ostjordanland oder gar von einem Interesse Damaskus an jener Region ist unter Adad-idri kaum die Rede. Und sie ist eher zu verneinen, da er sehr unter dem Druck der Expansionspolitik und der Angriffe der Assyrer stand.

Moab scheint unter Ahab keinen Versuch unternommen zu haben, sich aus dem Vasallitätsverhältnis zu Israel zu lösen. König Meša muss noch während dessen Regierung „hunderttausend Lämmer und Wolle von hunderttausend Widdern"[191] an Israel liefern[192]. Erst nach Ahabs Tode kündigte der moabitische König Israel endgültig seinen Tribut auf[193].

186 IM 54669, II 68ff.; ICC, Tf. 97,87–89, gibt keine Angabe in bezug auf das Kontingent.

187 IM 54669, III 24ff.; ICC, Tf. 97,97–99, gibt keine Angabe über die Zahl der Truppen.

188 König Rezin verbündet mit Pekah von Israel versuchten mit Waffengewalt, den judäischen König Achas in eine antiassyrische Koalition zu zwingen; 2Kön. 16,5–16.

189 Elat, IEJ 25, 30f., behauptet, aufgrund von 1Kön. 22,1–40, wo die Rede ist von einem Versuch des Königs Ahab, gemeinsam mit Joschaphat von Juda, das Gebiet Ramot-Gilead den Händen des Damaszener zu entreissen, dass Israel gerade bei diesem misslungenen Krieg, zur aramäischen Koalition gezwungen wurde. So überzeugend ist diese These nicht. Nach der biblischen Erzählung starb Ahab in der Schlacht (1Kön. 22,34–37). Salmanassar III. erwähnt ihn jedoch in seinem 6. Feldzug von 853 als Verbündeten von Damaskus.

190 Vielleicht haben wir es mit einer Übertragung der Kriege von Joasch zu tun. Haza'el hatte ja Gat den Israeliten abgenommen; Joasch eroberte aber dieses Gebiet unter der Regierungszeit von Haza'els Sohn Ben-Hadad zurück: 2Kön. 12,18; 13,22–25.

191 2Kön. 3,4. Mit *'ēlīm ṣamār* dürfte wohl die „Widderwolle" gemeint sein und nicht „ungeschorene Widder" wie Würthwein, ATD 11/1, 279, übersetzt.

192 Die Menge der Tributzahl muss nicht unbedingt strikt wörtlich genommen werden. Es kann sich um einen Stereotypausdruck handeln.

193 Anders Dearman, Studies, 164f., der meint, Meša habe die Gelegenheit genutzt,

Vielleicht wäre deshalb der dem König Ahab zugeschriebene Feldzug gegen Moab (nach 2Kön. 3,4–27), welchen nach der deuteronomistischen Chronologie nicht dieser König, sondern sein Sohn Joram durchgeführt haben muss, besser im Kontext der Kriege Jorams einzugliedern[194]. Denn der Feldzug blieb für Israel erfolglos. Moab war aber unter der Regierung Ahabs immer noch politisch an Israel gebunden, und von irgendeinem militärischen Versuch des Königs Meša, sein Land aus der Knechtschaft zu befreien, ist nirgendwo die Rede. Im Gegenteil: Ausdrücklich wird vermerkt, dass die Moabiter unter Ahab noch regelmässig ihren Tribut an Israel lieferten, erst nach dem Tode dieses Herrschers abfielen. Es scheint also viel wahrscheinlicher, dass Joram diesen Feldzug unternommen hat, als letzten verzweifelten Versuch, die Kontrolle über das abgefallene Ostjordanland wiederzugewinnen, was allerdings misslang[195].

Vierzig Jahre soll die Omridendynastie in Medeba geherrscht haben. Eine Angabe, die sich nicht in Übereinstimmung mit der Chronologie der israelitischen Könige bringen lässt: Mitgerechnet die vier Jahre des Bürgerkrieges regierte die Omridendynastie nach deuteronomistischer Darstellung knapp 47 Jahre – d. h. etwa bis 845 v. Chr. Doch ist ausgeschlossen, dass Omri während des Bürgerkrieges in Israel irgendeinen Feldzug gegen sein Ostnachbarland geführt hätte[196]. Zieht man die Angabe der M-I in Betracht, dann fällt die Befreiung Moabs in die letzten Regierungsjahre des Joram, was wiederum im Widerspruch zu den biblischen Quellen steht, denn danach ist Moab unmittelbar nach dem Tode Ahabs befreit worden[197]. Wir müssen dann damit rechnen, dass

---

dass Ahab gegen die Aramäer nach Ramot-Gilead vorrücken musste, um sein Land aus der Vasallität zu befreien. Die Schwierigkeit dieser These besteht darin, dass nicht einmal sicher ist, ob man wirklich Ahab diesen Feldzug zuschreiben soll. Erstaunlicherweise werden die internen Probleme dieser Kriegsberichte stillschweigend übergangen. Vgl. auch Liver, PEQ 99, 19ff., und Wiseman, Peoples, 235f. Winckler, AOF II, 406f. will die Befreiung Moabs in die Zeit Jehus verlegen.

194 Vgl. auch Timm, Omri, 162f., Hingegen datiert Smelik, King, 80, diesen Feldzug um 850 v. Chr. und schreibt ihn Joram zu.

195 Wie verwirrend das AT die Befreiung Moabs deutet, lässt sich anhand der unterschiedlichen, historischen Einordnungen der Geschehnisse ermessen: Nach 2Chr. 20 war wiederum dieser Krieg ein Angriff der verbündeten Länder Moab, Ammon und der Meuniter-Stämme, die aber nicht gegen Israel sondern gegen Juda vorgingen, denen die Erzählung aufgrund von göttlichem Beistand den Sieg zuspricht. Für die Diskussion vgl. Dearman, Studies, 201ff.

196 Mit Recht datiert Bonder, JANES 3, 85ff., die Eroberung Moabs durch Omri in seine letzten Regierungsjahre. Für die Besetzung Moabs durch die Omridendynastie rechnet er höchst 34 Jahre. Die Angabe in M-I 8, *rbʿn št*, erklärt er als syntaktisches und grammatikalisches Missverständnis. *bn* soll man eher als Plural auffassen. Die Befreiung Moabs fand dann – seiner Meinung nach – in den Tagen des Königs Ahaziah statt.

197 Eine weitere Erklärung wäre, dass die „vierzig Jahre“ (M-I) auf die Regierung Meša bezogen sein könnten; vgl. Miller, PEQ 106, 16; Bonder, JANES 3, 83ff. – doch grosse Sicherheit bietet diese These auch nicht. Timm, Omri, 165, bezieht die Angabe „40 Jahre“ nicht auf die Dauer der israelitischen Besatzung in Medeba, sondern auf den Zeitpunkt, zu dem Meša von Israel abfiel. Die Vermutung, Ahab

entweder die „40 Jahre“ der M-I eine runde Zahl[198] darstellen oder die Befreiung gar nicht unter der Omridendynastie geschah, sondern unter Jehu bzw. dessen Dynastie; dann wäre der Ahab bzw. Joram zugeschriebene Feldzug gegen Moab ebenfalls ein Anachronismus[199] – doch einen zugkräftigen Beweis dafür gibt es nicht.

Grosso modo kann man schliessen, dass die Loslösung der Moabiter aus dem Vasallitätsverhältnis im Zusammenhang mit der Eroberung des Westens durch Salmanassar III. stehen muss, die sich gleich zu Beginn seiner Regierung abzeichnete. Mit dem Tod des Adad-idri und dem Thronwechsel in Damaskus (845?)[200] setzte der Assyrerkönig ein wichtiges Zeichen seiner Macht im Westen. Aus diesem Grund wäre es ratsam, die Befreiung Moabs eher gegen Ende der Regierung Jorams zu datieren[201].

Moab hatte seine Selbständigkeit bereits unter Mešas Vater Kemošyat verloren. Die M-I berichtet von ihm, er habe 30 Jahre in Moab regiert[202]. Wir dürfen annehmen, dass Dibon früher seine Königsresidenz gewesen war, bis sich Omri jenes Gebiets bemächtigte. So erklärt sich, weshalb sein Sohn Meša Dibon als Ort seiner Herkunft beanspruchte[203]. Mehr als die Hälfte seiner Regierungsperiode war die Stadt allerdings einer israelitischen Verwaltung unterstellt. Die gleiche Quelle berichtet weiter, dass der „König von Israel“ – wohl Omri – *Jhṣ* dem Distrikt von Dibon eingegliedert habe. Er habe dann ganz Dibon zu Gehorsam verpflichtet[204].

Kemošyat dürfte schon nach der Vertreibung aus Dibon die Stadt *Qrḥh*[205] zu seiner neuen Residenz ausgebaut haben. Unter den Bauprojekten Mešas spielt

---

habe den Moabitern ihr Land unter dem Druck der syrisch-aramäischen Koalition zurückgegeben, um sie auf diese Weise in das Bündnis zu binden, wie Dearman, Studies, 166f., meint, kann man kaum unterstützen. Ahab war ja in die syrische Verschwörung gegen Assyrien verwickelt. Vgl. auch Liver, PEQ 99, 18ff.

198 So Dearman, Studies, 174ff., der eher dazu neigt, die Befreiung Moabs in die Regierung des Ahab zu datieren.

199 Vgl. dazu Bright, Historia, 256[56]. Siehe weiter Cross/Freedman, AOSS 36, 39[+13].

200 Elats Meinung, Adad-idri sei einem assyrischen Komplott zum Opfer gefallen (IEJ 25, 31), entbehrt jeder Grundlage. Salmanassar III. berichtet, dass Haza'el sich nach dem „Verschwinden“, also Tod, des Adad-idri auf den Thron von Damaskus gesetzt und genau wie sein Vorgänger den Kampf gegen Assyrien aufgenommen hat: KAH II, 30, I 25–30. Eher scheint es, dass Haza'el durch irgendeine Revolte auf den Thron kam, oder dass er die Flucht Adad-idris vor der assyrischen Armee nutzte, um sich der Herrschaft in Damaskus zu bemächtigen.

201 Vgl. auch dazu Wallis, ZDPV 81, 180ff.

202 M-I 2.

203 M-I 1–2.

204 M-I 20–21.28.

205 Die Identifikation dieser Stadt ist umstritten: Donner/Röllig, KAI 3, 172; Dearman, Studies, 171, betrachten *Qrḥh* als Aussenort von Dibon. So auch Müller, TUAT I, 646. Wenig Licht zur Lokalisierung der erwähnten Stadt bringt die etymologische Erklärung von Ahlström, SHANE 1, 16, der in dem ON eine Ableitung aus dem Akkadischen *kerḫu* und dem Hethitischen *šarazziš*/*gurtaš* sehen will. *ker-*

sie eine wichtige Rolle. Der moabitische König liess hier einen Königspalast, einen Tempel[206], eine Parkanlage, eine Mauer, Tore und Zisternen bauen[207]. Um eine eigentliche Neugründung handelt es sich zwar nicht, doch hat Meša offenbar unter anderem neue Heiligtümer für seinen Gott Kemoš errichten lassen. *Qrḥh* diente dann auch unter Mešas Regierung als Residenz weiter[208]. Über die politische Tätigkeit und das Bau-Engagement des Kemošyat sind wir schlecht unterrichtet. Ausser der erwähnten Inschrift und eines Siegels[209] von Meša aus Kerak, in denen sein Name in Zusammenhang mit der Filiation seines Nachfolgers auftaucht, ist uns nur noch eine fragmentarische Weihinschrift(?)[210] von

---

ḫu bedeutet aber im Akkadischen nicht „ausserstädtische Siedlung“, sondern „Umwallung“ einer Stadt oder eines Tempelhofes oder etwas ähnliches.

206 Vielleicht bezieht sich Jes. 15,2 auf dieses Heiligtum. Hier wird berichtet, dass die Moabiter zum Tempel von Dibon ([*h*]-*bayit dībon* mit Korrek.) hinaufsteigen. Ausgrabungen haben feststellen können, dass die Umfassungsmauer der ersten Bauphase aus dem 9. Jh. stammt; vgl. Worschech, Land, 160.161. Morton, BASOR 140, 4f., vermutet in Dibon eine Tempelanlage. Vgl. auch Dearman, Studies, 239ff.

207 M-I 21–24.

208 Worschech, Land, 153, sucht den Regierungssitz des Kemošyat aufgrund des Fundortes seiner Weihinschrift bei Kir Hareset (modern Kerak). Doch kann ihr Fundort auch im Zusammenhang mit dem Tempelbau stehen, wofür er als Bauherr bezeugt wird – wie man zahlreiche, keilschriftliche Inschriften dieser Art in Assyrien und Babylonien kennt; vgl. die Weihinschriften Sanheribs, die er in den Fundamenten des Neujahrfesttempels (*bīt akīti*) von Aššur gelegt hat, obwohl er gar nicht in der alten Hauptstadt des assyrischen Imperiums residierte, sondern in Niniveh; dazu siehe Vera Chamaza, OG, Nr. 93–99. Ausserdem hat die Archäologie bis jetzt keine Schichten aus dieser Zeit in den Ruinen von Kerak finden können.

2Kön. 3,25 taugt nicht als Beweis, um eine Hauptstadtrolle für Kir Hareset zu postulieren – wie etwa Olivier, JNWSL 11, 117ff., versucht. Der Text gibt nicht den geringsten Hinweis dafür.

209 Siegel des Meša: [… *k*]*mšyt* . *mlk* . *m'b* . *h*[*d*.] / [*ybny*] „[… des K]emošyat, König von Moab aus [Dibon].“ In der Lücke mag etwa [*'nk* . *mšʿ* . *bn*] gestanden haben. Das Siegel wurde von Freedman, BASOR 175, 50f., veröffentlicht. Die Ergänzungen gehen auf ihn zurück. Kopie des Siegels auch bei Worschech, Land, 167. Er spricht aber Kemošyat das Siegel zu.

Ob das von Palmer 1951 in Tell Ḏībān gefundene Fragment einer Inschrift aus jener Zeit herrührt, ist nicht sicher, da von ihr nur ein paar Buchstaben erhalten sind. Aus diesem Grund bleibt deren Inhalt rätselhaft. Vgl. Timm, ÄAT 17, 266ff., hier auch Sekundärliteratur.

210 Die Inschrift wurde von Reed/Winnett, BASOR 172, 3ff., publiziert und bearbeitet. Kopie auch bei Worschech, Land, 152. Sie wurde in el-Kerak gefunden: [1][… *k*]*mšyt* . *mlk* . *m'b* . *hd* . […] [2][*b*]*t*[?] . *kmš* . *lmbʿr* . *ky* . *'h* […] [3][…] *nh* . *whn* . *ʿsty* . *'t* […] „[1][… K]emošyat, König von Moab, der […] [2][…] das Ha]us[?] des *Kemoš* […] ein Brand(opfer)[?], dass […] [3][…] sein […] und siehe, ich tat […].“ Die Ergänzung *b*]*t* in Z. 2 ist nicht sicher. Es kann auch *bm*]*t* ergänzt werden. Die Auslegungen gehen weit auseinander; vgl. die von Timm, ÄAT 17, 269ff., zitierte Literatur. *lmbʿr* in Z. 3 bereitet Schwierigkeiten: Man kann es als Ptz. Hi. von *bʿr* I ableiten; eine Nominalform ist auch im Hebräischen bekannt: $b^{eʿ}$*erah* („Brand“). Timm, ÄAT 17, 273, will hingegen von *bʿr* II Pi. Ptz. („Verwüster“) oder als Nominalform mit *mēm* („Wüstung“) ableiten. Doch bleiben alle diese Erklärungen

ihm erhalten, in der vom Bau eines Gotteshauses(?) für Kemoš und von kultischen(?) Handlungen, die möglicherweise in Verbindung mit der Einweihung des Tempels stehen dürften, die Rede ist[211]. Nichts erfahren wir über die kriegerischen Auseinandersetzungen von Kemošyat mit Israel bzw. Omri, die er unbedingt gehabt haben muss. Und die Bibel erwähnt ihn mit keinem Wort.

Was Meša anbelangt, sind sich die Quellen einig, ihm den Titel *mäläk mo'ab* bzw. *mlk . m'b* zu verleihen. Wann er aber den Thron bestieg, berichtet kein Dokument. Aus seiner eigenen Inschrift, die zur Verewigung seiner Heldentaten und seiner Fürsorge für das Land dient[212], lässt sich entnehmen, dass er während der Regierungszeit Ahabs die Herrschaft in Moab übernahm und noch während dieses israelitischen Königs und vermutlich auch teilweise unter Joram immer noch Israel Tribut abliefern musste.

Das Zentralanliegen der Politik Mešas scheint von Anfang an gewesen zu sein, die Selbständigkeit seines Landes zu erringen, die unter fremder Herrschaft stehenden Nordgebiete Moabs zurückzuerobern und den Erzfeind aus seinem Land endgültig zu vertreiben. Dies gelang ihm erst unter Ahabs Nachfolgern, in deren Zeit er die günstige politische Lage, die ihm die assyrische Eroberungspolitik Salmanassars III. im Westen bot, zu nutzen wusste[213].

Schwierig zu rekonstruieren ist der Feldzug Mešas gegen Israel, da seine Siegesinschrift nicht den chronologischen Ablauf eines Kriegszuges skizziert – wie uns dies aus Königsinschriften der assyrischen und babylonischen Herrscher geläufig ist[214]. Sie stellt eher ein Mosaik von Fakten und Taten verschiedener Natur dar, in dem kriegerische Handlungen und Bautätigkeiten miteinander vermischt sind[215]. Daher lässt sich auch nicht feststellen, ob Meša tatsächlich nur einen oder mehrere Feldzüge gegen Israel geführt hat[216]. Den Eroberungszielen entsprechend lässt sich jedoch vermuten, dass es sich um mehrere Kriegszüge

---

problematisch. vgl. 2Chr. 28,3. Reed/Winnett, BASOR 172, 8f., schlagen vor, es in Anlehnung an das hebräische *mizbeaḥ* mit „Altar“ wiederzugeben. Doch sicher ist auch diese Lesung nicht. Für die Diskussion vgl. Timm, ÄAT 17, 371ff. Ob es bei *ky* um eine Begründungspartikel geht, ist aufgrund des fragmentarischen Kontexts und der Unsicherheiten des Wortes *lmhʿr* nicht zu entscheiden. Dasselbe gilt für *'h* [...]. Timm, loc. cit., ergänzt *'h*[*z*] („erobern“) wegen der von ihm bevorzugten Verbalwurzel *bʿr* II.

211 Die Richtigkeit der Ergänzung in Z. 2 vorausgesetzt.

212 Eine Inschrift, die mit religiöser Ideologie und Königshofpropaganda geprägt ist; dazu Na'aman, IEJ 47, 95ff.

213 Zu diesem Thema vgl. S. 48ff. und Kap. 3.2.

214 Die von Rendsburg, JANES 13, 68f., vorgeschlagene Rekonstruktion kann nur hypothetisch sein. Die M-I stellt den Ablauf des Feldzuges nicht dar. Wir können nur vermuten, dass als erstes die Stadt Dibon unterworfen wurde – doch steht diese Eroberung in der Inschrift nicht an erster Stelle. Siehe auch Smelik, King, 69ff.

215 Vgl. M-I 3.21–25.26–27.29–31.

216 Mit recht betont Drinkard, Literary, Genre, 154, dass die Rekonstruktion einer geographischen Route des Feldzuges unsicher sei, da die M-I dafür keine Grundlage bietet.

gehandelt haben muss[217]. In seiner Inschrift erscheint als erstes Ziel des Feldzuges das Land *Mhdb'*, in dem sowohl Omri als auch seine Nachfolger gewohnt haben sollen[218]. Es dürfte sich um eine Art von Sommerresidenz oder einen zeitweiligen Aufenthaltsort der israelitischen Könige handeln, kaum aber um einen eigentlichen Regierungssitz Omris, der vielmehr zunächst in Tirza und später in Samaria residierte[219]. Die Aussage der M-I, Omri habe das ganze Land Medeba eingenommen[220], ist dann als eine politische Rechtfertigung der alten Ansprüche Moabs an die Gebiete nördlich des Arnon zu werten[221]. In der Tat waren sie ja seit langem Israel einverleibt[222].

Ob zur Zeit Mešas in Medeba moabitische Bevölkerung gewohnt hat, lässt sich nicht mit Sicherheit beantworten. Die Tatsache, dass die Inschrift nicht von Massakern in jener Stadt berichtet, ist kein Beweis dafür[223]. Das Gebiet stand ja während der Omridendynastie unter israelitischer Verwaltung. Und hier sollen die Stämme Ruben und Gad seit der Landnahme Fuss gefasst haben. Wir dürfen annehmen, dass die Bevölkerung in dieser Region überwiegend Israeliten war. Ob während der zeitweiligen moabitischen Herrschaft – etwa vor der Omri-Zeit – in dieser Region auch teilweise Moabiter angesiedelt waren, ist denkbar, beweisen lässt es sich jedoch nicht. Medeba dürfte also das Hauptzentrum des gleichnamigen Distriktes gewesen sein, zu dem nach dem AT auch die benachbarten „rubenitischen" Städte *Bʿl-Mʿn*[224] und *Qrytn*[225] gehörten[226].

Nach der Eroberung dieses Landes liess der moabitische König seinen Gott Kemoš nach Medeba „zurückbringen" (*šwb*)[227]. Historisch und archäologisch betrachtet ist jedoch diese Aussage nicht ganz fassbar. „*Zurückbringen*" (*šwb*)

---

217 Vgl. dazu Smelik, King, 83ff., 90ff.

218 M-I 7–8. Modern Mādebā. Die Stadt liegt ca. 35 km südwestlich von Amman und 9 km nördlich von Hešbon.

219 Vgl. 1Kön. 16,23–24. Auch Ahabs Residenz war Samaria; 1Kön. 16,29.

220 M-I 7–8.

221 Vgl. Na'aman, IEJ, 47, 85ff.

222 Nach Jos. 13,9.16 soll Medeba angeblich seit der Landnahme dem Stamm Ruben angehört haben. Diese Stadt dürfte am ehesten durch David erobert worden sein.

223 Wie Liver, PEQ 99, 15, annehmen will.

224 M-I 9. Diese Stadt lag 8 km südlich von Medeba, identisch mit dem modernen Maʿīn. Jos. 13,17 bezeichnet sie als *Bet-Baʿal-Meʿon*, wobei zu vermuten ist, dass diese erweiterte Form des Namens auf einen Kultbau des Gottes Baʿal in jener Stadt hinweist; vgl. dazu Dearman, Studies, 175f.; Worschech, Land, 162.

225 M-I 10, das biblische Qiryatayim. Man setzt es mit den 10 km nordwestlich von Medeba liegenden Ruinen von Ḫirbet el-Qerēyāt gleich; dazu Dearman, Studies, 176; ders., Bib. Arch. 60/4, 206; und Worschech, Land, loc. cit.; TUAT I, 648; Aharoni/Avi-Yonah, Bibel-Atlas, 84, 131.

226 Num. 32,35.37; Jos. 13,17.19.

227 Vorausgesetzt es handelt sich um das Verb *šwb* (Hiphil) (vielleicht haplographisch geschrieben); dazu Dearman, Studies, 97[7].109f.; Smelik, King, 64 + Anm. 10. Müller, TUAT I, 647, leitet das Verb aus der Wurzel *yšb* (Kal) und übersetzt „In meiner Zeit aber *wohnte* Kemosch darin". Na'aman, IEJ 47, 85, deutet das Verb *šwb* (Hiphil) als „restoration of territory" und übersetzt „Chemosh restored it in my days." Vgl. auch Müller, Or. 38, 461ff.

kann eventuell bedeuten, dass diese Gottheit vorher in Medeba einen Kultort gehabt hatte, welcher während der israelitischen Vorherrschaft ausser Kraft gesetzt wurde. So könnte man die Zurückhaltung des moabitischen Königs, nicht vom Tempelbau in jener Stadt zu berichten, verstehen. Es könnte aber auch dadurch bedingt sein, dass König Meša in Medeba ein neues „kleines Heiligtum" für seinen Gott errichten liess, das er meinte, im Bericht übergehen zu sollen. Doch sind dies pure Hypothesen, die sich nicht beweisen lassen. Darüber hinaus dürfte Meša die nahe gelegenen Städte *Bʿl-Mʿn* und *Qrytn* nur wiederaufgebaut haben, denn diese Städte existierten ja schon längst.

Nun folgt die Eroberung des Landes *ʿṭrt*[228], dessen Hauptzentrum den gleichen Namen trägt. Nach der M-I wohnten hier die Gaditer[229]. Der König von Israel soll die Stadt (wohl) wiederaufgebaut haben. In Wirklichkeit war *ʿṭrt* eine israelitische Festung[230]. Sie ist bereits in der Früheisenzeit archäologisch bezeugt[231]. Dieser Distrikt dürfte im Norden an Medeba und im Süden an Dibon gegrenzt haben. Im Westen reichte er bis zum Toten Meer. Wie weit er sich nach Osten ausdehnte, bleibt ungewiss[232]. Meša verurteilte die Stadt zum Anathema. Vielleicht ist dies ein Hinweis darauf, dass *ʿṭrt* nur von Israeliten bewohnt war oder dass sie ihm hartnäckigen Widerstand geleistet hat[233]. In *ʿṭrt* sollen die Israeliten einen Altar für ihren Gott(?)[234] gebaut haben, welchen der moabitische König nach *Qrytn*[235] verschleppen und dort seinem Gott Kemoš

228 M-I 10–14, das ʿAṭarōt des ATs, identisch mit dem modernen ʿAṭṭārūs, 15 km nordwestlich von Dibon; vgl. Dearman, Settlement, 73; Bernhardt, ZDPV 76, 136ff.; und Müller, TUAT I, 648; Beston, JRAS 2, 143ff.

229 Das AT spricht diese Stadt dem Stamm Gad zu; Num. 32,3.34; Jos. 16,2. Neuerdings wird vermutet, dass die „Gaditer" der M-I Moabiter gewesen sind, die von dem israelitischen König (Omri?) aus jener Stadt *ʿṭrt* vertrieben wurden; vgl. Knauf, Midian, 26, und Na'aman, IEJ 47.87ff.

230 Vgl. dazu Liver, PEQ 99, 24. Möglicherweise von Ahab befestigt. Für die Bautätigkeit dieses Königs vgl. Stern, IEJ 40/1, 21ff.

231 Vgl. Worschech, Land, 162; Glueck, AASOR 18/19, 135. Nach Num. 32,34 bauten die Gaditer diese Stadt, eine Behauptung, die gewiss Ansprüche legitimieren soll.

232 Die Annahme von Timm, ZDPV 96, 25, dieser Distrikt habe sich nach Osten bis Ḫirbet Riskanter ausgedehnt, bleibt unbewiesen. Vgl. auch dazu Dearman, Studies, 177f.

233 Das Anathema war auch ein wichtiger Faktor des „heiligen" Krieges im AT; vgl. Num. 21,2f.; Jos. 6,8–19; 7,10–16; 10,28–40; Ri. 21,11f.; 1Sam. 15,3.

Ob die Ausrottung der Bewohner dieser Stadt ein historisches Faktum darstellt, ist schwer feststellbar. Vgl. auch dazu M-I 15–17. Man kennt solche masslose Übertreibungen aus den assyrischen Königsinschriften – als psychologische Propaganda gegen die Gegner; vgl. Vera Chamaza, OG, 95ff.

234 Das Wort *dwdh* ist schwer zu erklären; vgl. dazu Dearman, Studies, 112f., der den Terminus als „High place" mit kultischer Funktion deutet (vgl. S. 178). Smelik, King, 65, übersetzt „fire-hearth of his *uncle* …"; Müller, TUAT I, 648, als Gottesname Dod. Für die Diskussion vgl. Na'aman, IEJ 47, 83.

235 M-I 13; das biblische Qeriyyōt (vgl. Am. 2,2; Jer. 48,24). Bernhardt, ZDPV 76, 136, schlägt vor, den Ort mit dem 10 km nordwestlich von Dibon liegenden Ḫirbet el-Qurēyāt gleichzusetzen. Vgl. auch Dearman, Studies, 178f.; Worschech, Land,

umwidmen liess. Trotz der Schwierigkeiten, die das Verständnis der M-I an dieser Stelle bereitet, wäre nicht verwunderlich, dass die Israeliten einen Kult für Jahwe in *ʿṭrt* errichtet hätten[236]. Ausserdem scheint es, dass die Könige von Israel diese Stadt befestigten. Wir dürfen deshalb annehmen, dass hier auch israelitische Garnisonen einquartiert waren. Meša berichtet ja, er habe die Stadt bekämpft[237].

Nach der Eroberung liess der moabitische König *ʿṭrt* mit Leuten aus *Šrn*(?)[238] und *Mḥrt*(?)[239] besiedeln. Ob es sich bei den aus *Šrn*(?) und *Mḥrt*(?) niedergelassenen Neubewohnern um Moabiter oder unterworfene Bevölkerungsgruppen[240] gehandelt hat, lässt sich nicht entscheiden. Sicher aber bleibt das Ziel dieser Deportationspolitik, nämlich, auf politischer und wirtschaftlicher Ebene jedes aus der Isolation entstandene Machtvakuum zu vermeiden und dadurch jegliche Revolte aufständischer Bevölkerung im Vorfeld zu verhindern[241].

Ein weiteres Ziel seiner Eroberungspolitik war Nebo[242], ein nordwestlich von Medeba liegender Distrikt mit gleichnamigem Hauptzentrum. Er dürfte im Süden an Medeba und im Norden an Hešbon gegrenzt haben. Vermutlich umfasste er auch die ganze Ebene bis zum Nordrand des Toten Meeres[243]. In Nebo hatte

---

159.162; Aharoni/Avi-Yonah, Bibel-Atlas, 84,131; und Rowley, Atlas, 19.

236 Interessanterweise erzählt Jos. 22,10 vom Bau eines Altars durch die Rubeniter, Gaditer und Manassiter im Gebiet zum Jordan hin. Die Angabe ist kaum aus der Luft gegriffen. Man darf den Text wohl doch vor der deuteronomischen Reform ansetzen, welche für die Einheitlichkeit und Zentralisierung des Jahwekultes kämpfte.

Wenn es sich hier nicht um denselben Altar, von dem die M-I berichtet, handelt, so ist der Text ein Zeuge dafür, dass es Altäre ausserhalb Jerusalems gegeben hat.

237 M-I 11.

238 Nach 1Chr. 5,16 (vgl. auch 27,9) wohnen die Gaditer in Šerōn. Doch lässt der vage Kontext keine Schlussfolgerung zu. Dearman, Studies, 180, spricht *Šrn* das ganze Plateau in der Region von *ʿṭrt* zu. Grosse Sicherheit bietet dieser Vorschlag auch nicht – sowenig wie die Angabe von 1Chr. 5,16. Es ist eher anzunehmen, dass es sich um eine moabitische Ortschaft handelt, und dass die hier angesiedelte Bevölkerung Moabiter sind.

239 *Mḥrt* ist unbekannt. Dussaud, Monuments, 11[2]; KAI 648[14] und neulich auch Worschech, Land, 162, suchen sie aufgrund des ähnlich klingenden Namens in der Umgebung von Wādī el-Muḫēres.

240 Nach Müller, TUAT I, 648, stammen sie aus dem moabitischen Kernland.

241 Zur Bedeutung der Wiederansiedlungspolitik, die besonders von den neuassyrischen Königen mit Vorliebe praktiziert wurde, vgl. Vera Chamaza, AMI 27, 105f.; ders., OG, 97ff.

242 M-I 14–18; vgl. auch Num. 32,38, identisch mit Ḫirbet el-Muḫaiyiṭ, nordwestlich von Medeba und ca. 10 km südwestlich von Hešbon. Vgl. auch Dearman, Bib. Arch. 60/4, 207; Müller, TUAT I, 648; und Aharoni/Avi-Yonah, Bibel-Atlas, 84, 131.

243 Das AT bestätigt auf seine Art die Angabe der M-I. Danach war Nebo eine Stadt des Stammes Ruben (Num. 32,38; 33,47; 1Chr. 5,8), deren Zugehörigkeit durch die Redewendung „die Söhne Rubens bauten … Nebo“ ausgedrückt ist und zur Legitimation der Ansprüche Israels auf jenes Gebiet dienen dürfte.

Jahwe ein Heiligtum. Von wem und wann es gebaut wurde, entzieht sich unserer Kenntnis[244], da die biblischen Quellen darüber schweigen. König Meša plünderte das Heiligtum, nahm die Jahwe gehörenden Sakralgeräte weg und stellte sie in den Dienst des Kemoš-Kultes. Vermutlich besass diese moabitische Gottheit auch in dieser Stadt oder deren Umgebung eine Kultstätte[245].

Die Stadt *Yhṣ*[246] gehörte nicht zum nördlichen Distrikt Nebo; sie war höchstwahrscheinlich dem Distrikt Dibon zugeteilt[247]. Der „König von Israel", wahrscheinlich einer der Omridendynastie, soll sie befestigt haben. Es ist nicht auszuschliessen, dass hier auch israelitische Truppen stationiert waren. Die Bemerkung Mešas, der König von Israel sei während der Kämpfe in *Yhṣ* geblieben[248], braucht nicht zu bedeuten, dass es sich um eine israelitische Königsresidenz handelte. Der Aufenthalt des Königs ist auch aus dem Verlauf der kriegerischen Auseinandersetzungen erklärbar. Der moabitische König gliederte sie nach der Eroberung dem Distrikt von Dibon ein[249]. Wir dürfen annehmen, dass diese Stadt das erste Eroberungsziel des Königs Meša war, wiewohl die Inschrift nur knapp darüber berichtet[250]. Dibon lag ja am Rand seiner Königsresidenz *Qrḥh*. Dem gleichen Distrikt dürfte er auch *ʿrʿr*[251] einverleibt haben. Darüber hinaus fielen ihm die Städte *Bṣr*[252], *Bt-Bmt*[253] und *Bt-Dbltn*[254] zum Opfer, welche er

---

244 Cross, Ammonite, 51ff., führt dieses Heiligtum bis zur frühen Eisenzeit zurück und meint, dass es vom Stamm Israel gebaut worden sei. Vgl. dazu auch Anm. 234 dieser Untersuchung.

245 Möglicherweise weist Jes. 15,2 darauf hin. Dearman, Studies, 181, lokalisiert dieses Heiligtum beim Ǧebel Nebā oder bei Hirbeit Muḥaṭṭa.

246 M-I 10–20, das biblische Yasa'ah, vermutlich am Wādī el-Wālā zu suchen. Worschech, Land, 181ff.; ders., ZDPV 100, 122ff., identifiziert es mit Ḫirbet Iskander, Dearman, Bib. Arch. 60/4, 209, mit el-Mudēyine, östlich von Ruǧm al-Herī, Smelik, King, 74ff., entweder mit Ḫirbet Libb oder mit Ḫirbet Iskander, so auch Bernhardt, ZDPV 76, 136ff., und Müller, TUAT I, 649.

247 In biblischen Landnahme-Berichten wird die Stadt dem Fürsten Sichon zugeschrieben. Sie wurde dann vom Stamm Ruben bewohnt; vgl. Num. 21,23; Dt. 2,32; Ri. 11,20. Siehe ferner Jos. 13,18 und 1Chr. 6,63.

248 M-I 19.

249 M-I 21.

250 M-I 28. Im AT ist diese Stadt gut dokumentiert: Num. 21,30; 32,3.34; 33,45–46; Jos. 13,9.17; Jes. 15,2; Jer. 48,18.22; Neh. 11,25. Für ihre Geschichte vgl. Dearman, Studies, 171ff.; Worschech, Land, 160ff.; und Liver, PEQ 99, 22ff.

251 M-I 26. Im AT: Num. 21,34; Dt. 3,2.36; 4,48; Jos. 12,2; 13,9; 16,25; Ri. 11,26. 33; 2Sam. 24,5; 2Kön. 10,33; 1Chr. 5,8; Jer. 48,19. Modern ʿArāʿir, 5 km südlich von Dibon. Für die Ausgrabungsgeschichte vgl. Olávarri, RB 72, 77ff.; ders., RB 76, 230ff.; ferner siehe Barlett, Moabites, 250[18]; Müller, TUAT I, 649.

252 M-I 27. Im AT: Dt. 4,43; Jos. 20,8; 1Chr. 6,63; 7,37; Jer. 48,24. Die geographische Lage ist ungewiss: Dearman, Bib. Arch. 60/4, 210, setzt sie mit Ǧalūl, nördlich von Medeba, gleich; Müller, TUAT I, 650, mit Umm el-ʿAmed, 12 km nördlich von Medeba.

253 M-I 27. Vgl. auch Num. 21,19–20; Jos. 13,17. Nach Num. 22,41 heisst diese Stadt Bamōt Baʿal. Ihre Identifikation ist nicht ohne Probleme: Dearman, Studies, 185f., setzt sie mit dem Tell Ǧalūl, ca. 5 km östlich von Medeba, gleich; neulich sucht er sie in der Umgebung von Medeba (Bib. Arch. 60/4, 209). Worschech, Land, 164,

wiederaufbauen liess. Alle diese Ortschaften waren zuvor in den Händen der Israeliten gewesen.

Im Süden eroberte er *Hwrnn*[255]. Diese Stadt dürfte aber kaum israelitischer Besitz gewesen sein, denn Israel kontrollierte zu jener Zeit nicht die südliche Landschaft Moabs – im besten Fall Edom[256]. Vermutlich hat er auch Teile des nördlichen edomitischen Territoriums erobern kannte[257].

Meša hat also nicht nur sein Land aus dem Vasallitätsverhältnis befreit, sondern darüber hinaus das ganze Gebiet nördlich des Arnon zurückerobert und einer neuen Verwaltung unterstellt[258]. Israel wird von nun an dieses Land nicht wieder für sich gewinnen können[259]. Somit setzte der Moabiterkönig dem alten Territorialstreit mit Israel ein Ende und dehnte sein Territorium bis zur Grenze des ammonitischen Landes aus, d. h. bis zum Oberlauf des Jabbok. Eine Territorialexpansion, die alte Ansprüche einlösen sollte[260].

Die Regierungsperiode des Königs Meša gilt als eine der wichtigsten Etappe der Geschichte Moabs, und dies nicht nur, weil er seinem Land die Freiheit wieder schenkte und mit seiner Expansionspolitik erfolgreich war, sondern auch, weil Moab zu jener Zeit eine blühende kulturelle Entwicklung erfuhr, die leicht an der Bautätigkeit des Königs abzulesen ist, so z. B. an der Ausstattung seiner

---

hingegen mit Ḫirbet el-Qazīye. Grosse Sicherheit bieten diese Lokalisierungen jedoch nicht.

254 M-I 30. Auch in Num. 33,46–47 (als Almon Diblatayim(?)). Liver, PEQ 99, 23, sucht sie südlich von Medeba. Dearman (Studies, 187; ders., Bib. Arch. 60/4, 207f.) setzt sie mit dem modernen at-Teim, südlich von Madeba gleich; Worschech Land, 164, mit Ḫirbet el-Delēlet eš-Šerqīye.

255 M-I 31–32. identisch mit dem Horonayim von Jes. 15,5 und Jer. 48,3.5.54, die einwandfrei als moabitisch betrachtet wird (Miller, Early Monarchy, 86). Die Lokalisierung ist jedoch umstritten: Liver, PEQ 99, 23, sucht sie östlich von Zoar. Worschech, Land, 164ff., identifiziert sie mit ed-Dēr und Dearman, Studies, 188f.; ders. PEQ 122, 41ff., sucht sie südlich des Wādī el-Mōǧib. Schottroff, ZDPV 82, 190ff., 207, setzt sie mit dem Tell Mēdān gleich; Mittmann, SHAJ I, 175ff., lokalisiert sie bei Kaṭrabbā nördlich des Sēl Ēsāl wād Salēmān. Neulich schlägt Dearman (Bib.Arch. 60/4, 211) vor, sie mit Ai, südwestlich von Kerak, zu identifizieren; so auch Na'aman, IEJ 47, 91ff., Aufgrund der Unsicherheit der geographischen Lage bleibt die Lokalisierung offen.

256 Edom ist bereits bekannt seit der Zeit von Adad-nārārī III.; vgl. 1R, Tf. 35, Nr. 1, 12.

257 Dass diese Völker nicht immer im Frieden untereinander lebten, zeigt deutlich Am. 2,1–2. Die von Rendsburg, JANES 13, 70f., vertretene Meinung, *Hwrnn* sei eine judäische Stadt seit der Regierungszeit Davids, eine These die er aufgrund von 2Chr. 20 postuliert, lässt sich nicht beweisen. Der Ort wird in der Bibel nicht als judäisch bezeichnet. Und selbst wenn sie David tatsächlich erobert hätte, wofür es keinen Beweis gibt, kann sie inzwischen wieder verloren gegangen sein. Vgl. auch Na'aman, BN 73, 27f.

258 Die M-I 28–29 berichtet, dass Meša Könige über jene unterworfenen Gebiete eingesetzt habe. Gemeint sind gewiss Verwalter des Distrikts bzw. Statthalter.

259 Jes. 15–16 zählt das Land nördlich des Arnon immer noch zum moabitischen Territorium.

260 Etwa die Ausdehnung dieses Landes vor der Eroberung der Omridendynastie.

Königsresidenz *Qrḥh*. Aber auch Städte wie *Bt-Bmt*, *Bṣr*, *Mhdb'*, *Bt-Dbltn*, *Bt-Bˁl-Mˁn*[261] liess er wiederaufbauen bzw. renovieren[262].

Die archäologischen Ausgrabungen in jener Region haben zum Teil diese Entwicklung bestätigen können[263].

Exkurs: Der Kemoš-Kult

Über die kultische Kemoš-Tradition sind wir nur dürftig informiert. Es liegen lediglich verstreute Informationen verschiedener Provenienz vor[264], die für eine kultgeschichtliche Untersuchung zu wenig hergeben.

Die Texte von Ebla erwähnen bereits im 3. Jt. v. Chr. eine Gottheit namens Kamiš, für die im Monat August ein Opferfest gefeiert wurde: ITU NIDBA$_x$-^{d}*kà-mí-iš*[265]. Sicherlich bezieht sich NIDBA$_x$-^{d}*kà-mí-iš*[266] auch auf diese Feierlichkeit. Offenbar wird dieser Monat „Monat des Kamiš" genannt, wie sich aus dem Ausdruck ITU ^{d}*kà-mí-iš* ergibt[267]. Die Quellen berichten von Opfertieren, die zur Ehre dieser Gottheit dargebracht wurden[268]. Kamiš scheint auch in Ebla einem eigenen Tempel gehabt zu haben[269]. Doch bleibt seine Rolle und Funktion im eblaischen Pantheon unklar[270]. Das einzige, das wir aus den zitierten Quellen entnehmen können, ist, dass dieser Gott in Ebla einen fest geregelten Kult und einen eigenen Tempel gehabt hat. Welcher Rang ihm in der eblaischen religiösen Tradition zukam und welche Rolle er in der Volksfrömmigkeit gespielt hat, lässt sich den Dokumenten nicht entnehmen.

Nicht besser steht mit den ugaritischen Quellen: Eine Gottheit namens *kmṯ* wird in drei Götterlisten erwähnt[271]. Eine Gleichsetzung mit dem moabitischen

261 Dearman, Bib.Arch. 60/4, 207f., setzt sie mit dem modernen Māˁin gleich.

262 M-I 21–30.

263 Vgl. Mattingly, ADAJ 26, 482; Fröhlich/Ortner, ADAJ 26, 264f.; Negueruela, ADAJ 26, 400f.; Sauer, BAT, 212; Worschech, Land, 161.164.

264 Worschech, UF 24, 383, hat zum Teil das Material zusammengestellt.

265 Pettinato, AfO 25, 34; ders., OA 8, 146ff. (TM. 75.G.2075, Rs. VI 2–7).

266 Pettinato, Catalogo, Nr. 324.

267 Vgl. Pettinato, AfO 25, 34.

268 Pettinato, OA 18, 146ff.; ders., OA 15, 14. Siehe weiter die von Pomponia/Xella, AOAT 245, 180ff., aufgelisteten Texte; ferner auch Israel, SMSR 54, 5ff.; Müller, DDD, 356ff.

269 Pettinato, Catalogo, 855 und 4925.

270 Aufgrund der Anwendung des GNs in Ebla seine Rolle zu definieren (wie Worschech, UF 24, 394, will), der zumal nur im einem einzigen PN dieser Art belegt ist (nämlich *Iti-*^{d}*kà-mí-iš*; Pettinato/Matthiae, RSO 50, 6), ist sehr abenteuerlich.

271 RS 24.251,16: [*ˁṯt*]*r* . *wˁṯtpr* . *yìsp* . *ḥmt* . *ẓẓ* . *wkm*$^{(!)}$*ṯt* (Ugaritica V, 576; KTU 1.107,41). RS 24,271,A5: *ṯt* . *wkmṯ* (Ugaritica V, 584; KTU 1.123). RS 24.244,36: *ẓẓ* . *wkmṯ*. (Ugaritica V, 565; KTU 1.100). Vgl. dazu auch KTU 1.107,41; 1.123,5; 1.100,36. Schwierigkeiten bereitet die semantische Bedeutung der Wörter *ṯt* und *ẓẓ*, die üblicherweise als *ˁṭ* und *ṭṭ* gelesen werden. Virolleaud, Ugaritica V, 585 (KTU 1.123); Gese/Höffner/Rudolph, Religion, 140, verbinden *ˁṭ* mit dem Hebräischen *ˁīṭ* „Raubvogel" und *ṭṭ* mit dem Hebräischen *ṭīṭ* und dem Akkadischen *ṭēdu*/*ṭēṭu*, *ṭidd*/*ṭṭu* „Lehm, Ton". Doch sind alle diese Deutungen recht unsicher. Daher ist die

Kemoš liegt nahe[272]. Unsicher bleibt, ob der ugaritische *kmṯ* eine spätere Erscheinungsform des eblaischen Kamiš[273] ist. Man wird sich die Frage stellen müssen, in welchen religionsgeschichtlichen und sprachlichen Zusammenhängen der moabitische Kemoš zu dem ugaritischen *kmṯ* steht. Und wieder sind wir hier auf Vermutungen angewiesen[274].

Eine assyrische Götterliste[275] bezeugt eine Gottheit namens Kammuš, die mit Nergal assoziiert ist:

> ^d^MAŠ.MAŠ ^d^MAŠ.TAB.BA[276] *u* [...]
> ^d^*ka-am-muš* ^d^*al-mu*[277] [...]

In einer weiteren Götterliste[278] begegnet uns der GN[279] zusammen mit Bunenu[280], Nergal und Martu: ^d^*bu-ne-nu* / ^d^*ke-maš* / ^d^GÌR / ^d^MAR.TU. Da Kammuš im oben zitierten Text als Erscheinungsform Nergals vorkommt, vermutet man, dass diesem Gott in Assyrien ein Unterweltcharakter verliehen wurde[281] – Nergal ist ja in der assyrisch-babylonischen Tradition der Gott der Unterwelt und des Todes[282]. Bei Fragen nach religionsgeschichtlichen Zusammenhängen zwi-

---

Ansicht von Astour, JAOS 86, 278, dass *kmṯ* in Ugarit einen Unterweltcharakter gehabt hat, da er unmittelbar nach *ṯṯ* erwähnt wird, mit Skepsis zu betrachten.

272 Worschech, UF 24, 395f.

273 Vgl. Dietrich/Loretz/Sanmartin, Lexikographie, 28, Nr. 53; dies., Untersuchungen, 107f.; und Astour, JAOS 86, 278. Nach Pomponio/Xella, AOAT 245, 181f., handelt es sich um dieselbe Gottheit. Siehe ferner Israel, SMSR 53, 20.

274 Vgl. dazu auch Weippert, RlA, 8, 323.

275 CT 24, Tf. 36 (K. 4349), Rs. X 65–66. In einem ähnlichen Kontext auch in BM 40747, Vs. II.

276 Für diese Gottheit vgl. Tallqvist, AGE, 372.

277 Tallqvist, AGE, 258.

278 KAV 72 (VAT 10229), 16–19.

279 Vorausgesetzt es handelt sich hier um dieselbe Gottheit, da die Schreibform anderes ist. Doch wiegt der Einwand nicht schwer, da die Schreibformen von PN, GN und ON in den assyrischen Quellen häufig variieren. Die Erwähnung zusammen mit Nergal und Martu scheint darauf hinzuweisen, dass hier die gleiche Gottheit gemeint ist.

280 Für diese Gottheit vgl. Tallqvist, AGE, 277.

281 Vgl. Jensen, ZA 42, 235ff. Eine These, die sich Worschech, UF 24, 396ff., zu eigen macht. Er vermutet weiter, Kemoš habe in Assoziation mit dem Gott *ršp* in Ugarit und Ebla auch eine Fruchtbarkeits- und eine Kriegsgottesfunktion gehabt. Die Belege reichen kaum, um den Gott in Zusammenhang mit den erwähnten Funktionen zu bringen. Besondere Schwierigkeiten bereitet die Erklärung der ugaritischen Stellen.

Die Erscheinung dieser Gottheit zusammen (u. a.) mit *ršp* und *ʿṯtr* – vor und nach *kmṯ* genannt – bedeutet nicht zwangsläufig, dass er mit *ʿṯtr* assoziiert werden muss, oder dass er dieselben Charakterzüge und Funktionen wie die erwähnten Götter hat. Der Mangel an Quellenmaterial erschwert eine befriedigende Untersuchung. Siehe auch Pomponia/Xella, AOAT 245, 181. Zu dieser Gottheit vgl. Astour, Mesopotamia 8, 232; Xella, DDD, 700ff., und Dietriech, UF 31, 151.

282 Ob der in CT 25, Tf. 30 (K. 2109+...), Rs. I 13, erwähnte Gott ^d^*ka-ma-šu*, der vor allem mit Ištar verknüpft wird, dieselbe Gottheit meint, lässt sich nicht mit Sicher-

schen den erwähnten Gottheiten tappen wir erneut völlig im Dunkel. Darüber hinaus muss die religionsgeschichtliche Entwicklung der Hypostase Nergal = Kammuš bzw. *kmṯ*/*Kamiš* geklärt werden, falls es sich tatsächlich um dieselbe Gottheit handelt[283]. Soviel steht jedoch fest: Der moabitische Gott spielte in dem assyrischen Pantheon keine Rolle. Einen eigenen Kult oder gar religionsgeschichtlich-kultische Tradition scheint er in Assyrien nicht gehabt zu haben – sowenig wie eine Kultstätte.

Auch das AT kennt Kemoš als Gott der Moabiter. Jedoch wurden einschlägige Informationen entweder durch die Intoleranz des Jahwismus unterdrückt[284] oder mit ausschliesslich negativer Färbung versehen, etwa durch Verbindung mit dem von den Deuteronomisten verurteilte Molochopfer[285], so dass es unmöglich ist, ein objektives Urteil über diesen Kult zu gewinnen[286].

Was die Rolle von Kemoš in Moab anbelangt, war er der Nationalgott der Moabiter, für den offensichtlich ein Heiligtum in *Qrḥh* errichtet wurde. Darüber hinaus dürfte er auch in *ʿṭrt*, Nebo, *Hwrnn* und Dibon Kultstätten gehabt haben[287]. Dass in den weiteren moabitischen Städten ebenfalls Heiligtümer für ihn

---

heit sagen. Tallqvist, AGE, 339, rechnet mit verschiedenen Göttern.

Die neuassyrischen theophoren Namen, die mit dem Element Kemoš gebildet sind, tragen nichts zur Klärung der Rolle und der Funktion sowie des Kultes des Kemoš bei: Kammasu-nabi, Kamas-ḫaltâ, [I]*ka-maš* TA GAL-É „Kamaš, der Majordomus" (VAT 9863 (= KAV 133), Vs. 4–5), und der Name eines Wagenlenkers: [I]*Ili-ka-maš* LÚ [giš]GIGIR *ša* [uru]DU$_6$-*ú-li-na* „Ili-kamaš, der Wagenlenker von Til-ulina" (VAT 8878 (KAV 31), Rs. 1–2). Dass es sich hier um einen theophoren Namen handelt, und nicht etwa die Verbalwurzel *kamāšu*, geht aus dem zweiten Beleg deutlich hervor, da dieser mit dem Determinativ DINGIR bzw. *ilu* „Gott" versehen ist. Der erste Name dürfte nur eine Abkürzung des vollen Namens sein. Dies ist aber kein Beweis, dass die moabitische Gottheit in den assyrischen Kult aufgenommen worden wäre. Bestätigt wird jedoch, dass Moabiter – wenn die erwähnten Personen tatsächlich von dort stammen – in assyrischen Diensten tätig waren. Ebenso tragen die Siegel, in denen der PN mit dem theophoren Element *kmš* gebildet sind und aus dem 8. bzw. 7. Jh. stammen, sehr wenig zur Kenntnis des Kemoš-Kultes bei, da ausser dem belegten GN nichts über dessen Kult zu erfahren ist; vgl. das von Timm, ÄAT 17, 162–183, gesammelte Material. Ferner siehe Aufrecht/Shury, IEJ 48, 57ff.

283 Worschechs These (UF 24, 397ff.) bleibt spekulativ. Kein Wunder, dass Lambert, RlA 5, 335, keinen Zusammenhang zwischen dem assyrischen Kammuš, dem eblaischen Kamiš und dem ugaritischen *kmṯ* sieht.

284 Es scheint, dass Kemoš zusammen mit anderen kanaanäischen Gottheiten unter Salomon in Jerusalem verehrt wurde; vgl. 1Kön. 11,33. Vgl. weiter Num. 25,1–3; Jos. 22,17–18; Am. 9,10.

285 Vgl. 2Kön. 3,27; Jer. 48,35. Die Archäologie hat jedoch bis zum heutigen Tage keine Spuren von verbrannten Menschenopfern in Moab feststellen können.

286 Dies ist der Grund, weshalb die Ergebnisse der Untersuchung über die Kemoš-Religion von Dearman, Studies, 227ff., recht bescheiden bleiben (vgl. besonders S. 229–231). Die Quellen sind hier sehr einseitig.

287 Vgl. M-I 3.12.15–18.33. Morton, BASOR 140, 4f., vermutet eine Tempelanlage

errichtet wurden, ist anzunehmen[288]. Die M-I bietet jedoch keine Information darüber.

Bei den Ausgrabungen in el-Bālūʿ wurden in den Jahren 1987, 1989 und 1991[289] einige Reststücke einer „Stier-Reiter-Figur", die Füsse – mit Schmuck versehen – einer weiblichen Statue, sowie weitere Pferdefiguren gefunden, die als Kultobjekte identifiziert werden[290]. Die Statue wird gerne als Göttinnenstatue gedeutet und dem Astarte-Typus zugeordnet, während der Reiter der Stierfigur mit Kemoš gleichgesetzt wird, da Kemoš auch die Eigenschaften eines Wetter- und Vegetationsgottes (mit lokalen Ausprägungen), ähnlich wie Hadad, zugeschrieben werden. Diese Eigenschaften des Kemoš sollen dann Einflüsse des assyrisch-babylonischen Šamaš verraten[291]. Leider befinden sich die archäologischen Funde in einem so schlechten Zustand, dass selbst die Deutung der weiblichen Figurine (bzw. dessen, was von ihr übrig geblieben ist) als Göttinnenstatue und diejenige des Reiters der Stierfigur als Bildnis einer (welcher?) Gottheit erhebliche Schwierigkeiten bereiten. Wenn es sich bei dem Reiter um den moabitischen Gott Kemoš handelt, dann kann die Vorstellung eines Kemoš als Wetter- und Vegetationsgott kaum unter dem Einfluss des Šamaš entstanden sein, denn in Assyrien und Babylonien galt Adad und nicht Šamaš als Wetter- und Vegetations- bzw. Fruchtbarkeitsgott, wie zahlreiche keilschriftliche Texte bezeugen. Sein heiliges Symbol war der Stier[292]. Im Syrien nannte man ihn Hadad, und er wurde mit denselben Eigenschaften verehrt[293] und zugleich identifiziert mit Baʿal. Auch in Ugarit wurde er bereits als Wetter- und Fruchtbarkeitsgott bekannt[294] und mit dem Stier als Symbol in Verbindung gebracht[295].

Sollte es sich tatsächlich bei dem Reiter um eine göttliche Gestalt handeln, so wäre sie vielleicht besser mit Baʿal-Adad/Hadad in Zusammenhang zu bringen, mit dessen Kult und Vorstellungen die Moabiter in Berührung gekommen sein

---

in Dibon. In Ḫirbet el-Mudēyine wurde auch eine Gottesstatuette gefunden, die möglicherweise ʿAštar-Kemoš darstellen könnte: Die M-I berichtet in Z. 17 über eine derartige Gottheit, die offensichtlich ihren Kult in Nebo hatte.

Die Gemahlin des Kemoš war ja *ʿAštālōr*, die als *ʿštrkmš* (die *ʿAštālōr* des Kemoš) in KAI 181,17 erwähnt wird. Weippert, ZDPV 89, 44ff. Anm. 24, schliesst nicht aus, dass es sich um die moabitische Form der in der Oase Duma (u. a.) verehrten Göttin ʿAttār-šamin handelt.

Zur Frage des Geschlechts von *ʿštrkmš* vgl. Mattingly, Religion, 219ff.

288 Weippert, Synkretismus, 150ff., rechnet mindestens mit einem Heiligtum für den Staatskult und weiteren Kultstätten, die die Archäologie jedoch bis dato nicht bezeugt hat.

289 Für diese Ausgrabungen vgl. Worschech, ZDPV 106, 86ff.

290 So Worschech, UF 24ff. Abbilder auf S. 385.387.388. Sie werden in die Eisenzeit IIBC und Eisenzeit III datiert.

291 Vgl. Worschech, UF 24, 389ff.

292 Vgl. dazu das von Tallqvist, AGE, 216ff., gesammelte Quellenmaterial.

293 Vgl. Klengel, EKA, 113f.; Schmökel, Kulturgeschichte, 576.

294 Vgl. del Olmo Lete, Mitos, 469,4–5, 470,33 (KTU 1.10 II); Klengel, EKA, 99f., 113f.; Schmökel, Kulturgeschichte, 576.

295 Vgl. del Olmo Lete, Interpretación, 73; ders., Mitos, 468–474 (KTU 1.10).

könnten. Beide waren ja in syrisch-palästischen Raum weit verbreitet, und selbst das AT weiss davon zu berichten[296]. Doch zunächst muss sichergestellt werden, dass diese Figuren Kultobjekte darstellen, zum zweiten, dass der Reiter der Stierfigur tatsächlich eine Gottheit repräsentiert, und zum dritten wäre zu fragen, um was für eine Gottheit es sich handeln mag[297].

Im übrigen scheint die Kemoš-Verehrung selbst den Untergang des moabitischen Staates überlebt zu haben, wie eine aramäische Inschrift aus dem 3. Jh. v. Chr. (in el-Kerak gefunden) bezeugt[298].

3.2 Die Befreiung Moabs im Kontext der westlichen Expansionspolitik Assyriens

Zwei wichtige Faktoren bilden den Kern des assyrischen Expansionismus: die Sicherheitspolitik und die Wirtschaft. Sie sind das Steuerungsprinzip der assyrischen Kriegsmaschinerie und die Ursache der Unterwerfung zahlreicher Länder. Unter diesem Prinzip wurden die Eroberungen geplant und eingeleitet, mit dem Ziel, bestimmte Rohstoffgebiete, Handelssysteme und Handelswege, die als Quellen für eine stabile Wirtschaft des Imperiums dienen konnten, militärisch zu kontrollieren[299]. Darüber hinaus stellte die jährliche Steuer- und Tributpflicht der unterjochten Länder eine wichtige Quelle der assyrischen Ökonomie dar[300]. Vor diesen wirtschaftlichen und politischen Hintergründen erklären wir uns das wachsende Interesse Assyriens, die Länder des Westens militärisch und politisch an sich zu binden.

Bereits in der zweiten Hälfte der mittelassyrischen Zeit wurden westliche Staaten zur Zielscheibe solcher Bestrebungen. Der erste, der sich erfolgreich Richtung Mittelmeerländer wandte, war Tiglat-pileser I. (1112–1074)[301]. Seine Inschriften berichten über einen Libanon- bzw. syrisch-nordpalästinischen Feldzug, in dem er Ili-tešub, den König von Ḫattî, und die Amurrû-Länder unterwer-

296 Vgl. Ri. 6,11–32; 1Kön. 16,31–32; 18,26; Jer. 2,3; 11,13; 1Kön. 12,28; 2Kön. 5,18. Siehe Fohrer, Geschichte, 95f.

297 Worschech, UF 24, 400ff., glaubt die Vorstellung des Kemoš als Vegetationsgott einem in Ḏībān entdeckten Siegel (vgl. Mussell, Seal, 247ff.) zu finden.

Ebenfalls hat man einen auf einer bei Ruğm el-ʿAbd entdeckten Stele abgebildeten Krieger mit Kemoš identifizieren wollen, um ihm auf dieser Weise den Charakter eines Kriegsgottes zu verleihen (de Saulcy, Voyages, 323ff.). Ferner siehe Warmenbal, Levant 15, 63ff., Tf. 6; Keel (u. a), Studien, 320. Doch war dies im Alten Orient kein besonderes Merkmal eines bestimmtes Gottes. Im allgemeinen waren die altorientalischen Götter mehr oder minder mit dieser Funktion vertraut.

298 Vgl. Canova, Iscrizioni, 9f. Abb. 5, und Milik, St. Bib. Franz. 9, 331ff.

299 Vgl. dazu Lamprichs, Expansionsprozess, 211.

300 Zu diesem Thema vgl. Vera Chamaza, AMI 28, 266f. Ferner siehe Elat, JAOS 98, 207ff.; ders., AfO Beih. 19, 244ff.; Lamprichs, Expansionsprozess, 211; Postgate, Mesopotamia 7, 193ff.

301 Für die Zusammenstellung und Bearbeitungen der Inschriften Tiglat-pilesers I. siehe Borger, EAK I, 108ff.

fen konnte und zur Tributpflicht zwang. Länder wie ^{kur}*gu-bal*[302], ^{kur}*ṣi-du-ni* und ^{kur}*ar-ma-da* werden ausdrücklich als Tributäre erwähnt[303].

Aššur-bēl-kala (1073–1056)[304] setzte die Politik seines Vaters fort. Den Quellen zufolge dürfte der Westen unter ihm noch immer an Assyrien gebunden gewesen sein[305]. Doch die erfolgreiche Expansionspolitik dieser Könige war nur von kurzer Dauer. Der Zerfall des mittelassyrischen Reiches, der sich nach dem Tode Aššur-bēl-kalas weiter fortsetzte[306], bot den unterworfenen Ländern noch einmal die Möglichkeit, sich aus der assyrischen Knechtschaft zu befreien.

Der erneute Versuch Aššur-dāns II. (934–912)[307], Adad-nārārīs II. (911–891)[308] und Tukultī-Ninurtas II. (890–884)[309], im Westen Fuss zu fassen, endete nur mit einem partiellen Erfolg: Zwar konnten sie zum Teil die Grenzen des alten Reiches wiederherstellen, liessen aber die nordpalästinischen und syrischen Regionen völlig unberührt.

Erst Aššur-nāṣir-apli II. (883–859)[310], der als Gründer des neuassyrischen Imperiums gilt, gelang es, sein Reich bis zum Mittelmeer auszudehnen. Planmässig ging er dann mit der Eroberung vor. Im Gegensatz zu seinen Nachfolgern ging es ihm bei seinen militärischen Kampagnen weniger um eine Sicherung der Grenzen seines Landes oder um eine vorübergehende Ausschaltung gefährlicher, fremder Mächte, als vielmehr um eine dauerhafte Eroberung, wofür er sein eigenes politisches Konzept entwarf: Die vollständige, bedingungslose Unterwerfung seiner Feinde, die regelmässige Ablieferung sehr hoher Tribute und Steuern, die Einhaltung der von ihm diktierten Anordnungen und der Gehorsam der unterworfenen Länder gegenüber den von ihm in solchen Regionen eingesetzten Statthaltern waren das zentrale Anliegen seiner Politik[311]. Die syrischen und nordpalästinischen Staaten, die unter Tiglat-pileser I. ihre Selbständigkeit

---

302 Wohl Byblos gemeint.

303 Vgl. KAH II, 68,17–24; 69,2–8; 71,8–18; Weidner, AfO 18, 350,24–30.

304 Für die Textlage des Inschriftenwerkes siehe Borger, EAK I, 135ff.

305 Vgl. AKA 131, II 19–21, IV 37ff. (dazu vgl. die Ergänzungen von Borger, EAK I, 141), ein zerbrochener Obelisk, den Budge/King irrtümlicherweise Tiglat-pileser I. zuschreiben; dazu Borger, EAK I, 135.

306 So unter Eriba-Adad II. (ca. 1055–1054), Šamšī-Adad IV (ca. 1053–1050), Aššur-nāṣir-apli I. (ca. 1049–1031), Salmanassar II. (1030–1019), Aššur-rēš-īši (ca. 971–967) und Tiglat-pileser II. (966–935). Der Zerfall Assyriens ist nicht nur am Verlust sämtlicher eroberter Regionen und an einer inneren Instabilität des Reiches zu erkennen, sondern auch an der Verarmung und Vernachlässigung der literarischen Kunst: Könige dieser Zeit haben kaum ein schriftliches Dokument hinterlassen. Siehe weiter Borger, EAK I, 144fff.; Weippert, Tiglathpileser III., 394ff.; Liverani, Mesopotamia 7, 297ff.

307 Vgl. dazu die von Weidner, AfO 3, 151ff., veröffentlichten Annalen und Schramm, EAK II, 1f.

308 Vgl. KAH II, 84,23–26.91–119. Für die allgemeine Textlage siehe Schramm, EAK II, 3ff.

309 Vgl. Scheil, TN II., 8ff. Textlage: Schramm, EAK II, 8ff.

310 Schramm, EAK II, 18ff.

311 Für die historische Gestalt dieses assyrischen Herrschers vgl. von Soden, HAO,

eingebüsst, aber unter dessen Nachfolgern wieder die Freiheit errungen hatten, gerieten nunmehr in assyrische Vasallität[312]. Die Wirkung seiner Bestrebungen mussten die kleinen Staaten des Westens alsbald zu spüren bekommen. Seine Annalen berichten von Tributlieferungen der Länder ^{kur}*ṣur-ra-a-ia*[313], ^{kur}*ṣi-du-na-a-ia*, ^{kur}*a-mur-ra-a-ia*, ^{kur}*gu-bal-a-ia*, ^{kur}*ma-ḫal-la-ta-ia*[314], ^{kur}*ka-i-ṣa-ia*[315], ^{kur}*ma-i-ṣa-ia*[316] *u* ^{uru}*ar-ma-da*[317].[318] Damit sicherte er nicht nur die jährliche Ablieferung harter Tribute und Abgaben, sondern auch eine Kontrolle des Handels im Westen. Mit seiner neuen Expansionspolitik bereitete Aššur-nāṣir-apli II. also den Weg für die systematische Eroberung der Mittelmeerländer vor, eine Aufgabe, die nicht ihm, sondern seinen Nachfolgern vorbehalten blieb.

Salmanassar III. (858–824)[319] verfolgte ganz und gar dieselben politischen Bestrebungen wie sein Vater[320]. Ein Zentralanliegen seiner Aussenpolitik spielte der Westen, gegen den er bereits in seinem ersten Regierungsjahr (*palû*) (858) vorrückte. Ziel dieses Feldzuges war die Unterwerfung der Länder Pattina[321] und Gargemiš. Die assyrischen Annalen vermelden bezüglich dieses Feldzuges, Salmanassar III. habe die Städte des Landes Pattina, die von Aḫuni, dem Fürsten von Bīt-Adini[322], die von Bīt-Gūsi[323], am jenseitigen Ufer des Euphrat liegend,

---

78ff.

312 Wobei gesagt werden muss, dass seine Feldzüge nicht zu einem totalen Erfolg in jenen Ländern führten. Der Grund dafür war vermutlich, dass der König zu wenig Zeit hatte, sich um die erwähnten Gebiete zu kümmern und er deshalb seine Macht nicht in der üblichen Art sichern konnte; vgl. von Soden, HAO, 80.

313 ^{kur}*ṣur-ra-a-ia* bzw. ^{kur}*ṣurru* = Tyrus; Quellenmaterial: Parpola, NAT, 325f.

314 ^{kur}*ma-ḫal-la-ti-ia* bzw. ^{kur}*maḫallat* dürfte ein Nachbarland von Gubla gewesen sein; vgl. AKA 200,28; 373,86 und ICC 43,10.

315 ^{kur}*ka-i-ṣa-a-ia* bzw. ^{kur}*kaiṣa*; vgl. AKA 200,29; 373,86; ICC 43,10.

316 ^{kur}*ma-i-ṣa-ia* bzw. ^{kur}*maiṣa*; AKA 200,30; 373,86; ICC 43,11. Alle diese drei Länder sind in Nordpalästina bzw. Syrien zu suchen. Übrigens kommen sie nur in den Inschriften von Aššur-nāṣir-apli II. vor.

317 Wohl Arwad, an der Mittelmeerküste, nördlich von Ṣimirra liegendes Fürstentum. Quellenmaterial: Parpola, NAT, 37.

318 Vgl. AKA 198–200, IV 16–39; 372–3, III 84–7. Ferne siehe auch S. 216,8 und ICC 43,9–11.

319 Textlage: Schramm, EAK II, 70ff.

320 Für die gesamten militärischen Unternehmungen Salmanassars III. vgl. Arbino, Effects, 181ff., und Lamprichs, Westexpansion, 81ff.

321 Das Land Pattina war eine an der nordsyrischen Küste gelegene Landschaft, deren Nachbarländer Sam'al im Norden und Gargemiš und Arwad im Osten waren. Quellenmaterial: Parpola, NAT, 81.

322 Bīt-Adini, eine an der Mündung des Baliḫ liegende Landschaft. Der Euphrat bildet im Süden und Westen und der Baliḫ im Osten eine natürliche Grenze. Seine Hauptstadt war Til-Barsip (3R, Tf. 8,33), deren Namen Salmanassar III. in Kār-šulmānu-ašarēd änderte (3R, Tf. 8,34). Quellenmaterial: Parpola, NAT, 75f.

323 Gūsi bzw. Bīt-Gūsi lag südlich von Arwad, dessen östlicher Nachbar Bīt-Adini war; Quellenmaterial: Parpola, NAT, 76.

zerstört und niedergebrannt[324]. Doch konnte der Assyrerkönig dieses Mal den erwähnten Ländern nicht das Handwerk legen. Die Quellen berichten weder von Unterwerfung noch von Tributauferlegung – sondern allein von wilder Zerstörung[325].

Im Frühling 857 gelang es, ihm Teile des Landes Ḫattî zu unterwerfen und zur Tributpflicht zu zwingen[326]. Aḫuni, der Anführer des Widerstandes in jener Region, fiel ihm aber nicht in die Hände. Salmanassar musste sich mit der Belagerung seiner Königsresidenz[327], die er erst in seinem 4. *palû* (856) einnahm, zufrieden geben. Der Fürst selbst aber entkam. Daraufhin liess der König durch seine Truppen in dieser Stadt ein Gemetzel anrichten und verschleppte Teile der schuldigen Bevölkerung Bīt-Adinis[328] – eine Kriegstaktik, die die Assyrer mit Vorliebe gegen hartnäckige Gegner praktizierten.

Die kurze Fassung über den vierten Feldzug[329], die im Eponymat des Feldherrn Dajjān-Aššur datiert ist[330], macht deutlich, dass Salmanassar III. den Fürsten Aḫuni von Bīt-Adini erst im Jahre 855 besiegte, gefangennahm und nach Aššur fortführte. Konkret wird folgendes berichtet:

> ^{I}*a-ḫu-ni a-di* DINGIR.MEŠ-*šú* ^{giš}GIGIR.MEŠ-*šú* ANŠE.KUR.RA.MEŠ-*šú* DUMU.MEŠ-*šú* DUMU.MÍ.MEŠ-*šú* ERIM.MEŠ-*šú a-su-ḫa-šú ana* URU-*ia aš-šur ub-la*
>
> „Aḫuni, samt seinen Göttern, seinen Streitwagen, seinen Rossen, seinen Söhnen, seinen Töchtern (und) seinen Truppen, führte ich fort (und) brachte (sie) in meine Stadt Aššur."

In einer weiteren Inschrift[331], die frühesten aus dem 14. Regierungsjahr Salmanassars stammen dürfte (da hier von der Thronbemächtigung des Haza'el in

324 KAH II, 113,13–19. Vgl. auch die von P. Hulin veröffentlichte Throninschrift aus Nimrud-Kalḫu in Iraq 25, 49–69, besonders S. 52/54,18–25 (dazu auch Yamada, Iraq 62, 65ff.); IM 54669, I 42–48; 3R, Tf. 7, I 29–36. Der Schwarze Obelisk (ICC, Tf. 88,26–31) vermerkt keinen Angriff gegen Aḫuni.

325 Eine genaue Zusammenstellung aller Texte für jedes Regierungsjahr bietet Schramm, EAK II, 87ff. Hier findet man auch die verschiedenen Bearbeitungen (S. 70). Ferner siehe, Na'aman, Tel Aviv 3, 89ff. Übersetzung: ARAB I § 553–712.

326 Für die geographisch-historischen Probleme dieses Feldzuges vgl. Zimansky, JNES 49, 1ff., und Vera Chamaza, AMI 28, 241ff., hier weitere Sekundärliteratur.

327 KAH II, 113, Vs. 20–28; IM 54669, I 49–56; 3R, Tf. 7, I 43–48; Balawat, 134, III 3–6 – wohl hier zusammengestellt mit dem Feldzug vom vierten *palû*.

328 KAH II, 113,29 – Rs. 1. Eine weitere kurze Fassung desselben Feldzuges bietet ICC, Tf. 88,35–37. Der ausführlichste Bericht in 3R, Tf. 7–8, II 13–66 – die sogenannte Monolith-Inschrift. Ferner auch Hulin, Iraq, 25, 52/54,37–42.

329 ICC, Tf. 89,48–50.

330 Ders., Z. 45.

331 KAH II, 30, I 10–13. Die Inschrift auf den Toren von Balawat vermerkt ebenfalls in einer knappen Fassung über die Feldzüge Salmanassars gegen Bīt-Adini das Geschick Aḫunis: Balawat, 134/135,5–6. Dasselbe auch in den Inschriften auf den Stierkolossen: Balawat, 146,60–65. Ferner siehe Hulin, Iraq 25, 54,26–28; KAH II, 115,4'–10' (fragmentarisch); 3R, Tf. 7–8, II 66–75, und IM 54669, II 3–9.

Damaskus und dessen Bekämpfung die Rede ist), wird dasselbe Schicksal des Fürsten von Bīt-Adini kurz vermerkt:

> ^I^*a-ḫu-ni* DUMU-*a-di-ni a-di* DINGIR.MEŠ-*ni*-[*šú*] NUNUZ-*šú* KUR-*šú* NÍG.GA É.[GAL-*šú a*-]*su-ḫ*[*a*] *a-na* UN.MEŠ KUR-*ia* A[M]-*nu-šu-‹nu›*
>
> „Aḫuni von Bīt-Adini[332] samt [seinen] Göttern, den Nachkommen seines Landes, dem Eigentum [seines] Palastes führte [ich] fort (und) rechnete sie zu den Einwohnern meines Landes."

Das bedeutet, dass Salmanassar III. spätestens 855 v. Chr. seinen zähen Widersacher im nordsyrischen Gebiet ausschaltete[333]. Damit wurde der Weg frei, um weit nach Syrien und Nordpalästina vorzurücken, wo sich eine mächtigere und gefährlichere Koalition gebildet hatte, an deren Spitze der Damaszenerkönig Adad-idri trat.

Bündnisse von kleineren Staaten, von denen die Königsinschriften oft berichten, sind auf dem Hintergrund zu verstehen, dass diese einzeln allein nicht in der Lage waren dem assyrischen Koloss militärischen Widerstand zu leisten. Ihnen blieben also nur die beiden Möglichkeiten, das Joch Assyriens „freiwillig" zu übernehmen oder dem Aggressor in einer grossen Koalition zu trotzen. Freilich waren solche Bündnisse keine Garantie für das politische Überleben. Dauerten solche Kriege über Jahre hin, erschöpften sich militärische wie wirtschaftliche Ressourcen der Kleinstaaten. Die Assyrer pflegten gerne die langsame aber systematische Vernichtung hartnäckiger Gegner, indem sie mit den immer wieder unternommenen militärischen Angriffen die Feindesländer gezielt zerstörten, ihre Städte unbewohnbar machten und ihr Heer dezimierten. Wurde auf diese Weise das Schicksal der Feinde entschieden, dann mussten die Bewohner und ihre Könige das Schlimmste erwarten: Massaker, Hinrichtungen, Plünderungen, Deportation, Okkupation und nicht selten den Verlust der Staatsidentität[334].

Adad-idri gelang es, ein Bündnis mit 12 Fürsten Syriens und Palästinas zu schliessen[335], deren Länder in der Monolith-Inschrift namentlich erwähnt werden[336]: Ḫalman[337], Ḫamat, Israel[338] Byblos, Gūja[339], Muṣri[340], Irqanat[341], Arwad, Usanat[342], Šiʾon[343], die arabischen Stämme[344], und Bīt-Ammān.

---

332 Im Text wohl als Gentilicium verwendet.

333 Und nicht 856 wie Arbino, Effets, 181 meint.

334 So bei Tukultī-Niturta I.: TN I, 3, III 42–4, IV 18; 12,48–69; 27,56–68; 41,5–7; Aššur-nāṣir-apli II.: AKA 240,49–242,51; 269,46–270,51; Salmanassar III.: Balawat, 133, II 6 – III 2; KAH II, 113,13–28; Tiglat-pileser III.: Tgl. III. Ann. 15–18.34.40.41.60; Sargon II.: KAH II, 63, III 9 – IV 12; 66,12–17.18–25; 71, 24–33. Zur assyrischen Repressionspolitik vgl. Arbino, Effects, 192, und Oded, Deportations, 19ff.

335 Nach Arbino, Effects, 185ff., waren die Interessen dieser Koalition vor allem wirtschaftlicher Natur. Vgl. auch Tadmor, Assyria, 39. Angesichts der schwierigen politischen Lage und der assyrischen Bedrohung soll man dieses Bündnis eher als Sicherheit und Verteidigung des eigenen Landes vor der assyrischen Aggression verstehen.

336 3R, Tf. 7–8, II 78–102. Ferner siehe IM 54669, II 19–33; KAH I, 30, I 14–25 – allerdings zusammengestellt mit dem 18. Feldzug; Hulin, Iraq 25, 54,29–34; Ba-

Wie mächtig diese Koalition war, lässt sich anhand des vom Damaszener König rekrutierten Truppenkontingents ermessen.

	Streitwagen	Reitertruppen	Infanteristen
Damaskus	1.200	1.200	20.000
Ḫamat	700	700	10.000
Israel	2.000		10.000
Gūja			500
Muṣri			1.000
Irqanat	10		10.000
Arwad			200
Usanat			200
Šiʾon	30		10.000
Araber		100 (Kamele)	
Bīt-Ammān			[...]

Insgesamt bestanden die alliierten Truppen aus
3.000 Streitwagen,
1.000 Reiter/Kavalleristen,
61.900 Infanteristen und
100 Kamelen.[345]

In der Umgebung von Qarqar stellte sich Salmanassar III. den Verbündeten, nachdem er – vermutlich aus strategischen Gründen – Ḫalman niedergeschlagen und Teile der Streitkräfte von Irḫulani, dem König von Ḫamat dezimiert und Städte wie Adinnu[346], Pargâ[347], Argarna[348] und Qarqar geplündert, zerstört und

---

lawat, 146,67–74.

337 3R, Tf. 7–8, II 86, wohl Aleppo. Quellenmaterial: Parpola, NAT, 143.

338 [kur]*sir-ʾ-la-a-a* genannt: 3R, Tf. 7–8, II 92.

339 II 92. Gūja bzw. Gū, vermutlich identisch mit dem von Asarhaddon (Ash. § 27, Nin. A III 1) erwähnten [kur]*gi-ʾ*, einer sidonischen Stadt.

340 II 92. Vgl. dazu RGTC 8, 229f.

341 II 92, sonst nicht belegt. Dieses Land muss in Syrien bzw. Nordsyrien gelegen haben.

342 Vermutlich Nachbarland von Arwad. Offenbar nur in den Inschriften Salmanassars III. erwähnt.

343 Šiʾon ist ebenfalls im syrisch-nordsyrischen Gebiet zu suchen; ausserhalb der Inschriften Salmanassars III. nirgends erwähnt.

344 Als [kur]*ar-ba-a-a* bezeichnet. Es handelt sich jedoch um nomadische Stämme.

345 Bezüglich des Truppenkontingents von Bīt-Ammān, weist die Inschrift eine Lücke auf. Die weiteren Fassungen dieses Feldzuges bieten keine Einzelheiten; vgl. IM 54669; ICC, Tf. 89–90,54–56; Hulin, Iraq 25, 54,29–34. Vgl. auch ARAB I, 651–652.567.

346 3R, Tf. 8,88; sonst nicht belegt. Es dürfte sich jedoch um eine Stadt des Landes Ḫamat handeln.

347 Ebd., Z. 88. Pargâ ist wohl auch eine ḫamatäische Stadt. Vgl. Michel, WO 4, 36,12.

in Brand gesteckt hatte. Einen vollständigen Sieg scheint die assyrische Armee nicht errungen zu haben, denn weder von Verhaftung der Anführer noch Unterwerfung jener Länder, noch Auferlegung von Tributen und Abgaben berichten die Quellen. Die von den Königsinschriften betonte Niederlage der Feindestruppen kann nur auf einen partiellen, bescheidenen Erfolg deuten, Erfolg, der mit Kriegspropaganda verbreitet wird. Vgl. etwa die Behauptung, er, Salmanassar III., habe die Steppe mit den Leichen der feindlichen Soldaten gefüllt. Die Könige von Gargemiš, Kumuḫḫi[349], Gūsi, Melīdi[350] Bīt-Gabbān[351], Pattina, Gurgum[352] scheinen in diesem Aufstand nicht verwickelt gewesen zu sein. Der Assyrerkönig empfing ihren Tribut ohne jegliche Gewaltanwendung.

Salmanassar III. zog erneut in seinem 10. *palû* (849) gegen die rebellischen Könige. Inzwischen scheint Sargar von Gargemiš das assyrische Joch abgeworfen zu haben, denn der Assyrerkönig ging mit aller Härte gegen dieses Land vor. Er konnte aber dieses Mal die verbündeten Truppen der syrischen Aramäer nicht zerstreuen und musste sich mit Kriegsgefangenen und Erbeuten von Kriegsgeräten begnügen. Die Anführer selbst entkamen ihm[353].

Der Feldzug vom 11.[354] und 14. *palû*[355] brachten ihm keinen weiteren bedeutenden Erfolg, obwohl seine Inschriften eine Niederlage der Feindestruppen melden.

Erst in seinem 18. *palû* (841) gelang es Salmanassar III. die syrisch-aramäische Koalition auseinanderzutreiben[356]. Die Hintergründe dieses Sieges scheinen verschieden gewesen zu sein: die langsame Dezimierung der verbündeten Truppen und die systematische Zerstörung besonders der syrisch-nordsyrischen Länder. Die Königsinschriften geben bezüglich der gefallenen Feinde und der erbeuteten Kriegsgeräte in der Schlacht von 853 folgende Angaben – wobei diesbezüglich in den Quellen keine Übereinstimmung herrscht.

---

348 Ebd., Z. 88.89. Argarna ist die Königsresidenz von Irḫulani und die Hauptstadt von Ḫamat.

349 Kumuḫḫi, eine im Oberlauf des Euphrat liegende Landschaft. Quellenmaterial: Parpola, NAT, 244ff.

350 Melīdi lag etwa nördlich von Kumuḫḫi, am Oberlauf des Euphrat. Quellenmaterial: Parpola, NAT, 244ff.

351 Nach 3R, Tf. 7, II 24, war Bīt-Gabbān ein Nachbarland von Ḫamānu, woraus zu schliessen ist, dass dieses Land etwa nördlich bzw. nordwestlich der syrisch-nordsyrischen Küste zu suchen ist. Die erwähnte Quelle bringt es im Zusammenhang mit Melīdi und Pattina.

352 Gurgum lag zwischen Sam'al im Süden, Melīdi im Norden und Kumuḫḫi im Osten, eine Gegend, die von dem Sagūru, einem Nebenfluss des Euphrat, welchen Salmanassar III. im Bericht des 6. Feldzuges nennt (3R, Tf. 8, II 85), durchströmt wird. Quellenmaterial: Parpola, NAT, 137.

353 IM 54669, II 61–67; KAH II, 110,6–11; Balawat, 147,84–89; Hulin, Iraq 25, 54,35–36(?); ICC, Tf. 91,85 – meldet aber das Vorrücken gegen Ḫamat nicht.

354 ICC, Tf. 91,87–89; Balawat, 147,90–96; IM 54669, II 68 – III 15; KAH II, 110, 12–13 (in einem zerstörten Kontext). Siehe auch ARAB I, 568.

355 ICC, Tf. 91–92, 91–92; IM 54669, III 24–33; Balawat, 147–148,99–102.

356 Hulin, Iraq 25, 54,29–34.

Feldzug vom 18. *palû*

	Gefallene Feinde	Erbeutete Kriegsgeräte
Monolith-Inschrift[357]	14.000 Mann	*narkabāte*[358], *petḫallāte*[359], *sisû*[360], *ṣimittu*[361]
Schwarzer Obelisk[362]	25.000 Mann	*narkabāte, petḫallāte, unūtu*[363]
Stier-Inschrift[364]	25.000 Mann	*narkabāte, petḫallāte, unūtu*
KAH II, 30[365]	29.000 Mann	keine Angabe
IM 54669[366]	25.000 Mann	*narkabāte, petḫallāte, unūtu*
Iraq 25,54[367]	keine Angabe	keine Angabe

Nach der Monolith-Inschrift[368] wurden während dieses Feldzuges vier Städte des Landes Ḫamat zerstört.

Der Feldzugsbericht vom 10. *palû* gibt keine Einzelheiten über die gefallenen Gegner, betont aber die Erbeutung von Kriegsgeräten und die Verheerung der Feindesländer.

Feldzug vom 10. *palû*

	Erbeutete Kriegsgeräte	Zerstörte Städte
Schwarzer Obelisk[369]	keine Angabe	100 Ortschaften
Stier-Inschrift[370]	*narkabāte, petḫallāte, unūtu*	99 Ortschafen von Bīt-Agūsi
IM 54669[371]	*narkabāte, petḫallāte, unūtu*	100 Ortschaften + Deportation
KAH II, 110[372]	*narkabāte, petḫallāte, unūtu*	keine Angabe
Iraq 25, 54[373]	keine Angabe	keine Angabe

357 3R, Tf. 8, II 97.

358 *narkabatu*, Pl. *narkabāte*, meist wird dafür das sumerische Logogramm GIŠ.GIGIR bzw. GIŠ.GIGIR.MEŠ verwendet.

359 *petḫallu*, Pl. *petḫallāte*, damit ist eigentlich der Kavallerist, bzw. die Reitertruppe, gemeint. Es kann aber auch als Ausdruck für das „Pferd" verwendet werden.

360 *sisû* – oft sumerisch geeschrieben (ANŠE.KUR.RA bzw. ANŠE.KUR.RA.MEŠ).

361 Sumerisch: LÁL „Gespann, Bindung".

362 ICC, Tf. 80,66.

363 Damit sind allerlei Kampfgeräte und Wagenzubehör gemeint.

364 Balawat, 146,73–74.

365 Z. 16.

366 II 65–66.

367 Hulin, Iraq 25, 54,29–34.

368 3R, Tf. 8, II 88–90. Die weiteren Inschriften verzeichnen keine Zerstörung der Länder.

369 ICC, Tf. 90,86.

370 Balawat, 147,86–89.

371 II 68ff.

372 KAH II, 110,11.

Feldzug vom 11. ***palû***

	Gefallene Feinde / Erbeutete Kriegsgeräte	**Zerstörte Städte**
Stier-Inschrift[374]	10.000 Mann / *narkabāte*, *pethallāte*, *unūtu*	97 von Gargemiš, 100 von Bīt-Agūsi, 99 von Ḫamat
IM 54669[375]	10.000 Mann / *narkabāte*, *pethallāte*, *unūtu*	7 von Gargemiš, 100 von Bīt-Agūsi, 89 von Ḫamat + Deportation
Schwarzer Obelisk[376]	keine Angabe	89 von Ḫamat
KAH II, 110[377]	unvollständig	unvollständig

Feldzug vom 14. ***palû***[378]

	Gefallene Feinde / Erbeutete Kriegsgeräte	**Zerstörte Städte**
Stier-Inschrift[379]	keine Angabe / *pethallāte*, *unūtu*	keine Angabe
IM 54669[380]	keine Angabe / *narkabāte*, *unūtu*	keine Angabe
Schwarzer Obelisk[381]	keine Angabe	keine Angabe

373 Hulin, Iraq 25, 54,35f.

374 Balawat, 147,90–94.

375 II 69 – III 9.

376 ICC, Tf. 90,88.

377 Z. 12ff.

378 Die Throninschrift (= Hulin, Iraq 25, 54,39–46) berichtet, dass Salmanassar III. im 13. *palû* zum 10. Mal den Euphrat überschritt, um gegen die Länder Ḫattî, Muṣri, Tyrus, Ṣidūnu und Ḫanigalbat vorzurücken. P. Hulin, Iraq 25, 61, hat bereits darauf aufmerksam gemacht, dass die Chronologie dieser Inschrift nicht stimmt. Zwar richtet sich dieser Feldzug gegen Jâtu – eine nördlich von Kumuḫḫi liegende Landschaft, etwa am Oberlauf des Euphrat (vgl. Streck, ZA 13, 95 und Forrer, Provinzeinteilung, 18) –, kein weiteres Dokument erwähnt jedoch ein Vorrücken Salmanassars III. gegen Syrien oder gar gegen die Mittelmeerländer.

Darüber hinaus entspricht „10-*šu puratta*" nach IM 54669, III 16 und ICC, Tf. 91,89, nicht dem 13., sondern dem 12. *palû*: *ina* 12 BALA.MEŠ-*ia* 10-*šú* [id]A.RAD „in meinem 12. Regierungsjahr (überschritt ich) zum 10. Mal den Euphrat". Ein Feldzug, der gegen das Land Paqarḫubuni, ein Nachbar von Bīt-Adini, gerichtet war. Die Quellen melden aber keinen Einmarsch gegen die philistäischen Küstenländer. Dieser Feldzug muss also entweder mit der 11. oder der 14. Kampagne Salmanassars III. identisch sein.

379 Balawat, 147,102.

380 IM 54669, III 32. Kampfwagen und Reitertruppen werden vernichtet, so auch laut der Stier-Inschrift.

381 ICC, Tf. 91/92,91–92. Hier wird nur pauschal die Niederlage der Feindestruppen ohne Einzelheiten vermerkt.

Zieht man die Listen der Kriegerverluste, des Erbeutens von Kriegsgeräten, der Kriegsgefangenen und der Zerstörung von Städten und Ortschaften in Betracht, so kann man schliessen[382], dass diese systematische Schwächung der Feinde der Hauptgrund für die endgültige Zerstreuung der syrisch-aramäischen Koalition gewesen ist – eine militärische Taktik, die sich besonders Sargon II. später zu eigen machte – ganz speziell gegen widerspenstige Gegner. Ähnlichem Zweck diente die Verheerung von Ortschaften und Äckern[383]; sie sollte die Wirtschaft, zumal die Landwirtschaft, der Feindesländer lahm legen.

Darüber hinaus mag der plötzliche Tod Adad-idris von Damaskus auch eine Rolle gespielt haben; Ass. 742[384] meldet dieses Ereignis ohne Einzelheiten:

> ^{Id}IM-*id-ri* KUR-*šú e-mi-id* ^{I}*ḫa-za-’-ilu* DUMU *la ma-ma-na* ^{giš}GU.ZA *iṣ-bat*
> „Adad-idri verschwand für immer; Haza’el, der Sohn eines Niemanden, bemächtigte sich des Thrones.“

Aus der erwähnten Quelle lässt sich nicht schliessen, dass es sich bei dem Tod Adad-idri um einen Mord handelte[385]. Die Quellen stellen einzig und allein fest, dass der zähe Feind für immer verschwunden sei und an seiner Stelle Haza’el nun in Damaskus regiere.

2Kön. 8,7–15[386] berichtet jedoch, Adad-idri sei durch Haza’el getötet worden. In Übereinstimmung mit den assyrischen Quellen wird hier weiter erzählt, dass Haza’el König an seiner Stelle wurde. Wer dieser Mann wirklich war, darüber erfahren wir nichts Näheres. Salmanassar III. bezeichnet ihn als DUMU *la ma-ma-na* „Sohn eines niemand“. Das bedeutet, dass er weder thronberechtigt noch ein Dynast war[387]. Anderseits erweckt die biblische Erzählung den Eindruck, dass Haza’el ein Vertrauter des Damaszenerkönigs Adad-idri gewesen war – vielleicht gehört er zu den Offizieren seines Heeres.

---

382 Und zwar unabhängig davon, ob die historischen Fakten mit epischer Breite beschrieben sind – um den König als Kriegsheld zu verherrlichen – oder nicht.

383 Vgl. KAH II, 30, II 1, und 3R, Tf. 5, Nr. 6,16–19; Sg. Ann. 32–41.52–74.75–82.101–138 (Winckler) / 9–10.17–18.22–28 (Lie) / 90–91.95–107.110–116 (Fuchs, ISK); TCL 3+, 80–90.163–166.167–177.187.194–198.218–232.236–268.273–279.293–296.303–305.

384 KAH II, 30, I 25–27. Vgl. dazu ARAB I, 681.

385 Wie Michel, WO 1, 60 und Anm. 14, in Anlehnung an Weidner, AfO 13, 233f., den Satz ^{Id}IM-*id-ri* KUR-*šú e-mi-id* deuten will. Eine solche Interpretation bereitet Schwierigkeiten. Erstens handelt es sich um ein G Impf. und nicht einen N-Stamm, so dass man den Satz kaum passiv wiedergeben darf. Zweitens bedeutet die Wortkombination KUR + *emēdu* nicht einen durch fremde Hände herbeigeführten Tod, also Mord, sondern „unnatürlichen Tod“, der durch Unfall verursacht werden kann; vgl. dazu die Belege in AHw I 211b und CAD E 140a.

386 Die Erzählung ist allerdings sagenhaft und darf nicht insgesamt als historisch betrachtet werden; vgl. dazu Würthwein, ATD 11/2, 318–321.

387 Vgl. dazu Schniedewind/Zuckerman, IEJ 51, 88. Nach 2Kön. 8,7–15 soll Haza’el vom Gottesmann Elischa zum König berufen/bestimmt worden sein, was historisch unwahrscheinlich ist. Israel hat keinen Einfluss auf den damaszenischen Königshof gehabt.

Sowohl die assyrischen als auch die alttestamentlichen Quellen geben keine Hinweise auf irgendeine Revolte in Damaskus, die durch den Tod Adad-idris ausgelöst worden wäre.

Entscheidend ist es, sich vor Augen zu halten, dass die Inschriften Salmanassars III. ab dem 14. *palû* die „12 Verbündeten“[388] nicht mehr erwähnen. Stattdessen erfahren wir von Tributzahlungen der Könige von Tyrus, Ṣidūnu und Israel[389]. Dies kann nun bedeuten, dass Haza’el die Koalition nicht zusammenzuhalten vermag. Die Hintergründe für den Zusammenbruch lassen sich nicht ermitteln. Vermutlich sahen die verbündeten Könige nach jahrelangem Krieg, dass es aussichtslos war, dem weit überlegenen Gegner Widerstand zu leisten. Es wurde bereits oben gesagt, dass dieser Krieg mit massiven Verlusten für die syrisch-palästinischen Verbündeten verlief – auch wenn die Zahl der gefallenen Feinde in den assyrischen Quellen übertrieben dargestellt wird. Es scheint, dass die „freiwillige“ Unterwerfung die letzte Chance für die rebellischen Könige gewesen ist, um ihre Länder von einer endgültigen Katastrophe zu retten. In der Tat ergriff Salmanassar III. gegen diese Länder keine harten Massnahmen – wie etwa Zerstörung, Plünderung und Deportation. Er gab sich mit der Auferlegung von Tribut und Abgaben zufrieden.

Wann die Koalition genau zu zerfallen begann, wissen wir nicht recht. Aus den assyrischen Inschriften, die bis zum 14. *palû* die „12 Fürsten“, Verbündete des Adad-idri erwähnen, lässt sich schliessen, dass sie erst nach dem Jahre 845 zusammenbrach.

Trotzdem setzte Haza’el den Kampf gegen Assyrien fort. Die Quellen berichten diesbezüglich:

> ERIM.ḪI.A-*šu ma-ʾ-du id-ka-a a-na e-peš* MURUB$_4$ *u* MÈ *a-na* GABA-*a it-ba-a it-ti-šú am-daḫ-ḫi-iṣ* BAD$_5$.BAD$_5$-*šú áš-kun* BÀD *uš-ma-ni-šu e-kim-š[ú] a-na šu-zu-ub* ZI.MEŠ-*šú e-li a-di* […] ^{uru}*di-ma-áš-qí* URU XX-*ti-šú ar-di* ^{giš}[KIRIB].MEŠ-[*šú ak-kis*][390]
>
> „Er (Haza’el) bot seine zahlreichen Truppen auf, um in der Schlacht zu kämpfen, erhob sich gegen mich. Ich kämpfte mit ihm (und) brachte ihm

388 Wenig ergiebig ist die Vermutung von Donner, Geschichte, 263, dass die Erwähnung der „12 verbündeten Könige“ nur eine Stereotypwendung sei, die aus dem Bericht des 6. Feldzuges übernommen ist.

Es ist kaum möglich, dass Salmanassar III. die Verbündeten von Damaskus, die ja ihm 853 als Gegner entgegentraten, in Ruhe gelassen hätte, ohne sie zur Rechenschaft zu ziehen. Diese Koalition bildete ja den grossen Gegenspieler im Westen. Und vor 845 kann von ihrer Unterjochung oder ihrer freiwilligen Unterwerfung kaum die Rede sein: Kein Dokument berichtet darüber. Erst nach dem 14. *palû* scheinen einige Verbündete den neuen König von Damaskus in Stich gelassen und sich dem Assyrer unterworfen zu haben.

389 3R, Tf. 5, Nr. 6,23–26. Aber auch die von Kinnier-Wilson veröffentlichte Inschrift Salmanassars III. in Iraq 24, Tf. 33–35, Bearbeitung auf S. 90ff., weiss darüber zu berichten; siehe Z. 29–30.

390 KAH I, 30, I 27 – II 1. Über diesen Feldzug auch in ICC, Tf. 92,97–99; 3R, Tf. 5, Nr. 6, und Kinnier-Wilson, Iraq 24, 94,21–30.

eine Niederlage bei. Ich nahm die Wallung seines Feldlagers weg. Um sein Leben zu retten, stieg er hinauf; bis [...] Damaskus, seine königliche Stadt, verfolgte ich (ihn). [Seine] Gärten [riss ich ab]."

Übereinstimmend berichten die assyrischen Quellen über die gefallenen Feinde und über die Kriegsbeute[391]: 16.000 Gefallene, 1.121 *narkabāte* und 470 *pethallāte*.

Salmanassar zog also in seinem 18. *palû* direkt gegen Haza'el. Nach der Überschreitung des Euphrat gelangt er in das Saniru-Gebirge – vermutlich identisch mit dem Antilibanon[392]; in dessen Umgebung fand die Schlacht statt. Trotz der Niederlage, die Salmanassar III. den Damaszenern zufügte, gelang es ihm nicht, das Bollwerk Damaskus für immer zu überwinden. Der Damaszener König konnte ihm entkommen und verschanzte sich dann in seiner eigenen Königsresidenz, einer Stadt, die die assyrische Armee offensichtlich dieses Mal nicht einnehmen konnte. Der Assyrerkönig musste sich mit der Kriegsbeute und der Zerstörung der Versorgungsbasis der Stadt und der zahlreichen Ortschaften bis hin zum Ḫaurānu-Gebirge[393] begnügen[394] – Verheerungspraktiken, die dazu dienten, im Feindesland einen wirtschaftlich-landwirtschaftlichen Kollaps hervorzurufen und auf diese Weise den Feind im Herzen seiner Resistenz zu treffen[395].

Nun rückten die assyrischen Truppen unbehindert entlang der phönizischen Küste weiter nach Süden, bis zum Ba'lira'si-Gebirge[396], wo der assyrische König ein Bildnis von sich als Symbol seiner Herrschaft errichten liess[397]. Hier

391 3R, Tf. 5, Nr. 6,8–13; Kinnier-Wilson, Iraq 24, 94,23–27; ICC, Tf. 92,98–99; Balawat, 150f., 41–52. KAH I, 30, I 26 – III 1 liefert keine konkrete Angabe.

392 Dieser Berg ist nur durch die Inschriften Salmanassars bekannt: 3R, Tf. 5, Nr. 6,6; ICC, Tf. 13,16, und Kinnier-Wilson, Iraq 24, 94,22.
Der Südteil des Antilibanon bildet der Hermon, der nach Dt. 3,9 von den Sidonier „Sirjon" und von den Amoriter „Senir" genannt wird. Der ähnlich klingende Name Saniru/Senir erweckt den Eindruck, dass es sich um dasselbe Massiv handelt. In Hl. 4,8 wird der Antilibanon mit dem Senir gleichgesetzt. Ferner siehe 1Chr. 5,23.

393 Das Ḫaurānu-Gebirge liegt etwas südlich von Damaskus, in dessen Umgebung Tiglat-pileser III. 732 die Provinz Ḫaurina errichtete; vgl. Forrer, Provinzeinteilung, 62. Lamprichs, Westexpansion, 85, setzt dieses Gebirge mit dem Ba'lira'si gleich, welches er wiederum mit dem Karmel identifiziert. In der Form Hauran ist der Name des Gebirges in Ez. 47,16.18 erwähnt.

394 3R, Tf. 5, Nr. 6,1–26. Ferner siehe Kinnier-Wilson, Iraq 24, 94,21–30; Balawat, 150f. Die Ergänzung der Zahl 1.131 – aus Layard entnommen – ist fehlerhaft. In ICC, Tf. 92,98, lautet diese Zahl 1 LIM 1 ME 21 – also 1.121.

395 Dieser Feldzug brachte aber dem König keinen vollständigen Sieg. Lamprichs, Westexpansion, 92, spricht von einer Festsetzung des Haza'el in Damaskus. Siehe auch Safer, Sumer 7, 11, und Lipiński, RSO 45, 60ff.

396 Das Ba'lira'si-Gebirge lag an der phönizischen Küste, in der Nähe von Ṣurru (Tyrus). Es ist mit dem Vorgebirge am Nahr el-Kelb gleichzusetzen; vgl. Michel, WO 1, 267 – hier auch Sekundärliteratur.

397 Die Errichtung der königlichen Stele interpretiert Winter, Syria, 101 Anm. 80, als

empfing er auch Tribut und Abgabe der bereits unterworfenen Länder: Tyrus, Ṣidūnu und Bīt-Ḫumri (Israel). Vermutlich stand diese letzte Etappe des Feldzuges nur im Zusammenhang mit der Tributsammlung, da von einem Betreten israelitischen Territoriums in seinen Inschriften nicht die Rede ist.

Mit Stolz liess sich der König in einem Relief, ausgeschmückt mit vier Szenen, bei der Übergabe des Tributs von Jehu darstellen[398], in dem der israelitische König sich Salmanassar III. zu Füssen niederwerfend erscheint. Die Überschrift des Reliefs lautet:

> *ma-da-tú šá* [I]*ia-ú-a* DUMU [I]*ḫu-um-ri-i*[399] KÙ.BABBAR.EŠ KÙ.GI.MEŠ *sap-lu* KÙ.GI.MEŠ *zu-qu-ut* KÙ.GI *qa-bu-a-te*.MEŠ KÙ.GI *da-la-ni*.MEŠ KÙ.GI AN.NA.MEŠ [giš]*ḫu-ṭar-tú šá* ŠU XX [giš]*pu-aš-ḫa-ti am-ḫur-šu*
>
> „Tribut des Jehu, des Sohnes von Ḫumri (= Omri): Silber, Gold, Goldschalen, *zuqatu*-Schalen aus Gold, Kelche aus Gold, Zinn, ein Königsszepter[400] (und) Jagdspiesse[?] (*pašḫāte*)[401], empfing ich."

Folge des Sieges Salmanassars III. Doch Vorsicht ist geboten, denn diese bedeutet nicht unbedingt den vollständigen Sieg. Tiglat-pileser III. liess ebenfalls ein Bildnis von sich vor den Toren der urarteischen Hauptstadt Tušpa/Turušpa errichten, ohne die Stadt eingenommen zu haben; dazu Vera Chamaza, AMI 28, 245f.

398 Für die Beschreibung und Deutung des Bildes vgl. Jepsen, Sinuhe, 156.

399 Mit dem Ausdruck EN + DUMU [I]*ḫu-um-ri-i* ist nicht unbedingt die direkte Filiation des Jehu gemeint; dieser kann sowohl die direkte Abstammung aus einer Dynastie als auch die Zugehörigkeit zu einem bestimmten Stamm oder Land ausdrücken, wie bei der Bezeichnung der Kaldäerfürsten seit dem 9. Jh. belegt ist; vgl. Brinkman, PKB 264f. Er ist auch in der Privatkorrespondenz aus der Sargonidenzeit gut dokumentiert: Die Bezeichnung DUMU bzw. *mār-*[I]*Jākīn* steht für Marduk-apla-iddina II. und dessen Söhne – obwohl der kaldäische König kein direkter Nachkömmling des Fürsten [I]Jākīn, Gründer der Dynastie des Meerlandes, war. Siehe weiter, Ungnad, OLZ 9, 223ff. *mār-*[I]*Bīt-Dakūri* steht für Šamaš-ibni, den Usurpator in Bīt-Dakūri, dessen Thron er sich nach dem Tode des Fürsten Balassu bemächtigte; dazu vgl. Vera Chamaza, OG, 174ff. und Nr. 6 und Nr. 139–141; ferner CT 54, 67,17 und 233,8; siehe weiter Brinkman, PKB, 247; Ungnad OZ 9, 224f. Die Behauptung von Na'aman, IEJ, 48, 236; ders., BN 79, 19ff. (vgl. auch Liverani, RSO 36, 185ff.; Sader, Les états Araméens, 272f. ; Rendsburg, IEJ 45, 22ff.), der Ausdruck *mār bīt* + PN beziehe sich nur auf den Gründer der Dynastie, triff deshalb nicht zu.

Daher lässt sich keine indirekte dynastische Abstammung von Omri begründen, wie Schneider, BAR 21/1, 26ff.; ders., Bib. 77, 100, will. Wir können auch nicht behaupten, dass die Assyrer dadurch dieThronusurpation legitimieren wollen, wie Na'aman, IEJ 48, 236ff., nahelegt, denn Asarhaddon bezeichnet in gleicher Weise Šamaš-ibni, den Thronusurpator von Bīt-Dakūri. Eine Rechtfertigung des Vorgehens dieses Mannes liegt jedoch in den Inschriften dieses Königs nicht vor; vgl. Ash. § 27 Ep. 12,29; Echron. (BTH, Tf. I), Vs. 10; Ash. S. 122. Ferner siehe Dietrich, WO 4, 216, und Vera Chamaza, OG, 175.

In der Tat war Jehu – ebensowenig wie Šamaš-ibni ein Angehöriger der Balassu-Dynastie – weder ein Sohn von Omri noch gehörte er zu dessen Dynastie; vgl. 2Kön. 9,4–16.

400 Wörtlich: „Ein Zepter für die Hand des Königs".

Über das Schicksal der im 6. Feldzugsbericht erwähnten weiteren aufständischen Fürsten, die mit Adad-idri gemeinsame Sache gegen Assyrien machten, erfahren wir aus den assyrischen Annalen nichts mehr. Selbst in dem 21. Feldzugsbericht, der einen erneuten Angriff Salmanassars III. gegen Haza'el meldet, bleiben sie unerwähnt[402]. Diese Kampagne brachte dem Assyrer keinen vollständigen Erfolg.

Von nun an hören wir nichts mehr über das Schicksal des Haza'el. Da aber kein assyrisches Dokument über irgendeine Unterwerfung oder Vasallität der Damaszener zur Zeit des erwähnten assyrischen Königs berichtet, ist es berechtigt anzunehmen, dass dieses syrische Land unter Salmanassar III. keinen Versuch mehr unternommen hat, mit den von Assyrien im Westen unterjochten Ländern zu revoltieren. Dementsprechend wird es der Assyrerkönig in Ruhe gelassen haben, wie die Tributablieferung der Länder Tyrus, Ṣidūnu und Gubla während des 21. Feldzuges nahelegt[403].

Von dieser historisch-politischen Konstellation her muss die Befreiung Moabs aus der israelitischen Knechtschaft geklärt werden. Es ist bemerkenswert, dass sich König Meša von der aus Damaskus hervorgegangenen Verschwörung gegen Assyrien fern hielt – im Gegensatz zu seinem nördlichen Nachbar Bīt-Ammān. Die Gründe für seine zurückhaltende Politik lassen sich nicht eindeutig feststellen. Wir können jedoch vermuten, dass sie im Zusammenhang mit seinen politischen Bestrebungen gestanden haben. Eine direkte Beteiligung an fremden politischen Angelegenheiten, die ja weit entfernt von den Grenzen seines Landes geschahen, hätte die Aufmerksamkeit Salmanassars III. auf sich gelenkt – und wäre nicht ohne Konsequenzen geblieben.

Anderseits hätte sich Meša militärisch am Kampf gegen Assyrien beteiligen müssen – so wie die Verbündeten von Damaskus es getan hatten, was zur Schwächung der Armee und Wirtschaft seines Landes geführt hätte: Verlust an Kriegern und Kriegsgeräten, etc., deren Folgen sich sicherlich auf seine politischen Ambitionen auswirken hätten können.

Es scheint eher so, dass der moabitische König die Verwicklung Israels in den syrisch-aramäischen Widerstand, in dem die Israeliten ja ihre Unabhängigkeit einbüssten, sehr wohl genutzt hat, um das israelitische Joch abzuwerfen, ja die von dem westlichen Nachbar seit jeher im Besitz genommenen Gebiete zurückzuerobern. Meša fiel sozusagen Israel in den Rücken in einer Stunde der Schwäche: Israel dürfte durch den Krieg militärisch empfindlich getroffen worden sein, so dass es sich kaum in der Lage befand, sich auf einen weiteren Waffenkonflikt einzulassen.

Darüber hinaus muss man damit rechnen, dass die Assyrer die unterworfenen

---

401 Wohl von *pašḫu* II. bzw. *puašḫu*; AHw II, 844b.

402 Vgl. ICC, Tf. 92,102–104.

403 ICC, loc. cit. Salmanassar empfing den Tribut der oben genannten Länder ohne Gewaltanwendung. Für die Regionalpolitik dieses Königs vgl. Arbino, Effects, 188ff.

Länder im Westen militärisch sehr streng bewachten, um jede antiassyrische Aktivität schnell aufzudecken und somit die Rebellionen im Keime zu ersticken. Aber auch die israelitische Wirtschaft dürfte davon getroffen worden sein – und nicht allein der Kriegsfinanzierung wegen, sondern wegen der harten Tribute und Abgaben, die Israel dem Assyrerkönig liefern musste.

Es mag auch die interne politische Krise in Israel zu jener Zeit eine Rolle gespielt haben[404], sie war aber sicherlich nicht ausschlaggebend für die Befreiung Moabs. Die günstigste Gelegenheit bot sich also dem moabitischen König Meša, als Israel zwischen 853 und 841 mit schweren externen und internen politischen Problemen konfrontiert war, um endgültig seinem alten Widersacher die Abhängigkeit zu kündigen.

Von diesen historisch-politischen Hintergründen des ausgehenden 9. Jhs. her können wir vermuten, dass die Befreiung Moabs spätesten im 18. *palû* (841) Salmanassars III. stattgefunden hat[405]. Der politisch-wirtschaftliche und militärische Druck Assyriens auf Syrien und Palästina endete erwartungsgemäss nicht mit Salmanassar III. Nach der relativ kurzen Amtsperiode Šamšī-Adads V. (823–811)[406] setzte sein Nachfolger Adad-nārārī III. (810–783)[407] die kriegerische Politik fort. In seinem 5. *palû* gelang es ihm, den widerspenstigen Damaszenern das Handwerk zu legen und sie ins assyrische Vasallitätsverhältnis zu zwingen[408]. Tyrus, Ṣidūnu, Pilištāja und Israel – wie seine Inschriften bestätigen – blieben immer noch an Assyrien gebunden. Unter ihm musste auch Edom seine Freiheit einbüssen. Der Assyrerkönig rühmt sich, das gesamte Ḫattî- und Amurrû-Land unterworfen zu haben: Tyrus, Ṣidūnu, Israel, Edom Pilištāja, bis zum grossen Meer des Sonnenuntergangs habe er zu seinen Füssen niedergeworfen. Tribut (und) Abgabe habe er ihnen auferlegt[409]. Moab aber behielt weiter seine Selbständigkeit bis zur Zeit Tiglat-pilesers III. Die Zurückhaltung der moabitischen Könige gegenüber den turbulenten politischen Affären in Syrien und Palästina[410] wird die politische Strategie gewesen sein, die das Land vor assyrischer Unterjochung und Vasallität bewahrt hat.

---

404 Wie z. B. die Revolte Jehus und die Ermordung Jorams: 2Kön. 9,22–37. Arbino, Effects, 187, vermutet, dass sich Israel bereits unter Joram in einer Phase der Schwäche befand.

405 Smelik, King, 80ff., datiert die Rebellion Mešas ca. um 850 v. Chr., was nach den vorgelegten Gründen kaum möglich ist.

406 Für die Textlage vgl. Schramm, EAK II, 106ff.

407 Für die Inschrift dieses Königs vgl. Schramm, EAK II, 111ff.

408 Die Datierung dieses Feldzuges befindet sich auf der von Unger, Adanarari III., 8ff., 11, veröffentlichten Reliefstele. Hier wird ausser dem Land Pilištāja weder Tyrus noch Ṣidūnu, noch Israel, noch Edom namentlich erwähnt; vgl. Z. 11–22 und 1R, Tf. 35, Nr. 1,14–21.

409 1R, Tf. 35, Nr. 1,11–14.

410 2Kön. 13,20–21 berichtet von Einfällen moabitischer Verbände auf israelitisches Territorium; diese haben aber nicht mit politischer Verwicklung zu tun. Ausserdem können wir historisch diese Raubüberfälle Moabs nicht recht verfolgen, da hierfür weitere Quellen fehlen. Dennoch darf man einen gewissen historischen Hintergrund nicht ausschliessen.

4

Moab unter neuassyrischer Vasallität

In der ersten Hälfte des 8. Jhs. begannen die syrisch-nordsyrischen Länder unter dem Einfluss der Urartäer, sich allmählich von Assyrien freizumachen[411]. Zwar melden Adad-nārārī III.[412] und Salmanassar IV.[413] die Unterwerfung der Damaszener und die immer noch bestehende Vasallität von Tyrus, Ṣidūnu, Israel und Pilištāja, doch dürfte die politische Bindung mancher von ihnen an Assyrien nicht mehr lange gedauert haben.

---

411 Interne politische Unruhen in Assyrien, die nach dem Tode Salmanassars begannen, mögen hier auch eine wichtige Rolle gespielt haben: So z. B. der Bruderkonflikt zwischen Aššur-da''in-apli und Šamšī-Adad V.; dazu Vera Chamaza, OG, 80f.; Schramm, EAK II, 106; Lamprichs, Westexpansion, 97f.

Von Adad-nārārī III. kennen wir zwei Feldzüge gegen den Westen (805 und 802), von denen die Saba'a- und die Talar-Rimāh-Stelen berichten. Die Inschriften stammen aber nicht vom König Adad-nārārī selbst, sondern von Palil-ēreš, dem Statthalter von Raṣappa und Eponym von 803.

Die Herrscher Salmanassar IV. (781–772), Aššur-dān III. (771–754) und Aššur-nārārī V. (753–746) haben keine eigenen Inschriften hinterlassen. Die auf der Rückseite beschriftete Saba'a-Stele mit dem Namen und der Filiation von Salmanassar IV. stammt – wie angedeutet – von Palil-ēreš. Ausser dieser Inschrift, die einen Feldzug gegen Damaskus vermerkt – jedoch ohne wirklichen Kampf, erwähnt kein weiteres Dokument irgendeine Kampagne nach Westen. Eine Kopie der erwähnten Inschrift mit Bearbeitung veröffentlichte Donbaz in ARRIM 8, 5ff. Die neue Bearbeitung derselben von Timm, WO 24, 56ff., ist überflüssig. Aššur-dān III. hatte alle Hände voll zu tun, um die Schwierigkeiten im Grenzgebiet zu Babylonien zu bewältigen. Angesichts der Revolte von Arrapha (761–760) und Gūzāna (759) wird er sich nicht mehr um den Westen gekümmert haben können. Aššur-nārārī V. richtete im Jahre 749 und 748 seine zwei Feldzüge gegen das Land Namri – ein am jenseits des Unteren Zab liegendes Territorium.

Sarduri II. von Urartu berichtet von Aktionen in den assyrischen Grenzgebieten in jener Zeit, ohne dass sich eine assyrische Reaktion erkennen lässt; vgl. UKN 156, D 8–10.

Für die Textlage vgl. Schramm, EAK II, 121ff., und für die gesamte politische Lage siehe Mayer, Politik, 297ff.

412 1R, Tf. 35, Nr. 1,11–18.

413 Vgl. Donbaz, ARRIM 8, 5ff. Rs. – allerdings werden hier die Länder Tyrus, Ṣidūnu, Israel, Edom und Pilištāja nicht erwähnt. Die Rs. der Inschrift behandelt einzig und allein den Tributempfang von den Damaszenern.

4.1 Moab unter Tiglat-pileser III.

Tiglat-pileser III. (745–727)[414], der am 13. *Ajar* des Jahres 745 v. Chr.[415] durch eine Volksrevolte[416] an die Macht kam, musste erneut gegen die Länder in Syrien und Palästina ziehen[417]. Das erste Ziel seiner westlichen Kampagnen war die Ausschaltung jeglichen Einflusses Sarduris II. (760–730) von Urartu, der für Unruhen in Syrien und Nordsyrien verantwortlich war. Im Jahre 743 gelang es dem Assyrerkönig die Urartäer aus Nordsyrien zu vertreiben[418]. Die Feldzüge der Jahre 743 und 738 haben strategisch dasselbe Ziel: Sie bezweckten die Sicherung der Nordflanke des assyrischen Korridors zu den westlichen Rohstoffgebieten in Anatolien, die inzwischen von den Urartäern kontrolliert wurden[419].

Dem Sieg über Sarduri II. folgte die Belagerung von Arwad[420], das aber erst drei Jahre später (741) eingenommen werden konnte[421]. Im Jahre 740 zog der Assyrer erneut gegen Arwad und schlug sein Quartier auf[422], um die Unterwerfung und die Tribute der syrisch-aramäischen Fürsten entgegenzunehmen[423].

Die Feldzüge der Jahre 734–732[424] waren hauptsächlich gegen Damaskus gerichtet und gehören nicht nur aus geographischen sondern auch aus strategischen Gründen zusammen. Im Jahre 734 führte der assyrische König vorerst einen Straffeldzug durch das philistäische Land[425] – d. h. in erster Linie Asdọd, Askalon und Gaza – Israel, Juda und die Länder Transjordaniens: Moab, Am-

---

414 Textlage: Schramm, EAK II, 124ff.

415 Ep. C^{b} 1,26; BChron. (CT 34, Tf. 44), I 2'–3'.

416 Man pflegt diese Revolte als „Volksrevolution“ zu bezeichnen, da Tiglat-pileser III. alle Privilegien den Oberschichten, den Priesterschaften und den Tempeln von Assyrien entzogen hat. Die Eponymenliste für das Jahr 746 (*ina li-me* ^{Id}*Nergal-nāṣir*) meldet tatsächlich diese Revolte: *si-ḫu ina* ^{uru}*kal-ḫi* „der Aufstand in Kalḫu“; Ep. C^{b} 1,25. Die BChron. ist an dieser Stelle lückenhaft, so dass nur die Angabe der Thronbesteigung erhalten ist; vgl. die Quellen in Anm. 415. Vermutlich ging die Revolte von der Armee aus, deren Versorgung infolge des stark nachlassenden Beuteertrages unter den Vorgängern Tiglat-pilesers offenbar schwierig geworden war; vgl. dazu von Soden, HAO, 90.

417 Einen allgemeinen historischen Überblick über die westlichen Feldzüge Tiglat-pilesers III. findet man bei Lamprichs, Westexpansion, 122ff.

418 Vgl. Tgl. Ann. 59–73. In der Tat konnte Tiglat-pileser III. jedoch erst 735 den urartäischen König bis zu den Toren seiner Residenzstadt Tušpa/Turušpa verdrängen.

419 Dazu Wäfler, APA 11–12,79ff.

420 Im fragmentarischen Kontext in den Annalen erwähnt: Tgl. III. Ann. 91ff. Ferner vgl. Ep. C^{b} 1,30.

421 Ep. C^{b} 1,32. Aber auch das Alte Testament verzeichnet das Ereignis; vgl. 2Kön. 18,34 || Jes. 36,19; 2Kön. 19,13 || Jes. 37,13; Jes. 10,9 und Jer. 49,23.

422 Ep. C^{b} 1,33.

423 Tgl. III. Ann. 77–101.

424 Tgl. III. Ann. 195–240; Tontafelinschrift, Rs. 3–16 (= 2R, Tf. 67,53–66); Kleine Inschrift I (= 3R, Tf. 10, Nr. 2), 1–38 (Borger, TUAT 1/4, 372f., 374f.); Wiseman, Iraq 13, 23.

425 Ep. C^{b} 1,40 sagt ausdrücklich: *a-na* ^{kur}*pi-liš-ta* „gegen Pilištaja“.

mon und Edom bis an die Grenze von Ägypten[426]. Das Ziel dieser militärischen Expedition dürfte gewesen sein, Damaskus von der umgebenden Welt abzuschneiden, um damit einen wirksamen Angriff in den beiden folgenden Jahren (733–732) gegen diese Stadt selbst zu sichern[427]. Dieser Feldzug hatte also einen militärisch-strategischen Grund.

Transjordanisches Territorium scheint Tiglat-pileser III. 734 nicht betreten zu haben[428]. Die Fürsten Sanipu von Ammon, Salamānu von Moab und Qaušmalaka von Edom kamen eilig dem Assyrerkönig entgegen, um den pflichtigen Tribut als Symbol der Unterwerfung zu übergeben – wie aus der Tontafelinschrift (2R, Tf. 67) zu entnehmen ist[429]:

> ^{60}[^{I}*ma*]*-ta-an-bi-ʾ-il* $^{uru!}$*ar-ma-da-a-a* ^{I}*sa-ni-pu* ^{uru}*É-am-ma-na-a-a* ^{I}*sa-la-ma-nu* ^{uru}*ma-ʾ-ba-a-a* ^{I}[…] ^{61}⸢^{I}*mi*⸣*-ti-ni-ti* ^{kur}*as-qa-lu-na-a-a* ^{I}*ia-u-ḫa-zi* ^{kur}*ia-u-da-a-a* ^{I}*qa-uš-ma-la-ka* ^{kur}*ú-du-ma-a-a* ^{I}*mu-ṣi*[*r*$^{?}$/*uṣ-*…][430] ^{62}[^{I}*ḫa*]*-a-nu-ú-nu* ^{kur}*ḫa-za-at-a-a* KÙ.GI KÙ.BABBAR AN.NA AN.BAR A.BÁR *lu-bul-ti bir-me* ^{túg}GADA *lu-bul-ti* KUR*-ti-šú-nu* SÍG.ZA.GÌN.DIR […] ^{63}[*mim-ma aq*]*-ru bi-nu-ut tam-tim na-ba-li ṣi-bu-ta-at* KUR*-šú-nu ni-ṣir-ti* LUGAL*-ti* ANŠE.KUR.RA.MEŠ ANŠE.GÌR.NUN.NA.MEŠ LAL*-at* ^{giš}*ni-*[*i-ri am-ḫur*]
>
> „(Von) [Ma]tānbiʾil (II.)[431] von Arwad, Sanipu von Bīt-Ammān, Salamānu[432] von Moab, … […], Mitinti von Askalon, Jauḫazi[433] von Juda,

---

426 Muṣri dürfte hier ein nordägyptisches Fürstentum, nicht aber das ganze Land Ägypten bezeichnen.

427 Vgl. dazu Mayer, Politik, 307.

428 Und es scheint, dass sich weder Tiglat-pileser III. noch seine Nachfolger direkt in interner politischer Angelegenheit dieser Länder eingemischt haben; vgl. Postgate, WA 23/3, 255.

429 Z. 60–63; siehe auch Tadmor, Inscriptions, 170ff. Interessanterweise werden die transjordanischen Länder in den Annalen nicht erwähnt bzw. ihre Namen sind der Lücken wegen ausgefallen. Der Text ist an dieser Stelle sehr stark beschädigt, so dass erhebliche Schwierigkeiten bestehen, den chronologischen Ablauf der Feldzüge festzustellen. Selbst der Ep. Can. hilft uns diesbezüglich sehr wenig, da hier nur das Ziel des Feldzuges angegeben wird.

430 Der Kontext von Z. 61 (Zeilenende) ist abgebrochen und lässt keine sichere Ergänzung des ENs zu. Bei dem letzten zum Teil erhaltenen Zeichen könnte es sich um *ṣir* als auch um *uṣ* handeln. Gegen eine Ergänzung wie *Mu-ṣ*[*ir*], welche in der Sekundärliteratur immer wieder vorgeschlagen wird (Tallqvist, APN, 140; Donner, MIO 5, 165; Timm, ÄAT 17, 312^{+24}), spricht die Tatsache, dass kein Fürst in Palästina, Syrien oder gar Transjordanien zur Zeit Tiglat-pilesers III. diesen Namen trägt. Der PN ist uns erst seit der Regierungszeit Asarhaddons bekannt und zwar als Eigenname des moabitischen Fürsten.

Die Kollation von Lambert, welche ja auf Ergänzung hinweist – „^{I}*mu-uṣ-r*[*i*]“ (vgl. Borger, TUAT I, 375) –, bringt diesbezüglich kein weiteres Verständnis zur Identifikation des vorhandenen Fürstennamens.

431 Ein westsemitischer (WS) Name, bekannt auch aus dem Archiv von Dilbat; dazu BA VI/5, 109.

432 Neuassyrische Form des WS ursprünglich Šalamānu lautenden Namens. Mehrfach ist der Name in der Sargoniden-Zeit belegt, so als Name eines ^{lú}ENGAR „Landmann“ (ADD 742 (SAA 12, 50), 24), und als Name eines ^{lú}[GAL] *ki-ṣir* AMA-*x x*

Qaušmalaka[434] von Edom, Muṣi[r/Muṣ...[??] ...,] habe ich Gold, Silber, Zinn, Eisen, Blei, Buntkleidungen, Kleider, (Machwerk) ihrer Länder, Purpur [...,] [allerlei Kos]tbarkeit(en), Erzeugnis des Meeres (und) des Festlandes, Erzeugnisse ihrer Länd(er), den königlichen Schatz, Pferde, Maulesel, Jo[ch]gespanne [empfangen.]“

Ungewiss bleibt, da die Inschrift nicht davon berichtet, der Ort, wohin sich Tiglat-pileser III. den Tribut bringen liess. Darüber hinaus ist nicht klar, ob Moab und seine Nachbarn Ammon und Edom in der grossen Verschwörung gegen Assyrien, welche dieses Mal wieder von Damaskus ausging, verwickelt waren. Tiglat-pileser führt keinen Straffeldzug gegen diese transjordanischen Länder durch, und sie werden in der Kampagnen von 733 und 732, die ausschliesslich gegen Damaskus gerichtet waren[435], nicht erwähnt. Daher stellt sich die Frage, ob sich hinter ihrer Unterwerfung nicht die alte politische Strategie verbirgt:

(„Kommandant von Einsatztruppen der Königsmutter“, ADD 857 (SAA 7, 5), 30), im bruchstückhaften Kontext auch in ADB, Nr. 7 (SAA 11, 220). Alle diese Dokumente stammen aus der Zeit Asarhaddons und Assurbanipals. Der Name ist bezeugt als der des Briefschreibers von ABL 140, 775, 777, 1351 und vermutlich als der des Mitautoren von CT 53, 70,3 – wohl im lückenhaften Kontext: ^{I}*sa-la-ma-nu* [*x x x*]. Siehe weiter CTN 2, 18; CTN 3, 47,24; CTN 1, 102, und Postgate, NRGD, Nr. 27,20.

In der neuassyrischen bzw. neubabylonischen Zeit ist der Name in der Form Šalamānu ebenfalls bekannt; vgl. Tallquist, NB, 187.

Interessant ist, dass dieser Name auch auf dem Ostrakon aus Tell el-Hlēfēfand (Nr. 2071) bezeugt ist (*Šlmn*): Glueck, BASOR 80, 3ff., datiert es in 5. Jh.

In einer phönizischen Inschrift erscheint er zum ersten Mal als Gottesname; vgl. Look, Text Book, Nr. 42 = RES, 268ff., Nr. 930 = Magnanini, Inscrizioni, 7, Nr. 5.

In Hatra war der Tempel C dem *Šlmn* geweiht: Drijvers, ANRW II/7.2, 799ff.

Höfner, WM I, 466ff., vermutet, dass diese Gottheit ein Reitergott gewesen ist, mit dem einige PN gebildet sind; vgl. Stark, PNPI, 51f., 61, 114.

Für die arabischen und nabatäisch-griechischen Belege siehe die von Timm, ÄAT 17, 318[64+65], zitierte Literatur.

Aus dem gesamten Material ergibt sich, dass S/Šalamānu erst in der phönizischen Inschrift als GN auftaucht, in der älteren Keilschriftliteratur jedoch ohne Ausnahme nur als PN und ohne theophores Element.

Die moabitischen Quellen kennen ihn als Gottesnamen.

Der Name begegnet besonders häufig in der Sargonidenzeit und beschränkt sich nicht auf den moabitischen oder transjordanischen Bereich. Schlussfolgerungen wie jene von Timm, op. cit., 318, S/Šalamānu sei ein moabitischer Gott, der im Königshaus verehrt wurde, sind mit Vorsicht zu geniessen. Es fehlen die elementaren Beweise. Aus dem Namen des moabitischen Fürsten Salamānu allein lässt sich eine solche Behauptung nicht ableiten. Da der Name als GN in späterer Zeit unzweifelhaft belegt ist, muss man sich unweigerlich die Frage nach dem Ende Moabs als Staat stellen.

433 Es ist allgemein bekannt, dass mit Jauḫazi den König Achas gemeint ist. Die weiteren Namen in den Z. 60–61 (Zeilenende) lassen sich nicht mehr ergänzen.

434 Dieser Name ist in der Keilschriftquellen nur hier belegt.

435 Ep. C^{b} 1,41–4f: *a-na* ^{uru}*di-maš-qa* „gegen Damaskus“.

sich „freiwillig“ in das Vasallitätsverhältnis zu begeben, um das Land vor einem möglichen direkten Angriff – mit fatalen politischen Folgen – zu bewahren[436].

Nicht selten kam es vor, dass die unterworfenen Fürsten nach dem Abzug der assyrischen Truppen erneut rebellierten, oder den Tributzahlungen einstellten[437]. Mit der Politik Tiglat-pilesers III. wird sich diese Situation ändern: Der Assyrerkönig liess die Vasallenstaaten streng überwachen, um alle Aufstandsgelüste rebellischer Fürsten rechtzeitig zu unterdrücken. In der Regel wurden die Vasallregenten in ihren Ämtern belassen, solange sie sich Assyrien gegenüber loyal verhielten. Andernfalls drohte ihnen die Absetzung und im extremen Fall sogar die Deportation – eine von Tiglat-pileser III. mit Vorliebe praktizierte Massnahme[438] – mit der endgültigen Abschaffung der politischen und territorialen Selbständigkeit des Landes[439].

Die Kontrolle der Vasallenstaaten geschah durch eine militärische Präsenz[440], durch die vom König beorderten Beamten oder auch durch einen „Geheimdienst“, dessen Kollaborateure die Aufgaben hatten, den assyrischen König über politische und private Angelegenheiten nicht nur des Lokalfürsten, sondern des Landes überhaupt zu informieren[441]. Auf diese Weise konnten Unruhen und Verschwörungen gegen Assyrien oder gegen Assyriens Loyalregenten frühzeitig erkannt werden, um sie schnell und rasch im Keime zu ersticken. Dadurch wurde jede Ausbreitung von Rebellionen, die für das Imperium gefährlich hätten sein können, verhindert.

Für die Frage, wann Moab in assyrisches Vasallitätsverhältnis geriet, ist besonders die gemeinsame Erwähnung mit dem judäischen Fürsten Jauḫazi als Vasall des Tiglat-pileser III. in der eben zitierten Inschrift zu berücksichtigen. Diese deutet darauf hin, da Moab in der Inschrift von Najafesahabad[442] nicht erwähnt wird, dass es zusammen mit seinen Nachbarn erst während der westlichen Feldzüge des Jahres 734–732 unterjocht wurden. Der Ep. Can. vermerkt ja für die genannten Jahre drei verschiedene Expeditionen[443] – *a-na* [kur]*pi-liš-ta*

436 Mayer, Politik, 309, sieht die widerstandslose Unterwerfung der transjordanischen Länder als einen Selbstschutz durch die assyrische Oberherrschaft gegen Umtriebe der Judäer und Israeliten – eine Meinung, der kaum zuzustimmen ist. Seit Meša sein Land aus der israelitischen Vasallität befreit hat, haben die Bruderstaaten keinen militärischen Versuch gegen Moab gewagt. Im Gegenteil: 2Kön. 13,20–21 berichtet von moabitischen Einfällen auf israelitisches Gebiet. Vgl. weiter Weippert, Tiglathpileser III., 397.

437 Vgl. dazu Vera Chamaza, OG, 47[257].

438 Vgl. Tgl. III. Ann. 16–18.36.49–50.66.138–156.207–208; Platteninschrift, Nr. 2 (Rost, Bd. II, Tf. XXIX-XXXI), 11–12.15.43–44; Tontafelinschrift (= 2R, Tf. 67), Vs. 10–11.16–18.21.33.42–44.

439 Dazu Vera Chamaza, OG, 47[256]. Siehe auch Garelli, Scr. Hier. 6, 50f.

440 Manitus, ZA 24, 97ff., 185ff.

441 Vera Chamaza, OG, 47[256.257].64ff.

442 Veröffentlicht in TNAS, Fig. 1.2, S. 64–65. Bearbeitung auf S. 16ff.; Tadmor, Inscriptions, 91ff.

443 Eine genaue Datierung der Unterwerfung der transjordanischen Länder ist kaum möglich; vgl. Otzen, Israel, 252; Aharoni, Macmillian, 332, und Lamprichs,

(734), *a-na* ^{kur}*di-maš-qa* (733) und *a-na* ^{kur}*di-maš-qa* (732)[444] „nach Pilištāja" (734), „nach Damaskus" (733) und „nach Damaskus" (732) –, die in den Annalen undifferenziert zusammengestellt sind[445].

Die Datierung der Inschrift selbst ergibt sich aus den folgenden Angaben: *ul-tu* SAG LUGAL-*ti-ia a-di* 17 BAL.MEŠ-*ia*[446] „vom Anbeginn meiner Königsherrschaft bis zu meinem 17. Regierungsjahr" und ^{kur}*kar-*^{d}*du-ni-áš* DAGAL-*tu a-na paṭ gim-ri-šá a-bil-ma e-pu-šá* LUGAL-*ú-sa*[447] „Des ausgedehnten Landes Karduniaš insgesamt bemächtigte ich mich und übte *meine* Königsherrschaft (darüber) aus".

Nach der Bab. Chron. bestieg Tiglat-pileser III. den Thron von Babylon im dritten Jahr des (Nabû-)mukīn-zēri[448], eines aus Bīt-Amukāni stammenden Fürsten, der nach der Ermordung des Usurpators (Nabû-)šuma-ukīn die Macht in Babylon an sich riss[449] und sich für knapp drei Jahre als König von Babylonien behaupten konnte:

> ^{19}MU 3 GIN-NUMUN TUKUL-*ti*-IBILA-É.ŠÁR.RA ^{20}*ana* ^{kur}URI^{ki} *ki-i ú-ri-dam* ^{21}É-*a-mu-ka-nu iḫ-ta-pi u* GIN-NUMUN *ik-ta-šad* ^{22}3 MU.MEŠ GIN-NUMUN LUGAL-*ut* TIN.TIR^{ki} DÙ-*uš* ^{23}TUKUL-*TI*-IBILA-«AŠ-»É.ŠÁR.RA *ina* TIN.TIR^{ki} *ina* AŠ.TE TUŠ-*ab*[450]
>
> „$^{19-20}$Drittes Jahr des (Nabû-)Mukīn-zēri: Als Tiglat-pileser (III.) nach Akkad hinabstieg, ^{21}zerstörte er Bīt-Amukāni und nahm (Nabû-)Mukīn-zēri gefangen. ^{22}Drei Jahre übte (Nabû-)Mukīn-zēri die Königsherrschaft in Babylon aus. ^{23}Tiglat-pileser (III.) setzte sich auf den Thron von Babylon."

Somit dürfte die Inschrift frühesten im Jahre 729 entstanden sein, da das dritte Jahr des (Nabû-)Mukīn-zēri mit dem 17. Regierungsjahr des Tiglat-pileser, also 729, zusammenfällt, dem Jahr, in dem er den Thron von Babylon bestieg. Zu welchem Zweck das erwähnte Dokumente verfasst wurde, ist nicht ganz ersichtlich. Vom Inhalt aus betrachtet, erweckt es den Eindruck, als stelle es eine knappe Fassung seiner militärischen Tätigkeiten in seinen ersten 17 Regierungsjahren dar[451]. Darauf weist der folgende Ausdruck hin: *ul-tu* SAG LUGAL-*ti-ia a-di* 17 BAL.MEŠ-*ia* „Vom Anbeginn meiner Königsherrschaft bis zu meinem 17.

Westexpansion, 122ff.

444 Ep. C^{b} 1,40–42.

445 Vgl. Tgl. III. Ann. 191–240. Möglicherweise liegt eine zusammengefasste Darstellung in der Edition von Rost vor. Die Annalen sind an dieser Stelle sehr lückenhaft überliefert.

446 Tontafelinschrift, Vs. 5 (= 2R, Tf. 67).

447 Tontafelinschrift, Vs. 12–13 (= 2R, Tf. 67).

448 Mukīn-zēri ist vermutlich nur eine Abkürzung für den vollen Namen Nabû-mukīn-zēri; vgl. Brinkman, PKB, 235ff.

449 Siehe dazu Brinkman, PKB, loc. cit.

450 BChron. (CT 34, Tf. 47), I 19–23.

451 Z. 67–86 berichten hingegen von Bautätigkeiten des Königs.

Regierungsjahr"[452]. Allerdings werden hier die Geschehnisse nur summarisch aufgereiht, und es fehlt ein vollständiges Verzeichnis der unterworfenen Länder[453].

Die Annalen anderseits enden in diesem Jahr. Von nun an wird nicht mehr von militärischen Unternehmungen des Königs berichtet. Soll dies vielleicht bedeuten, dass ein besonders Ereignis – das Jahr der Thronbesteigung in Babylon – für das Anbringen der Inschrift ausgesucht wurde, um ihr auf diese Weise einen kommemorativen Charakter zu verleihen? Das wäre denkbar.

Die Liste der von Tiglat-pileser zur Tributpflicht gegenüber Assyrien gezwungenen Länder darf man deshalb nicht getrennt von der gesamten Konzeption der Inschrift betrachten[454], denn hier handelt es sich um einen historischen Rückblick, wie der König solche Länder zur Vasallität zwang und zum regelmässigen Tribut Assyrien gegenüber verpflichtete – ohne Einordnung in eine bestimmten Zeit – wie in den Annalen, in denen die Feldzüge nach Regierungsjahren datiert sind. Die unterworfenen Länder mussten ja ihre jährlichen Abgaben nach Assyrien entsenden. Das ist der Grund, weshalb auch von Tributlieferungen der Kaldu-Stämme[455], der medischen Stämme[456] und der westlichen Länder[457] sowie auch die Bekämpfung der Urartäer[458] in einem Zug genannt werden. Die genannten Länder mussten eben jährlich ihren Tribut abliefern. Es liegt nahe, in der Darstellung des Tributs in der Inschrift eine Art *pars pro toto* zu verstehen. Deshalb darf man diese Tributlieferungsliste nicht auf einen bestimmten historischen Augenblick fixieren[459].

Hierher dürfte auch das Fragment ND 10030[460] gehören. Leider ist es in einem sehr schlechten Zustand erhalten, so dass man seinen Inhalt nur unbefriedigend deuten kann. Kol. I und III sind dermassen zerstört, dass lediglich ein paar zusammenhanglose Wörter rekonstruiert werden können. In Kol. II ist die Rede von Streitwagen, Vorstehern, von Aramäerscheichen des Stammes Itu'u und Abgesandten der Moabiter, Nuq[udi]näer und vermutlich weiteren ON, die beim jetzigen Zustand der Tafel nicht ergänzbar sind. In welchem Zusammen-

---

452 Z. 5.

453 So fehlt hierzulande die Unterwerfung von Damaskus und Israel, etc., die Verschwörung des Mitinti von Askalon (PNAE, 757) und die Einsetzung von dessen Sohn Rakibti, welche Timm, ÄAT 17, 315, als Grundlage für eine Datierung der in der Inschrift genannten tributären Länder (siehe S. 59) im Jahre 732/731 verwendet. Aber auch die eroberten östlichen Länder bleiben hier unerwähnt.

454 Wie es in der alttestamentlichen Forschung nicht selten getan wird; vgl. Katzenstein, History, 204ff.; Oded, ZDPV 90, 42[+17]; Cogan, JCS 25, 96ff.; Timm, ÄAT 17, 315. Die Liste wurde ja im Jahre 729 niedergeschrieben.

455 Z. 15–28.

456 Z. 29–39.40–44.

457 Z. 59.

458 Z. 45 – wohl im abgebrochenen Kontext.

459 Mit Recht meint Weippert, ZDPV 89, 53, dass diese Listen nicht so zu verstehen sind, als ob in einem bestimmten historischen Augenblick alle diese Fürsten Tribut geleistet hätten.

460 Siehe Text 4.

hang die Aramäerscheiche und die Abgesandten von Moab und Nuqudina erwähnt werden, entzieht sich unserer Kenntnis. Vermutlich handelt es sich um die Überbringung der jährlichen Tributlieferung, die nicht selten von Abgesandten der Vasallenländer begleitet werden[461]. Was die Datierung des Fragmentes anbelangt, so lässt es sich aufgrund folgender Beobachtungen in der Regierungszeit Tiglat-pilesers III. einordnen: Die Erwähnung des Landes bzw. Stammes Itu'u, den Tiglat-pileser zu Beginn seiner Herrschaft unterworfen hat[462]. Die Moabitern zwang er in den Jahren 734–32 zur Tributpflicht. Der Stadt Nuqudina, die in keinem weiteren Dokument assyrischer Herrscher vorkommt, wurde im Jahre 738 das assyrische Joch auferlegt[463]. Somit dürfte die Inschrift etwa in den Jahren zwischen 731 und 728 entstanden sein[464].

Ein weiteres Dokument, das vom syrisch-palästinischen Feldzug Tiglat-pilesers III. zu berichten weiss, ist die Tafel ND 400[465]. Diese Inschrift dürfte nach 732 geschrieben worden sein, da sie die Unterwerfung des Ḫanūnu von Ḫāzat kennt. Ihr fragmentarischer Erhaltungszustand bereitet Schwierigkeiten, die geschilderten Ereignisse in Einzelheiten zu rekonstruieren: In den ersten 13 Zeilen bleibt unklar, um welches Fürstentum bzw. welche Fürstentümer es sich handelt, das/die der Assyrerkönig erobert, geplündert, zum Tribut gezwungen und unter der Aufsicht seiner Gouverneure von Ṣimirra gestellt hat. Kein Eigenname ist uns hier erhalten. Ein Vergleich der Tafel mit anderen Inschriften Tiglat-pilesers hilft uns wenig, um den Text zu ergänzen, da (dem Kontext zufolge) sich der König eines geographischen Stereotypansatzes bedingt, um seine Oberherrschaft über ein ganzes Gebiet zum Ausdruck zu bringen:

> ^{8}TA ^{uru}*ka-áš-pu-na* (…) ^{9}[*a-di* ^{kur}*sa-ú-e*] *ina* ŠU^{II} ^{lú}*šu-ut* SAG-*ia* ^{lú}GAR-KUR ^{uru}*ṣi-*[*mir-ra am-ni-šú-nu*][466]
>
> „(Das Gebiet) von der Stadt Kašpūna (…) [bis zu dem Berg Saui übergab ich] in die Hände meines Kommissars (und) Gouverneurs von Ṣi[mirra]".

Es geht also um die nordsyrischen Länder, die die Annalen in Einzelheiten und mit Namen erwähnen[467], d. h. um die Landschaft zwischen Gūzāna, ein am Quellkopf des Ḫabur, östlich von Til-Barsip liegendes Land[468] und den Libanongebirgen, denn der Berg Saui knüpft ja nach der geographischen Vorstellung der

---

461 Vgl. Text 6, 8 und 14.

462 Nach dem Fragment und den Inschriften Tiglat-pilesers waren die Itu'u ein aramäischer Stamm, sesshaft in Babylonien; vgl. Nimrud 1,5 und 2,4.

463 Vgl. Tgl. III. Ann. 128 und die Liste der tributären Länder, Kleine Inschrift II (= 3R, Tf. 10, Nr. 3), II 20. Nach diesen Quellen handelt es sich um eine ḫamatäische Stadt, die im letztgenannten Dokument als ^{kur}*nu-qu-d*[*i-na*] erscheint.

464 Postgate, CTN 3, S. 253, schliesst nicht aus, dass das Fragment entweder in der Regierungszeit Tiglat-pilesers III. oder Sargons II. geschrieben worden sein könnte.

465 Text 5 der vorliegenden Untersuchung.

466 Text 5 der vorliegenden Untersuchung.

467 Tgl. III. Ann. 126–132.

468 Dazu RGTC 26, 213f.

Annalen an die Libanongebirge: ^{kur}*sa-ú-e* KUR-*e ša ina* ^{kur}*lab-na-na-ma it-tak-ki-pu-ni*[469] „Saui, eine Gebirgskette, die an das Libanongebirge stösst".

Besser erhalten ist die Episode über die Eroberung von Ḫāzat, dessen Fürst Ḫanūnu in ND 400 namentlich bezeugt ist. Wie auch andere Inschriften Tiglat-pilesers III. festhalten[470], stellte sich Ḫanūnu gar nicht zum Kampf, sondern verliess auf kürzestem Weg seine Königsresidenz und suchte Zuflucht in der ägyptischen Stadt Naḫal-muṣur, allem Anschein nach eine Grenzfestung[471], von wo ihn der Assyrerkönig zurückholte, begnadigte und wieder als Regenten seines Landes einsetzte – allerdings nicht bedingungslos: Ḫanūnu musste von nun an den Status eines Vasallregenten übernehmen und sich gegenüber Assyrien verpflichten, schweren Tribut zu zahlen[472]. Der Assyrerkönig macht dann aus Naḫal-muṣur einen militärischen Stützpunkt, vermutlich mit der Absicht, jeglichen politischen und militärischen Einfluss der Ägypter auf die syrisch-palästinischen Länder zu unterbinden, um Aufruhr und Revolte in jener Regionen im Vorfeld zu vermeiden. Es folgt die Unterwerfung eines Fürsten, dessen Name – wie der seines Landes – nicht erhalten ist[473]. Die lesbaren Zeilen erwecken den Eindruck, dass dieser Fürst vorerst dem Assyrer getrotzt hat. Aber es genügte eine militärische Machtdemonstration, um den Rebellen zum Gehorsam zu zwingen[474].

ND 400 erwähnt den Namen eines Landes bzw. eines Gentiliciums ^{kur}*mu-'-na-a-a*[475] – wohl im lückenhaften Kontext, das neuerdings mit dem biblischen

---

469 Tgl. III. Ann. 126–127; Rost, Tgl. Bd. II, Tf. XXI, 5–6; Kleine Inschrift I (= 3R, Tf. 10, Nr. 2) 3–6; ICC, Tf. 65,6–7.

470 Kleine Inschrift I (= 3R, Tf. 10, Nr. 2), 89–95 – von Rost als „Kleine Inschrift I" bezeichnet. ND 400 ist danach ergänzt.

471 Naḫal-muṣur „Bach von Ägypten". Vermutlich nach dem Namen des Bachs genannt, welcher mit dem Wādī el-'Ariš, etwa im südlichen Bereich Palästinas, gleichgesetzt wird. Na'man, Schnaton 3, 138ff., identifiziert ihn mit dem biblischen Nahal Bśor (1Sam. 30,9f.(21) – wobei man nicht genau weiss, wo er wirklich lag. Neulich ist diese Stadt mit dem modernen al-ʿArīsch identifiziert und mit dem in Num. 34,5 erwähnten „Bach von Ägypten" gleichgesetzt worden; vgl. Borger, TUAT 1/4, 376 Anm. 18 a).

472 Text 5, 14'–19'. Vgl. auch Tontafelinschrift, Rs. 12–13 (= 2R, Tf. 67,62–63). ND 4301+4305 (Saggs, Iraq 18, Tf. XXII–XXIII), Rs. 13–16. In den Annalen ist dieser Passus verloren gegangen.

473 Diese Stelle kann man nicht einmal aus den weiteren Inschriften des Königs ergänzen, denn diese schildern die Unterwerfung der Länder in unterschiedlicher Reihenfolge:

ND 4301+4305, Rs.: Unterwerfung von Damaskus, Israel, Tyrus, Juda, der arabischen Königin Samsi.

Tontafelinschrift, Rs. 10–13 (= 2R, Tf. 67,60–63): In einem Zug wird der Tribut von Arwad, Bīt-Ammān, Moab, Askalon, Juda, [. . .], Ḫāzat erwähnt.

Kleine Inschrift I (= 3R, Tf. 10, Nr. 2), 2–28: Israel, Ḫāzat (Lücke), die arabische Königin Samsi und eine Reihe weiterer wohl arabischer Stämme.

474 Text 5, 20'–22'.

475 Text 5, 22'.

„Me'ūnim" gleichgesetzt wird[476]. Tatsächlich werden die Me'ūnim in 1Chr. 4,41 als Volksgruppe bezeugt[477], deren Aktivitäten – laut biblischem Text – bis in die Zeit des judäischen Königs Hizkiah spürbar gewesen sein sollen. Nach den gleichen Quellen soll der König Usijas sogar gegen sie gekämpft haben[478]. Die Gleichsetzung von ^{kur}*mu-'-na-a-a* und *Me'ūnim* weckt allerdings Bedenken. Zum ersten fällt auf, dass die Me'ūnim nur in spätnachexilischen biblischen Texten auftauchen.

Die Passage 2Kön. 15,1–11 beispielsweise, die sich mit der Regierungsperiode des Usijas befasst, weiss nichts davon zu berichten, ebensowenig die dem König Hizkiah gewidmeten Erzählungen[479]. Weshalb dieses Schweigen der vorexilischen Texte über diese Volksgruppe, wenn der König Usijas sogar Kriege gegen sie geführt haben soll?[480] Die Skepsis verstärkt sich weiter, wenn man bedenkt, dass das AT diesbezüglich keine zuverlässige historische Quelle ist. Eher erwecken die alttestamentlichen Texte den Eindruck, dass es sich hier um einen Anachronismus handelt, in dem bekannte Stammesnamen oder Volksnamen rückblickend mit Ereignissen aus der Königszeit verbunden werden. Ein nicht seltenes Phänomen dieser Quellen[481].

Anderseits bleiben die „Mu'unäer" von ND 400 in der Keilschriftliteratur völlig unbekannt. Und selbst Tiglat-pileser III., der die Unterwerfung syrisch-palästinischer Länder und arabischer Nomadenstämme mehrmals zur Sprache bringt, erwähnt das Land Mu'unāja sonst mit keinem Wort. Aber auch seine Nachfolger, die sich ebenfalls mit diesen Regionen beschäftigt und sie unter ihre Botmässigkeit gestellt haben, wissen nichts davon.

Aufgrund der oben dargelegten Einwände gegen eine Gleichsetzung von ^{kur}*mu-'-na-a-a* und *Me'ūnim* und der Tatsache, dass bis jetzt kein weiteres keilschriftliches Dokument dieses Land bezeugt, sollte man die Möglichkeit nicht ausschliessen, dass hier das Land Moab bzw. die Moabiter gemeint sind, wobei der Name orthographisch wohl fehlerhaft geschrieben worden ist[482].

Darüber hinaus kennen wir Moab als tributäres Land Tiglat-pilesers III. bereits aus der sogenannten Tontafelinschrift in ähnlichem geographischem Kontext. Hier taucht es ja zusammen mit Arwad, Ammon, Askalon, Juda, Edom,

---

476 So Borger/Tadmor, ZAW 94, 250f.

477 1Chr. 4,41.

478 2Chr. 26,7.

479 2Kön. 18,13–20.21 || Jes. 36–39.

480 Kaum vergleichbar ist Esr. 2,50 und Neh. 7,52, wo die Me'ūnim in einem Zug mit den zurückkehrenden deportierten Judäern in ihre Heimat genannt werden. Ebensowenig hat die alte Meinung für sich, dass die Me'ūnim nur ein Gentilizium für die Bewohner der Stadt Ma'on sei, die Jos. 15,55 zusammen mit weiteren Ortschaften – unter ihnen Karmel, Jesrael und Jutta – erwähnt (vgl. auch 1Sam. 23,24.25; 25,2). Siehe Hommel, Aufsätze, 2ff., 50; ders., Die alte israelitische Überlieferung, 251; Gesenius, Handw[17], 433b. Ma'on wird heute mit dem Tell Ma'in westlich des Toten Meeres identifiziert.

481 Vgl. dazu Kap. 2.3.

482 Vlg. dazu den Kommentar zum Text 5. Ferner siehe auch CTN 3, S. 253.

Ägypten und Gaza auf.

Zuletzt erfahren wir aus der erwähnten Inschrift von der Unterwerfung der arabischen Königin Samsi, der der Assyrerkönig in der Umgebung des Saqurru-Gebirges[483] eine Niederlage beigebracht hat: 9.400 Mann ihrer Streitkräfte wurden getötet, und nach üblichen assyrischen Kriegspraktiken ihr Feldlager geplündert. Als Zeichen der Unterwerfung Assyrien gegenüber musste Samsi nunmehr dem assyrischen König schweren Tribut liefern[484].

Aus derselben Zeit stammt höchstwahrscheinlich der Brief ND 2773[485], der sich mit Vorgängen in Moab befasst: Qurdi-Aššur, der Absender des Briefes, berichtet dem König über ein Blutbad, das die Gidirīja in der Hauptstadt Moab[486] angerichtet haben. Der Autor des Briefes selbst hat offensichtlich durch ein Schreiben eines Mannes namens Aja-nūri aus Dibon – dessen Boten Ezazu zum Palast unterwegs ist – darüber folgendes erfahren: „Die Gidirīja sind ins Land Moab eingedrungen und haben sich (wieder) davon gemacht. Sie haben ein Blutbad angerichtet“[487].

Da der Inhalt des Briefes von Aja-nūri Qurdi-Aššur bekannt ist, hat er entweder selbst den Brief gelesen, oder man hat ihm darüber berichtet. Er hielt es aber für notwendig, seinen eigenen Boten mit einem Begleitbrief, in dem er kurz und knapp das geschilderte Ereignis kommentiert, zum Palast zu schicken; dieser bricht am 29. Šabat von Tyrus(?) oder dessen Umgebung auf[488]. Nur durch seinen Brief sind wir also über diesen Vorgang in Moab unterrichtet. Der Brief von Aja-nūri bleibt weiterhin unbekannt.

Die Identifikation von Qurdi-Aššur gelingt nicht einwandfrei. Der PN erscheint in keilschriftlichen Quellen seit der Zeit Aššur-nāṣir-aplis II. als Eponym des Jahres 872[489]. Des weiteren trugen der Statthalter von Šallat[490] im Jahre 836, unter Salmanassar III.[491], und der von Arzuḫina[492] im Jahre 767[493], also unter

483 Ob der Bergname Saqurru im Zusammenhang mit dem gleichnamigen Fluss steht, ist nicht ausgeschlossen; dazu vgl. RGTC 7/5, 313.

484 Text 5, 23'–27'. Dieselbe Episode in Tgl. III. Ann. 210–213; Kleine Inschrift I (= 3R, Tf. 10, Nr. 2), 19–26; ND 4301+4305 (Saggs, Iraq 18, Tf. XXII–XXIII), Rs. 17–22.

485 Eine Kopie davon mit Bearbeitung bietet Saggs, Iraq 21, Tf. 32, Nr. 14, von mir neu bearbeitet; vgl. Text 3.

486 Weippert, RlA 8, 322, setzt sie mit Rabbat-Moab gleich.

487 Text 3,11–15.

488 Z. 16–22.

489 Ep. C[a] 1,40.

490 Diese Stadt ist kaum im Lande Ḫamat zu lokalisieren, wie Ungnad, RlA 2, 453, und Forrer, Provinzeinteilung, 36 meinen, da dieser ON mit Sippar erwähnt wird; vgl. Scheil, TN, 54,55, und CCK 52,20. Vermutlich muss man ihn in dessen Umgebung suchen.

491 Ep. C[a] 1,27 und Ep. C[b] 4,5.

492 Die Provinz Arzuḫina lag jenseits des Unteren Zab, westlich des Kullargebirges, das als natürliche Grenze zu Zamua diente. Im Westen grenzte sie an Raṣappa. Til-Arzuḫina liegt an der Stelle des heutigen Kerkuk; vgl. Forrer, Provinzeinteilung, 41ff. 46ff.

Aššur-dān III., ebenfalls diesen Namen. Und als ^{lú}*šá* IGI-É.GAL „Mayordom des Palastes" begegnet er uns unter der Regierung Adad-nārārīs III.[494]. In der Sargonidenzeit ist er ebenfalls gut belegt[495]. Daraus können wir aber keine sichere Schlussfolgerung bezüglich der Identifikation dieses Mannes ziehen.

Einen besseren Anhaltspunkt bieten die Briefe ND 2715[496] und ND 2686[497] – verfasst von einem Mann namens Qurdi-Aššur-lāmur[498]. Dass es sich hier um dieselbe Person handelt, lässt sich aufgrund folgender Beobachtungen feststellen:

- In allen diesen Briefen wird dieselbe Anredeform verwendet: *a-na* LUGAL EN-*ia* bzw. *be-lí-ia*[499] „an den König, meinen Herrn",
- die gleiche Vorstellungsform: ÌR-*ka* + PN[500] „dein Diener PN",
- und das Wort *kaniku*[501] „gesiegelte Urkunde" anstatt *egertu* „Brief";
- die Orthographie der ON[502] und der Stil der Briefe[503] sprechen für eine einheitliche Verfasserschaft[504];

---

493 Vgl. Ep. C^b 1,49 und Ep. C^b 2,10.

494 KAV 94 (SAA 12, 1), 6.

495 Vgl. ADD 993 (SAA 7, 118), Rs. 7; 840+ (SAA 7, 6), 5; 860 (SAA 7, 9), II 29 aus der Zeit Asarhaddons.

496 Text 1.

497 Text 2.

498 Ob es sich in ND 2370 (Saggs, Iraq 25, Tf. XIII, Nr. LXIX, Bearbeitung auf S. 76f.) um dieselbe Person handelt, die zumal als Autor des Briefes erscheint, ist bei dem jetzigen fragmentarischen Zustand nicht sicher auszumachen.

499 Text 1,1–2; Text 2,1; Text 3,1 – mit *be-lí-ia*.

500 Text 1,2; Text 2,2; Text 3,2. Der letzte fügt noch hinzu: *lu šùl-mu a-na* LUGAL *be-lí-ia* „möge es dem König, meinem Herrn, gut gehen"; eine Grussformel, die in Text 1 und Text 2 nicht vorkommt.

501 Text 1, Rs. 34; Text 3, Vs. 6.9.

502 Vgl. Text 1, Vs. 17.26, Rs. 44; Text 3,8.9.11.

503 Vgl. Text 1,8.15–18; Text 2,8–12; Text 3,11–15.

504 Entgegen der Behauptung von Timm, ÄAT 17, 323, der aus der Grussformel unterschiedliche Verfasserschaft ableiten will. ND 2773, Vs. 3: *lu šùl-mu a-na* LUGAL *be-lí-ia* „Möge es dem König, meinem Herrn, gut gehen." ND 2686: ∅; ND 2715: ∅.

Wir kennen jedoch genügend Beispiele aus der Privatkorrespondenz, in denen ein und derselbe Autor unterschiedliche Prosopographie in seinen Briefen anwendet:

- Vgl. die Briefe von Ina-tēšî-etir: ABL 1047 (Vera Chamaza, OG, Nr. 18); CT 54, 156 (Vera Chamaza, OG, Nr. 19); CT 54, 132 (Vera Chamaza, OG, Nr. 20);
- die Briefe des Vizekönigs Bēl-ibni: ABL 228 (Vera Chamaza, OG, Nr. 58); ABL 793 (Vera Chamaza, OG, Nr. 69); CT 54, 234 (Vera Chamaza, OG, Nr. 63);
- die Briefe von Nergal-šarrāni: ABL 368 (Vera Chamaza, OG, Nr. 128); ABL 569 (Vera Chamaza, OG, Nr. 129);
- die Briefe von Aqar-Bēl-lūmur: ABL 852 (Vera Chamaza, OG, Nr. 139); ABL 1259 (Vera Chamaza, OG, Nr. 140); ABL 853 (Vera Chamaza, OG, Nr. 141);

- darüber hinaus darf man nicht übersehen, dass nach ND 2715 und ND 2686, aber auch ND 2773, das Operationsgebiet von Qurdi-Aššur-lāmur Palästina ist[505].

Die Kurzform des Namens, Qurdi-Aššur in ND 2773, dürfte kein Einwand gegen eine Identifikation sein, da die Abkürzungsform eines Namens ein geläufiges Phänomen ist, das uns besonders in der Briefliteratur begegnet[506]; so z. B. Qīštīja für Qīšti-Marduk, Aqarāja für Aqar-Bēl-lūmur, Šūzubu für Nergal-ušēzib und Mušēzib-Marduk, Sapīku für Sapīku-kalbi[507]. Der Beruf dieses Mannes ist uns nicht überliefert. Er dürfte jedoch – seinen Briefen zufolge – mit einer wichtigen Funktion betraut gewesen sein. Er wird ja als Verantwortlicher der Zollstationen in Tyrus und Ṣidūnu bzw. in der philistäischen Küstenebene im Zusammenhang gebracht[508]. Offenbar stand das Einsetzen von Steuereinnehmern in seinem Verantwortungsbereich. Wir erfahren aus den erwähnten Briefen, dass er Vorsteher und Festungskommandanten in der Stadt Kašpūna einsetzt[509] und den König über die politische Lage in Tyrus informiert[510]. Daraus ergibt sich, dass dieser Mann kein blosser Berichterstatter war – vermutlich war er der Chef der Kaistationen an der philistäischen Küstenebene oder einer der von Tiglat-pileser III. nach Palästina gesandten ^{lú}*šūt rēši* „Vorsteher“ und ^{lú}*rab šāqî*[511] „Festungskommandant“.

Für die Datierung der Briefe ist die Erwähnung von Tyrus und Kašpūna in ND 2715 und ND 2686 von besonderer Bedeutung. Offensichtlich – wie bereits oben angedeutet – war Tyrus oder dessen Umgebung der Sitz von Qurdi-Aššur-lāmur. Das Land hat also schon unter assyrischer Oberherrschaft gestanden: Aus den Inschriften Tiglat-pilesers III. erfahren wir andererseits, dass der Assyrerkönig dorthin den ^{lú}*šūt rēši* und ^{lú}*rab šāqî* entsandte[512]. In der Tat hat der König dieses Land zusammen mit weiteren philistäischen Städten 734 unterworfen[513].

- die Briefe von Rāši-ilu: CT 54, 467 (Vera Chamaza, OG, Nr. 179); ABL 497 (Vera Chamaza, OG, Nr. 181); ABL 496 (Vera Chamaza, OG, Nr. 183), usw.

505 Der Inhalt der erwähnten Briefe, welcher ja sidonische bzw. tyrische Angelegenheiten behandeln, ist kein Argument dagegen, wie Timm, ÄAT 17, 323, meint, denn der Aufenthaltsort des Absenders des Briefes ND 2773 ist ja nicht gegeben, dem Schreiben zufolge befindet er sich gar nicht im Land der Moabiter. Also spräche nichts dagegen, dass sein Wohnort Tyrus oder Ṣidūnu ist.

506 Die Behauptung von Timm, ÄAT 17, loc. cit., Qurdi-Aššur sei kein Assyrer gewesen, ist unbegründet. Der Aufenthaltsort kann eine solche Behauptung nicht begründen, bekanntlich schickten Assyrerkönige engste Mitarbeiter in die unterworfenen Länder mit bestimmten politischen Funktionen und Aufgaben. Dafür zeugt die Privatkorrespondenz; vgl. Text 8, 9, 12, 13; Vera Chamaza, OG, 54ff.

507 Vgl. dazu Vera Chamaza, OG, 39f., 41[217], 49[279].

508 Gaza war ebenfalls eine Zollstation; dazu Na'aman, Tel Aviv 6, 83.

509 Text 1, 6–29, Rs. 39–40.

510 Text 2,5–7.

511 Vgl. Tontafelinschrift, Rs. 16 (= 2R, Tf. 67,66).

512 Loc. cit.

513 Vgl. Tgl. II. Ann. 87; Iraq 18, 125,5; TNAS, 18, II 3–23.

Er beliess aber den damaligen amtierenden Fürsten Tabail in seinem Amt[514] und begnügte sich mit der Auferlegung von Tribut und Abgabe.

Unter Sargon II. und Sanherib spielte Tyrus keine Rolle mehr. Erst zur Regierungszeit Asarhaddons wird nochmals seine politische Rolle sichtbar. Der assyrische Monarch unterwarf es wieder. Assurbanipal inkorporierte es dann endgültig ins assyrische Reichsgebiet[515].

In Kašpūna, einer in Ṣimirra[516] befindlichen Stadt[517], hat Qurdi-Aššur-lāmur nach ND 2715 Wachen aufgestellt, bestimmte Renovationsarbeiten vorgenommen und Wasser(kanäle[?]) ins Innere der Stadt geleitet[518]. All dies besagt, dass die Assyrer diese Stadt bereits fest in den Händen hatten. Nun ist sie uns aber nur aus den Inschriften Tiglat-pilesers III. bekannt, der sich rühmt sie Assyrien einverleibt zu haben[519].

Die Sidonier werden in ND 2715 vom Autor des Briefes beschuldigt, sie hätten einen Steuereinnehmer aus der Kaistation vertrieben, um unbehelligt ihre Holzgeschäfte mit Pilištāja und Ägypten zu machen. Qurdi-Aššur-lāmur hat diese unterbinden können und den vertriebenen Beamten wieder in Ṣidūnu eingeführt. Daraufhin werden die Sidonier gemahnt, solchen Schwarzhandel hinter der Rücken von Assyrien einzustellen, widrigenfalls droht ihnen ein Sperre zum Libanongebiet, von wo sie das Holz abtransportieren. Nicht betroffen davon ist der Holzgebrauch für den eigenen Bedarf[520]. Man geht kaum fehl, wenn man diese Massnahmen Qurdi-Aššur-lāmurs gegen die Sidonier als ein Zeichen des Misstrauens versteht. Vermutlich geht es weniger um das Schwarzgeschäft mit dem Holz selbst, als vielmehr darum, Beziehungen zu Ägypten insgesamt, aus denen Verschwörung und Rebellion entstehen können, zu unterbinden.

ND 2686 meldet, dass ein gewisser Nergal-iddina[521] einen Kultgegenstand aus einem in Ṣidūnu befindlichen Tempel – hier als Haupt von Ṣidūnu bezeichnet – entwendet und beschädigt hat. Qurdi-Aššur-lāmur konnte den Dieb mit dem genannten Kultobjekt ausfindig machen und festhalten[522].

---

514 TNAS, 18, II 6.

515 Vgl. dazu Forrer, Provinzeinteilung, 66ff.

516 Vgl. Wiseman, Iraq 13, 23,8.

517 Nach eigenen Angaben Tiglat-pilesers III. lag diese Stadt an der Küstenebene des Mittelmeeres: ND 400 (Text 5), 8'; Kleine Inschrift I (= 3R, Tf. 10, Nr. 2), 5, und II (= 3R, Tf. 10, Nr. 3), 1. Tgl. III. Ann. 126. Na'aman, Province System, 100f., setzt sie mit Kusba – in der Umgebung von Nahr Qadisha, 15 km südlich von Tripoli – gleich. Vgl. Tadmor, IEJ 12, 117ff.

518 Text 1,30–48.

519 Tgl. III. Ann. 16; Kleine Inschrift I (= 3R, Tf. 10, Nr. 2), 5; Wiseman, Iraq 13, 28,8; 17, 127,30.45.48.

520 Text 1,14–29.

521 Wer dieser Mann ist, lässt sich nicht ermitteln. Aus der Zeit Sanheribs ist auch eine gleichnamige Person bekannt: ADD 261 (SAA 6, 86), 5. Vgl. auch ADD 738 (SAA 12, 22), 6 – beide Belege in einem bruchstückhaften Kontext. Siehe ferner Tallqvist, APN, 171.

522 Text 2,8–15.

Beide Briefe, ND 2715 und ND 2686, sind Zeugen dafür, dass Ṣidūnu unter assyrischer Kontrolle gestanden hat. Nun ist bekannt, dass dieses Land bereits unter Salmanassar III. Assyrien hörig wurde[523]. Adad-nārārī III. rühmt sich, den Sidoniern Tribut auferlegt zu haben[524]. Über das Schicksal dieses Landes unter den Nachfolgern Adad-nārārīs III. berichtet kein Dokument mehr. In den Inschriften Tiglat-pilesers III. bleibt es unerwähnt[525]. Jedoch ist dieses Schweigen nicht unbedingt als Zeichen der Selbständigkeit der Sidonier zu verstehen. Vor allem nicht, wenn man bedenkt, dass Tiglat-pileser III. 734 entlang der philistäischen Küste bis hin zur Grenze von Ägypten vorrückte, und dass er unmittelbar im Südgebiet Ṣidūnus die Provinz Du'ru errichtet hat. Der Grund für das Schweigen könnte eventuell sein, dass dieses Fürstentum trotz der Unruhen in Syrien und Palästina Assyrien dennoch treu geblieben ist. Es wird ja nicht zu den Beteiligten der syrisch-palästinischen Revolten gezählt.

Die Itu'uer, die nach ND 2686 im Dienst von Qurdi-Aššur-lāmur standen[526], sind bereits von Tiglat-pileser III. unterjocht worden[527].

Treffen die oben aufgeführten Beobachtungen zu, dann dürfen wir die Briefe zwischen 734 und 727 datieren[528].

Die in ND 2773 erwähnten Gidirīja, bei denen es sich allem Anschein nach um einen aus der arabischen Wüste kommenden Nomadenstamm handelt[529], hat Tiglat-pileser III. schon 738 tributpflichtig gemacht, wie es seine Stele aus Najafehabad (Iran) bezeugt[530]. Hier werden sie in einer Liste von tributären Ländern zusammen mit den Arabern aufgezählt: ^{kur}*qid-ri*[531] ^{kur}*a-ri-[bi]*[532]. Dass es um dieselbe Volksgruppe geht, lässt sich anhand folgender Beobachtungen schliessen: Den Quellen zufolge ist das Operationsgebiet der Gidirīja das Ostjordanland bzw. die arabische Wüste. Auf der Stele Tiglat-pilesers III. aus Najafeha-

523 Vgl. dazu Kap. 4.

524 1R, Tf. 35, Nr.1,12–14.

525 Da die einschlägigen Inschriften schlecht erhalten sind, lässt sich ein zufälliges Fehlen des ONs nicht ausschliessen.

526 Text 1, 19–20.

527 Platteninschrift, Nr. 1 (ICC, Tf. 17–18), 5; Nr. 2,4; Tontafelinschrift (= 2R, Tf. 67), 5; ferner Wiseman, Iraq 26, 120,5.

528 Saggs, Iraq 17, 161f., datiert sie im Jahre 736 bzw. 734. Hingegen Na'aman, Province System, 113f., in die Zeit Assurbanipals.

529 Weippert, RlA 8, 322, schliesst nicht aus, dass die Gedirīja zu einer von der moabitischen Staatsgewalt nicht vollständig kontrollierten Bevölkerung des Westabfalls des Plateaus gehören, was aufgrund ihrer Umtriebe unter den Nachfolgern Tiglat-pilesers III. unwahrscheinlich ist. Siehe weiter Kessler, RGTC 13, Karte B IV 13.

530 Veröffentlicht in TNAS, S. 64f., Tf. 1. Für die Datierung vgl. S. 14f.

531 Die Schreibform ^{kur}*qid-ri* anstatt ^{kur}*gi-di-ra-a-a*, wie in ND 2773 (Text 3) Vs. 11 belegt, ist kein Einwand gegen eine Gleichsetzung, da die ON und PN besonders in der Privatkorrespondenz nicht immer einheitlich überliefert sind; vgl. dazu Parpola, NAT, 285f. Vermutlich sind sie mit dem im Alten Testament bekannten nomadischen Stamm oder Stammesverband Qedar identisch, dessen Weidegebiete ebenfalls in der arabischen Wüste, östlich von Ammon und Moab lagen; vgl. Donner, MIO 5, 175ff.

bad erscheinen sie ja zusammen mit den Arabern, und Assurbanipal erwähnt sie in einem Zug mit den arabischen Stämmen. Später werden sie von Assurbanipal für Plünderungen und Raubfälle auf die Amurrû-Länder verantwortlich gemacht. Hier werden sie übrigens wieder zusammen mit den Arabern erwähnt[533].

Die Belege in der Keilschriftliteratur deuten also darauf hin, dass es sich bei dieser Volksgruppe um Nomaden handelt. Der Überfall auf Moab war nichts weiter als ein wilder Raubzug, wovon der Brief von Qurdi-Aššur berichtet; die Vorwürfe Assurbanipals an die Adresse ihres Scheichs Ammuladi, der die Amurrû-Länder immer wieder mit Plünderungen überzogen hat – typisches Verhalten von Nomadenstämmen, in keilschriftlichen Quellen gut dokumentiert –, sind diesbezüglich ein gut bezeugtes Beispiel[534].

Das Determinativ KUR bzw. *mātu* „Land", womit der Stammesname begleitet wird, ist kein Argument, um ein Land Gidirīja in Palästina oder gar in Transjordanien zu suchen[535], denn die keilschriftlichen Quellen verwenden dies promiscue und es gilt sowohl als Bezeichnung für Territorialstaaten mit angrenzendem Gebiet als auch für die Nomadenvölker, die keine Territorialkonsolidierung kennen – wie beispielsweise die Sutäer, Aramäer im Anfangsstadium[536]. Selbst die Araber werden ja als ^kur^*a-ri-bi* bezeichnet[537].

Aber auch der Titel LUGAL bzw. *šarru* „König", der oftmals den Anführern nomadischer Stämme verliehen wird, ist kein Beweis für einen Hegemonialstaat, denn diese Bezeichnung steht undifferenziert sowohl für Könige mit politischen Oberhoheitsgebieten als auch für die Anführer von nomadischen Völkern. Es ist daher kein Wunder, dass Tiglat-pileser III. in einem Zug das Oberhaupt von ^kur^*qid-ri* mit weiteren als LUGAL.MEŠ bzw. XX.MEŠ „Könige" bezeichneten Kö-

---

532 TNAS, 18,2.

533 Zyl. B, VIII 1–57 = VAB 7/II, 132,134,136; BIA B§51 C§76 – B§58 C§83.

534 Vgl. Sargons Annalen 379–384 (Lie) / 304–309 (Winckler) (= Fuchs, ISK, S. 159, Z. 56); Vera Chamaza, OG, 30f. Eine Sammlung von Orakeln aus der Zeit Asarhaddons und Assurbanipals berichten über solche Überfälle der Nomadenstämme; vgl. J. A. Knudtzon, Assyrische Gebete an den Sonnengott für Staat und königliches Haus aus der Zeit Asarhaddons und Assurbanipals, Leipzig, 1803; E. G. Klauber, Politisch-religiöse Texte aus der Sargonidenzeit, Leipzig, 1913.

535 Saggs, Iraq 17, 133, setzt sie mit dem südpalästinischen Gederoth von 2Chr. 28,18 gleich (siehe auch Höffner, VT 27, 403[17]), Mazar, IEJ 7, 238, mit Gadōra (et-Tell bei ʿEn Ǧadur); Donner, MIO 5, 175ff., verortet sie östlich von Moab, Timm, ÄAT 17, 328f., im Hoheitsbereich Assyriens. Alle diese Vorschläge kranken an geographischen Widersprüchen und fehlendem Belegmaterial. Mit Ausnahme von Saggs werden die neuassyrischen Quellen von den zitierten Autoren kaum in Betracht gezogen.

536 Dazu siehe Kap. 2.1 und 2.2. Ferner KAH II, 66,6; 69,11; 71,19; Weidner, AfO 18, 360,21. Aber auch die Aḫlamû werden in diesem Kontext erwähnt und mit dem Determinativ KUR; dazu auch Kuppert, Les nomades, 83ff.

537 Vgl. die Ann. Tiglat-pilesers III. (hrsg. von Rost) 154.210; Ann. Sargons II. 123 (Lie) / 97 (Winckler) (= Fuchs, ISK, S. 110, Z. 123); 188 (Lie) / 162 (Winckler) (= Fuchs, ISK, S. 122, Z. 188); Sg. Prunk. 27 (= Fuchs, ISK, S. 198); ABL 629, Rs. 1. Ferner siehe die Toponymenliste von Parpola, NAT, 34f.

nigen zusammenbringt[538]. Darüber hinaus ist in der Keilschriftliteratur nicht selten die Rede von „Königen, die in Zelten wohnen“[539]. Von einem der arabischen Stämme kennen wir beispielsweise die Anführerin, die bei Tiglat-pileser III.[540] und Sargon II.[541] ^{mí}*sa-am-si šar-rat* ^{kur}*a-ri-bi* „Samsi, die Königin von Arabien,“ heisst. Diesbezüglich berichtet Assurbanipal, er habe *bīt ṣēri kul-ta-ri mu-ša-bi-šu-nu* „die Zelte, ihre Wohnungen“, verbrannt[542]. Die unterschiedlichen Schreibformen des Namens können kein Argument gegen eine Gleichsetzung von Qedri mit Gidirīja sein, denn die Orthographie von Eigennamen wird in der Keilschriftliteratur nicht einheitlich durchgeführt. So kennt man eine Reihe von Varianten für diesen Namen: ^{kur}*qid-ri*, ^{kur}*gi-di-ra-a-a*, ^{kur}*ga-ad-ri*[543], ^{kur}*ga-da-ri*[544], ^{kur}*qid-ra-a-a*[545], ^{lú}*qid-ra-a-a*[546] und ^{kur}*qí-id-ri*[547]. Der geographische Kontext legt jedoch nahe, dass es sich bei diesen unterschiedlich geschriebenen Namensformen um ein und denselben Nomadenstamm handelt[548].

Das Blutbad, das die Gidirīja in Moab angerichtet haben, kann nur auf einen Einfall hindeuten, sicherlich aber nicht auf eine Eroberung des Landes – wie aus dem folgenden Satz deutlich zu entnehmen ist: (...) *ša* ^{kur}*gi-di-ra-a-a a-na*

---

538 Vgl. TNAS, S. 65, Fig. 2, II 1ff.

539 Vgl. Gelb, JNES 13, 210,10; 211,9; VAB 3, 6,29; Mallowan, Iraq 16, 192,58. F. R. Kraus, hat dazu eine kurze Monographie geliefert: „Könige, die in Zelten wohnten“, Amsterdam 1965.

540 Tgl. III. Ann. 154. 210; Kleine Inschrift I (ICC, Tf. 17–18), 19.

541 Sg. Ann. 123 (Lie) / 97 (Winckler) (= Fuchs, ISK, S. 110, Z. 123); Sg. Prunk. 27 (= Fuchs, ISK, S. 198).

542 Zyl. B, VIII 3 = VAB 7/II, S. 132; BIA, S. 113, B§52 C§77; K 2802+, IV 15 = VAB 7/II, S. 200; BIA, S. 76ff.

543 K 2802+, V 15 = VAB 7/II, S. 202; BIA, S. 76ff.

544 AS 5, 80,93 – zusammen mit den Arabern erwähnt.

545 Rm. IX 17 = VAB 7/II, S. 74; BIA, S. 66, A§75; ABL 350,7.

546 K 2802+, III 2.4.20 = VAB 7/II, S. 198; BIA, S. 76ff. Vgl. auch Rm. IX 1 = VAB 7/II, S. 72; BIA, S. 65, A§74.

547 Rm. IX 4 = VAB 7/II, S. 72; BIA, S. 65, A§74; K 2802+, III 6 = VAB 7/II, S. 198; BIA, S. 76ff.

548 Es ist ja bekannt, dass Eigennamen in keilschriftlichen Quellen orthographisch nicht uniform überliefert worden sind. Ein paar Beispiele mögen diesen Sachverhalt illustrieren:

Pars/šua: Michel, WO 2, 228,172.173; AAA 19, 113; 1R, Tf. 35,1.8. ^{kur}*bar-su-a-a*: WO 2, 230, 185. ^{kur}*par-su-maš*: Mallowan, Iraq 16, 199,13; ABL 1311,23.

Nabâtu: ^{kur}*na-ba-a-a-ta-a-a*: Rm. VIII 48.70.95,113 = VAB 7/II, S. 68.70.72; BIA, S. 63, A§69, S. 64f., A§72.73. ^{kur}*na-ba-a-a-te*: Iraq 7, 108,14; Rm. VII 124 = VAB 7/II, S. 66; BIA, S. 62, A§66. ^{kur}*na-ba-a-a*: Zyl. C, IX 35 = VAB 7/II, S. 144. ^{lú}*ni-ba-ʾ-a-ti*: ABL 260, Rs. 1. *dumu na-bat-a-a*: ABL 305 (SAA 1, 5), 3. ^{lú}*na-ba-a-tu-ú-a*: ABL 1117, 7.

Ḫāzat: ^{kur}*ḫa-za-ta-a-a*: Saggs, Iraq 17, 134,35.40. ^{uru}*ḫa-az-za-at-a-a*: Wiseman, Iraq 13, 23,14. ^{uru}*ḫa-az-zu-tu*: Kleine Inschrift I (= 3R, Tf. 10, Nr. 2), 9 (Tiglat-pileser III.). ^{uru}*ḫa-za-te*: Lyon, Sg., 3,19.

Für den Konsonantenwechsel von *g* zu *q* vgl. den Namen ^{uru}*qa-ab-ri-na-ma*: Rm. V 56 = VAB 7/II, S. 46; BIA, S. 49, A§49 F§24. ^{uru}*ga-ab-ri-ma*: BÉHÉ 48,10.

^{kur}*ma-ʾ-ba e-ti-qu-*[*u-ni u*] ⸢*il*⸣*-li-ku-u-ni*[549] „(…) als die Gidirīja ins Land Moab eindrange[n und] sich (wieder) davon machten". Der Brief ist also ein weiteres Zeugnis für die bereits ins assyrische Vasallitätsverhältnis eingetretenen Moabiter[550].

Offenbar war Aja-nūri[551] ein assyrischer Beamter, der für das Gebiet des Ostjordanlandes mit Sitz in Dibon eingesetzt wurde, um in jener Region die Interessen Assyriens zu wahren bzw. die ostjordanischen Vasallenstaaten zu bewachen – wie aus dem Ausdruck ^{Id}*a-a-nu-r*[*i*] ^{kur}*da-ab-i-na-a-a* zu entnehmen ist. Was für ein Amt er bekleidete, verrät uns der Brief nicht.

In der Regierungsperiode Salmanassars V. (726–723/722)[552] hat – soweit wir informiert sind – kein transjordanisches Land den Versuch unternommen, das assyrische Joch abzuwerfen, dies trotz des Aufstandes des westlichen Nachbarlandes Israel, den Salmanassar V. gegen Ende seiner Regierung (723/722) blutig unterdrückte, wobei er die Hauptstadt Samaria zunächst mindestens zwei Jahre hat belagern müssen[553].

---

549 Text 3,11–14.

550 Für die Verwaltungsorganisation der von Tiglat-pileser III. unterworfenen Länder in Palästina vgl. Lamprichs, Westexpansion, 122ff.

551 Den PN findet man in einem Vertrag aus dem Jahre 693, hier tritt ein Aja-nūri als Zeuge auf: ADD 29 (SAA 7, 64), 5. Doch dürfte diese Person kaum mit dem in Frage kommenden Mann identisch sein. Der Name ist wohl assyrisch, gebildet mit dem theophoren Element „Aja" + *nūru*: „Aja ist mein Licht". Für diese Gottheit vgl. Tallqvist, AGE, 245f., und PNAE, 91. Eine ähnliche Bildung stellt auch der Name Adad-nūri dar. Dadurch sind die Erklärungsversuche von Timm, ÄAT 17, 323f. allesamt korrigiert. Der zitierte Ausdruck ist kein Hinweis für eine ostjordanische Herkunft dieses Mannes, denn hier ist nur sein Amtsort erwähnt.

552 Für die Originalinschriften dieses Königs vgl. Schramm, EAK II, 140.

553 Kein eigenständiges assyrisches Dokument bezüglich dieses Kriegszuges ist uns erhalten. Wir kennen ihn lediglich durch den kurzen Vermerk der babylonischen Chronik, die (ohne Zeitangabe) berichtet, Salmanassar habe die Stadt Samaria zerstört: ^{uru}*ša-ma*$^{!}$*-ra-ʾ-in iḫ-te-pi* (I 28).

Ep. C^{b} 3,9–11 spricht diesem neuassyrischen König für die Jahre 725–723 lediglich drei Feldzüge mit einem stereotypen Satz zu: ^{9}[*ša*] NINA *a-na* [*x x x x x*] ^{10}[*ša* ^{uru}*kak*]*-zi a-*[*na x x x x x*] ^{11}[*šarru* ^{kur}*aš-šur*]^{ki} *a-*[*na x x x x*]. Die Zielrichtungen der Feldzüge sind aber nicht mehr erhalten. Ob alle drei Kriegszüge gegen Samaria gerichtet waren, lässt sich nicht mehr ermitteln.

2Kön. 18,10 berichtet jedoch, dass die Belagerung Samarias drei Jahre dauerte. Unbestritten bleibt aber, dass Salmanassar den letzten Feldzug gegen Israel im Jahre 723/722 führte, welcher mit der Einnahme der Hauptstadt endete und worüber die babylonische Chronik zu berichten weiss. 2Kön. 17,3–6 und 18,9–10 berichten ihrerseits von der Unterwerfung des israelitischen Fürsten Hoschea und dessen Konspiration gegen Assyrien. Doch sind hier zwei unterschiedliche Kriegsgeschehnisse vereinfacht zusammengestellt worden, nämlich der Aufstand Hoscheas gegen Salmanassar V. im Jahre 723/722 und die Verwicklung desselben in die von Ḫamat ausgegangenen Verschwörung in Jahre 721/720 gegen Sargon II. Vgl. auch Lamprichs, Westexpansion, 130.

4.2 Moab unter Sargon II.

Im Jahre 721/720 brach erneut eine Revolte gegen den inzwischen gekrönten Sargon II. aus, welche Ilubi'di von Ḫamat mit Hilfe von Ägypten inszenierte, an welcher der israelitische König Hoschea wieder beteiligt war – vermutlich ermuntert durch die Unruhen sowohl in Assyrien[554] als auch in Babylonien[555]. Auch diesmal hielt sich Moab von dieser selbstmörderischen Politik zurück – eine bemerkenswert politische Strategie, wie sie bereits Meša im 9. Jh. praktiziert hatte[556]. Israel dagegen büsste damals seine staatliche Identität ein, wurde ins assyrische Provinzsystem eingegliedert und verlor grosse Teile der Einwohnerschaft durch Deportation[557]. Es ist möglich, dass sich die folgenden Frag-

---

554 Ein wichtiges Dokument, das über die Krise in Assyrien gleich bei der Thronbesteigung Sargons II. berichtet, ist die sogenannte „Charta von Aššur" (K. 1349 = SKT, Tf. 1, und Saggs, Iraq 37, Tf. IX). Zu diesem Thema vgl. Vera Chamaza, SAAB VI/1, 21ff.

555 Dazu siehe Vera Chamaza, OG, 22ff. Hier auch ausführliches Quellenmaterial.
Dalley, Iraq 47, 33ff., und infolgedessen auch Lamprichs, Westexpansion, 131, behaupten, dass die internen Probleme in den ersten Regierungsjahren Sargon II. hinderten, sich rasch und schnell mit dem Westen zu befassen. Eine Betrachtung, die sehr einseitig ist. Vor allem die Schwierigkeiten mit Marduk-apla-iddina II. und mit Elam scheinen ausschlaggebend gewesen zu sein, um auf den Westen seine Aufmerksamkeit nicht schnell richten zu können. Siehe Anm. 557.

556 Für den allgemeinen historischen Überblick der westlichen Expansion Sargons II. siehe Lamprichs, Westexpansion, 130ff.

557 Vgl. Sg. Ann. 11–31 (Winckler und Lie) (= Fuchs, ISK, S. 87ff., Z. 11ff.). Die Khorsabad-Edition ergänzt bereits von Winckler, Sg., Bd. I, S. 2–4; Bd. II, Tf. I; Lie, Sg., S. 4–6. Auch Sg. Prunk. 25–35 (= Fuchs, ISK, S. 197–201). Olmstead, AJSL 47, 262, vermerkt jedoch, dass Samaria im ersten Regierungsjahr Sargons gefallen sei.
Dennoch ist die Zuordnung des in diesen Zeilen berichteten Falls Samaria chronologisch nicht einwandfrei. Die Tendenz der Khorsabad-Annalen und der Prunkinschrift, die Ereignisse synthetisierend darzustellen, zeigt sich deutlich in den Einführungssätzen der Prunkinschrift:

> (...) *ul-tu* SAG LUGAL-*ti-ia a-di* 15 BALA-*ia šá* [Id]*ḫum-ba-ni-ga-áš* ELAM.MA[ki] *ina re-bit* BÀD.AN[ki] *áš-ku-na taḫ-ṭa-šú* [uru]*sa-me-ri-na al-me ak-šud*
> „(...) Vom Anbeginn meiner Königsherrschaft bis zu meiner 15. Regierungsjahr: Ḫumbanigāš von Elam brachte ich im Umland von Dēr eine Niederlage bei. Die Stadt Samaria umzingelte und eroberte ich."
> (Sg. Prunk. 23 (= Fuchs, ISK, S. 196f.))

Noch deutlicher wird diese Tendenz, wenn man die Annalen mit dem Nimrud-Prisma (= Gadd, Iraq 16, XLIV–LI – insbesondere Kol. IV) vergleicht.
Das älteste uns bekannte Dokument Sargons, die „Charta von Aššur", das spätesten 719 v. Chr. geschrieben worden sein muss (dazu Vera Chamaza, SAAB VI/1, 25ff.; ders., OG, 22[24]) macht aber deutlich, dass sowohl die kriegerischen Auseinandersetzungen mit Elam als auch die Unterwerfung von Ḫamat, Arpad und Samaria erst im 2. *palû* stattfanden:

> [16]*i-n*[*a*] 2-*e* BALA-*ia ina* [giš]GU.ZA LUGAL-*ti ú-ši-bu-ma a-ge-e be-lu-ti an-na-*[*ap-ru-ma*] [17]*illa*[*t*] [Id]*ḫu-*[*u*]*m-ba-i-*[*g*]*a-áš x x* [kur]*e-lam-ti ú-par-ri-ra áš-ku-*

mente auf diesen Vorstoss Sargons II. gegen Ḫamat und Israel im Jahre 720 beziehen:

K 4693 = CT 53, 71
1' [*a-na* L]UGAL *be-*[*lí-ia*]
2' [ÌR-*ka*] ^{Id}U.GUR-[*bal-liṭ*$^{?}$]
3' [*lu-u*] *šùl-mu a-na* LUGAL [EN-*ia*]
4' [^{gi}]^{š}GIGIR.MEŠ *ina* ^{uru}*ar-p*[*ad-da*] SAA 15, 292: ^{uru}*ar-z*[*u-ḫi-na*]
5' [*x x*] *x* 2-*ia ša i-*[*x x x*]

„$^{1'}$[An den Kö]nig, [meinen] Herr[n,] $^{2'}$[dein Diener] Nergal-[balliṭ.] $^{3'}$[Möge] es dem König, [meinem Herrn,] gut gehen. $^{4'}$Die Streitwagen sind (bereits) in der Stadt Arpad …"

---

na BAD$_5$.BAD$_5$-*šú* ^{I}*il*[*u-bi-'i-di*] ^{18lú}*ḫa-ma-ta-a-a la* EN ^{giš}GU.ZA *la ši-nin-ti* É.GAL *šá ina* SIPA-*ut* UN.MEŠ *ši-mat-*[*su-nu i-ša-am*] ^{19}*a-na* AN.ŠAR KUR-*šú* UN.MEŠ ḪUL-*tu la* DÙG.GA-*tú ú-ba-ú-ma il-qa-a ši-ṭ*[*u-tu x x x*] ^{20}[^{uru}]*ar-pa-da* ^{uru}*sa-ma-ri-na ú-paḫ-ḫir-ma a-na i-di-šú ú-tir-r*[*a x x x*]-*tu*$^{?}$ [*x x x x*] ^{21}[*x x x x i*]*d*$^{!?}$-*duk-ma na-piš-tú ul e-*[*zib x x x x*] ^{22}[*a-na* ^{d}*aš-šur qa-ti*] *á*[*š-*]*š*[*i-m*]*a áš-šú ka-šad* ^{kur}*ḫa-ma-*[*ti x x x x*]

„^{16}In meinem zweiten Regierungsjahr – nachdem ich mich auf den königlichen Thron gesetzt und mir die Herrschaftstiara aufgesetzt [hatte,] ^{17}zerstörte ich die Feindestruppen von Ḫumbanigāš, dem König von Elam und versetzte (ihnen) ihre Niederlage. Il[u-bi'di,] ^{18}der Ḫamatäer, ein Nicht-Herr, der nicht gleich auf dem Thron und im Palast war, indem er mit dem Hirtenamt über die Leute ihr Schick[sal bestimmte,] ^{19}gegen den Gott Aššur, sein Land, seine Einwohner, trachtete er nach Schlechtem, Nichtgutem und Verach[tung] nahm er […] ^{20}Arpad, Samaria versammelte er und brachte sie zu seiner Seite. ^{21}[…] tötete ich und liess kein Leben [übrig, …] ^{22}[Zu Aššur] erhob ich [meine Hände,] um das Land Ham[at] zu erobern […]."

Die BChron. datiert die Schlacht Sargons II. mit der elamisch-babylonischen Koalition im zweiten Regierungsjahr Marduk-apla-iddinas II., d. h. also auch im zweiten *palû* Sargons:

$^{I\ 33}$MU 2 ^{d}AMAR.UTU-A-MU *um-ma-ni-ga-áš* LUGAL ELAM ^{34}*ina* NAM BÀD.AN^{ki} *ṣal-tum ana šà* LUGAL-GIN-IN ^{kur}*aš-šur* DÙ-*ma* ^{35}BALA ^{kur}*aš-šur* GAR-*an* BAD$_5$.BAD$_5$-*šú-nu ma-'-diš* GAR-*an*

„^{33}Zweites (Regierungs)jahr des Marduk-apla-iddina (II.): Ḫumbanigāš, der König von Elam, ^{34}kämpfte gegen Sargon (II.), den König von Assyrien, im Distrikt von Dēr, und ^{35}verursachte Assyrien zum Rückzug, (und) brachte ihnen eine grosse Niederlage bei."

Darüber hinaus bestätigt uns das Nimrud-Prisma (Gadd, Iraq 15, Tf. XLVII, Kol. IV 25–48), dass Samaria erst im Jahre 720 erobert wurde, denn hier wird es zusammen mit der Niederwerfung von Muṣri und Arabien erwähnt, also im selben Feldzug. Vielleicht versteckt sich nur ein geographisches Prinzip hinter dieser Tendenz, Ereignisse, die chronologisch nicht zusammen gehören, miteinander zu verbinden – worauf Tadmor, JCS 12, 35ff., bereits aufmerksam gemacht hat. Eine zusammenfassende Darstellung über die Eroberung des Westens durch Sargon II. bietet Lamprichs, Westexpansion, 130ff.

K 7514, Rs. = CT 53, 388

5 *a-na* É-^{I}*ḫu-[um-ri]* SAA 15, 134: É *ḫu-[x x x x x x x x x x]*

6 *al-lak ma-a šúm-[ma x x x x x x x x]*

7 *al-lak* 12 ^{lú}GAR.[MEŠ *x x x x x x x x x x]*

8 [ANŠE.K]UR.RA.ME *[x x x x x x x x x x x x x]*

„[5]Gegen Isra[el] [6]rückte ich vor. Al[s …] [7]kam ich. 12 Kommandant[en] [8][Pfe]rde … […].“

Möglicherweise ist Nergal-ballit̩ derselbe Autor des Briefes ABL 218[558], der in die Zeit Sargons II. datiert wird. Die Gründe für diese Annahme sind, dass beide Briefe die gleiche Briefeinleitung zeigen:

ABL 218

1 *a-na* LUGAL EN-*iá*

2 ÌR-*ka* ^{Id}U.GUR-*bal-lit̩*

3 *lu-u šùl-mu a-na* LUGAL EN-*iá*

„[1]An den König, meinen Herrn, [2]dein Diener Nergal-ballit̩. [3]Möge es dem König, meinem Herrn, gut gehen.“

Auch die Art und Weise, wie das Thema eingeführt wird, ohne Einleitungspartikel nämlich, spricht für eine einheitliche Autorschaft. Darüber hinaus befasst sich Nergal-ballit̩ in ABL 218[559] wie auch in CT 53, 71, mit Ereignissen in Palästina, was den Verdacht erweckt, dass er in jener Region tätig war. Was für eine Funktion er aber erfüllt, lässt sich aus den Briefen nicht ermitteln.

Die Erwähnung Arpads in CT 53, 71, dessen Kontext keinen friedlichen Charakter aufzeigt, könnte eventuell auf die Zeit der Eroberung dieses Landes durch Sargon II. hinweisen. Der Assyrer unterwarf den Usurpator Ilubi'di von Ḫamat und dessen Verbündete, u. a. Arpad, im Jahre 720[560]. Von nun an berichten die Inschriften Sargons II. von keinen weiteren Auseinandersetzungen mit diesem Land.

Dasselbe Argument gilt auch für CT 53, 388: Sargon II. erwähnt Bīt-Ḫumri, das er geplündert und erobert hat, im Kontext der Unterwerfung Samarias[561]. Dass der Brief nicht von Samīrīna, wie die von Sargon errichtete Provinz später heisst[562], sondern nur von Bīt-Ḫumri spricht, muss wohl bedeuten, dass Sargon zu jener Zeit dieses Land noch nicht ins assyrische Reichsgebiet einverleibt

558 Vgl. die Neubearbeitung von ABL 218 in SAA 1, 155.

559 Vgl. Vs. 4–10.

560 Sg. Prunk. 35–36 (= Fuchs, ISK, S. 201f.)

561 XIV 15 (Winckler, Sargon, I, S. 82.; Fuchs, ISK, S. 76). Sg. Ann. 11–17 (Winckler) / 24–25 (Lie) (= Fuchs, ISK, S. 87). Vgl. auch Lyon, Sg., 3,19; 4,20. So verheerend muss dieser Feldzug gewesen sein, dass die Erinnerung im Alten Testament lebendig erhalten geblieben ist: 2Kön. 18,33–35 erinnert den Judäer gerade an jene Katastrophe von Ḫamat und Arpad. Zum Text siehe Vera Chamaza, HRJ, 93ff., 111ff., 181f.

562 Vgl. Parker, Iraq 23, 56, II 28; ABL 1201,4 (= SAA 1, 220); 1009, Rs. 3–4; 633,5; Weidner, AfO 13, 208, A VII 6; 20, 96,126; CT 53, 458,9 (= SAA 1, 255); 38,16 (= SAA 5, 291); etc.

hatte. Der Brief kann also kurz vor dem assyrischen Angriff geschrieben worden sein. Die erhaltenen Zeilen scheinen darauf hinzudeuten.

In den folgenden Jahren hatte der Assyrerkönig wenig Zeit, sich persönlich um die Vasallenstaaten in Palästina zu kümmern. Abgesehen von dem Feldzug gegen Tabal im vierten *palû* (718)[563], demjenigen gegen Gargemiš im fünften *palû* (717)[564] und jenem gegen Muṣri im selben Jahr[565], richten sich alle seine militärischen Unternehmen bis 714 gegen die Nordzagros-Länder.

Doch scheint es in Syrien und Palästina bis zu jener Zeit keinen Aufstand gegeben zu haben – auch keine Tributverweigerung. Allem Anschein nach haben die palästinischen und syrischen Staaten bis 715 ihre regelmässigen Pflichtabgaben nach Assyrien geliefert. Die Annalen berichten nämlich, Sargon habe den Tribut des Pi'ru von Muṣri, von Samsi von Arabien, von It'amara, dem Sabäer[566], und von den LUGAL.MEŠ-*ni ša a-ḫi*! *tam-tim ù mad-ba*!*-ri* „den Königen vom Rand des Meeres und der Wüste" empfangen[567]. Dass sowohl die Länder der Mittelmeerküste als auch die transjordanischen Länder im genannten pauschalen Ausdruck impliziert sind, bedarf keiner Diskussion – wer könnte anders als Wüsten-Randländer gemeint sein? Es ist ja bekannt, dass die Annalen einen sparsamen und zusammenfassenden Stil bevorzugen[568].

In jener Zeit dürfte der Brief ND 2765[569] entstanden sein. Nicht ausgeschlossen ist, dass er sich auf die Tributlieferung des Jahres 715 bezieht. Hier werden die tributären Länder ausführlich aufgelistet. Dieser Brief informiert Sargon II., an den er adressiert ist, über

a) das wohl in Kalḫu gefeierte *isinnu*-Fest – vermutlich des Gottes Nabû[570] –,
b) die Aufstellung eines Stierkolosses vor den Toren der Paläste[571] und weiterer *Lamassu*-Genien und Steinbilder[572],
c) die Tributlieferung der Länder Muṣri, Gaza, Juda, Ammon und Moab[573];
d) des weiteren werden auch die Edomiter, Asdoditer, Ekroniter sowie ein *ṣērā-*

563 Sg. Ann. 42–45 (Winckler) / 68–71 (Lie) (= Fuchs, ISK, S. 92f., Z. 68–71); Ep. C^b 4, IV 4.
564 Sg. Ann. 46–52 (Winckler) / 72–78 (Lie) (= Fuchs, ISK, S. 93–95, Z. 72–78); Ep. C^b 4, IV 5 (gegen Gargemiš und Ḫattî – nach Ergänzung von Tadmor, JCS 12, 85).
565 Vgl. VAT 8424 (AfO 14, 43), II 1–11 und dem ninivitischen Prisma (fortan: P a+b) I 1–8.
566 Für die Sabäer bzw. *Saba'a* vgl. Ephʿal, Arabs, 227ff.
567 Sg. Ann. 97–98 (Winckler und Lie) (= Fuchs, ISK, S. 110, Z. 123–124).
568 Vgl. dazu Tadmor, JCS 12, 33ff.
569 Text 6 dieser Untersuchung.
570 Vs. 4–6. Es ist möglich, dass „das Hinausgehen und Zurückkehren" der Gottheit, worüber der Kontext spricht, im Zusammenhang mit dem „Jagd- oder Hochzeitsritual" der erwähnte Gottheit steht. Für das Nabû-Fest vgl. Kommentar zu Text 6.
571 Wobei hier keine nähere Bestimmung gegeben wird, um welche Paläste sich handelt – vermutlich diejenigen, die sich in Kalḫu befanden.
572 Vs. 7 – Rs. 3.
573 Rs. 4–11.

ni-Offizier von Que genannt – in einem lückenhaften Kontext, so dass ihre Funktion unklar bleibt[574].

Als Autor des Briefes fungiert Marduk-rēmanni. Dieser Mann ist niemand anderer als der Statthalter von Kalḫu, welcher seit 728[575] – und (vermutlich) ununterbrochen bis 713 – sein Amt ausübte[576], kaum aber über diese Zeit hinaus, denn danach trifft man bereits seinen Nachfolger Šarru-dūrū[577]. Dieser wird seinerseits in zwei weiteren Briefen aus der Zeit Sargons genannt[578]. Die im Brief erwähnten Länder waren ja in assyrische Vasallität geraten: Ḫāzat (Gaza)[579] und Amqaruna (Ekron)[580] fielen Sargon im zweiten *palû* zum Opfer; Juda, Ammon und Moab waren seit Tiglat-pileser III. gehorsamspflichtig gemacht worden und bis zu dieser Zeit scheint es, dass sie das assyrische Joch nicht abschütteln konnten. Im Gegenteil: Sie lieferten folgsam ihren jährlichen Tribut nach Assyrien – mindestens bis 715. Dies ist auch der Grund, warum sie in keinem westlichen Aufstand vor 712 erwähnt werden. Dasselbe gilt für Asdod und Edom[581].

Nach dem erwähnten Brief ND 2765 liess sich Sargon II. den Tribut nach Kalḫu überbringen. Für dessen Inspektion scheint jedoch nicht der König persönlich anwesend gewesen zu sein, die Verantwortung war dem Statthalter Marduk-rēmanni übertragen worden, welcher wohl dem König darüber berichtete. Aufgrund dieser Beobachtungen können wir den Brief um 715 datieren[582].

Eine ernsthafte Verschwörung, die von Asdūdu ausging, bildete sich im Westen nach der Tributzahlung von 715, in der die transjordanischen Länder, Juda und Ägypten verwickelt waren. Nach den Annalen[583] geschah diese im elften *palû* Sargons II., d. h. also im Jahre 711. Doch ist die Chronologie dieses Feldzuges nicht einwandfrei zu ermitteln; das ninivitische Prisma spricht bereits im neunten *palû*[584] von einem Angriff der Assyrer gegen Asdūdu. Für dieses Regierungsjahr vermerkt aber kein weiteres Dokument irgendwelche militärische Expedition nach Syrien oder Palästina. Die Annalen berichten hier von der Un-

---

574 Rs. 12–17.

575 Vgl. CTN 3, 108, Vs. 6 – Rs. 1. Der Brief trägt das Datum 11–VIII im Eponymat von Dūr-Aššur (Rs. 8–9), also das Jahr 728 (vgl. auch Ep. C^b 1,46; CTN 3, 242, Rs. 1 (SAA 5, 293). Vgl. weiter Millard, SAAS 2, 94.

576 Vgl. CTN 3, S. 11.

577 CTN 3, loc. cit.

578 ABL 1177,16 (SAA 1, 39), und CT 53, 5, Rs. 16 (SAA 5, 150).

579 Sg. Prunk. 25–26 (= Fuchs, S. 197–198); XIV,17 (= Fuchs, ISK, S. 77); Zyl. 19 (= Fuchs, ISK, S. 34); Stier, 23 (= Fuchs, ISK, S. 64).

580 Vgl. Reliefbeischrift V 10 (El-Amin, Sumer IX, 37ff.). Siehe weiter Wäfler, Nicht-Assyrer, Anm. 107; Tadmor, JCS 12, 38[243], und = Fuchs, ISK, S. 277.

581 Vgl. Kap. 5.1.

582 Hingegen verlegt Saggs, Iraq 17, 152f., seine Datierung im Jahre 712.

583 Sg. Ann. 208–227 (Winckler) / 234–262 (Lie) (= Fuchs, ISK, S. 131–135, Z. 234–254); Ep. C^b 4, IV 4.

584 Vgl. Text 7a (Sm. 2022).

terwerfung Karallas, Ellipis und weiterer medischer Gebiete[585]. Und Ep. C^{b} 4[586] bietet für dieses Jahr folgenden Eintrag: [... LUGAL *ina* KUR ^{lú}]GAL.MEŠ *ina* ^{kur}*il-li-pi* „[... der König (blieb) im Land, die] Kommandanten in Ellipi". Das bedeutet, dass Sargon im Jahre 713 keine militärische Kampagne durchführte.

Erst für das 10. *palû* (712) melden die Annalen eine Expedition nach Nordwesten gegen Melīdi[587] bzw. das Land Kummanu – hier ist auch in einem lückenhaften Kontext von Muški[588] und Kummuḫi[589] die Rede. Nach der Eponymenliste dürfte nicht Sargon selbst diese Strafexpedition durchgeführt haben, sondern seine Feldherren; es wird vermerkt, dass der König *ina* KUR „im Land" blieb[590]. Merkwürdigerweise ordnet P a+b[591] diesem Jahr (712)[592] den Feldzug gegen Gurgum und Marqasa zu, was die Annalen[593] und die Eponymenliste C^{b}4[594] in den 11. *palû* (711) datieren.

Aus diesem Vergleichsmaterial kann man schliessen, dass der 9. und 10. *palû* des P a+b[595] jeweils dem 11. und 12. Regierungsjahr der Annalen und der Eponymenliste C^{b}4 entsprechen[596]. Die Schwierigkeiten der Erwähnung von Asdūdu im 9. *palû* (nach P a+b) – in einem stark beschädigten Kontext – sind aber dadurch noch nicht überwunden. Soll das vielleicht ein Hinweis dafür sein,

---

585 Sg. Ann. 139–177 (Winckler) / 165–204 (= Fuchs, ISK, S. 117–125, Z. 165–203). Und P a+b (Sm. 2021), II 1–11. Vgl. weiter Tadmor, JCS 12, 88^{+280}.95. In diesem Jahr fällt auch die Absetzung Ambaris, des Fürsten von Tabal; vgl. Vera Chamaza, AMI 28, 125.

586 Rm. 2, 97 = PSBA 11, Tf. 3,9. Bearbeitung: Tadmor, JCS 12, 85.

587 Melīdi ist wohl die Hauptstadt des Landes Kummanu (vgl. Sg. Ann. 209 (Lie)); Sm. 70,1 und Weissbach, ZDMG 72, 178,9. Kummanu war eine Landschaft am Quellkopf des Euphrat liegend, deren Nachbar im Westen Tabal und etwa im Südwesten Gurgum war. Quellenmaterial: Parpola, NAT, 244ff.

588 Muški lag weit im Westen, nördlich von Que. Quellenmaterial: Parpola, NAT, 252f. Für den Angriff Sargons gegen dieses Land vgl. Postgate, Iraq 35, 34, und SAA 1/1, 1.

589 Kummuḫi lag ebenfalls am jenseitigen Gestade des Euphrat und grenzte im Norden an Kummanu und im Westen an Gurgum. Quellenmaterial: Parpola, NAT, 215f.

590 Ep. C^{b} 4,11.

591 Wohl das zum P a+b gehörende weitere unveröffentlichte Fragment Sm. 2049, von dem Tadmor, JCS 12, 98 eine Transkription mit Übersetzung bietet. Dieses Fragment folgt in der Reihe nach Sm. 2022.

592 Die Chronologie ist allerdings nicht erhalten in Sm. 2049. Es dürfte dort aber *ina* 10 BALA-*ia* „in meinem 10. Regierungsjahr" gestanden haben; vgl. Tadmor, JCS 12, 92f. In Kol II 7 handelt es sich um Mutallu und II 15 um Tarḫubara.

593 Sg. Ann. 234 + S. 38,1–5 + 248 (Lie) / 208–24 (Winckler) (= Fuchs, ISK, S. 131f., Z. 234–240); Sg. Prunk. 83–89 (= Fuchs, ISK, S. 217f.). Tarḫubara war der von Sargon beseitigte Regent von Gurgum, der von seinem eigenen Sohn Mutallu ermordet wurde. Er setzte sich danach auf den Thron von Gurgum. Sargon eliminierte ihn im Jahre 711 und deportierte ihn samt seiner Familie. Von nun an stand dieses Land unter assyrischer Verwaltung.

594 Ep. C^{b} 4,13: *a-na* ^{uru}*mar-qa-sa* „gegen Marqasa".

595 9. *palû*: erhalten in Text 7a (Sm. 2022); 10. *palû*: (nach Ergänzung) in Text Sm. 2049.

596 Siehe dazu auch Tadmor, JCS 12, 92ff.

dass Sargon bereits ein Jahr zuvor (712) Truppen gegen Asdūdu entsandt hat, als der widerspenstige asdoditische Fürst Azuri den Tribut nicht mehr liefern wollte? Die Annalen berichten diesbezüglich, der Assyrerkönig habe den Azuri abgesetzt und an seiner Stelle seinen leiblichen Bruder Aḫimiti zum Fürsten von Asdūdu erhoben. Ihn haben aber die Hethiter[597] verjagt und auf seinen Thron einen gewissen Jamani[598] gesetzt. Sargon II. rückte dann gegen die Rebellen vor, setzte der Verschwörung ein Ende und zog die Schuldigen zur Rechenschaft. Neue Kriegsgefangene liess er in diesem Land ansiedeln, um auf diese Weise das durch die Deportation entstandene Vakuum zu füllen. Asdūdu wurde dann endgültig in eine assyrische Provinz verwandelt[599].

Den Annalen zufolge musste Sargon II. also zweimal in Asdūdu intervenieren: Das erste Mal, als er den rebellischen Azuri vom Thron entfernte und an seiner Stelle seinen Bruder Aḫimiti zum König des Landes bestimmte[600]. Der König begnügte sich dieses Mal mit einem Herrschaftswechsel innerhalb derselben Dynastie. Erneute Unruhen – die Vertreibung des Aḫimiti und die Thronusurpation des Jamani – zwangen den Assyrerkönig, zum zweiten Mal gegen die Asdoditer vorzugehen. Nun aber wurde Asdūdus Staatsidentität endgültig liquidiert. Es wurde zu einer assyrischen Provinz und einem assyrischen Statthalter unterstellt[601].

Die annalistische Darstellung wirft die Frage auf, in welcher Zeitspanne die Revolten bzw. die Interventionen Sargons II. stattfanden. Wie bekannt plazieren die Annalen beide Revolten im 11. *palû* (711) und stellen sie als kompakten Vorgang dar, was nicht nachvollziehbar ist. Es ist kaum denkbar, dass die assyrienfeindlichen Bewohner von Asdūdu es gewagt hätten, Aḫimiti, den Schützling Sargons, vom Thron zu stürzen, solange sich die assyrischen Truppen im Land oder in dessen unmittelbaren Nähe befanden. Es ist eher anzunehmen, dass sich die assyrischen Streitkräfte aus dem Land zurückgezogen haben, was die aufständischen Bewohner als günstige Gelegenheit ansahen, den assyrienfreundlichen Aḫimiti loszuwerden.

Anderseits vermerkt das ninivitische Prisma, der Feldzug gegen Jamani habe im Frühjahr, d. h. bei Frühlingsbeginn, stattgefunden, denn Sargon liess seine Truppen den Tigris und Euphrat beim Hochwasser und bei Frühjahrsflut über-

---

597 Die Hethiter sind hier niemand anderer als die Bewohner von Asdūdu selbst. Die Bezeichnung Ḫattî galt noch in neuassyrischer Zeit für den nördlichen Teil des syrisch-kilikischen Raumes; vgl. Fuchs, ISK, S. 437; PNAE, 65.

598 Jamani nach Sg. Prunk. 95.101 (= Fuchs, ISK, S. 219f.); Jadna nach Sg. Ann. 220 (Winckler) / 254 (Lie) (= Fucks, ISK, S. 133, Z. 246).

599 Sg. Ann. 219–228 (Winckler) / 253–261 (Lie) (= Fuchs, ISK, S. 133–135, Z. 245–255).

600 Sg. Ann. 215–219 (Winckler) / 249–253 (Lie) (= Fuchs, ISK, S. 132f., Z. 241–245).

601 CAH 3, 58f., vermutet, Aḫimiti sei ermordet worden, was die Inschriften Sargons nicht bestätigen. Für den gesamten historischen Überblick siehe op. cit., 388f.; Lamprichs, Westexpansion, 239, 139f.

schreiten[602]. Das bedeutet, dass dieses Unternehmen spätestens im April 711 durchgeführt wurde. Rechnet man die bereits abgelaufene Zeit des Jahres 711 zurück, so bleibt ein knapper Monat von Anbeginn des Jahres bis zur zweiten Intervention – eine viel zu kurze Zeit für die Inszenierung einer derartigen Verschwörung, wenn man die erste Expedition etwa im März, also anfangs des Jahres 711, datieren will. Ganz abgesehen davon, dass keine Quelle Belegmaterial über die Strafexpedition gegen Azuri im Frühjahr 711 liefert. Ebenso halte ich eine militärische Kampagne im Winter 712/711 wegen widriger Verhältnisse für ausgeschlossen. Somit muss sich die erste Kampagne Sargons II. entweder im Spätsommer oder am Anfang des Herbsts 712 abgespielt haben. So haben die Rebellen genügend Zeit für ihr Vorhaben gehabt. Der Feldzug gegen Azuri steht ja im Rahmen der Strafexpedition gegen Muttallu von Gurgum[603].

Möglicherweise könnten hier die Gründe für die chronologischen Uneinigkeiten zwischen den Annalen und dem ninivitischen Prisma liegen. Bekanntlich hat der annalistische Stil die Tendenz, die Geschehnisse lakonisch darzustellen. Da die beiden Expeditionen einander folgten und gegen das gleiche Land gerichtet waren, mag der Verfasser der Annalen beide militärische Unternehmen in einem einzigen Feldzugsbericht synthetisiert haben.

Ob der König persönlich oder seine Feldherren die zwei Strafexpeditionen leiteten, lässt sich aus den Inschriften Sargons nicht entscheiden. In der annalistischen Darstellung, in der die Berichte im „Ich-Stil“ verfasst worden sind, wird der König als Subjekt der Handlung konzipiert, als ob er selbst die Feldzüge durchgeführt hätte. Dennoch ist bekannt, dass die assyrischen Herrscher im „Ich-Stil“ über die kriegerischen Taten zu berichten pflegten, ob sie nun selbst oder ihre Feldherren die Kriegszüge geleitet hatten[604]. Anderseits darf man nicht

---

602 Text 7b,35’–37’. Fuchs, SAAS 8, 124ff., datiert diesen Feldzug Sargons II. ebenfalls in das Jahr 711.

603 Olmstead, Sargon, 13[+42]. 77f., ist hingegen der Ansicht, dass der von den Annalen auf 711 datierte Feldzug gegen Asdūdu früher nämlich im 9. *palû* (713), stattfand – er folgt also der Chronologie des ninivitischen Prismas.

Weidner, AfO 14, 52–53, geht davon aus, dass der 9. *palû* von Sm. 2022 zwei oder drei Kalenderjahre zusammenstellt, insofern bezieht sich die Erwähnung Asdūdu im 9. *palû* des erwähnten Prisma doch auf das Jahr 711.

Tadmor, JCS 12, 79f., tendiert hingegen dazu, die zwei Interventionen Sargons II. in verschiedene Jahre zu datieren: 713 bzw. 712. Die erste soll von assyrischen Feldherren durchgeführt worden sein, da der König nach Ep. C^b 4,9 (Rm. 2,97) sich im Land (Assyrien) befand. Einen Beweis für die Richtigkeit seiner These sieht er in Jes. 20,1ff. Hier wird konkret berichtet, dass Sargon seinen *turtānu* (Hebräisch) gegen Asdod entsandt hat, um es zu bekämpfen. Die Schwierigkeiten dieser These liegen aber darin, dass die Eponymenliste für das Jahr 713 keinen Eintrag über irgendwelche Expedition Sargons gegen dieses Land oder gar gegen den Westen bietet. Der Grund dafür kann kaum darin liegen, dass der König den Feldzug nicht persönlich geleitet hat. In den Jahren 713 und 708 unternahm der König persönlich keine militärische Expedition, sondern seine Generale, dennoch werden sie für diese Jahre in Ep. C^b 4,9.16 vermerkt.

604 In diesem Stil berichtet Salmanassar III. über seinen 27., 28., 30. und 31. Feldzug,

die Eintragung der Eponymenliste C^b4 für das Jahr 712 übersehen, dass „der König im Land (blieb)“[605]. Wir können schliessen, dass die erste militärische Intervention in Asdūdu im Spätsommer oder Frühherbst 712 nicht von Sargon persönlich, sondern von seinen Feldherren durchgeführt wurde[606].

Die Hintergründe für den Aufruhr gegen den von Sargon II. eingesetzten Aḫimiti dürfen darin liegen, dass dieser Fürst entgegen der Politik seines Vorgängers einen assyrienfreundlichen Kurs einschlug, was den antiassyrischen „Parteien“ missfiel. Sie richteten nun ihre Feindseligkeiten nicht nur gegen den Invasor, sondern auch gegen den einheimischen König, der in verräterischer Weise die Interessen Assyriens vertreten wollte (oder musste), was letztlich – ohne den unmittelbaren Schirm seines Beschützers – zu seinem Sturz führte. Eine Revolte, die nicht ohne Blutvergiessen verlief[607]. Diese politischen Wirren lassen die Inschriften deutlich erkennen: Sargon II. hätte auf keinen Fall Aḫimiti als Regent seines Landes eingesetzt, wenn er sich Assyrien gegenüber nicht loyal verhalten hätte. Ob diese Loyalität erzwungen war oder ob er sie als günstige Chance verstand, auf den Thron zu gelangen, wissen wir nicht, da die assyrischen Quellen nicht vom Verhältnis der beiden Brüder berichten.

Das ninivitische Prisma weist darauf hin, dass die Aufstandsvorbereitungen lange Zeit vor dem Einmarsch Sargons im Gang waren. Die Rede ist vom Bau von Stadtgräben – wohl in der Hauptstadt Asdūdu – und von politischer und militärischer Koalition mit benachbarten Ländern einschliesslich Ägypten. Das Prisma plaziert diese Kriegsvorbereitungen in die Zeit, in der sich Jamani des Thrones bemächtigt hatte. Anders die Annalen, die Azuri für dieses militärische Bündnis verantwortlich macht[608].

Man wird kaum fehlgehen, wenn man annimmt, dass alle diese Vorbereitungen vor dem ersten Angriff Sargons II. getroffen wurden, und nicht etwa während der kurzen Regierungszeit des Jamani, wofür die Zeit viel zu knapp wäre. Die Annalen erwähnen auch keinen Verbündeten Jamanis, allein die widerspenstigen Bewohner des Landes und der Usurpator werden hier genannt[609].

Von Interesse ist hier ein Orakel Jesajas, wonach der Konflikt mindestens drei Jahre vor der ersten Intervention Sargons angefangen hat. Mit einer symbolischen Handlung droht er den Verbündeten Ägyptens die Verbannung an[610]. Sicherlich beschränkt sich diese erste Krisenphase auf eine Tributverweigerung,

---

obwohl er selbst diese nicht leitete, sondern sein General Dajjān-Aššur; vgl. ICC, Tf. 92,141–56; Tf. 97,190.

605 Ep. C^b 4,12.

606 In diesem Zusammenhang erinnert uns Jes. 20,1, dass tatsächlich nicht der König selbst, sondern sein *turtānu* gegen Asdūdu vorrückte.

607 Vgl. Text 7b,13’.

608 Sg. Ann. 216–217 (Winckler) / 250–251 (Lie) (= Fuchs, ISK, S. 132f., Z. 242–243). In dem ninivitischen Prisma ist dieses Ereignis nicht mehr erhalten.

609 Sg. Ann. 219–221 (Winckler) / 253–255 (Lie) (= Fuchs, ISK, S. 133, Z. 245–247).

610 Jes. 20,3ff. Fuchs, SAAS 8, 124, setzt das Jahr 720 als den frühsten Zeitpunkt für die Rebellion des Azuri an.

noch ohne bewaffnete Konfrontation. All dies bedeutet, dass Azuri nicht erst im Jahre 712 die tributären Leistungen eingestellt hat, sondern viel früher, entsprechend seiner Kriegsvorbereitungen gegen einen zu erwartenden Angriff seitens der assyrischen Truppen. Vermutlich wurde er ermuntert durch die Konflikte in Nordzagrosgebieten, welchen Sargon II. erst im Jahre 714 mit der Unterwerfung von Andia und Zikirtu und der Unterbindung jeglichen Einflusses von Urartu auf das Mannäer-Land ein Ende setzte[611] – wie auch durch die Revolte in Tabal, wo Sargon ein Jahr später für Recht und Ordnung sorgte. Noch ein Jahr danach war(en) er bzw. seine Feldherren mit der Revolte in Melīdi beschäftigt[612]. Die asdoditische Revolte war also kein isoliertes Phänomen; sie steht vielmehr in einer Reihe von Aufständen westlicher Länder, die die günstige Gelegenheit nutzen wollten, um das assyrische Joch abzuwerfen. Dieses Mal aber entging auch der König von Moab – wer auch immer[613] – der Verlockung nicht und liess

---

611 719 (3. *palû*) marschierte er gegen die abtrünnigen mannäischen Städte Šuandaḫul und Durdukku, die mit Hilfe von Metatti von Zikirtu von seinem Herrn Iranzû, dem mannäischen König, abgefallen waren: Sg. Ann. 32–41 (Winckler) / 58–68 (Lie) (= Fuchs, ISK, S. 90–92, Z. 58–68).

716 (6. *palû*) marschierte er gegen die urartäisch-zikirtäische-mannäische Koalition, die verantwortlich war für den Sturz und den Mord des inzwischen gekrönten Azâ, Sohnes des Iranzû: Sg. Ann. 52–74 (Winckler) / 78–100 (Lie) (= Fuchs, ISK, S. 95–105, Z. 78–100); Ep. C[b] 4, IV 6; A. 16496; VAT 842 (Weidner, AfO 16, 43), I 1–22. Hier wird auch eine Kampagne gegen Ägypten und der Tribut des Šilkanni von Muṣri erwähnt: II 1–11.

715 (7. *palû*) marschierte er gegen Ursa von Urartu – der inzwischen 22 mannäische Städte auf sich gerissen hatte – und gegen den rebellischen mannäischen Statthalter Dajukku: Sg. Ann. 75–100 (Winckler) / 101–126 (Lie) (= Fuchs, ISK, S. 105–126, Z. 101–110); VAT 8424 (Weidner, AfO 16,43), II 25; P a+b (Frag. 79-7-8,14 = Winckler, Sargon, II, Tf. 45b), I 9–16. Von Ansiedlung arabischer Bevölkerung in Samaria und vom Tribut des Pir'u von Muṣri ist ebenfalls in diesem Jahr die Rede: Sg. Ann 94–98 (Winckler) / 120–124 (Lie) (= Fuchs, ISK, S. 110, Z. 120–124).

714 (8. *palû*) marschierte er gegen die urartäisch-zikirtäische Koalition: Sg. Ann. 101–138 (Winckler) / 127–165 (Lie) (= Fuchs, ISK, S. 111–117, Z. 128–165); VAT 8424 (Weidner, AfO 16, 43), III 2–12. Vgl. auch P a+b (Frag. Sm. 2022 = Winckler, Sargon, II, Tf. 45b). Ausserdem widmete Sargon II. diesem Feldzug einen eigenständigen Bericht, der in poetischer Form gestaltet ist: TCL 3+.

Zur politischen und geographischen Lage der in diesem Dokument erwähnten Nordzagros-Länder vgl. Vera Chamaza, AMI 27, 92ff.; ders., AMI 28, 104ff. Für die stilistischen Verfahren des poetischen Berichtes siehe Vera Chamaza, SAAB VI/3, 109ff. Hier wurden auch die Bearbeitungen besprochen. Siehe auch Pongratz-Leisten, SAAS 10, 234ff.

Mit dem Feldzug von 714 beendete Sargon II. den Konflikt mit Ursa von Urartu und Metatti von Zikirtu um das mannäische Land. Von nun an hört man nichts mehr von militärischen Expeditionen gegen diese Länder.

612 Sg. Ann. 139–177 (Winckler) / 165–204 (Lie) (= Fuchs, ISK, S. 117–125, Z. 165–204) ; P a+b (Frag. Sm. 2021) II 1–11. Vgl. auch Tadmor, JCS 12, 88[+280]. 95. Siehe auch Vera Chamaza, AMI 28, 125.

613 Es ist nicht bekannt, wie lange Salamānu, der Zeitgenosse Tiglat-pilesers III., re-

sich in die antiassyrische Widerstandpolitik Azuris verwickeln[614].

Dass die transjordanischen Staaten vom Anbeginn der Verschwörung dabei waren – und nicht erst im Jahre 712 – geht aus dem Vorwurf Sargons deutlich hervor: Sie haben die pflichtigen „Tempelabgaben", die für den Gott Aššur bestimmt waren, verweigert[615]. Immerhin konnten sich die palästinischen Staaten in einer grossen Koalition zusammenschliessen, deren Anführer sicherlich Azuri war. Das ninivitische Prisma nennt die Verbündeten mit Namen: Peleštāja, Juda, E[dom, Ammon und] Moab[616]. Die Annalen[617] und die Prunkinschrift[618] bezeichnen sie pauschal und anonym als LUGAL.MEŠ-*ni li-me-*[*ti-*]*šu* „die Könige seiner[619] Umgebung". Die Asdoditen haben dann dem Pharao Pir'u Bestechungsgeschenke bringen lassen, um auf diese Weise seinen militärischen Beistand im Kampf gegen Assyrien zu sichern[620]. Sargon wirft ihnen vor, Hilfe zu suchen bei einem König, der selbst nicht in der Lage ist, für seine eigene Rettung zu sorgen[621]. Ein Vorwurf, der wahrscheinlich seinen historischen Hintergrund darin hat, dass dieser ägyptische König selbst von Sargon II. in seinem 7. *palû* (715) unterjocht wurde. Die assyrischen Quellen zählen ihn zu den tributären Königen westlicher Länder: ^{I}*pi-ir-*[']*i* LUGAL ^{kur}*mu-ṣu-ri* ^{mí}*sa-a*[*m*]*-si šar-rat*$^{!}$ ^{kur}*a-ri-bi* ^{I}*it-*[']*a-am-ra* ^{kur}*sa-ba-ʾa-a-a* LUGAL.MEŠ-*ni ša a-ḫi tam-tim ù mad-ba*$^{!}$*-ri*[622] „Pir'u, der König von Muṣri, Sa[m]si, die Königin von Arabien, It[']amra, der Sabäer, die Könige vom Rand des Meeres und der Wüste".

Demzufolge dürften wir annehmen, dass das Engagement des Pharao in der Revolte von Asdūdu nicht allein von einer Söldner- oder gar Agitationsnatur geprägt war, sondern auch von persönlichen Interessen, denn eine Verdrängung der assyrischen Oberherrschaft von palästinischem Boden aus hätte nicht nur für die erwähnten Länder, sondern auch für das Land des Pharao selbst die Freiheit wiedergebracht.

Aber es kam nicht wie erwartet. Pir'u zog sich rechtzeitig zurück und die von Azuri gewonnenen Mitverschwörer liessen ihn im Stich. Die Koalition brach auseinander, bevor es überhaupt zu einem Zusammenstoss mit den assyrischen Streitkräften kam[623]. Auf kürzestem Weg machten sich die Verbündeten auf, um

---

giert hat, und wann sein Nachfolger Kammasu-nādbi, der erst von Sanherib im dritten Feldzugsbericht erwähnt wird, die Macht in Moab übernommen hat. Für den Namen vgl. PNAE, 240.

614 Vgl. Weippert, Edom, 99ff.

615 Text 7b,26'–28'.

616 Text 7b,25'–27'.

617 Sg. Ann. 216 (Winckler) / 250 (Lie) (= Fuchs, ISK, S. 132, Z. 242).

618 Sg. Prunk. 91 (= Fuchs, ISK, S. 219).

619 Das Possessivpronomen *-šu* bezieht sich auf Azuri.

620 Eine nicht unbekannte Methode, „Söldnertruppen" zur Hilfe zu holen; vgl. dazu Vera Chamaza, OG, Nr. 83.84.102f.[+797].

621 Text 7b,30'–33'. Interessanterweise findet dieser Vorwurf Sargons auch in Jes. 30,1–5 seine Entsprechung.

622 Sg. Ann. 97–98 (Winckler) / 123–124 (Lie) (= Fuchs, ISK, S. 110, Z. 123–124); Sg. Prunk. 27 (Fuchs, ISK, S. 198).

623 Diese Annahme basiert auf der Tatsache, dass kein neuassyrisches Dokument über

dem Assyrerkönig ihre Ergebenheit zu erweisen. So konnten sie ihre Länder vor einer endgültigen Katastrophe retten. Hier liegt der Grund, weshalb es Sargon nicht mehr für nötig hielt, gegen die in den Aufstand verwickelten weiteren Länder vorzugehen[624]. Er gab sich mit der Ergebenheitserklärung zufrieden – ohne irgendwelche Strafaktionen für ihr verräterisches Handeln.

Trotz der aussichtslosen Situation, in der sich Azuri nunmehr befand, leistete er dem Assyrer weiter Widerstand. Erwartungsgemäss zog Sargon II. gegen ihn und entfernte ihn unverzüglich vom Thron.

Wann und wo sich der assyrische König den in den vorangehenden Jahren verweigerten Tribut von den oben erwähnten Ländern überbringen liess, ist dem ninivitischen Prisma nicht zu entnehmen[625]. Es erweckt den Eindruck, als ob sich Sargon weniger darum gekümmert hätte, während des Straffeldzuges die pflichtigen Abgaben der palästinischen und transjordanischen Länder zu sammeln[626]. Ausgeschlossen bleibt jedoch, dass er sie diesen erlassen hätte, waren sie doch der Grund des Feldzuges[627] gewesen. Er wird nicht lange gezögert haben, sich den Tribut nach Assyrien bringen zu lassen[628].

Ein deutlicher Beweis, dass Moab von nun an seine Pflichten gegenüber Assyrien nachkam, ist sicherlich ADD 928[629], in dem die Moabiter als Tributlieferanten von 62 handförmigen Silberschalen gezählt werden: *kap-p*[*e* KÙ.] BABBAR (…) 62 TA ŠÀ ^{lú}*ma-ʾa-ba-a-a* „Handförmige Silb[ersc]halen: (…) 62 von den Moabitern". Jedoch darf man diese Abgabelieferung nicht mit der Tributzahlung des Jahres 712 verbinden. Die Gründe dafür sind folgende: Von den im Jahre 712 erneut zur Vasallität gezwungenen Ländern wird hier nur Moab erwähnt. Die Erwähnung von Dūr-Šarrukīn – ohne Hinweis auf irgendwelche Bautätigkeit – erweckt den Eindruck, dessen Aufbau sei bereits vollendet[630]. Nun wissen wir, dass die Einweihung dieser Stadt erst am 22.VII. des Jahres 707[631] stattfand.

eine kriegerische Auseinandersetzung zwischen Sargon II. und den Verbündeten von Azuri berichtet.

624 Zumindest ist davon in den neuassyrischen Quellen nicht die Rede.

625 P a+b (Text 7b), 6'–8', berichtet nur, dass Sargon den Aḫimiti Tribut und Abgabe auferlegt habe.

626 Im ninivitischen Prisma steht die asdoditische Verschwörung im Mittelpunkt des Interesses. Die Länder Pilištāja, Juda, Edom, Ammon, Moab und Ägypten werden nur am Rand der Geschehnisse genannt. Die Annalen und die Prunkinschrift kümmern sich bekanntlich nicht darum.

627 Vgl. Sg. Ann. 215–216 (Winckler) / 249–250 (Lie) (= Fuchs, ISK, S. 132, Z. 241–242); Text 7b, 26'–33'.

628 Kein ungewöhnlicher Sachverhalten, denn Sanherib liess sich ebenfalls den Tribut Hizkiahs in seinem dritten Feldzug nach Niniveh schicken; vgl. Snh., 34, III 42–48; BAL I, 75, III 42–48.

629 II 8, III 4'. Bearbeitung: TCAE I, 309ff.; SAA 7, 57; Mattila, Nineveh, 122ff.

630 Vgl. III 1'.9'.10'.

631 Ep. C^{b} 6,6 (K. 4446).

Aber auch die Erwähnung von Šarru-ēmuranni – bei dem es sich (wohl im lückenhaften Kontext, welcher vor [KÁ.DIN]GIR.RA^{ki} („[Ba]bylon“) erscheint[632]) um den von Sargon 710 bzw. 709 eingesetzten Gouverneur in der Provinz Babylon handelt[633] – macht deutlich, dass ADD 928 erst nach 709 entstanden ist.

Die Inschrift, die recht fragmentarisch erhalten ist, macht den Anschein, dass es sich um ein Inventar von kostbaren Objekten aus verschiedenen Ländern handelt, deren Entsendung möglicherweise Dūr-Šarrukīn als Ziel hatte[634]. In diesem Zusammenhang kann das hinzugefügte Datum „29.II.“[635] sowohl das Entsendungs- als auch das Ankunftsdatum bedeuten. Einen Monat später, am „9.III.“, findet die Verteilung – vermutlich nur eines Teils der Objekte – unter den Tempelangestellten statt[636]. Man wird kaum fehlurteilen, wenn man diese Silberschalen als Kultobjekte betrachtet. Dies wirft erneut die Frage auf, ob es sich hier nicht um eine Tempelabgabe oder Geschenke handeln könnte. Es ist höchstwahrscheinlich, dass alle diese Lieferungen in Verbindung mit der Einweihung von Dūr-Šarrukīn stehen[637]. Treffen unsere Beobachtungen zu, dann können wir ADD 928 ins Jahr 707 kurz vor der Einweihung der Sargons Festung datieren[638].

Ein weiteres Dokument, das ebenfalls in der Zeit Sargons II. entstanden sein dürfte, ist ND 2762[639], verfasst von einem Mann namens Ulūlāja. Nach einer langen Briefeinleitung[640] bringt der Verfasser das eigentliche Anliegen des Schreibens zur Sprache, nämlich dem König mitzuteilen, dass die Karawanen von *ṣērāni*-Offizieren[641] aus Kummuḫi, [Gargem]iš$^{?}$, Marqasa, Sam'al, Ṣidūnu und Moab, die unterwegs nach Assyrien mit tributpflichtigen Gütern[642] waren, bereits die Stadt Kanbisizu und Gūzāna passiert und nunmehr Kubana erreicht haben[643]. Wenn wir den Satz *e-gi-ra-a-t*[*i ina* ^{uru}*ku*]*-ba-na a-sa-par*[644] „Briefe

632 I 11–12. Ebenso auch dürfte der in I 7 genannte Zēr-ibni identisch mit dem Statthalter von Arrapḫa sein.

633 Vgl. Vera Chamaza, OG, 66.

634 Vgl. besonders Kol. II und III.

635 III 5'.

636 III 6'–10'. Hier werden ein *šatammu* namens Bēl-ibni und dessen Brüder zur Sprache gebracht.

637 Im selben Jahr 707 kam Sargon II. von Babylon zurück – vermutlich anlässlich dieser Feierlichkeit; vgl. Vera Chamaza, OG, 58.

638 Ein weiteres Datum finden wir in III 13'. Wir wissen aber nicht, in welchem Zusammenhang es steht, da der Kontext lückenhaft ist.

639 Text 8 der vorliegenden Untersuchung.

640 Vs. 1–8.

641 Für die Funktion der *ṣērāni*-Offiziere als „Tributüberbringer“ vgl. TCAE, 124, und Bär, AOAT 243, 16ff.

642 Vs. 9 – Rs. 24.

643 RGTC 26, 204, ergänzt *a-na*$^{?}$], also „Briefe schrieb ich [nach Ku]bana.“ Man fragt sich, warum der Briefautor nach Kubana geschrieben hat, wenn die *ṣērāni*-Offiziere sich in dieser Stadt befinden. Die Z. 23–31 vermitteln eher den Eindruck, dass Ulū-

habe ich [in Ku]bana geschrieben“ richtig ergänzen, heisst es dann, dass Ulūlāja bereits von dieser Stadt aus dem König Botschaft sandte, was die Vermutung aufdrängt, dass der vorliegende Brief hier verfasst und von hier aus zum König geschickt wurde.

Dies lässt wiederum die Schlussfolgerung zu, dass Kubana der Amtssitz von Ulūlāja war. Was für eine Funktion er aber erfüllte, ist dem vorliegenden Dokument nicht zu entnehmen. Wir dürfen jedoch vermuten, dass seine Aufgabe in Zusammenhang mit der Inspektion der passierenden tributpflichtigen Güter westlicher Länder zu tun hatte, wie sein Brief ND 2409[645], der sich ebenfalls mit Tributgütern befasst, nahelegt – allerdings werden hier die Herkunftsländer nicht genannt. Treffen unsere Beobachtungen zu, dann könnte man diesen Mann – trotz der weiten Verbreitung des Namens in der neuassyrischen Zeit[646] – mit dem gleichnamigen *mušarkisu*-Offizier[647], einem Zeitgenosse Sargons II., identifizieren.

Was die im Brief erwähnten Länder betrifft, wurden sie allesamt von Sargon II. tributpflichtig gemacht. Das Gebiet von Kummuḫi erweiterte Sargon II. in seinem 10. *palû*, nachdem er Tarḫunazi von Melīdi besiegt und dessen Hauptstadt dem Fürsten Mutallu übergebenhatte[648].

ABL 196[649], ein Brief des Kronprinzen Sanherib an seinen Vater Sargon, der nach der Befreiung Babylons aus den Händen Marduk-apla-iddinas II. geschrieben worden ist, berichtet gerade über die Tributzahlung der Kummuḫäer. Bei

---

lāja ebenfalls hier weilte und von hier den Brief schrieb. Kubana ist ja die letzte im Brief genannten Station, welche die Karawanen nunmehr erreicht haben; vgl. auch dazu Z. 16.

644 Rs. 25–26.

645 Text 9 dieser Untersuchung.

646 Dieser Ulūlāja ist zu unterscheiden von folgenden Personen:

- einem [lú]*qurbutu* „*qurbutu*-Offizier“ aus dem Jahre 686: ADD 612 (SAA 6, 164), Rs. 6;
- [lú]A.BA „Schreiber“- aus dem Jahre 669: ADD 366 (SAA 6, 304), Rs. 9;
- EN URUDU[!].MEŠ „Besitzer von Kupfer“ aus dem Jahre 698: ADD 475+ (SAA 6, 121), Rs.;
- ARAD *ša* [lú]GAL-KAŠ.LUL „Diener des Obermundschenks“ aus dem Jahre 710: ADD 416 (SAA 6, 30), Rs. 8’;
- einem Eponym des Jahres 832 und Statthalter von Kakzi: Ep. C[b] 1,4.

Für weitere Personen, die denselben Namen tragen, aber für unser Anliegen irrelevant sind, siehe ADD 328 (SAA 6, 124), 5. Rs. 12; ADD 230 (SAA 6, 127), 5f.; ADD 436 (SAA 6, 102), Rs. 12; ADD 168 (SAA 6, 238), Rs. 9; ADD 1141 = TCL 9, 58 (SAA 6, 31), 12.16.23; ADD 404 (SAA 6, 277), Rs. 9’; ADD 813 (SAA 6, 42), 3’; ADD 9+ (SAA 6, 209), III 12’; ADB 5 (SAA 6, 219), III 5’; ADB 7 (SAA 6, 220), I 10’.

647 Für die Funktion des *mušarkisu* vgl. TCAE, 144f; CTN 2, 56; Parpola, ZA 65, 293[+1]; ders., JSS 21, 172–73.

648 Sg. Ann. 194–195 (Winckler) / 220–221 (Lie) (= Fuchs, ISK, S. 128, Z. 220–221).

649 Neubearbeitung: SAA 1, 33.

dieser Gelegenheit fragt Sanherib seinen Vater, ob die pflichtigen Abgaben weiter nach Babylon, wo sich sein Vater befindet, geleitet werden sollen[650]. Ob Sargon dem Vorschlag seines Sohnes zugestimmt hat, wissen wir nicht.

Bis zum 10. *palû* (707) regierte Mutallu als Vasallkönig Assyriens in Kummuḫi. Seine Auflehnung gegen Sargon II. – vermutlich auf dem Hintergrund der Abwesenheit des Königs in Assyrien zu verstehen – kostete ihn 707 den Thron. Sargon entfernte ihn unverzüglich aus seinem Amt unter dem Vorwand, er habe ihm den Tribut verweigert. Von nun an wurde sein Fürstentum in assyrisches Reichgebiet einverleibt. Grössere Deportationen nach und von Bīt-Jākin folgten, welche dazu dienten, die neu errichtete Provinz zu sichern[651]. Marqasa, die Hauptstadt von Gurgum, war seit dem 11. *palû* in den Händen der Assyrer[652]. Sam'al wurde bereits von Salmanassar V. zur assyrischen Provinz gemacht[653], und unter Sargon behielt es diesen Status weiter bei. Das Schweigen der Annalen und der Prunkinschrift über dieses Füstentum ist so zu verstehen, dass es die assyrische Vorherrschaft anerkannte und sich Assyrien gegenüber loyal verhielt. Nirgends ist von Verschwörung und Unruhe in dieser Region die Rede.

Das ninivitische Prisma erwähnt dieses Land bzw. dessen Statthalter zusammen mit Ḫamat und Arpad in einem lückenhaften Kontext[654]. Soviel können wir aus dem fragmentarischen Prisma entnehmen, dass Sargon seine *ṣērāni*-Offiziere mit einem militärischen Unternehmen beauftragte, welches vermutlich mit dem Feldzug von 708 zu verbinden ist – also gegen Mutallu von Kummuḫi, an dem (nach der Eponymenliste[655]) Sargon selbst nicht beteiligt war[656].

Gūzāna, dessen Hauptstadt denselben Namen trägt[657], behielt unter Sargon II. seinen Provinzstatus bei, wie die nur zum Teil veröffentlichte Urkunde K 535[658] von Mannu-kī-Aššur-le'i, dem Statthalter von Tille[659] und Eponym des Jahres 709[660], bestätigt. Hier wird Gūzāna ausdrücklich als *na-ge-e ša* ^{uru}*g*[*u-za-n*]*a*[661] „die Provinz von G[ūzān]a" bezeichnet. Zwei Statthalter dieser Provinz tragen weiter die *limu*-Würde: Bēl-Ḫarran-bēla-uṣur, Eponym von 727[662], und Mutakkil-Aššur, Eponym von 706[663]. Vom Eintreffen ihres Statthalters in Kar-Aššur[664] ist ausserdem in CT 53, 47+ die Rede[665], ein Brief, der in die Zeit Sar-

650 Vs. 15–18.
651 Vgl. Fuchs, ISK, 398–411.
652 Sg. Prunk. 83–89 (Fuchs, ISK, S. 217f.), XIV, 10; Sm. 4,29.
653 Vgl. Forrer, Provinzeinteilung, 70f., und Dupont-Sommer, Les Araméens, 68.
654 P a+b (K. 1672+ = Winckler, Sargon, II, Tf. 45), 4'.
655 Ep. C^b 6,1–2. Vgl. auch Ep. C^b 4,15.
656 Vgl. dazu Landsberger, Sam'al, 79ff.
657 Identisch mit Tell Halaf und mit dem biblischen Gozan.
658 Parpola, ZA 64, 109[28]. Ferner vgl. RGTC 26, 10.129.213.
659 Zur Lokalisierung vgl. RGTC 26, loc. cit.
660 Ep. C^b 4,15. Siehe weiter Tadmor, JCS 12, 85, und Millard, SAAS 2, 60.
661 Rs. 6–7.
662 Ep. C^b 1,47; Ep. C^b 3,6; siehe weiter Millard, SAAS 2, 59.
663 Ep. C^b 4,21; siehe auch Millard, SAAS 2, 60.
664 Für die Lokalisierung von Kar-Aššur vgl. Liverani, Geography, 226. Quellenmaterial: Parpola, NAT, 195f.

gons II. zu datieren ist. Darüber hinaus erfahren wir von der Entsendung der ^{lú}*qur-bu-tu* („Garde(truppen)offiziere") von Šabirešu[666] nach Gūzāna aus ABL 167[667]. Dieser Brief stammt aus der Regierungszeit Sargons II. Zur Provinz Gūzāna gehört die in diesem Dokument erwähnten Kanbizisa[668] und Kubana[669], die offensichtlich als Strassenstationen dienten und durch die Stadt Gūzāna, dem Brief zufolge, getrennt waren. Diese Städte lagen an der *ḫarrān šarri*[670], der „Königsstrasse". Obwohl bis jetzt eine exakte Lokalisierung von Kanbizisa nicht gelungen ist, ist diese Stadt westlich des Tell Halaf zu suchen. Die Schwierigkeiten für eine genaue Lokalisierung liegen darin, dass man nicht weiss, wie weit diese Stadt von Gūzāna entfernt lag. Handelt es sich nicht um einen Vorort von Gūzāna, bemisst die Entfernung vielmehr etwa einen Tagesmarsch, könnte man sie in der Nähe des Tell Hanzir suchen[671]. Kubana ist mehrfach in der Form Kubanaše belegt[672]. Dass es sich um dieselbe Stadt handelt, ist nicht zu bezweifeln. Unsicher bleibt jedoch die Lesung des Namens[673]. Kubana lag nach dem erwähnten Brief östlich von Gūzāna[674].

Für eine Datierung des Briefes ND 2762 beachte man vor allem die Mitteilung Ulūlājas: *ki-ma* LUGAL *ú-nam-ma-ša liš-pa-r*[*u-u-ni*] *lal-*⸢*li*⸣*-ka*[675] „Sobald der König aufgebrochen ist, möge er mir schreiben, (denn) ich will kommen." Man fragt sich, von wo wird der König aufbrechen? Sicher nicht von Assyrien, sondern von Babylon, wo er sich bis 707 aufhielt. Dies bedeutet, dass der Brief vor der Rückkehr Sargons II. in seine Heimat verfasst worden ist, also im Jahre 708 oder im Frühling 707.

ND 2372[676] stammt ebenfalls aus den Händen von Ulūlāja, worauf die Briefeinleitung hinweist[677]. Nach der allein erhaltenen Einleitung zu schliessen, handelt sich wohl um ein Begrüssungsschreiben an den König, was die Vermutung aufdrängt, es handle sich um ein offizielles Empfangsschreiben an Sargon, nachdem er von Babylon zurückkam.

Treffen unsere Beobachtung zu, dann kann man den Brief ND 2372 in das Jahr 707 datieren[678].

---

665 Vs. 7–10. Bearbeitung: SAA 5, 250.

666 Šabirešu wird im Bereich von Ṭūr ʿAbdīn gesucht; dazu RGTC 26, 122ff.

667 Vs. 14–22. Neubearbeitung: SAA 1, 128.

668 Vs. 14.

669 Vs. 16.23.25.

670 Zur *ḫarrān šarri* vgl. Kap. 5.1.

671 Vgl. RGTC 26, 205.206.

672 K. 535, Rs. 2; CT 53,2, Rs. 2 (= SAA 1, 233); 429+, Rs. 4 (= SAA 11, 19); KAV, 94,16 (= SAA 12, 1).

673 Für die verschiedenen Schreibformen siehe Goetze, FS, 195ff.

674 Für die geographische Lage RGTC 26, 212ff.

675 Rs. 31–32.

676 Text 10.

677 Vgl. Text 10, 1 – Rs. 1, mit Text 8,1–8, und Text 9,1–10.

678 Ob der Name „Moab" in dem geographischen Text BM 64832 (Grayson, AfO 25, Tf. I–II, Photo S. 59) und sein Duplikat VAT 8006 (KAV 92; Weidner, AfO 16, Tf. I), Vs. (Rs. unveröffentlicht), aus der Zeit Sargons II. zu ergänzen ist, wie Ho-

4.3 Moab unter Sanherib

Als Sanherib im Jahre 704 v. Chr. den Thron von Assyrien bestieg[679], lenkte er seine Aufmerksamkeit zunächst nicht nach Westen, wo einige syrisch-palästinische Vasallenstaaten den Thronwechsel als Gelegenheit wahrnahmen, Assyrien die Tributpflicht zu kündigen[680], sondern nach Babylon, wo Marduk-apla-iddina II., ein aus Bīt-Jākin[681] stammender Kaldäer, sich des Throns bemächtigte und zum zweiten Mal zum König von Babylon ausrufen liess und das Land knapp neun Monate regierte, bis Sanherib ihn in seinem ersten Vollregierungsjahr (703) entmachtete und samt seiner Sippe aus seinem Heimatland vertrieb. Marduk-apla-iddina musste in der südlichen Festung Nagitu[682] Zuflucht suchen, wo er mit Duldung des elamischen Königs Šutruk-Naḫḫunte II. (717–699) eine Art

---

rowitz, IEJ 40, 2–3, 151ff., vorschlägt, ist nicht sicher. Horowitz ergänzt [... *ma*]-⌜ʾ⌝-*bu*- ⌜*ú*⌝[ki] (S. 152), Grayson hingegen [...]*x* –*bu*-⌜*ú*⌝ki.

Die ungewöhnliche Schreibform des Namens „Ma'bû", die bis jetzt nur hier belegt wäre, erstaunt. Die Auflistung der Länderreihe zeigt kein geographisches erkennbares Prinzip. Welches Land hier wirklich gemeint ist, lässt sich nicht mehr feststellen. Die Liste von Landnamen, die mit *-bû* bzw. *-bū* enden – im Text einwandfrei zu lesen –, ist umfangreich; vgl. Parpola, NAT, 27.34.112.179.184. 185.230. 268.269, etc.

679 Was die Chronologie der Thronbesteigung Sanheribs anbelangt, sind sich die Quellen nicht einig. Drei verschiedene Daten sind uns überliefert worden:

706: Im Eponymat von Mutakkil-Aššur, Statthalter von Gūzāna: KAV 20, I und II 14. So K. 2856+ (AJSL 35, 136–7; G. Smith, History, 12; Millard, SAAS 2, 48), ein Dokument, das nur in Transkription publiziert worden ist. Hier wird das sechste Regierungsjahr des Königs in Eponymat des Metunu, Statthalters von Isana (KAV 20, I und II 20) datiert, also das Jahr 700. Vgl. auch Millard, SAAS 2, 94.

Das Gleiche in K. 2670 (= 3R, Tf. 2) 22 und Rm. 16 (ADD 230), die das Jahr 684 als 22. Regierungsjahr Sanheribs rechnen.

705: Im Eponymat von Nasḫur-Bēl, Statthalter von Amedi: KAV 20, I und II 15. K. 4446 (= 2R, Tf. 69) 11: ituNE UD 12.KAM Id*x-x-x*-PAP.MEŠ-*su* [*ina* gišGU.ZA TUŠ] „Am 12. Ab [setzte sich] Sanherib [auf den Thron]." Danach ist das erste Vollregierungsjahr Sanheribs 704. Vgl. Millard, SAAS 2, 48.

704: Im Eponymat von Nabû-dēni-epuš, Statthalter von Niniveh: KAV 20, I und II 16. Vgl. dazu K. 75+ (Virolleaud, A. C. Supp. Sinn 7 und Supp. 2 Ištar 77); Königsliste A (CT 36, Tf. 25), IV 12–15. Balt. Wash., Nr. 41,109 (Grayson, AfO 20, 85ff.; Frahm, Einleitung, 161; Millard, SAAS 2, 99): Hier wird das 14. Regierungsjahr Sanheribs mit dem Eponymat von Nabû-kittu-uṣur, Statthalter von Samērīna (KAV 20, IV 7'), also dem Jahr 690, gleichgesetzt. Dasselbe Chic. und Tayl.; vgl. BAL I, S. 88; Millard, SAAS 2, 104.105. Millard liest jedoch Nabû-kēnu-uṣur anstatt Nabû-kittu-uṣur. Demzufolge ist das Jahr 703 das erste Vollregierungsjahr des Königs. Für die Diskussion über dieses Thema vgl. Lewy, AnOr 12, 225ff.; Forrer, ZA NF 4, 216; G. Smith, History, 10ff.; und Mayer, AOAT 240, 305ff.

680 So z. B. Sidon, Askalon, Ekron und Juda.

681 Für die geographische Lage von Bīt-Jākin vgl. Vera Chamaza, OG, 25[61].

682 Diese Festung lag am Nordufer der grossen Laguna auf einer Insel bzw. Halbinsel;

Exilregierung organisierte und von wo er seine antiassyrischen Aktivitäten mit Hilfe von Elam und seinen Stammesbrüdern fortsetzte[683]. In Babylon setzte Sanherib den am assyrischen Königshof erzogenen Babylonier Bēl-ibni als Vizekönig ein, der sich aber bald als unfähiger Regent erweisen sollte[684]. Wie wichtig ihm das Babylon-Problem war, zeigt deutlich seine Sorge um die Einsetzung einer stabilen Regierung und die Wiederherstellung der Ordnung im Land, wozu dem Urheber aller Übel das Handwerk gelegt werden musste. Nichts anders beabsichtigt sein zweites militärisches Unternehmen, gerichtet gegen Ostbabylonien[685], wo die kaldäischen und aramäischen Stämme gemeinsame Sache mit Marduk-apla-iddina gegen Assyrien machten[686]. Nicht zufällig also widmete sich Sanherib in seinem ersten Jahr ausschliesslich Babylon als dem Zentralanliegen seiner Aussenpolitik – während die syrisch-palästinischen Länder am Rand seiner politischen Interessen blieben. Vermutlich hatten sie ihm ja auch kulturell wie wirtschaftlich wenig zu bieten.

Im Westen wurde die Krisensituation in Babylon, mit der sich der König zu Beginn seiner Herrschaft konfrontiert sah, vor allem von Lulî, dem König von Ṣidūnu, Ṣidqā, dem König von Askalon, Hizkiah, dem König von Juda, und der antiassyrischen Partei in Amqarruna, ausgenutzt, um sich aus dem assyrischen Vasallitätsverhältnis endgültig zu lösen, bzw. die Zahlung des schuldigen Jahrestributs einzustellen[687]. Man hoffte wohl, der Konflikt in Babylonien würde den König lange Zeit hindern, sich um die wachsenden Probleme im Westen zu kümmern. Und tatsächlich entsandte Sanherib weder Beauftragte noch Truppen in westliche Aufruhrgebiete, solange er die ersten drei Jahre in Babylonien beschäftigt war[688]. Er scheint sich mit der Berichterstattung über die kritische Lage seiner treuen Untergebenen begnügt zu haben[689]. Doch sollte sich die Hoffnung der Aufständischen als fatale Fehleinschätzung der Situation erweisen: In seinem 3. Vollregierungsjahr (701) rückte der Assyrerkönig gegen den Westen vor,

---

dazu Dietrich, ASS, 10.

683 Dietrich, ASS, 9ff., bietet einen guten Überblick über die antiassyrischen Tätigkeiten des Marduk-apla-iddina II. Siehe ferner Vera Chamaza, OG, 64ff., 73.

684 Dazu Vera Chamaza, OG, 73ff.; Dietrich, Bēl-ibni, 81ff.; de Vaan, AOAT 22, 38ff.

685 Die BChron. (CT 34, Tf. 47), II 23–24 berichtet, dass Sanherib im ersten Regierungsjahr des Bēl-ibni gegen die Stadt Hirimma und Hararatum vorrückte. Im Detail findet man die Schilderung dieses Feldzuges in Rass., Chic. und Tayl.; vgl. BAL I, 64, und zu diesem Feldzug aufgelistetes Quellenmaterial.

686 Ob es während dieser Jahre auch in Anatolien Verschwörungen gegen Sanherib gegeben hat und der König gegebenenfalls Massnahmen getroffen hat, wie Landsberger, Sam'al, 82; Bing, History, 95, und mit ihnen auch Lamprichs, Westexpansion, 153, annehmen, bleibt eine Vermutung, denn kein Dokument berichtet darüber.

687 Zu dieser Koalition vgl. Na'aman, Scr. Hier. 33, 94ff. Siehe auch CAH 3, 72ff., 389ff.; Lamprichs, Westexpansion, 147ff.

688 Zumindest gibt es bis jetzt kein Dokument, das eine Truppenentsendung nach Westen während dieser Jahre bezeugt.

689 Wobei wir hier nur Vermutung anstellen können.

um die abtrünnigen Könige zur Rechenschaft zu ziehen.

Man kann sich nur schwer ein Bild vom tatsächlichen Ausmass der Verschwörung machen: Die assyrischen Quellen erwecken den Eindruck, dass der Aufstand an mangelhafter Organisation und Koordination der Alliierten scheiterte. Die rebellischen Könige hätten aus der Erfahrung vergangener Jahrzehnte wissen müssen, dass nur ein Schulterschluss aller oppositionellen Kräfte, eine Vereinigung sämtlicher Truppenkontigente[690], der Zentralmacht ernsthaft hätte Widerstand leisten können. Doch dazu kam es nicht, und der Widerstand einzelner Könige war für die Assyrer leicht zu überwinden: Ṣidūnu fiel kampflos in die Hände Sanheribs. Sein König Lulî ergriff die Flucht, bevor der assyrische König seine Königsresidenz betrat[691]. Diesbezüglich berichtet Bull 4[692] präzisierend, dass Lulî im Land Jadnana[693], im Mittelmeer, Zuflucht gesucht habe:

> ^{I}*lu-li-i* LUGAL ^{uru}*ṣi-du-un-ni* ⸢*pu*⸣*-luḫ-ti me-*[*lam*⸣-[*me-ia is-ḫup*]*-šu-ma ul-tu qé-reb* ^{kur}*a-mu-ri a-na* ^{kur}*ia-ad-na-na* MURUB$_4$ *tam-tim in-na-bit-ma* KUR-*šú e-mid*
>
> „Lulî, den König von Ṣidūnu warf [mein] Schreckens[glanz nieder] und er floh vom Land Amurrû[694] ins Land Jadnana, ins Mittelmeer, und verschwand für immer."

Seine Rebellion wahr kaum mehr als eine Tributverweigerung – ohne grosse Vorbereitung auf eine bewaffnete Auseinandersetzung[695]. Sanherib übertrug die Herrschaft über sein Fürstentum einem gewissen Tuba'lu, dessen Herkunft im Dunkeln bleibt[696].

---

690 Wie etwa der Aufstand von Adad-idri von Damaskus zur Zeit Salmanassars III. (siehe Kap. 3.2), oder die Revolte von Marduk-apla-iddina II. im Jahre 720 und 704; siehe dazu Vera Chamaza, OG, 24ff.73ff.

691 Snh. 29, II 38–30, II 46; BAL I, 73, II 37–46.

692 Bull 4 (= 3R, Tf. 12–13), 18.

693 Jadnana = Zypern: Forrer, Provinzeinteilung, 78. Seit dem zweiten Jahrtausend ist dieses Land als Zufluchts- und Verbannungsort bekannt; vgl. Dietrich, Zypern, 74ff.

694 Die Bezeichnung Amurrû – wohl für Ṣidūnu – lässt sich dadurch erklären, dass dieses Fürstentum zu den sogenannten Amurrû-Ländern gehörte, also zum syrisch-palästinischen Festland. Eine Vorstellung, die sich besonders in der neuassyrischen Literatur eingebürgert hat. Sanherib selbst bezeichnet eine Reihe von Fürstentümern in Syrien und Palästina als Amurrû: Snh. 30, II 51–8; BAL I 73, II 50–58. Bull 4, 19, pauschal als LUGAL.MEŠ ^{kur}MAR.TU „Könige von Amurrû".

695 Wann er zur Macht in Ṣidūnu gelangte, berichten die assyrischen Quellen nicht.
Nach Josephus, Ant., IX 14,2 soll er 36 Jahre regiert haben, was bedeutet, dass er 737 den Thron bestieg. Doch ist diese Quelle zu unsicher für eine Datierung der Regierung dieses Königs.

696 Im Phönizischen und Hebräischen lautet dieser Name 'Etbaʿal, im Griechischen Ιθώβαλος. Die neuassyrischen Quellen erwähnen ihn nur hier, und Sanherib nennt keine Filiation, was den Verdacht aufdrängt, dass er kein Dynast war. Aus 1Kön. 16,31 ist uns eine gleichnamige Person als König von Sidon bekannt, dessen Tochter Isebel Ahab, der König von Israel (874–853), geheiratet hat. Doch kann es sich hier kaum um den zur Zeit Sanheribs amtierenden Fürsten handeln. Dasselbe

Auch mit Ṣidqā von Askalon blieb Sanherib eine ernsthafte militärische Konfrontation erspart. Der Assyrerkönig nahm ihn gefangen und liess ihn samt seiner Familie und seinen Göttern nach Assyrien fortführen[697]. Der Grund für die harte Bestrafung liegt höchstwahrscheinlich darin, dass dieser Fürst vermutlich den Thron in Askalon usurpiert und einen antiassyrischen Kurs eingeschlagen hatte. Dies lässt sich aus der Tatsache erschliessen, dass Sanherib an seiner Stelle Šarru-lū-dāri, den Sohn des Rakibti und Enkel des zur Zeit Tiglat-pilesers III. regierenden Mitinti[698], auf den Thron setzte[699]. Wann und unter welchen Umständen Ṣidqā in Askalon an die Macht kam, entzieht sich unserer Kenntnis.

Nur Hizkiah und die Ekroniten konnten dank des Beistands Ägyptens die Koalition weiter zusammenhalten. Das ägyptische Heer, das zur Unterstützung der Rebellen nach Palästina entsandt wurde, erlitt jedoch bei Althaku eine vernichtende Niederlage. Dies blieb die einzige ernsthafte kriegerische Auseinandersetzung Sanheribs auf diesem Feldzug. Der König bestrafte denn auch die Schuldigen in Ekron auf grausamste Weise und holte den rechtmässigen König Padî aus dem Gefängnis in Jerusalem heraus, wohin ihn das Widerstandsbündnis dem assyrerfeindlichen Hizkiah ausgeliefert hatte. Sanherib setzte ihn wieder auf den Thron von Ekron ein[700].

Wir wissen nicht, wann Padî den Thron bestieg. Fest steht seine proassyrische Politik, derentwegen es zum Aufstand gegen ihn und zu seiner Entmachtung kam. Der Assyrerkönig berichtet, dass Padî LUGAL-*šu-nu* EN *a-de-e ú ma-mit ša* ^{kur}*aš-šur*^{ki}[701] „ihr König, ein Vereidigter von Assyrien," sei.

Ekron war seit dem 2. *palû* Sargons II. ins assyrische Vasallitätsverhältnis geraten[702]. Seit diesem Zeitpunkt hört man in der offiziellen assyrischen Historiographie bis zur Zeit Sanheribs nichts mehr über dieses Land. Die Assyrer scheinen mit ihm keine Schwierigkeiten gehabt zu haben. Selbst anlässlich der Revolte von 712 verhielt sich der König von Ekron loyal gegenüber Assyrien. Vermutlich war bereits zu jener Zeit Padî an der Macht. Die oben zitierte Aussage Sanheribs bestätigt unsere Annahme. Doch wurde seine Politik für ihn selbst zum Verhängnis und Grund für Unruhen in seinem Land. Die unzufriedenen Gruppierungen – Sanherib nennt sie LÚ.GÌR.ARAD.MEŠ LÚ.NUN.MEŠ *ù* UN.MEŠ[703] „die Statthalter, die Notabeln und das Volk" – verbündeten sich, lösten den Aufstand aus und entfernten den König gewaltsam aus seinem Land. Höchstwahrscheinlich spielte sich dieser Aufruhr bereits im Jahre 704 ab, als Sanherib den Thron bestieg, denn Ekron wird nicht zu den Ländern gerechnet, die während dieser Jahre Assyrien Tribut geliefert haben.

---

gilt für Josephus, Ant., VIII 13, 1, der von der biblischen Überlieferung abhängt.

697 Snh. 30, II 60–64; BAL I, 73, II 60–64; Bull 4 (= 3R, Tf. 12–13), 20–21.

698 Tgl. III. Ann. 237; ICC, Tf. 73a,16.

699 Snh. 30, II 65–67; BAL I, 73, II 65–67.

700 Snh. 31, II 73 - III 17; BAL I, 74, II 73 - III 17.

701 Snh. 31, II 74–75; BAL I, 74, II 74–75.

702 Siehe S. 83.

703 Snh. 31, II 73; BAL I, 74, I 73.

Hizkiah kam dieses Mal nicht ungeschoren davon: Zwar wurde er nicht abgesetzt, doch musste er sich die Verkleinerung seines Landes, Plünderungen, Deportationen und Erhöhung des jährlichen Tributs[704] gefallen lassen[705]. Vor einer endgültigen Katastrophe konnte er das Land retten, indem er sich im letzten Augenblick dem Assyrerkönig unterwarf und um Gnade bat[706].

Weder Ṣidqā noch Hizkiah noch den Ekroniten, gelang es, sämtliche syrisch-palästinischen Staaten in ein gemeinsames antiassyrisches Unternehmen einzubinden. Dies bestätigen uns die neuassyrischen Quellen, die die Könige, die sich dieser Revolte fernhielten, namentlich erwähnen: Mīnḫimmu[707] von Samsimuruna[708], Tuba'lu von Ṣidūnu[709], Abdili'ti von Arudu[710], Urumilki von Gubla,

---

704 Ausser den 30 Goldtalenten und 800 Silbertalenten war der Tribut, den Hizkiah nach Niniveh entsenden musste, recht umfangreich – kaum vergleichbar mit der in der biblischen Überlieferung erhaltenen Angabe über diese Abgaben: „300 Silbertalente und 30 Goldtalente" (2Kön. 18,14–16). Man hat versucht, diese Divergenz dadurch zu erklären, dass das babylonische Silbertalent etwa einen Wert von $^3/_8$ des judäischen Talents gehabt haben soll; vgl. dazu Vera Chamaza, HRJ, 285, und neulich Mayer, AOAT 240, 310f. Doch herrscht keine Sicherheit darüber. Man übersieht, dass die in der Bibel angegebene Summe des Tributs nur ein geringer Teil von den Objekten ist, die auch zur geforderten Abgabe zählten. Diese stillschweigende Art hinterlässt den Eindruck, dass das Alte Testament den teuren Preis für die „Freiheit" zu verharmlosen versucht.

705 Snh. 32, III 18–49; BAL I, 79, III 18–49.

706 Trotz der sagenhaften biblischen Erzählung über die Belagerung Jerusalems (2Kön. 18,13–19,35 || Jes. 36–37), die von einem Rückzug der assyrischen Truppen berichtet, welchen der Engel Jahwes durch das Gemetzel von 185.000 assyrischen Kriegern verursacht haben soll (so 2Kön. 19,35). Man sucht hier gerne ein ausserordentliches Geschehnis, das die „wunderbare" Rettung Jerusalems einfach erklären könnte. In diesem Zusammenhang spricht man von einer Pest, die die assyrische Armee befiel, oder man will die biblische Aussage mit der Erzählung von Herodot, die er aus den Händen der ägyptischen Priester bekam, verbinden: Eine Art von Ratten hätte das assyrische Heer dezimiert und den König zum Rückzug gezwungen; vgl. die von mir in meiner alttestamentlichen Dissertation, HRJ, 289ff., gesammelte Sekundärliteratur.

Den legendären Charakter der biblischen Erzählung hat man kaum berücksichtigt. Es geht ja darum, koste es was es wolle, die heilige Stadt Jerusalem, den Hauptsitz des Gottes Jahwe, als uneinnehmbar darzustellen. Dabei spielt keine Rolle, ob die historischen Fakten verfälscht werden.

Ebenso wenig lässt sich ein vermuteter Rückzug Sanheribs durch Unruhen in Babylonien oder gar in Assyrien begründen, denn der assyrische König zog gegen Šūzubu von Bīttutu erst ein Jahr danach und weder die babylonische Chronik noch die Eponymenlisten melden irgendeine militärische Expedition Sanheribs gegen Babylonien. Von Unruhen dort berichtet kein Dokument.

Was spricht dann wirklich dagegen, dass der Assyrerkönig die Belagerung Jerusalem beendete, nachdem sich der hartnäckige Hizkiah unterworfen hatte?

707 Der Nachfolger dieses Mannes – wohl noch in der Regierumngszeit Sanheribs – heisst Abiba'al, wie eine Perleninschrift aus Kouyunjik bestätigt; vgl. dazu Frahm, Einleitung, 145.

708 Na'aman, Province System, 108f., sucht Samsimuruna in der Umgebung des modernen Harissa, südlich von Gubla. Frahm, Einleitung, 145, spricht pauschal von

Mitinti von Asdūdu, Pūdun-ilu von Bīt-Ammān, Kammasu-nādbi von Moab – allesamt als LUGAL.MEŠ ^{kur}MAR.TU^{ki}[711] „Könige von Amurrû" bezeichnet. Sie brachten ihre zahlreichen Abgaben und schweren Geschenke dem Assyrerkönig – ohne ein geringstes Anzeichen von Gewaltanwendung – in die Umgebung der Stadt Ušnû, wo Sanherib nach der Säuberungsaktion in Ṣidānu sein Feldlager eingeschlagen hatte. Diesbezüglich berichtet Bull 4[712]:

> (...) LUGAL.MEŠ ^{kur}MAR.TU *ka-li-šú-nu* GUN *ka-bit-tú i-na ta-mir-ti* ^{uru}*ú-šu-ú a-di maḫ-ri-ia ú-bi-lu-ni*
>
> „(...) alle Könige von Amurrû brachten ihren schweren Tribut in die Umgebung der Stadt Ušnû vor mich."

In knappem Stil werden hier die in Chic. und Tayl. namentlich genannten Fürsten anonym als „Könige von Amurrû" bezeichnet.

Aber auch bezüglich des Tributs findet man in dem zitierten Dokument die kurze Fassung – GUN *ka-bit-tú* „schwerer Tribut" –, während die anderen Quellen von IGI.SÁ-*e šad-lu-ti ta-mar-ta-šú-nu ka-bit-tu*[713] „zahlreichen Abgaben (und) schweren Pflichtgeschenken" sprechen. Woraus dieser Tribut wirklich bestand, verrät uns keine Inschrift. Er muss in der Tat sehr differenziert gewesen sein[714].

Alle diese Könige waren weder im Jahre 701 noch in den vorangehenden Jahren in irgendeine Konspiration gegen Sanherib verwickelt, denn sie haben in jenem Jahr „zum vierten Mal" (*a-di* 4-*šú*)[715] ihren jährlichen Tribut an Assyrien geliefert. Dass damit die Abgaben des Akzessionsjahres (704) mitgerechnet sind, liegt auf der Hand. Dementsprechend müssen diese Könige im Adar 704[716] oder spätesten im Nisan 703 zum ersten Mal ihre Huldigungsgeschenke als Zeichen ihrer Ergebenheit[717] dem neuen Herrscher Assyriens gesandt haben – Chic. und Tayl. rechnen das Jahr 703 als erstes Vollregierungsjahr Sanheribs.

---

einer „phönizischen Kleinstaat". Quellenmaterial: Parpola, NAT, 303.

709 Da Tuba'lu erst im Jahre 701 als Regent von Ṣidūnu eingesetzt wurde, muss seine Erwähnung unter den Fürsten, die Sanherib zum viertenmal ihre Abgaben lieferten, wohl bedeuten, dass er den von seinem Vorgänger einbehaltenen Tribut für die Jahre 704–702 bezahlte.

710 Arudu ist wohl Arwad = Arpad, er-Ruād.

711 Snh. 30, II 50–60; BAL I, 73, II 50–60.

712 Bull 4 (= 3R, Tf. 12–13), 21.

713 Snh. 30, II 58–59; BAL I, 73, II 58–59.

714 Zum Inhalt des *tāmartu* vgl. TCAE, 121ff.

715 Snh. 30, II 50–60; BAL I, 73, II 59–60.

716 Nach Smith, Ep. Can., 88, bestieg Sanherib am 22. Adar des Jahres 704 den Thron, was der Kolophon von K. 3068+ (= CT 30, Tf. 25), Rs. 3–5 bestätigt:

> $^{3'}$(...) ^{itu}ŠE UD 22.KÁM $^{4'}$[*li-mu šá* ^{Id}AG]-*di-ni*-DÙ-*uš* ^{lú}*šá-kìn* NINA^{ki} $^{5'}$[^{Id}]EN.SU-ŠEŠ.ME]Š-*eri-ba* LUGAL KUR ^{d}*aš-šur*^{ki}
>
> „$^{3'}$(...) Monat Adar, den 22., $^{4'}$[Eponymat von Nabû]-dīni-epuš, Statthalter von Niniveh. $^{5'}$[ ] Sanherib, König von Assyrien."

Nabû-dēni-epuš ist – wie bekannt – Eponym des Jahres 704: KAV 20, I und II 16.

717 Für solche Huldigungen beim Amtsantritt eines neuen Herrschers vgl. Belck/Leh-

Daraus lässt sich also schliessen, dass sich die oben erwähnten Könige von Anbeginn gegenüber Sanherib loyal verhalten hatten[718]. Unter diesen Königen befand sich, wie oben angedeutet, auch Kammasu-nādbi, der König von Moab[719]. Wann er allerdings die Regenschaft in seinem Land übernahm und wie lange seine Herrschaft dauerte, entzieht sich unsere Kenntnis[720].

Eines steht jedoch fest: Die Moabiter haben ihre Lehre aus der Vergangenheit gezogen und werden sich nunmehr von jeglichen antiassyrischen Konspirationen distanzieren. Im Gegenteil: Sie werden zu einem verlässlichen Partner für Assyrien und erweisen ihm Treue bis zu seinem Untergang. Somit kehrt Moab zur alten politischen Haltung zurück, die schon Mešas Politik gekennzeichnet hatte. So konnte es sich trotz der aggressiven Expansionspolitik der neuassyrischen Könige fast unbeschadet weiter behaupten. Während andere Länder Syriens und Palästinas ihre Staatsidentität einbüssen oder harten Tribut, Deportation, territoriale Verluste, Plünderung und Zerstörung über sich ergehen lassen mussten, blieb das kleine transjordanische Land verschont. Es scheint sogar, dass kein assyrischer König jemals moabitisches Territorium betreten hat[721].

Selbst in dem Aufstand der arabischen Stämme, der zwischen der Schlacht von Ḫalulê und der Eroberung Babylons – oder gar nach dessen Zerstörung – stattgefunden haben muss[722], hielt der moabitische König Kammasu-nādbi dem

mann, ZA 9, 82ff., 339ff.

718 Anders vor allem in der alttestamentlichen Sekundärliteratur, vgl. Jepsen, Sinuhe, 176; Donner, Geschichte 2, 325; Vogt, AHBJ, 8. Sanherib unterscheidet sehr wohl zwischen den Verschwörern und denjenigen Königen, die den Tribut regelmässig geliefert haben. Dass er die Abgaben von diesen Königen im Verlauf des Feldzuges empfing, ist kein Hinweis auf eine Verwicklung. Die Assyrerkönige nutzten offensichtlich nicht selten solche Gelegenheiten, eine Tributsammlung der ergebenen Länder durchzuführen; vgl. TCL 3+, 38–50.

719 Ein assyrisierter theophorer Name, der den Namen des moabitischen Gottes Kemoš enthält. *ndb* hat im Hebräischen die Bedeutung „antreiben", im Arabischen „rufen, antreiben".

720 Dieser Fürst ist nur noch in den erwähnten Quellen belegt.

721 Selbst Tiglat-pileser III. scheint auf einen direkten Angriff gegen Moab verzichtet zu haben; siehe Kap. 4.1. Aber auch Sargon II. betrat kein moabitisches Land; siehe Kap. 4.2.

722 Sanherib vermerkt diesen Feldzug kurz in seiner Alabaster-Inschrift (VA 3310 = VS 1, 77), die im Vorderasiatischen Museum in Berlin aufbewahrt ist – veröffentlicht zuerst von Scheil in OLZ 7, 69f., und später von Ungnad als VS 1, 77. Bearbeitung: Snh. 89–93. Der betreffende Passus lautet:

$^{Rs.22}$[... ^{mí}*te-ʾ-el-ḫu*]-*nu šar-rat* ^{lú}*a-ra-bi i-na qé-reb mad-ba-ri* ^{23}[...] LIM ANŠE.GAM.MAL.EŠ *e-kim qa-tuš-šá ši-i it-ti* ^{I}*ḫa-za-ilu* ^{24}[...$^{?}$ *ḫur-ba-šú ta-ḫa-z*]*i-ia is-ḫap-šú-nu-ti kul-ta-ri-šú-nu ú-maš-še-ru-ma* ^{25}[...]-*lu* ^{uru}*a-du-um-ma-te a-na nap-šá-a-ti in-nab-tu* ^{26}[... ^{uru}*a-d*]*u-um-ma-tu ša qé-reb mad-ba-ri šit-ku-na-at šú-bat-šún* ^{27}[*a-šur*] *ṣu-me ša ri-i-tu maš-qi-tú la ba-šu-ú qé-reb-šú* (Rest der Rs. weggebrochen)

„^{22}[... Te'elḫu]nu$^{?}$, der Königin der Araber, inmitten der Wüste ^{23}[...] nahm ich aus ihrer Hand 1000 Kamele weg. Sie, zusammen mit Haza'el, ^{24}[...] warf [die Furchtbarkeit] meiner [Schlach]t nieder. Ihre Zelte verlie-

Assyrerkönig seine Treue[723]. Unbeirrt führte er seine assyrienfreundliche Politik weiter[724].

Es mag sein, dass eine Politik der Unterwürfigkeit das Zeichen einer preisgegebenen Freiheit trägt. Angesichts der damaligen bedrohlichen Lage erwies sie sich jedoch als klug, denn so wurden die Staatsidentität, die Dynastie und das Land selbst von jeglichen Angriffen seitens der Assyrer verschont.

Möglicherweise ist ADD 1100[725] in der Regierungszeit Sanheribs entstanden – und zwar nach seinem Palästina-Feldzug. Der Brief behandelt die Abgaben der Länder Ammon, Moab, Juda, [...]-*a-a* und Gubla. Er ist so anonym verfasst, dass sowohl der Absender des Briefes als auch die Namen der Regenten jeweiliger Länder fehlen, was einer genauen Datierung erhebliche Schwierigkeiten bereitet[726]. Bīt-Ammān ist bereits 734 zusammen mit Moab zum Untertan ge-

---

ssen sie und [25][...] ... der Stadt Adūmmutu [...] kamen sie mit dem Leben davon. [26][... Ad]ūmmutu – die inmitten der Wüste liegt – ihre Residenz, [27][ein Ort] des Durstes, der weder Weideland noch Irrigation besitzt, in deren Mitte ... (*Rest der Rs. weggebrochen*)"

Darüber berichtet auch Ash. § 27, IV 1–5; K. 3087,1–4, und K. 3405,1–4: Beide Texte von G. Smith, History, 138f., und Bauer, Asb., Tf. 34.38, veröffentlicht. Bearbeitung: VAB 7/II, 216ff., Nr. 15, und 222ff., Nr. 19, und BIA, 69ff. Hier auch weitere Bearbeitungen. Siehe weiter Frahm, Einleitung, 16.

Für Adūmmutu vgl. RGTC 13, Karte IV, 13. Mayer AOAT 240, 323, schliesst nicht aus, dass diese Ortschaft mit der von Aššur-nāṣir-apli II. im Rahmen seines Feldzugs gegen Bīt-Adini erwähnten Stadt Dummutu (RIMA 2, 214, 42.44) identisch sei.

Die Datierung dieses Feldzuges ist jedoch nicht ganz sicher, da in der Inschrift chronologische Angaben fehlen. Er fand möglicherweise unmittelbar nach der Schlacht von Ḫalulê statt, also nach dem 8. Feldzug – vorausgesetzt die Ereignisse sind chronologisch angeordnet. Ein guter Grund für diese Datierung könnte sein, dass die arabischen Stämme die Wirren in Babylonien ausnutzten, um dem Assyrerkönig das Vasallitätsverhältnis aufzukündigen. Lamprichs, Westexpansion, 155, datiert den Feldzug in Jahr 690.

723 Unbegründet ist die Meinung von Bartlett, Moabites, 240 (vgl. auch Forrer, Provinzeinteilung, 64.70), Moab sei im Jahre 690 in eine assyrische Provinz verwandelt worden. Es gibt keinen Beweis dafür. Anhand des vorhandenen Quellenmaterials lässt sich schliessen, dass die Moabiter gar nicht an dieser Revolte beteiligt waren.

724 Ein weiterer Grund für die Zurückhaltung der Moabiter gegenüber dem arabischen Aufstand könnte auch die Tatsache gewesen sein, dass der Anführer der Revolte gerade (u. a.) Haza'el, ein Scheich des Stammes Geder bzw. Gidirīja, war, wie die Inschriften Assurbanipals bestätigen: Zyl. B, VII 87–88 (VAB 7/II, 132ff. und BIA, 92ff.). Dieser Stamm überfiel zur Zeit Tiglat-pilesers III. Moab und richtete dort ein Gemetzel an (vgl. Text 3). Zur Zeit Assurbanipals wendet sich das Blatt. Die Moabiter schlugen diesen arabischen Stamm in einer Schlacht vernichtend.

725 Text 11.

726 Howkim und Postgate wollen ihn etwa um 738 datieren: SAA 11, S. XX. SAAB 2/3, 31ff. Für eine Datierung in der Regierungszeit Tiglat-pilesers III. spricht dagegen, dass Moab erst im Jahre 734 tributpflichtig gemacht wurde und Juda im Jahre 732 ins Vasallitätsverhältnis eintrat. Eine Datierung des Briefes in die Zeit

macht worden[727]. Für die Regierungszeit Sargons wissen wir, dass dieses Land fest an Assyrien gebunden war. Trotz der Revolte von 712[728] gelang es weder ihm noch den Judäern, das Joch der Unfreiheit abzuwerfen.

ADD 1110+[729], ein Dokument, das möglicherweise aus der Regierungszeit Sanheribs stammt – und zwar nach 700 – erwähnt den Padū-ilu von Bīt-Ammān als Tributpflichtigen Assyriens. Er dürfte mit dem von Sanherib 701 unterworfenen Ammoniterkönig Padūn-ilu identisch sein[730].

Gubla wurde von Tiglat-pileser III. in seinem 8. *palû* (738) zum Untertanen gemacht. Infolgedessen wird es in seinen Inschriften als tributäres Land gezählt[731]. Sargon II. lässt dieses Land unerwähnt. Das bedeutet aber nicht, dass es sich zu jener Zeit von Assyrien unabhängig gemacht hätte. Denn Sanherib vermerkt jedenfalls keine erneute Unterwerfung dieses Landes; vielmehr empfing er von dessen Fürsten Urumilki regelmässigen Tribut. Nicht einmal im Jahre 712 beteiligt sich Gubla am asdoditischen Aufstand. Vermutlich handelt es sich in ADD 1110+ um denselben König von Gubla, von dessen Namen allerdings nur die Anfangszeichen erhalten sind: [^{I}]*ú-r*[*u-mil-ki*][732].

Darüber hinaus sind alle diese Länder in den Inschriften Asarhaddons belegt. Hier werden sie aufgefordert, ihre Beiträge zum Aufbau des Palastes Asarhaddons in Niniveh zu leisten[733], woraus zu schliessen ist, dass sie immer noch assyrischer Oberherrschaft unterstanden.

Das skizzierte Quellenmaterial bietet also keinen festen Anhaltspunkt für eine Datierung des Briefes ADD 1100, da die Vasallität der im Brief zitierten tributären Länder unter unterschiedlichen assyrischen Herrschern nachgewiesen werden kann. Somit kommt sowohl die Zeit zwischen 732–727 als auch die Regierungszeit Sargons und Sanheribs ab 700 wie die Asarhaddons[734] in Frage.

Sargons bleibt nicht ausgeschlossen, aber erst nach 711. Der Vorschlag von Timm, ÄAT 17, 367ff., ihn in die Zeit Asarhaddons zu datieren – aufgrund der Orthographie des Namens ^{kur}*bīt-am-man-na-a-a* – basiert auf einem Fehler, nämlich der Schreibform des Namens in der von Harper vorgelegten keilschriftlichen Kopie (ABL 632). Nach Kollation ist der Name ^{kur}É-*am-man-a-a* zu lesen; vgl. SAA 11, 33.

727 Hier werden nur die Regierungsperioden der neuassyrischen Herrscher in Betracht gezogen, konkret: Tiglat-pileser III., Sargon II. und Sanherib, welche für die Datierung des Briefes in Frage kommen. Ältere Belege über diese Länder in der Keilschriftliteratur wird nicht berücksichtigt. In der Tat ist Bīt-Ammān seit Salmanassar III. in Abhängigkeit geraten; vgl. 3R, Tf. 8, II 95. ferner siehe auch VAT 9626 (KAV 94) Vs. 18.

728 Vorausgesetzt die Ergänzung dieses Namens in P a+b (Text 7b) 26 trifft zu.

729 I 4'–5'. Vgl. dazu TCAE, 337–42; SAA 7, 58. Ferner Zadok, WO 9, 35–37.

730 Zadok, WO 9, 35, datiert den Brief zwischen 698–694 oder 688–671 und setzt beide genannte Personen gleich, Fales/Postgate, SAA 7, S. XXIII, hingegen in die Zeit Sargons.

731 Tgl. III. Ann. 151; 2R, Tf. 67, 57; 3R, Tf. 10, Nr. 3,41; TNAS, 18, II 7.

732 II 2'–3'. Vgl. Zadok, WO 9, 35.

733 Ash. § 27 V 50 – VI 1. Vgl. Auch § 69 III 61.

734 Jedoch nicht aufgrund der Orthographie des Namens *Bīt-am-man-na-a-a*, wie

In Anlehnung an ADD 1110+ könnte man jedoch mit gewisser Vorsicht die Entstehung des Briefes in die Regierungsperiode Sanheribs datieren – aber nicht vor 700, denn bis diesem Zeitpunkt hat Hizkiah dem assyrischen König den jährlichen Tribut verweigert.

4.4 Moab unter Asarhaddon

Zur Zeit Asarhaddons regiert in Moab Muṣuri; er verfolgt wie sein Vorgänger gegenüber Assyrien eine durchwegs loyale Politik. Asarhaddon berichtet in seinen ninivitischen Inschriften, er habe ^{I}*mu-ṣur-i* LUGAL ^{uru}*ma-ʾ-ab* „Muṣuri, König von Moab," zusammen mit weiteren syrisch-palästinischen und Mittelmeerkönigen verpflichtet, Baumaterial für den Wiederaufbau seines Palastes in Niniveh zu liefern[735]. Die Inschriften stammen aus dem Jahre 673, da sie mit dem Eponymat von Atar-ili, Statthalter von Laḫīru, versehen sind[736]. Vorher erwähnt Asarhaddon Moab bzw. dessen Königen in keinem Dokument. Und selbst die bis jetzt bekannte Privatkorrespondenz bringt kein weiteres Zeugnis für dieses transjordanische Land zur Regierungszeit des erwähnten assyrischen Herrschers. Daraus darf man schliessen, dass der moabitische König unter Sanheribs Nachfolger weiterhin Assyrien seine Treue erwies und seiner Pflicht gegenüber dem neuen Herrn nachkam. Indirekt bestätigen die zitierten Inschriften Asarhaddons unsere Annahme: Hier ist weder von Zwangsmassnahmen noch von militärischem Druck die Rede, wodurch Moab und die in diesem Kontext erscheinenden syrischen und palästinischen Länder zur Tributzahlung gezwungen worden wären. In diesem Sinne muss der geleistete Pflichtbeitrag der genannten Länder verstanden werden: Balken, Pfähle, Zeder- und Zypressenholz, *aladlammû* „Kolosse"[737], *lamassū* „Schutzgenien"[738], *apsasû* „Kolosse"[739], Steinplatten, Bausteine, Marmor(?), Breccia, *alullu*-Stein und *girinnu*-Stein[740]. Im Grunde genommen war diese Beitragsleistung nichts anders als der Tribut des Jahres 673[741], den die eroberten syrisch-palästinischen Länder in diesem

---

Timm behauptet, da die Kollation der Tafel ein ganz anderes Ergebnis zeigt.

735 Ash. § 27, V 54–VI 1 (besonders Z. 56); PEA 25, V 56. Textlage: Ash. S. 36–39. Hier auch die Zusammenstellung der Rezensionen.

736 Ash. S. 64 (Datierung); PEA 28, V 75.

737 *aladlammû* (^{d}ALÀD.^{d}LAMMA) ist ein menschenköpfiger Stierkoloss, hergestellt aus unterschiedlichem Material – meistens aus Kalkstein (AKA 147,17; Snh. 108,76; 110,23; 123,31; Ash. § 27 V 15), doch auch aus Bronze (Snh. 109,20; 123,30).

738 *lamassu* bzw. *lamassāti* (^{d}LAMMA bzw. ^{d}LAMMA.MEŠ) „Schutzgöttin" bzw. „Schutzgöttinnen", aus Kalkstein (Snh. 106,32; Ash. § 27 V 78, VI 18.52), Holz (MSL 7, 164/6, [151.222]), Kupfer und Silber (MSL 5, 162,144), Gold (UET 3, 686,1; BRM 13, 16,6.19; VAB 2, S. 145,3).

739 *apsusû* (AB.ZA.ZA) „Sphinx", eine Art Stierkoloss in Niniveh, aus Gold (CT 19, 6d2), Lapis (UET 3, 415,2), mit Goldüberzug (VAB 2, 25, III 73), Stein (Snh. 108, 69.76; 109,13; 110,23.31; 127 d,7, 132/133,75.81).

740 Ash. § 27 V 74.80. Zu beachten ist, dass die Quellen nicht nur von Rohmaterial sprechen, sondern auch von verarbeiteten Kunstwerken.

741 Vorausgesetzt der Aufbau des Palastes in Niniveh begann im Jahre der Nieder-

Jahr liefern mussten. Bezüglich des moabitischen Königs[742] sind wir schlecht unterrichtet. Er muss gegen Ende der Regierung Sanheribs oder in der Anfangszeit Asarhaddons auf den Thron von Moab gekommen sein und regierte bis in die Zeit Assurbanipals. Dieser zählt ihn im Jahre 667[743] zu den tributären Königen seines ersten ägyptischen Feldzuges[744]. Anderseits dürfte er nicht über das Jahr 648 hinaus gelebt haben, da die Inschriften desselben Königs in diesem Jahr bereits seinen Nachfolger Kamas-ḫaltâ erwähnen[745]. Somit muss Muṣuri zwischen 666 und 649 gestorben sein. Über seine Person und Abstammung lässt sich so gut wie nichts aussagen. Vermutlich gehörte er zur thronberechtigten Dynastie. Die Quellen wissen jedenfalls nicht das Geringste von innenpolitischen Unruhen, Thronfolge- oder gar Machtkonflikten zu berichten.

4.5 Moab unter Assurbanipal

Im vorangehenden Kapitel wurde bereits darauf hingewiesen, dass Muṣuri bis in die Zeit Assurbanipals regierte. Jedoch ist das Ende seiner Herrschaft nicht sicher festzustellen. Man kann nur sagen, dass er spätestens 649 gestorben ist. Seine Herrschaft verlief – wie betont – ohne Reibungen mit Assyrien, aber auch mit seinen Nachbarn. Weder politischen Konflikt noch kriegerische Auseinandersetzung scheint es während seiner Regierung in Moab gegeben zu haben. Dies ist zwar nirgends *expressis verbis* ausgesagt, lässt sich jedoch aus dem Schweigen der Quellen schliessen.

Anders sein Nachfolger Kamas-ḫaltâ[746], der die turbulente Zeit des Bruderkrieges (oder einen Teil davon) miterlebt und als entschiedener Bundesgenosse Assurbanipals im Westen auftrat. Über seine Abstammung erfahren wir aus den Quellen nichts. Er dürfte den Thron während der kriegerischen Auseinandersetzungen Assurbanipals mit seinem Bruder Šamaš-šumu-ukīn bestiegen haben. Jedenfalls war er im Jahre 648 König von Moab. Wie lange er danach noch regiert hat, bleibt im Dunkeln, da die Berichte über Moab in den neuassyrischen Quellen zu diesem Zeitpunkt enden[747].

---

schreibung der Inschriften, die im Eponymat des Atar-ili datiert sind – also das Jahr 673; vgl. Ash. S. 64.

742 Muṣuri ist eine Partizipialbildung aus der Verbalwurzel *ṣwr* bzw. *ṣrh* oder *ṣrw*; siehe weiter PNAE, 772.

743 Der erste Feldzug gegen Ägypten fiel ins ersten Regierungsjahr Šamaš-šumu-ukīn: EChron. (BHT, Tf. III), Rs. 12; Ash., S. 125; ABC, S. 128.

744 So der Rm. I 52 – II 27 = VAB 7/II, S. 8/10/12.14; BIA, S. 1ff. Zyl. B, I 27'–II 13: VAB 7/II, S. 94; BIA, S. 92ff. Zyl. C, I 1 – II 24 = VAB 7/II, S. 144; BIA, 122ff. 212. K. 228+, Vs. 1–66 = VAB 7/II, S. 158, Nr. 1; BIA, S. 184–187. K. 3083, 9–10 = VAB 7/II, S. 216, Nr. 14; BIA, S. 125. K. 883 = BA 2, 645.633; ABRT 1, Tf. 26–27. Literatur: VAB 7/I, S. CLXXII–CLXXIV.

745 Vgl. Kap. 4.5.

746 Dieser Mann ist nur in den Inschriften Assurbanipals belegt.

747 Aber auch die neubabylonischen Quellen berichten nichts über das transjordanische Land. Nur dem Alten Testament lassen sich einige Informationen entnehmen, die man historisch aber kaum einordnen kann; vgl. S. 112ff.

Man mag sich wundern, weshalb sich Kamas-ḫaltâ nicht an der von Jauta'[748] gebildeten westlichen Koalition zur Hilfe des babylonischen Königs – die von den arabischen Stämmen durchwegs unterstützt wurde – beteiligte, welche ja vor den Toren seiner Stadt zustanden kam. Moab selbst stand seit einem Jahrhundert unter der assyrischen Vormundschaft. An diplomatischen Bemühungen seitens des babylonischen Königs dürfte es kaum gefehlt haben, denn Šamaš-šumu-ukīn war in den ersten Jahren vor dem Kriegsausbruch sehr bemüht, Verbündete im In- und Ausland für seine Sache zu gewinnen und somit eine möglichst grosse und starke Armee zu rekrutieren, die den Angriff seines Bruders an verschiedenen strategischen Orten standhalten sollte[749]. Verständlicherweise benötigte er dazu mehr als das ihm von Assurbanipal seit seiner Thronbesteigung in Babylon unterstellte Kontingent[750], [751].

Im Nordosten konnte er rasch den Beistand Elams gewinnen[752], dessen Verbindungsmann sicherlich Nabû-bēl-šumāte aus dem Haus des Marduk-apla-iddina II. war[753], welchem Asarhaddon bereits die Statthalterschaft des Nördlichen Meerlandes anvertraut hatte[754]. Im Westen fand der babylonische König in Jauta' – wohl der Sohn des Haza'el – einen zuverlässigen Verbündeten. Ihn betraut der König mit der Bildung und Leitung der westlichen antiassyrischen Koalition, wofür der Scheich – wie es scheint – nicht nur Überredungskunst einsetzte, sondern allerhand bedenkliche Mittel: Vermutlich stehen Einfälle in

---

748 Der Name ist in verschiedenen Schreibformen überliefert worden:

Uaite': Rm. VII 83.123, VIII 1.25.46.58 = VAB 7/II, S. 64.66.68.70; BIA, S. 61 A§65, S. 78, A§67–69.71. VAT 5600, I 3.10 = VAB 7/II, S. 376; BIA, S. 77. K. 4687, 4.6 = VAB 7/II, S. 224; BIA, S. 113 (wohl nur erwähnt).

Jauti': Ash. § 66, 14.16.17.

Ja'tâ: Ash. § 27 (Fass. B und C), IV 19.

Jauta': Zyl. B, VII 87, VIII 22 = VAB 7/II, S. 130.134. Ash. § 27 IV 19.24.27; § 72, Rs. 8; vgl. weiter PNAE, 495.

Bereits Streck, VAB 7/III, 729; ders., VAB 7/I, S. CCLXXXI–CCLXXXIII, hat darauf aufmerksam gemacht, dass es sich bei allen diesen Schreibformen um zwei Namensträger handelt: der eine Sohn des Haza'el, Scheichs des Gidirīja-Stammes und der andere Sohn eines gewissen Bir-dadda – wie tatsächlich aus Rm. VIII 2 = VAB 7/II, S. 66; BIA, S. 62 A§67, zu schliessen ist. Der letzte war wahrscheinlich Vetter des ersten.

749 Über die Hintergründe des Bruderkrieges hat Dietrich, ASS, 70ff., eine gründliche Untersuchung vorgelegt.

750 Vgl. Rm. III 74–78 = VAB 7/II, S. 28; BIA, S. 39, A§32. Die militärische Befehlsgewalt behielt jedoch Assurbanipal bei.

751 Anderseits konnte er sich nicht auf seine eigenen Landleuten verlassen, denn die Bewohner der grossen Städte in Nord- und Zentralbabylonien, aber auch zum Teil in Südbabylonien, hielten unter der Leitung ihrer Beamten Assurbanipal die Treue; vgl. dazu Dietrich, ASS, 74ff.

752 Ausführlich wurde dieses Thema von Dietrich, ASS, 78ff., behandelt. Hier auch Quellenmaterial. Vg. auch Frame, Babylonia, 182ff.

753 Nabû-bēl-šumāte war ein Enkel von Marduk-apla-iddina und vermutlich Sohn des Na'id-Marduk: Zur Filiation vgl. Dietrich, ASS, 36^{+3}.39.82; PNAE, 810.

754 Er fungierte seit 675 als Statthalter; dazu Dietrich, ASS, 36–38.

Amurrû-Länder und ihre Plünderungen, wofür er verantwortlich gemacht wird[755], in diesem Zusammenhang: Als militärische Taktik, um die westlichen Länder zum Beitritt in das antiassyrische Bündnis zu zwingen[756], oder gar als Versuch jede kontrarevolutionäre Bewegung seitens der assyrienfreundlichen Fürsten und militärischen Garnisonen im Vorfeld unschädlich zu machen.

Doch trotz solcher *Ad-hoc*-Massnahmen liessen sich die westlichen Länder nicht auf seine Pläne ein; sie hielten sich vielmehr – wenn auch nicht direkt für Assyrien parteiergreifend – der Revolte fern[757].

Eine nicht unwichtige Rolle scheint der Nabatäerscheich namens Nādnu gespielt zu haben, der vom Anbeginn des Bruderkonfliktes hinter dem Rücken Assurbanipals mit Šamaš-šumu-ukīn korrespondierte. Entgegen der offiziellen Historiographie, in welcher er als treu ergebener Gefolgsmann des Assyrerkönigs gefeiert wird[758], der sich nicht auf das Ansinnen des Jauta' eingelassen habe, spielte er gegenüber Assurbanipal mit versteckten Karten[759].

ABL 1117[760], ein Schreiben von Nabû-šuma-līšir[761], welches zu Beginn des Bruderkrieges verfasst worden sein dürfte, berichtet, dass Nādnu seine *ṣērāni*-Offiziere zum König von Babylon schickte. Den Grund dafür verrät uns der Brief nicht. Bei dieser Gelegenheit liess der babylonische König 100 Ḫitäer[762]

---

755 Rm. VII 103–106 = VAB 7/II, S. 64; BIA, S. 61, A§64. Zyl. B, VII 97–98 = VAB 7/II, S. 132; BIA, S. 113, B§51, C§76. K. 2802+, IV 8–9 = VAB 7/II, S. 200; BIA, S. 80.

756 Eine politische Strategie, die uns von dem Damaszener Fürsten Rasunni (Hebräisch: Rezon) bekannt ist. 2Kön. 16,6–16 erzählt, dass Rezon, verbündet mit Pekah von Israel, gegen Jerusalem vorrückte, um den Fürsten Achas von Juda mit Gewalt in die antiassyrische Koalition zu zwingen. Achas blieb keine andere Wahl, als sich freiwillig ins assyrische Vasallitätsverhältnis zu begeben, um sich so den Beistand Tiglat-pilesers III. zu sichern: Diesem Thema widmet J. M. Asurmendi, eine Monographie: *La guerra Siro-ephraimita. Historia y Profetas*, ISJ 13, 1982. Siehe auch Donner, Geschichte, 306–313.

757 Die Gründe für diese Koalition sind viel komplexer als von Lamprichs, Westexpansion, 176ff., vereinfacht dargestellt.

758 Zyl. C, IX 33'–46' = VAB 7/II, 144; BIA, 163 C§83, X 63–87; Zyl. B, VIII 45–57 = VAB 7/II, 134/36; BIA, 116 B §58 51–63. Siehe auch S. 245; VAT 5600, III 4–13 = VAB 7/II, 376, Nr. 22; BIA, S. 76ff.

759 Entgegen der Meinung von Lamprichs, Westexpansion, 176, der Nādnu als Treuergebener des Assurbanipals betrachtet; vgl. weiter PNAE 937.

760 Text 12.

761 Mindestens sieben Briefe stammen von Nabû-šuma-līšir: ABL 259, 260 (4R, Tf. 4, Nr. 1), 262, 350, 811, 1117 und evtl. 1128. Mit den Arabern befassen sich ABL 260, 262, 350 und 1117.

Von ihm ist uns keine Filiation erhalten. Er dürfte sich jedoch von der zur Zeit Sanheribs in Babylonien tätigen gleichnamigen Person unterscheiden; vgl. dazu Vera Chamaza, OG, 56[355].83[637].86[657].173[1373].

Bezüglich seines Amtes wissen wir nicht genau, was für eine Funktion er ausübte. Vermutlich war er verantwortlich für die Überwachung der arabischen Beziehungen zu Babylon, da er dieses Thema in seinen Briefen immer wieder zur Sprache bringt.

762 ^{uru}*ḫi-ta-a-a*: eine unlokalisierte Stadt. Sie ist nur noch in ABL 1117 belegt.

und 5 Assyrer, Treuergebene des Assurbanipal – die in Kutû gefangen gehalten waren – zu Nādnu als Geschenk überbringen[763]. Dass Nādnu seine *ṣērāni*-Offiziere zu einer Friedensmission nach Babylon gesandt hätte, ist ausgeschlossen. Der Brief deutet vielmehr darauf hin, dass der Nabatäer ein heimlicher Verbündeter des babylonischen Königs geworden war. Man würde sich dann fragen, ob die Gefangenen, die Šamaš-šumu-ukīn ihm als besondere Geschenke überbringen liess, nicht eine Art von Bestechungsgeschenk waren, um den Nabatäer in die antiassyrische Verschwörung einzubinden. Eine Verwicklung, die er gegenüber Assurbanipal mit einer scheinbaren Ergebenheit zu vertuschen versuchte.

Die Inschriften Assurbanipals bestätigen – wenn auch indirekt – unsere Annahme. Danach flüchtete sich Jauta' ins Land der Nabatäer, nachdem eine Revolte in seinem eigenen Land ausbrach[764]. Man kann sich eine treue Haltung des Nabatäers gegenüber Assurbanipal nun sehr schwer vorstellen, wenn er ausgerechnet dem Anführer der antiassyrischen Revolte im Westen und Verantwortlichen für Plünderungen und Überfälle auf die treuergebenen westlichen Länder, Zuflucht gewährt hat. Von Auslieferung des gesuchten Scheichs ist nirgendwo die Rede.

Was die Gefangenen, die Nabû-šuma-līšir als ÌR.MEŠ *ša* LUGAL *be-lí-ia*[765] „Diener des Königs (Assurbanipal), meines Herrn," bezeichnet, anbelangt, so dürften diese keine blossen Knechte gewesen sein, sondern proassyrische Parteigänger oder noch wahrscheinlicher Mitglieder der vom Assyrerkönig vom Anbeginn der Regierung Šamaš-šumu-ukīn ihm zur Verfügung gestellten Streitkräfte[766]. Auf jeden Fall müssen sie sich gegenüber den politischen Bestrebungen Šamaš-šumu-ukīns feindlich verhalten haben, so dass der babylonische König sie ins Gefängnis warf und sie hernach endgültig aus seinem Land entfernte, indem er sie dem Nabatäer verschenkte[767].

Somit dürfte ABL 1117 aus dem Jahre 651 stammen. Dies geht aus der Tatsache hervor, dass der babylonische König zur Zeit der Briefabfassung noch die

---

763 Text 12, Vs. 6–13. In den weiteren Zeilen der Vs. ist von der Flucht eines Ḫitäers, eines Dieners Assurbanipals, der sich vermutlich unter den 100 Gefangenen befand (Vs. 13–20), die Rede.

Rs. 7'–16' berichtet von der Entsendung der Offiziere Assurbanipals nach Sippar und von der Ankunft eines Abgesandten des Assyrerkönigs namens Aḫi-ṭâbu in Bīt-Amūkani, welchen der König mit einer Botschaft – wohl für seine Parteigänger – beauftragt hat.

764 Zyl. B, VII 87 – VIII 23 = VAB 7/II, 132/34; BIA, 113, B§51 (C§76)-55 (C§80); Rm. VII 82–123 = VAB 7/II, 64/66; BIA, 61 A§64–66; Zyl. C, IX 34–36 = VAB 7/II, 144; BIA, 163 C§76,70–73.

765 Text 12, Vs. 10.

766 Wie Assurbanipal selbst davon berichtet: Rm. III 70–81 = VAB 7/II 28/30; BIA, 39, A 32. Siehe auch Dietrich, ASS, 76.

767 Diese Massnahme des babylonischen Königs zeigt deutlich, dass die Lage in den grossen Städten Zentralbabyloniens für Šamaš-šumu-ukīn nicht ungefährlich war. In diesem Zusammenhang ist die Aussage der Chronik der Jahre 680–625 verständlich, dass sich der König in seine Residenz zurückzog, um dem Feind auszuweichen: BM 86379 (BHT, Tf. IV) 12.

volle Kontrolle über Kutû hatte. Deshalb konnte er die Diener des assyrischen Königs in dieser Stadt gefangen halten. Im Jahre 650 verlor er jedoch jegliche Gewalt über diese Stadt[768].

Assurbanipal berichtet seinerseits, er habe in seinem sechsten Feldzug Šamaš-šumu-ukīn in Sippar, Babylon, Borsippa und Kutû, eingeschlossen[769]. Kutû dürfte sicherlich vor der Belagerung Babylons in seine Hände gefallen sein[770]. Während sich die Mehrheit der westlichen Länder jeder direkten Parteinahme zum Bruderkrieg enthielt, nahm der moabitische König Kamas-ḫaltâ als einziger westlicher Vasall offen Stellung für Assurbanipal und wurde dann zu dem wichtigsten Verbündeter Assyriens im Westen, dem der Assyrerkönig zumal die militärische Führung der Truppen zur Bekämpfung der aufständischen Araber anvertraute.

Es gibt zwei Gründe für diese politische Haltung des moabitischen Königs.

Erstens: die jahrelange Loyalität der Moabiter gegenüber Assyrien. Abgesehen von der Verschwörung gegen Sargon II. im Jahre 712, in die sich Moab hineinziehen liess, ist das Verhältnis dieses transjordanischen Landes zu Assyrien von einer erstaunlichen Zuverlässigkeit geprägt. An keinen weiteren antiassyrischen Aktivitäten und an keinem Verrat wird sich Moab von nun an beteiligen. Kein Wunder, dass Assurbanipal Kamas-ḫaltâ zu seinem engsten Vertrauten machte, haben doch die Moabiter Assyrien mittlerweile ihre Loyalität lang genug erwiesen. Es verwundert nicht, dass sich der moabitische König bereits am ersten Kampf gegen die arabische Rebellenallianz beteiligt[771].

> $^{31\text{I}}$*am-mu-la-di* LUGAL ^{kur}*qa-ad-ri ša ki-ma šá-a-šú* ^{32}*ik-ki-ru iḫ-ta-nab-ba-tu ḫu-bu-ut* LUGAL ^{kur}MAR.TU^{ki} (...) ^{37}*ka-*[*ma-*]*as-ḫal-ta-a* LUGAL ^{kur}*ma-ʾa-ab* ^{38}ÌR *da-gil*$^{!}$ *pa-ni-ia* ^{39}*ina* MÈ EDIN *iš-ku-nu* BAD$_5$.BAD$_5$-*šú* $^{40\text{I}}$*am-mu-la-di ši-it-ti* UN.MEŠ-*šú* ^{41}*šá la-pa-an da-a-ki i-ši-tu-ú-ni* ^{42}*u-ṣab-bit ina* ŠU^{II} ^{43}ŠU^{II} *u* GÌR^{II} *bi-re-tú* AN.BAR *id-di-ma* ^{44}*a-na* NINA^{ki} *a-di maḫ-ri-ia ú-še-bi-la*
>
> „$^{31-32}$Ammuladi, der König von Qedar, der gleich jenem (Jauta') sich verfeindet und ständig die Könige von Amurrû geplündert hatte, (...) $^{37-39}$Ka[ma]s-ḫaltâ, der König von Moab, ein mir gehorchender Diener, brachte ihm in der Schlacht eine Niederlage bei. $^{40-42}$Den Ammuladi (und) den Rest seiner Leute, die dem Gemetzel entkommen waren, nahm

---

768 Die assyrischen Heerscharen marschierten gegen Zentralbabylonien, nachdem sie anfangs März 651 die erste Schlacht in der Umgebung der nordbabylonischen Festung Ḫirītu, in der Dijala-Gegend, für sich entscheiden konnten: Chron. der Jahre 680–625 (BHT, Tf. IV), 13–15.

769 Rm. III 128–132 = VAB 7/II, 32; BIA, 4, A§35.

770 Zur Chronologie vgl. VAB 7/II, S. CCXXXIVff.

771 Zyl. B, VIII 31–32.37–44 = VAB 7/II, 134; BIA, 115,V§55. Etwa abweichend in Rm. VIII 15–24 = VAB 7/II, 68; BIA, A§68. Siehe auch K. 3096, Rs. 4–5 = VAB 7/II, 332 d. Keilschriftkopie: CT 35, 21. Z. T. auch 3R, Tf. 36, Nr. 5; G. Smith, Asb., 295f.; Weidner, AfO 8, 191ff.; IWA, 94f.; Schawe, AfO 10, 171a; BIA, S. 307f.

er gefangen. 43–44(An) Händen und Füssen legte er sie in Fesseln und liess sie vor mich nach Niniveh bringen!“

Zweitens: Wichtiger als der erste Grund ist die alte Feindschaft zwischen den Moabitern und dem Gidirīja-Stamm, der in den neuassyrischen Quellen seit Tiglat-pileser III. bekannt ist. Auf seinem westlichen Kriegszug im Jahre 738 legte der Assyrerkönig diesem Stamm das Joch seiner Herrschaft auf und machte ihn zum Tributpflichtigen von Assyrien[772]. Doch unbeeindruckt von der assyrischen militärischen Macht, verunsicherten die Gidirīja die benachbarten Regionen mit ihren Raubzügen. Qurdi-Aššur – wie bereits vermerkt – berichtet in seinem Brief ND 2773 Tiglat-pileser III. über solche Vorfälle: Die Gedirīja haben Moab überfallen und in der Hauptstadt ein Blutbad angerichtet[773]. Hier ist also der Beginn dieser Feindschaft anzusetzen.

Die abneigende Zurückhaltung der moabitischen Könige gegen diesen Stamm zeigt sich – wenn auch nicht direkt – weiter in der Tatsache, dass sie in keine der von diesem arabischen Nomadenstamm angestifteten Rebellionen gegen Assyrien mitgemacht haben; so z. B. in dem Aufstand des Haza'el gegen Sanherib in den Jahren zwischen 691 und 688, welcher mit dessen Unterwerfung und der Fortführung seiner Götterstatuen endete[774]; erst Asarhaddon wird sie ihm zurück geben[775].

Aber auch von der Verschwörung des Haza'el Sohnes und Nachfolgers Jauta' gegen Asarhaddon distanzierten sich die Moabiter. Damals erbeutete der Assyrerkönig erneut die arabischen Götterstatuen. Jauta' kam aber mit dem Leben davon[776]. Wen Asarhaddon danach als Scheich des Stammes ernannt oder ob er auf eine interne politische Einmischung verzichtet hat, ist nicht bekannt. Jedenfalls bequemte sich Jauta' wieder zu früheren Vasallpflichten, als Assurbanipal den Thron bestieg. Er bat den assyrischen König um die Rückerstattung seiner von Asarhaddon nach Assyrien deportierten Götter. Der König erhörte seine Bitte und gab sie ihm zurück[777].

Doch seine Treue gegenüber Assyrien war nur von kurzer Dauer. Mit dem Ausbruch des Bruderkrieges verriet er seinen früheren Herrn und schloss ein Bündnis mit Šamaš-šumu-ukīn, der ihm mit der Bildung einer antiassyrischen Allianz im Westen beauftragte. Er wurde dann zur Hauptfigur der westlichen

772 TNAS, 18, II 2.

773 Text 3,11–15.

774 Dazu Anm. 724.

775 Ash. § 27, IV 1–14; § 66, 7–14. Vermutlich auch das Frag. K. 8523 (Ash. § 72, Rs. 4–7), wo von Haza'el (in lückenhaftem Kontext) die Rede ist.

776 Die Inschriften Asarhaddons erwähnen diese Rebellion mit keinem Wort. Sie beschränken sich auf die Verherrlichung seiner Wohltätigkeit: Die Restauration und Rückgabe der arabischen Götterstatuen, sowie die militärische Hilfe, die er dem Scheich leistete, als dieser wegen des Aufruhrs von Uabu in Not geriet. Die Revolte wurde durch die Assyrer niedergeschlagen, der Rebell nach Assyrien verschleppt und Jauta' in seiner Macht gefestigt; vgl. VAT 5600, I 1–12 = VAB 7/II, 376, Nr. 22; BIA, 77.

777 Zyl. B, VIII 87–92 = VAB 7/II, 130/32; BIA, 113, B§51.

Rebellion[778]. Seine Pläne stiessen jedoch bei den westlichen Königen auf Zurückhaltung und Ablehnung – nicht aber bei seinen Bruderstämmen[779], mit denen er ein gemeinsames Heer aufstellen konnte, welches er unter der Leitung zweier Offiziere, Abijata' und Aimi, Söhne eines gewissen Têri, zur Unterstützung des Šamaš-šumu-ukīn nach Babylon entsandte. Doch blieb sein militärisches Unternehmen erfolglos. Seine Pläne wurden alsbald dem Assyrerkönig bekannt, der ihm seine Verbündeten entgegenschickte. Die arabischen Hilfstruppen erlitten eine vernichtende Niederlage, bevor sie sich überhaupt mit den Streitkräften des babylonischen Königs vereinigen konnten[780].

Nach den ersten kriegerischen Auseinandersetzungen[781] verlor Jauta' jegliche Kontrolle über die von ihm gebildete Koalition. In seinem eigenen Stamm brach eine Revolte aus, die ihn zwang, sein Land zu verlassen und beim Nabatäer Nādnu Zuflucht zu suchen. Die assyrischen Quellen berichten, dass Jauta' ein Unheil widerfuhr und er allein nach Nabatāja floh. Hunger und Not verbreiteten sich in seinem Land, so dass seine Bewohner gar zum Kannibalismus gezwungen waren. Unter seinen Truppen brach Meuterei aus[782].

Beleg dafür dürfte der Brief ABL 350[783] sein, den Nabû-šuma-līšir an Assurbanipal richtet[784]. Der Autor macht dem König folgende Meldung: Er habe, als er ins Land der Gidirīja gekommen sei, ein Gemetzel unter ihnen angetroffen. Die Menschen fürchteten dort um ihr Leben. Diejenigen, die dem Schwert entkommen seien, stürben an Hunger[785]. Somit könnte man den Brief in die Jahre 649/648 datieren.

An diesen ersten Kämpfe war auch Ammuladi beteiligt. Die Quellen verleihen ihm den Titel LUGAL ^{kur}*qí-id-ri*[786] „König von Qidri"[787]. Darüber hinaus – wie aus den neuassyrischen Quellen zu entnehmen ist – war er verwickelt in die

778 Vgl. S. 122ff.

779 Assurbanipal nennt als Verbündete von Jauta' die *mār* („Söhne" von) Bir-dadda, die ^{lú}*ajjalu šá* („Verbündete von") Abitata', die Isamme' und Ammuladi: K. 2802, III 1–18 = VAB 7/II, 198; BIA, 80.

780 Rm. VIII 107–124 = VAB 7/II, 64/66; BIA, 64–65, A§73; Zyl. B, VIII 1–21 = VAB 7/II, 132/34; BIA, 113, B§52. Allgemeines über die Feldzüge Assurbanipals gegen die Araber berichtet Pongratz-Leisten, SAAS 10, 241ff.

781 Die assyrischen Inschriften fassen diese kriegerischen Auseinandersetzungen, die sich sicherlich auf mehrere Jahre erstreckten, in einem einzigen Kriegszug, dem neunten Feldzug, zusammen. Dies lässt sich anhand der verschiedenen Kämpfe feststellen, die kaum in einem einzigen Jahr stattgefunden haben; vgl. Rm. VII 82 – X 5 = VAB 7/II, 78–82; BIA, 61, A§64–83.

782 VAT 5600, I 17 – II 20 = VAB 7/II, 376/8; BIA, 77–78; Rm. VII 123; BIA, 62, A§66; Zyl. B, VIII 1–23 = VAB 7/II, 132/34; BIA, 113, B§52–55.

783 Text 13.

784 VAB 7/I, S. CXL, hingegen datiert ihn in die Regierungszeit Asarhaddons und verbindet seinen Inhalt mit dem Aufstand des Uabu gegen Jauta' – eine Möglichkeit, die nicht ausgeschlossen werden kann.

785 Vs. 8 – Rs. 7.

786 Rm. VIII 15 = VAB 7/II, 68; BIA, 62, A§68.

787 Näheres über diesen Mann wissen wir nicht. Die Quellen erwähnen ihn nur noch

Raubüberfälle auf die westlichen Länder, welche Jauta' ausgeführt hatte[788]. Die verbündeten assyrischen Truppen unter der Leitung des moabitischen Königs Kamas-ḫaltâ brachten ihm eine Niederlage bei, nahmen ihn gefangen und führten ihn gefesselt nach Niniveh fort. Über sein weiteres Schicksal schweigen die Quellen. Es ist jedoch kaum anzunehmen, dass ihn Assurbanipal am Leben liess[789]. Somit beglichen die Moabiter ihre seit alters offene Rechnung mit ihrem Erzfeind, den Gidirīja.

Von nun an schweigen die keilschriftlichen Quellen über Moab. Und selbst die Kaldäer- und Perserkönige, die ebenfalls mit dem Westen beschäftigt waren, erwähnen das transjordanische Land mit keinem Wort.

Es findet sich hingegen im AT eine Reihe von Reminiszenzen über die Moabiter aus eben dieser Zeit, welche jedoch von Widersprüchen gekennzeichnet sind: Nach dem AT soll König Nebukadnezar II. Kaldäer, Aramäer, Moabiter und Ammoniter gegen Juda geschickt haben, um den abtrünnigen Judäerkönig Jojaqim – der sich drei Jahre zuvor als Vasall des babylonischen Königs bekannt hatte – zur Rechenschaft zu ziehen[790]. Nach diesem biblischen Bericht waren also unter anderen die Moabiter an die Strafexpedition gegen Juda beteiligt. Eine derartige Kooperation ist sonst nirgends dokumentiert.

Entgegen dem alttestamentlichen Text erfahren wir aus der Neubabylonischen Chronik hinsichtlich der Jahre 605–594, dass Nebukadnezar persönlich im Monat Kislim seines 7. Regierungsjahres (598) gegen das Land Ḫattî marschierte und am zweiten Adar desselben Jahres die Stadt ^{uru}*ia-u-ḫu-du* – wohl Jerusalem – eroberte[791] und deren König gefangen nahm[792]. Übereinstimmend erwähnt

im Zusammenhang mit diesen Kriegen.

788 Rm. VIII 15–16 = VAB 7/II, 68; BIA, 62, A§68; Zyl. B, VIII 31–32 = VAB 7/II, 134; BIA, 115, B§57.

789 Unter den Gefangenen befand sich – laut Inschriften – die Frau von Jauta' I. namens Adija: Rm. VIII 24–26 = VAB 7/II, 68; BIA, 62, A§68; K. 3096, Rs. 6–9. Nach dieser Inschrift liess Assurbanipal seinen Triumphzug über Ammuladi an den Wänden seines Nordpalastes in Niniveh darstellen; vgl. Rs. 10. Siehe auch VAB 7/II, S. CCLXXXIII[1].

790 2Kön. 24,1–2.

791 Schwierigkeit bereitet die Datierung der Unterwerfung von Jojaqim, da hier die babylonische mit der biblischen Chronologie nicht übereinstimmt. Wenn Jojaqim dem babylonischen König drei Jahre lange untertan war und erst im siebten Regierungsjahr Nebukadnezars sein Vasallitätsverhältnis aufkündigte, dann muss er im Jahre 601, also im vierten Regierungsjahr des Königs, in babylonische Vasallität geraten sein. In diesem Jahr fand die Schlacht gegen Ägypten statt, die den Babyloniern keinen Erfolg brachte, wie der Neubabylonischen Chronik der Jahre 605–594 zu entnehmen ist: BM 21946 (= 96-4-9,51), Rs. 5–7 = ABC, S. 101. Dennoch melden sich Bedenken, dass sich der judäische König – trotz des unentschiedenen Kampfes – unterworfen hätte. Die zitierte Chronik vermerkt nicht, wann die babylonische Abhängigkeit der Judäer begann. Vielleicht ist die biblische Angabe „drei Jahre“ nur abgerundet; vgl. dazu Donner, Geschichte, 372.

Die Gründe, weshalb sich Jojaqim gerade 598 entschloss, das babylonische Joch abzuwerfen, sind nicht ganz ersichtlich. Möglicherweise wurde er durch die Revolte der arabischen Stämme im vorangehenden Jahr ermutigt, welche aber der

2Kön. 25,27–30 die Gefangenschaft des Jojachin, des Nachfolgers des Jojaqim[793]. Von Entsendung irgendwelcher verbündeter westlicher Truppen ist in den babylonischen Quellen nirgends die Rede. Man müsste sich denn auch fragen, ob es Nebukadnezar II. wirklich nötig hatte, eine derart massive Armee gegen ein winziges Land zu entsenden, dessen Einnahme ihm – wie es scheint – kaum Schwierigkeiten bereitete. Kein Wunder, dass am historischen Gehalt des biblischen Berichtes Zweifel angemeldet wurden[794].

Eher erweckt er den Anschein, dass es sich um einen literarischen Topos handelt: Die Strafe Gottes[795] ergeht über sein eigenes Volk, indem er Feinde scharenweise Juda überziehen lässt[796]. Ganz anders 2Kön. 24,1–7, wo wir hören, Nebukadnezar II. selbst sei gegen Jerusalem vorgerückt, habe es erobert und den inzwischen gekrönten judäischen König gefangen genommen. Es kann sich um keinen anderen Feldzug des kaldäischen Königs handeln, als den in 2Kön. 24,1–4 angesprochenen, den man aufgrund der neubabylonischen Chronik ins Jahr 598 datiert. Aber auch der entsprechende Bericht in 2Chr. 36,5–8 kennt diesbezüglich keine verbündeten Völkerscharen, die auf Befehl Nebukadnezars II. gegen Juda vorgegangen wären. Nüchtern wird hier berichtet: Nebukadnezar, der König von Babylon, zog gegen ihn (Jojaqim).

Wie widersprüchlich die alttestamentlichen Quellen über historische Fakten berichten, lässt sich an einem weiteren Fall feststellen, der ebenfalls Moab betrifft: die selbstmörderische Verschwörung des Königs Zidkija im Jahre 587, welche zur vollständigen Katastrophe dieses Landes führte. Dieser Mann wurde von Nebukadnezar im Jahre 598 als Regent anstatt des verbannten Jojachin ein-

---

Kaldäerkönig blutig unterdrückte (BM 21946, Rs. 9–19).

Das Problem besteht darin, dass wir nicht wissen, wann Jojaqim in Abhängigkeit geriet und wie lange er den regelmässigen Tribut an den Kaldäer lieferte.

Donner, Geschichte, 370, setzt den Abfall etwa ins Jahre 601/600 im Zusammenhang mit dem gescheiterten ägyptischen Feldzug. Nach der Niederlage der babylonischen Truppen (601) soll Nebukadnezar einige Zeit gebraucht haben, um seine Herrschaft in den ihm zugefallenen Gebieten anzutreten. Eine Vermutung, der jegliche Grundlage fehlt. Denn im sechsten Regierungsjahr, also ein Jahr vor dem Straffeldzug gegen Juda, hat der König einen Angriff gegen die Araber gestartet.

792 BM 21946, Rs. 11–12.

793 Jojaqim selbst scheint die Eroberung Jerusalems nicht überlebt zu haben, sondern eben sein Sohn Jojachin, der nur knapp drei Monate regieren konnte. Nebukadnezar nahm ihn gefangen und verschleppte ihn samt seiner Familie und Dienerschaft nach Babylonien (2Kön. 24,10–17).

Seine Gefangenschaft wird durch die Tafel VAT 16238 bestätigt, welche sich im Vorderasiatischen Museum in Berlin befindet. Für die Bearbeitungen vgl. Weidner, Mélanges, 923ff.; Böhl, Op. min., 423ff.; ANET[3], 308; TGI[3], 78f.; Jepsen, Sinuhe, 194ff.

794 So z. B. Donner, Geschichte, 372.

795 Der Text sagt ja ausdrücklich: Jahwe habe gegen Jojaqim Banden von Kaldäern, Aramäern, Moabitern und Ammonitern geschickt (2Kön. 24,2).

796 Dennoch gibt es Forscher, die sich an die Historizität dieses Berichtes klammern; vgl. Aharoni, BA 31, 171f.; Myers, Edom and Juda, 390ff.

gesetzt. Er konspirierte aber alsbald in einem Bündnis mit Ägypten gegen Babylon[797]. Nach Jer. 27,1–22, einem Text, der sich auf diese Krisensituation bezieht, sollen angeblich die Könige von Edom, Moab, Ammon, Tyrus und Sidon, in jenen von Zidkija inszenierten Aufstand verwickelt gewesen sein, ein Bündnis, das der Prophet aufs schärfste verurteilt.

Seitens der neubabylonischen Quellen lässt sich diese Verwicklung der transjordanischen Länder nicht belegen. Von rein historischen Gegebenheiten aus betrachtet fehlt der Behauptung jede Wahrscheinlichkeit: ein selbstmörderisches Doppelspiel der Moabiter mit dem Kaldäerkönig – mal als treuergebene Verbündete, mal als Gegner[798] – in einer kritischen und bedrohlichen Stunde der Geschichte; ein Volk, dessen Politik sonst von einer durchgehenden Zurückhaltung gegenüber internationalen Konflikten gekennzeichnet war, würde der jahrhundertlang bezeugten politischen Haltung der moabitischer Könige voll und ganz widersprechen, abgesehen davon, dass es dafür keinen weiteren Beweis gibt. Man wird sich fragen müssen, ob es hier – trotz der prophetischen Verurteilung des judäischen Königs – nicht um die Suche nach weiteren Mitverantwortlichen für die vermeidliche Katastrophe des eigenen Landes geht[799].

Die neubabylonischen Quellen erwecken eher den Eindruck, dass sich Moab sowohl vom assyrisch-babylonischen Krieg als auch von jeglicher westlichen Verschwörung distanziert hat[800]. Sie erwähnen jedenfalls das transjordanische, kleine Land mit keiner Silbe[801]. Es ist deshalb nicht auszuschliessen, dass Moab zu den westlichen Ländern gehört, die sich im ersten Regierungsjahr Nebukadnezars II. (604) freiwillig ergaben und dem Kaldäer den Tribut zahlten[802]. Die Neubabylonische Chronik für die Jahre 605–594 berichtet nämlich:

---

797 Das Alte Testament schweigt über jegliches Bündnis des Zidkija mit Ägypten – falls sich nicht Ez. 30,5–8 auf ein solches bezieht. Es gibt jedoch einen hebräischen Brief, der zumindest indirekt dafür zeugt: Ostrakon Nr. 3 (= Jaroš, HIKI, Nr. 74) aus dem Jahre 587. Hier ist von einer Gesandtschaft nach Ägypten die Rede; vgl. weiter Jepsen, Sinuhe, 197ff.

798 So nach dem Alten Testament; vgl. 2Kön. 24,1–2 und Jer. 27,1–3.

799 Erstaunlicherweise erwähnt der Prophet in diesem Kontext nicht Ägypten; siehe Anm. 797.

800 Für diesen Krieg und den Untergang des neuassyrischen Reiches vgl. Brown, CSMS 34, 69ff., und Liebig, ZA 90, 282ff.

801 Nicht besser steht es mit der Behauptung von Josephus, dass Nebukadnezar II. in seinem 23. Regierungsjahr gegen die Ammoniter und Moabiter gezogen sei und deren Länder erobert habe (Ant., X,7) – ein Feldzug, der nirgends eine Bestätigung findet.

Man kann sich fragen, ob Josephus nicht diesen mit dem Feldzug gegen die Araber verwechselt. Jener Kriegszug fand jedoch im 6. Regierungsjahr des Königs statt, und weder die Ammoniter noch die Moabiter waren daran beteiligt: BM 21946, Rs. 10.

Es scheint sogar, dass der Kaldäerkönig nach 598 nie mehr palästinisches Territorium betreten hat.

802 So auch Weippert, RlA 8, 322.

LUGAL.MEŠ *šá* [kur]*ḫat-tú ka-li-šú-nu a-na* IGI-*šú* GIN.MEŠ-*nim-ma bi-lat-su-nu* DUGUD-*tú im-ḫur*[803]

„Alle Könige des Landes Ḫattî kamen vor ihn, und er empfing ihren schweren Tribut".

Der Ausdruck „alle Könige des Landes Ḫattî" steht wohl stereotyp für den Westen, also Syrien und Palästina, als *pars pro toto*. Aus den zitierten alttestamentlichen Texten können wir also keine sicheren Informationen gewinnen, um die Geschichte Moabs zumindest für die Jahre 605 bis 598 ein wenig zu erhellen. Diese Quellen, wie oben dargelegt, sind, was die historischen Fakten angeht, sehr unsicher und in Widersprüche verstrickt. Das Einzige, das wir mit einer gewissen Vorsicht vertreten können, ist, dass Moab vermutlich in den grossen assyrisch-babylonischen kriegerischen Auseinandersetzungen unparteiisch blieb, und dass es sich in keinen westlichen antibabylonischen Widerstand einmischte – wenn wir so das Schweigen der neubabylonischen Quellen interpretieren dürfen. Wahrscheinlich begab es sich im Jahre 604 freiwillig ins babylonische Vasallitätsverhältnis. Somit bleibt der letzte Zeitabschnitt der Geschichte Moabs mangels ausserbiblischer Quellen völlig im Dunkel.

Nicht besser geht es mit der Auflösung des Staates Moab, wovon im AT immer wieder die Rede ist. Jes. 15–16[804], eine Elegie, deren jetzige literarische Gestalt nicht aus einem Guss entstanden ist[805], klagt um die von schwerem Schicksal betroffenen Moabiter. Moab ist verwüstet, seine Städte und Landschaften zerstört und dem Boden gleichgemacht[806]. Keine Armee, kein Klagegeschrei kann den wütenden Zerstörer aufhalten. In Panik flüchten die Einwohner vor ihm. Das Ausmass der Vernichtung erscheint so gewaltig, dass es einem Volksuntergang ähnelt[807]. Daher stellt sich die Frage nach der historischen

803 BM 21946, Vs. 16–17; ABC , S. 100.

804 Paralleltext Jer. 40.

805 Dazu vgl. F. Schwally, Die Reden des Buches Jeremia gegen die Heiden. XXV. XLVI–LI: ZAW 8 (1888) 207ff.; B. Duhm, Das Buch Jesaja (^{5}1968), 98ff.; K. Marti, Das Buch Jesaja (HAT, 1900), 135ff.; E. J. Kissane, The Book of Isaiah, Vol. I (1941), 183ff.; Steinmann, Isaie, 197ff. 310f.: XVI 6–12; H. Ringgren, Moab in the Isaiah Apocalipse, in J. Kiilunen, V. Riekkinen und H. Räisänen (Hrsg.), Glaube und Gerechtigkeit. In Memoriam Rafael Gyllenberg, Helsinki (1983), 28; R. H. Pfeiffer, Introduction to the Old Testament (1941 = 1957), 444f.; J. Scharbert, Die Propheten Israels bis 700 vor Chr., 1965, 262; W. Eichrodt, Jesaja 13–23 und 28–29, in *Herr der Geschichte* (BAT 17, 2, 1967), 39ff.; G. Fohrer, Vollmacht über Völker und Königreiche. Beobachtungen zu den prophetischen Fremdvölkersprüchen anhand von Jer. XLVI–LI, in FS J. Ziegler, II (1972), 145ff.; ders., Erzähler und Propheten im Alten Testament (UTB 1547, 1989), 166.; O. Kaiser, Der Prophet Jesaja. Kap. 13–39 (ATD 18, 1973), 62f.; H. Wildberger, Jesaja, (BK X/2, 1975), 587ff. Vgl. weiter die von Wildberger, Op. cit., S. 587, gesammelte Literatur.

806 Eine Reihe von moabitischen Ortschaften wird hier genannt, die allerdings für unseren Zweck irrelevant ist.

807 Eine Naturkatastrophe ist kaum gemeint, da die Verwüstung der Städte in 15,1–4 und das Schicksal der Flüchtlinge in 15,5 dagegen sprechen.

Glaubwürdigkeit: Bezieht sich der Text auf eine historische Situation? Wenn ja, in welchem Zeitabschnitt der Geschichte Moabs spielt sich diese Vernichtung ab? Und wer war der Vollstrecker?

Aus den biblischen Quellen selbst lassen sich diese Fragen nicht befriedigend beantworten, da sie dafür keinen Anhaltspunkt bieten. Selbst der Zerstörer verschwindet in der Anonymität, als ob der „Dichter“ darauf beharren würde, dessen Identität im Rätsel zu versenken. Darüber hinaus fehlt uns jeder Vergleich in den ausserbiblischen Quellen. Nichts derartiges ist uns über Moab überliefert worden. In allen bis jetzt aus den ausseralttestamentlichen Quellen bekannten Vorkommnissen hat Moab überlebt und sich als Staat – wenn auch nicht immer selbständig – behaupten können. Selbst die Raubzüge der arabischen Stämme, deren Zerstörung sicherlich nicht mit dem gewaltigen Ausmass der im biblischen Text geschilderten Verwüstung zu vergleichen ist[808], hat es überlebt. Das Lied vermittelt eher den Eindruck, dass es sich um eine Stilisierung einer Zerstörung Moabs und Vertreibung dessen Bewohner handelt, in der historische Wirklichkeit und poetische Formen miteinander verschmolzen sind, was unmöglich macht, seinen Inhalt historisch auszuwerten.

Trotz allen Schwierigkeiten geschichtlicher Natur, welche der Text bietet, könnte man jedoch annehmen, dass das Lied zumindest Reminiszenzen von einer Zerstörung Moabs beinhaltet – wenngleich diese, so wie sie uns der Text präsentiert, nicht in allen Zügen historisch sind.

Ich glaube kaum, dass der „Dichter“ phantasievoll – aber fern jeglicher Realität – eine derart makabre Vertreibung eines Volkes inszeniert hätte. Man würde sich sofort fragen: Aus welchem Grund? Dabei fällt aber auf, dass das Lied in seinem Grundbestand[809] keine Anklage, kein Unheilsorakel gegen Moab darstellt, dass man von „Sadismus“ oder Hass gegen das Fremdvolk reden könnte[810]. Im Gegenteil: Mitleid und Trauer um das Schicksal der Moabiter beherrschen das ganze Szenarium. Sollten Reminiszenzen vom endgültigen Untergang des Staates Moab[811] erhalten sein, dann kann sich dieser nur nach dem Untergang des neuassyrischen Imperiums abgespielt haben. Wer jedoch dem moabitischen Staat ein Ende bereitet hat, bleibt aufgrund mangelhafter Quellen ungewiss. In Frage kommen sowohl die zu jener Zeit in Erscheinung auftretenden Supermächte: sowohl das babylonisch-kaldäische[812] und das persi-

---

808 Aus dem Bericht von Josephus, Ant., X 9,7, kann man nicht auf einen Untergang Moabs schliessen; es geht hier nicht um eine Vernichtung, sondern um eine Unterjochung.

809 Der Grundbestand des Liedes wird meistens im Kap. 15 gesucht; vgl. die Literatur in Anm. 805.

810 Wie uns aus manchen Texten des Alten Testaments bekannt ist; vgl. Jes. 14,3–23; 17,23; etc.

811 Wohl nicht der Untergang des moabitischen Volkes; Moabiter scheinen überlebt zu haben.

812 Van Zyl, Moabites, 157ff., und Bartlett, Moabites, 242f., gehen davon aus, dass Nebukadnezar II. im Jahre 582 Moab erobert und dessen Bewohner ins Exil fortgeführt hat, was das Ende des Staates Moab bedeutet habe. Eine kaum zu beweisende

sche Reich als auch die vandalierenden arabischen Stämme. Gegen die erste Möglichkeit spricht die Tatsache, dass uns in den neubabylonischen und persischen Quellen nichts dergleichen überliefert worden ist. Noch mehr: Sie erwähnen dieses Land – wie schon dargelegt – mit keinem Wort.

In diesem Zusammenhang bringt die Meldung von Flavius Josephus, dass Nebukadnezar II. in seinem 23. Regierungsjahr Moab erobert habe[813], keine weitere Klärung in dieses dunkle Kapitel der Geschichte Moabs[814]. Denn diese Nachricht findet keine Bestätigung in der Keilschriftliteratur. Erstaunlich genug, denn kriegerische Züge und Eroberungen werden hier konsequent vermerkt. Man muss deshalb mit berechtigten Gründen an der Zuverlässigkeit dieses Berichtes zweifeln. Eher scheint es, dass Moab, wie gesagt, im ersten Regierungsjahr des Kaldäerkönigs ins Vasallitätsverhältnis geraten ist.

Nicht viel besser steht es aber auch mit der zweiten Möglichkeit, dass Moab durch die Hände der Araber sein Ende fand. Nur indirekt liesse sich schliessen, arabische Stämme – welche auch immer – könnten für das Ende des Staates verantwortlich gewesen sein. Dafür spricht folgender Grund: Die alte Feindschaft und die Raubzüge dieser Stämme, die man aus keilschriftlichen Quellen als Räuber und Plünderer der sesshaften Einwohner Palästinas kennt. Selbst Moab war ja in der Regierungszeit Tiglat-pilesers III. Zielscheibe ihrer Raubzüge.

Diesbezüglich ist das Orakel von Ez. 25,8–11 gegen Moab sehr aufschlussreich: Jahwe wird Moab in die Hände der *bnē qädäm* „Söhne des Ostens", also die arabischen Stämme[815], übergeben, um es auf diese Weise aus dem Gedächtnis der Völker zu tilgen. Jedenfalls ist dieses Orakel ein Beleg dafür, dass nach der Errichtung des neubabylonisch-kaldäischen Reiches arabische Raubzüge auf Moab unternommen wurden[816]. Die Zerstörung moabitischer Städte durch Jahwe – gemäss Orakel – ist sicherlich nur eine Anspielung auf das Verwüstungswerk der durch „Gott als Strafwerkzeug" instrumentalisierten Völker. Das Orakel betont ausdrücklich: Die Vernichtung Moabs werde vollständig sein, so dass sich die Völker nicht mehr daran erinnern werden. Ob dieser alttestamentliche

---

Vermutung.

813 Josephus, Ant., X 9,7.

814 Selbst wenn die Nachricht zuverlässig wäre, wäre diese Eroberung mit der endgültigen Vernichtung des Staates Moab nicht gleichzusetzen. Denn die Unterwerfung eines Volkes bedeutet nicht immer das Ende der Staatsidentität. Nicht selten setzt die Einverleibung eines unterworfenen Landes ins Reichsgebiet einen langen Prozess voraus, der mit der Ersetzung des amtierenden Königs – meistens durch einen Angehörigen derselben Dynastie – beginnt.

815 Dass hier mit dem Ausdruck – „Söhne des Ostens" – die Nomadenstämme der arabischen Wüste gemeint sind, wird allgemein angenommen. Eine Differenzierung erfolgt nicht; vgl. auch Num. 24,1; Ri. 8,10; Hi. 1,3; Jes. 11,14; Jer. 49,28.

Sie gelten hier als Jahwes Werkzeug, um die Feinde zu bestrafen; vgl. auch Ez. 25,1–7, ein Orakel gegen Ammon, wo die „Söhne des Ostens" als Vollstrecker der Strafe Gottes vorkommen.

816 Das AT kennt solche Gewohnheiten der Nomadenstämme; vgl. Ri. 6,3.33; 7,12; Ez. 25,1–7; Jes. 21,13–15.

Text auf die im jesajanischen Lied thematisierte Bedrängnis der Moabiter anspielt, lässt sich nicht beweisen. Ausgeschlossen ist dies jedoch nicht[817].

Darüber hinaus waren die Araber bis in die hellenistische Zeit als bedrohliche Völker der sesshaften Nachbarn bekannt. Diodor bezeichnet sie als Räuberbande, die in die Nachbarländer einfallen und plündern[818].

Somit könnte man mit gewisser Vorsicht annehmen, dass sich Moab mindestens bis zum 6. Jh. als politischer Staat – vermutlich als Vasall der neubabylonisch-kaldäischen Könige – behaupten konnte, wie aus den zitierten alttestamentlichen Quellen zu entnehmen wäre.

Ob Moab weiter als Hegemonialstaat den Untergang des neubabylonischen Reiches überlebt und danach in die *Orbita* des persischen Vasallitätsverhältnisses eintrat, bleibt ungewiss.

Die Memoiren Nehemias scheinen darauf hinzuweisen, dass es zur Zeit der Rückkehr der von Nebukadnezar II. in die Verbannung fortgeführten Judäer keinen moabitischen Staat mehr gegeben hat, sondern nur noch moabitische Exulanten, die in Juda Zuflucht gefunden hatten[819], und gegen die ein diskriminierendes Gesetz erlassen wurde, das ihre Aufnahme in die Gottesgemeinde und die Mischehe mit ihnen untersagte[820].

Herodot berichtet, dass Mitte des 5. Jhs. die arabischen Stämme zwischen Syrien und Ägypten wohnen, bis südlich von Gaza[821].

Dasselbe bestätigt uns Diodor[822], der hinzufügt, dass sich die arabischen Stämme wegen der günstigen Wüstenlage, die sie genau kennen, bis zu seiner Zeit ihre Freiheit erhalten haben.

Darüber hinaus erfahren wir aus einer kleinen aramäischen Inschrift[823] über die Existenz der Qedar bzw. Gidirīja noch zur persischen Zeit, dass Qaynu, Sohn des Gašam[824], König der Qedar, Opfer für die Göttin Han-'allat – wohl

---

817 Es gibt eine Reihe weiterer Orakel, die die Vernichtung Moabs ankündigen. Sie werfen aber kaum neues Licht auf das Problem des Endes des Staates Moabs: Jes. 25,10: Moab wird von Jahwe zermalmt. Jes. 11,14: Ein heimkehrender Rest Israels aus der Verbannung wird Moab plündern. Vgl. auch Zeph. 2,8–11. Jer. 9,25: Verurteilung Moabs zur Vernichtung, weil es nur im Fleisch, nicht aber im Herzen, beschnitten ist. Am. 2,1–3: Unheilsorakel gegen die Moabiter, da sie den König von Edom ermordet haben.

Das grosse Problem dieser Orakel bildet die Datierung und die Auswertung des historischen Inhalts.

818 Diodor, Gesch., II 48.

819 Vielleicht ist doch Jes. 16,1 und Jer. 48,7 ein Hinweis darauf. Van Zyl, Moabites, 157ff., vermutet, dass Moabiter nach der Auflösung ihres Staates in Ägypten und Juda Zuflucht suchten. Vgl. auch Bartlett, Moabites, 242f.

820 Neh. 13,1–3; Esr. 9,1–6. Vgl. auch Neh. 9,2.

821 Herodot, Gesch., II 8.12; III 5. Vgl. auch dazu 2Chr. 17,11; 21,16.

822 Diodor, Gesch., II 54.57.

823 Die Inschrift befindet sich auf einer im Museum von Brooklyn erhaltenen Silberschale. Sie wurde in Tell el-Masḫūta (Sukot) gefunden; vgl. Wright, AB, 298; Worschech, Land, 204.

824 Gašam ist sicherlich mit dem von Neh. 2,19–20 erwähnten *Gäšäm ha-aribī „Gä-*

eine nordarabische Gottheit – darbringt. Man schätzt, dass der Herrschaftsraum der Qedar zu jener Zeit bereits die Südgebiete von Juda bis zur alten Grenzen zu Edom, vom Sinai bis zu Teilen des Nildeltas und Nordarabien umfasste[825].

Das Schweigen über Moab in den ausserbiblischen Quellen des 6. Jhs. und die Territorialexpansion der arabischen Konföderation unter der Führung des Qedarstammes bzw. dessen Dynastie bereits in persischer Zeit lassen uns schliessen, dass der moabitische Staat das 5. Jh. nicht mehr überlebt hat. Vermutlich ist dies der Grund, dass Neh. 2,19–20 Moab nicht mehr erwähnt, und dass die konföderierten arabischen Stämme mit grosser Wahrscheinlichkeit diejenigen waren, die dem Hegemonialstaat Moab ein Ende bereitet haben. Offenbar standen seine Gebiete zu dieser Zeit unter Aufsicht der arabischen Konföderation. Diesbezüglich haben die archäologischen Ausgrabungen in Ezyon-Geber[826] feststellen können, dass die Bevölkerung dieser Stadt zwischen dem 6. und 4. Jh. überwiegend arabisch war[827].

Wie und unter welchen Umständen die Auflösung des moabitischen Staates geschah, wissen wir nicht. Fest steht nur, dass die transjordanische Archäologie in Moab bis jetzt keine Brand- oder Zerstörungsschichte der fraglichen Epoche ans Tageslicht gefördert hat, was die Vermutung zulässt, die früheren Bewohner seien vertrieben worden oder hätten sich an eine neue Bewohnerschicht assimiliert.

In diesem Zusammenhang ist die archäologische Feststellung in el-Bālūʿ[828] nicht unbedeutend, dass diese Siedlung weder Brand- noch Zerstörungsspuren aufweist. Die Häuser wurden einfach verlassen[829].

šäm, der Araber," gleichzusetzen, der zusammen mit Sanballat, dem Statthalter von Samaria, und Tobias, der gegen den Wiederaufbau des Jerusalemer Tempels Widerstand leistete, erscheint.

825 Wright, AB, 298.

826 Eine Siedlung, die etwa 4 km. nördlich des heutigen Aqaba liegt – identisch mit Tell el-Hlefe.

827 Vgl. Albright, BASOR 82, 14; Bartlett, Moabites, 244; Worschech, Land, 142f.

828 Südlich des Arnon liegende Siedlung, im zentralen moabitischen Gebiet.

829 Vgl. Horsfield, RB 41, 418; Worschech, Land, 185ff. 205f.

5

Moab und die westlichen Interessen Assyriens

Die Bedeutung Moabs in der westlichen Expansionspolitik Assyriens lässt sich nur beurteilen, wenn die eigentlichen Interessen der neuassyrischen Herrscher am transjordanischen Gebiete klargestellt sind. Da Moab erst unter Tiglat-pileser III. unter assyrische Oberherrschaft geriet, kann sich diese Untersuchung lediglich auf dessen Regierungszeit und die seiner Nachfolger, der Sargoniden, beschränken. Das ist immerhin ein gutes Jahrhundert, in dem die moabitische Vasallität – wenn auch nicht reichlich – dokumentarisch gesichert ist.

Bevor wir auf das eigentliche Anliegen der vorliegenden Teiluntersuchung eingehen, muss zunächst die gesamte Expansionspolitik des neuassyrischen Imperiums in einem synthetischen Überblick vorgestellt werden. Im Blickfeld zu behalten sind vor allem zwei wichtige Faktoren, die den neuassyrischen Expansionismus steuern, nämlich die Wirtschafts- und die Machtpolitik[830].

Der erste ist durch drei Bereiche bedingt: die Rohstoffzentren, die Handelssysteme und -routen und die jährliche Tributlieferung von unterworfenen Völkern[831].

Der zweite Faktor ist gekennzeichnet durch ein wachsendes Interesse an einer stabilen Sicherheitspolitik vor allem in jenen von der Zentralmacht Assyriens ferngelegenen Ländern, deren Vasallenkönige unter Einfluss fremder Mächte die fehlende oder schwache Militärpräsenz Assyriens gerne nutzten, um gegen die assyrische Oberherrschaft zu rebellieren – in der Hoffnung, sich aus dem Vasallitätsverhältnis zu befreien. Hier gewinnt die Bekämpfung fremden politischen Einflusses ihre deutlichen Konturen. Im Westen richteten sich diese Bestrebungen besonders gegen zwei damals mächtige Gegner: zum einen die Urartäer, zum anderen Ägypten.

Die Urartäer hatten seit Beginn des 8. Jhs. mehr oder weniger die Nordsyrischen Gebiete unter ihrer Kontrolle[832], bis Tiglat-pileser III. 743 und 735 den urartäischen König Sarduri I. endgültig aus Nordsyrien vertrieb[833].

---

830 Dazu vgl. Wäfler, APA 11–12, 79ff. Hier auch ausführliche Literatur in Anm. 1; Postgate, WA 23/3, 25f.; ders., Mesopotamia 7, 193ff.; Lamprichs, Westexpansion, 145f.; Frankenstein, Mesopotamia 7, 263f.290f.

831 Vgl. Wäfler, APA 11–12, loc. cit. Die Liste von Tributlieferungen ist in den Königsinschriften umfangreich; vgl. dazu Elat, AfO Beih. 19, 244ff.; ders., JAOS 98, 207ff.; Vera Chamaza, AMI 28, 266f.

832 Dazu Kessler, Xenia 17, 59ff.; Wäfler, XENIA 17, 87ff.

Der zweite Gegenspieler Assyriens war Ägypten. Die Pharaonen haben nachweislich seit Mitte des 2. Jts. unermüdlich Versuche unternommen, Syrien, Palästina und Transjordanien an sich zu binden[834]. Wo dies nicht gelang, versuchten sie mindestens ihren direkten oder indirekten Einfluss auf jene Regionen zu bewahren. Diese politische Strategie ist in der für unsere Untersuchung in Frage kommenden Zeit besonders akut geworden. Sie kommt konkret in zwei Erscheinungsformen vor: im Angebot direkter militärischer Unterstützung und in der Gewährung von Asyl für Vasallenkönige, die Aššur gegenüber abtrünnig geworden waren. Bündnisse von Ländern unter assyrischem Druck mit Ägypten dienten nicht nur den Interessen der Pharaonen, sondern auch den eigenen Freiheits- und Unabhängigkeitsbestrebungen, die man durch ägyptische Rückendeckung glaubte, absichern zu können[835].

5.1 Wirtschaftspolitik

Es stellt sich die Frage, ob Moab jemals eine Rolle in der Wirtschaftspolitik des neuassyrischen Reiches gespielt hat – und wenn ja, in welchem Bereich.

Der erste Teil dieser Frage lässt sich negativ beantworten, da das Land kaum für damalige Zeiten interessante Rohstoffe besitzt. Die bedeutenden westlichen Rohstoffzentren befinden sich im nordsyrischen und anatolischen Raum, welche die Assyrer bereits fest in ihren Händen hatten[836]. Kupfer wurde in kleiner Menge in den Randgebieten, in der Beqaʿa-Ebene, im Süden von Gilead und zu beiden Seiten der Araba gewonnen[837]. Doch scheint dies in der assyrischen Ökonomie kaum eine Rolle gespielt zu haben.

Bezüglich des Handelssystems ging es besonders um die Kontrolle der Handelsrouten, an deren strategischen Orten Zollstationen und Militärposten eingerichtet wurden – zur Inspektion nicht nur der durchlaufenden Handelsgüter, sondern auch der nach Assyrien zu liefernden Abgaben und zur Überwachung eventueller Spionagetätigkeiten.

Zwei Hauptstrassen sind uns im Westen bekannt, die Ägypten mit Mesopotamien verbinden: zum einen die sogenannte Mittelmeerroute[838], später als *via*

---

833 Tgl. III. Ann. 59–73; Platteninschrift, Nr. 1 (ICC, Tf. 17, Nr. 18; Rost, Bd. II, Tf. XXXII–III), Vs. 20–25; Nr. 2 (Rost, Bd. II, Tf. XXIX–XXXI), Vs. 29–49. Jedoch muss gesagt werden, dass der Assyrer dadurch die antiassyrischen Aktivitäten der Urartäer nicht gänzlich eliminieren konnte. In der Regierungszeit Sargons II. standen sie 713 wieder auf der Seite des rebellischen Fürsten Ambaris von Tabal: Sg. Ann. 173–176 (Winckler) / 198–202 (Lie) (= Fuchs, ISK, S. 124f., Z. 198–202.

834 Vgl. S. 11ff. Dort auch Sekundärliteratur.

835 Auf dieses Thema kommen wir noch zurück; vgl. Kap. 5.2.

836 Dazu Wäfler, APA 11–12, 79ff.

837 Dazu Rotenberg, PEQ 94, 5ff. Dt. 8,9 verheisst, man werde in den Bergen des gelobten Landes (Kanaan) Kupfer verarbeiten – vermutlich eine Anspielung an die oben erwähnten Gegenden.

838 So bei Jes. 8,23.

maris bekannt, welche zunächst entlang der Mittelmeerküste und dann über Obergaliläa nordwärts nach Damaskus verläuft; zum andern die Karawanenstrasse, die vom nordägyptischen Memphis ausgehend durch die Sinai-Halbinsel zum Golf von Aqaba und von dort in Richtung Norden abbiegend durch ostjordanische Gebiete nach Damaskus führt.

Die letztgenannte Route tangiert sowohl Moab, wie edomitisches und ammonitisches Territorium und stellt die Verbindung der transjordanischen Länder mit Ägypten im Süden und mit den syrischen Staaten im Norden dar. Im Alten Testament wird diese Strasse als *däräk mäläk*[839] „Königsstrasse" oder auch als *däräk ha-škūnē b*(*h*)-*'ahalīm*[840] „Strasse der Zeltbewohner" bezeichnet. Einzelne Streckenabschnitte trugen auch den Namen der entsprechenden Landschaft oder Ortschaft[841]. Diese Route ist aber nicht identisch mit der in der Keilschriftliteratur mehrfach belegten *ḫarrān šarri*[842] „Königsstrasse", die zur Verbindung zwischen Aššur und dem Mittelmeer diente, der sogenannte „Assyrischer Korridor", welchen die Assyrer fest im Griff hatten.

---

839 So in Num. 20,17 und 21,22. Aber auch in einem ägyptisch-aramäischen Text trägt sie diesen Namen: *'ml mlk'*; vgl. Cowley, Aramaic Papyri, 25f.

840 Ri. 8,11. Vgl. dazu Aharoni, The Land of the Bible, 41–52.

841 Dt. 2,8: *däräk midbar mo'ab* „die Wüstenstrasse nach Moab". Oder *däräk ha-'arabah* „die Araba-Strasse". Zur römischen Zeit nannte man sie *via nova Traiana*; vgl. Donner, Geschichte, 463.

842 So in den Schenkungsurkunden Adad-nārārīs III.:

VAT 9658 (KAV 94). Bearbeitung: Postgate, NRGD, Nr. 27: Vs. ^{9}KASKAL^{II}-LUGAL *ša* TA ^{uru}É.GAL.ME[Š …] „die Königsstrasse von Ekallāt[e (bis) …]"; ^{16}KASKAL^{II}-LUGAL *ša* TA ^{uru}*ku-ba-na-še a-na* ^{uru}*a-ri-di* „die Königsstrasse von Kubanaše bis Arid".

VAT 10433 (KAV 116), Vs. 1: KASKAL^{II}-[LUGAL *ša* TA *x x x x x x x x x*] „die Königs[strasse von …]".

VAT 9869 (KAV 117), Rs. 5: KASKAL^{II}-LUGAL *ša* TA ^{uru}*ú-rak-ka a-na* UGU ^{u}[^{ru}*x x x x*] „die Königsstrasse von Urakka bis […]".

VAT 9998 (KAV 186): Vs. ^{3}*ina* UGU KASKAL^{II}-*x x ša* EDIN […] „auf die Königsstrasse zur Wüste […]"; ^{6}*ina* KASKAL^{II}-LUGAL „auf die Königsstrasse"; ^{9}*ina* KASKAL^{II}-[LUGAL …] „auf die Königs[strasse …]"; Rs. ^{2}*pu-u-re ša* TA U[GU *x x x x*] ^{3}*a-na* KASKAL^{II}-LUGAL *ša gab*-[*x x*] ^{4}*pu-u-ru ša ina* UGU KASKAL^{II}-[LUGAL *x x x x x*] ^{5}*pa-ni šá ina* UGU ^{uru}*še*-^{I}*iš-me*-[*ilu*] „$^{2-3}$Eine Parzelle von […] bis die Königsstrasse. $^{4-5}$Eine Parzelle von der [König]sstrasse […] gegenüber der Stadt Še-i]šme-ilu an der Königsstrasse."

Vgl. weiter Er.-Ep. IV 145: *ki-i ḫar-ra-an* LUGAL *i-ti-qu* „wenn man die Königsstrasse durchzieht".

ADD 418 (SAA 6, 335), Vs. 7–8: SUḪUR KA.GAL *ša* ^{uru}*qa-di-né-e* SUḪUR KASKAL^{II}-*x x ša* ^{uru}BÀD-A-DU-KU-I-LIM „das Stadttor von Qatna und die Königsstrasse von Dūr-Katlimmu".

Nbk. 760,7: KASKAL^{II}-LUGAL *ša kišād* ÍD *banītum* „die Königsstrasse, die entlang des Banītu-Kanals (verläuft)".

ABL 499, Rs. 12: [*x x*]-*šu ina* KASKAL^{II}-LUGAL *a-ta-mar* „ich habe sein […] auf die Königsstrasse gesehen".

ABL 841, Rs. 4: KASKAL^{II}-LUGAL.MEŠ-*ni* „die Königsstrassen"; gemeint sind wohl die verschiedenen Abschnitte).

Damaskus ist im Norden der Knotenpunkt beider Routen, der Mittelmeer- und der Transjordanienstrasse. Von hier ab verzweigen sie sich in zwei verschiedene Richtungen, die eine, die durch das Randgebiet der syrisch-arabischen Wüste nach Mari und dann den Euphrat abwärts nach Babylon führt; die andere, die nach Norden über den Beilan-Pass nach Osten abbiegend über den Euphrat und das Quellkopfgebiet des Ḫabur zum Tigris gelangt[843]. Eine weitere Zweigstrasse trennt sich nach dem Beilan-Pass in Richtung Ostanatolien. Alle diese Handelswege waren seit Tiglat-pileser III. unter assyrischer Kontrolle[844]. Handelskarawanen, die durch die Transjordanienroute nach Mesopotamien zogen, mussten sich spätestens im Gebiet von Damaskus der assyrischen Zollinspektion unterziehen. Von Strassenstationen, die (u. a.) diesem Zweck dienten und an der *ḫarrān šarri* errichtet waren, berichtet der Brief ND 2762, nach welchen in Kanbizisu, Gūzāna und Kubanaše[845] Zollhäuser erbaut waren.

Ob die neuassyrischen Könige an der transjordanischen Strasse auf der Strecke zwischen Damaskus und dem Golf von Aqaba Zollstationen und Militärposten zur Kontrolle des Handels errichteten – ähnlich jenen, wie wir sie an der Mittelmeerstrasse kennen[846] –, ist nicht bekannt. Vermutlich haben die assyrischen Herrscher diese Aufgabe ihren treuergebenen transjordanischen Vasal-

---

843 Folgende assyrische Vasallenstaaten befinden sich in dieser Region: Gūzāna, Ḫuzirīna, die den Korridor im Einzugsgebiet des Ḫabur sperren, Gargemiš und Bīt-Adini besitzen den Euphratübergang, Kumuḫḫi die Verbindung zwischen Euphrat und Tigrisroute, Bīt-Agūsi den Anschluss an die Küstenstrasse nach Süden, Pattina den Beilan-Pass, Sam'al den Bahce-Pass; vgl. dazu Wäfler, APA 11–12, 85 + Karte.

844 Vgl. Text 1–11; 3R, Tf. 10, Nr. 3 II – das sogenannte Verzeichnis der eroberten Länder; 2R, Tf. 67, Rs. 6–16; Tgl. III. Ann. 77–132; TNAS, 18, II 1–36.

845 Text 8, Vs. 9–26. Die Zollstationen werden nicht namentlich erwähnt. Es liegt jedoch auf der Hand, dass es um Zollinspektion geht. Ash. § 69 III 18–28 berichtet von der Errichtung solcher Kaistationen in Tyrus. Vgl. weiter § 57 10–14; PRT, 17, Rs. 3; 18, 2. ABL 67, Rs. unterrichtet uns:

1' *ša* LÚGAL.MEŠ *ša* É *ka-a-r*[*i*] 2' *il-la-ku-ú-ni e-*[*pu-uš*] (CAD K 238b: *eppūš*)
3' *mi-i-nuš* LUGAL *be-lí* 4' *i-šap-par-an-ni* 5' *ša* $^{kur!}$*e-bir-*ÍD *la il-lak-u-ni*

„1'–2' Die Inspekteure der Kaistatione[n] sind gekommen und haben (ihre Pflicht) [getan.] 3'–5' Warum schreibt mir der König, mein Herr, (dass) die vom Land Eber-nāri nicht gekommen sind?“

Eber-nāri liegt nach Ash. § 27 V 53–54 in Ḫattî. ABL 467 (SAA 5, 295), Rs. 17–19:

17 *ina* UGU ^{giš}*mu-us-ki* ^{giš}ÙR.MEŠ [(x)]-*a* 18 *ša* ^{lú}GAL *ka-a-ri* [(*x*)] 1 ^{kur}*a-ta-a-a*
19' *ša* ^{I}*ig-li-i mat-ta-ḫu-u-ni*

„Bezüglich des *mušku*-Holzes (und) der Balke[n …] … von dem Zollinspektor [(…)] aus dem Land Atā, welches Iglī aufgehoben hat, …“

Vgl. weiter Text 1; Wiseman, Iraq 18, 126, Rs. 16'; ADD 952+, 5'–7' (SAA 11, 80); 890 (SAA 11, 37); Parker, Iraq 23, 48, Rs. 5. Nicht klar ist, ob die in vielen Texten angegebenen Strecken der *ḫarrān šarri* – mit Erwähnung von Ortsnamen – im gleichen Zusammenhang zu verstehen sind; vgl. das gesammelte Material in Anm. 842. Ferner siehe Goetze, Kleinasien, 71ff.

lenfürsten überlassen. Die keilschriftlichen Quellen erwecken den Eindruck, dass die Assyrer selbst diese Strasse wenig in Anspruch genommen haben[847]. Anderseits darf man auch nicht vergessen, dass die ostjordanische Strasse im Vergleich zur Mittelmeerroute für die Handelskarawanen ein gefährliches Terrain war, das schutzlos Räuberbanden ausgeliefert war.

Seit alters sind uns Raubzüge der Nomadenstämme in jenen Randgebieten der arabischen Wüste bekannt[848]. In der neuassyrischen Zeit berichten sowohl die Königsinschriften als auch die Privatkorrespondenz darüber: Assurbanipal macht den Scheich der Gidirīja, Jauta', für Plünderungen und Überfälle auf die zur arabischen Wüste benachbarten Amurrû-Länder verantwortlich[849]. Angriffe auf Karawanen auf der transjordanischen Route sind zwar nicht dokumentiert, ihr Vorkommen liegt aber auf der Hand.

ND 2773[850] meldet einen weiteren Überfall desselben Stammes. Diesmal war Moab die Zielscheibe des räuberischen Unternehmens.

Sehr aufschlussreich ist der Brief ABL 260[851], verfasst von Nabû-šuma-līšir[852] und vermutlich an Assurbanipal adressiert. Der Autor teilt dem König mit, die Karawanen seien, nachdem sie das Nabatäer Land verlassen hatten, von Aja-kamaru, der Sohn des Amme'ta' aus dem Stamm der Bara'āja, überfallen, geplündert und Menschen seien getötet worden. Offensichtlich konnte sich nur ein Mann retten, der nun in der Königsresidenz – wohl Niniveh – eingetroffen sei. Aus dem Mund des Überlebenden solle der König nun den Hergang des Überfalls erfahren.

Ṭāb-ṣilli-Ešarra macht in ABL 547[853] dem König Sargon II. folgende Meldung über die Araber:

> $^{Vs.5}$*ina* UGU ^{kur}*a*[*r-ba-a-a ša* LUGAL EN-*iá*] ^{6}*iš-pur-an-n*[*i ma-a a-ta-a* UDU.MEŠ-*šú-nu*] ^{7}ANŠE.A.AB.BA.[MEŠ-*šú-nu ina mad-bar*] ^{8}*i-ra-'u-*[*u x x x x x x*] ^{9}*ina bu-bu-t*[*i i-ḫa-ba-tú x x x*][854]

---

846 Vgl. Text 1.

847 Ausgenommen vielleicht Tiglat-pileser III., der nach der Errichtung der assyrischen Provinz Gal'aza diese Route eventuell eingeschlagen hat; vgl. dazu Tadmor, IEJ 12, 114ff.; Jirku, ZDPV 51, 249ff. Doch liegt in den Inschriften dieses Königs kein Itinerar und keine Routenbeschreibung des Feldzuges vor. Mit grosser Sicherheit ist anzunehmen, dass Sanheribs auf dem arabischen Feldzug diese Strasse benutzt hat. Die von Assurbanipal gegen Jauta' entsandten Truppen, die den Feind im Gebiet des Landes Moab, Edom und Ammon niederwarfen, dürften mit Sicherheit diese Route eingeschlagen haben.

848 Siehe Kap. 2.1 und 2.2.

849 Dazu Kap. 4.5.

850 Text 3.

851 Text 15.

852 Dass es sich bei Nabû-šuma-līšir um den Autor von ABL 350, 564 und 1117 handelt, geht aus der Briefeinleitung hervor (Vs. 1–7).

853 Neubearbeitung: SAA 1, 82.

854 Die Ergänzung [*šut-tú*] (Zeilenende) in SAA 1, 82, ist recht problematisch. Man würde entweder das Adv. *šattišam* oder etwa *šattu kalû* erwarten.

„Bezüglich der Ar[aber, worüber mir der König, mein Herr,] folgendes geschrieben hat: [Warum] weiden [ihre Schafe] (und) [ihre Kamele in der Wüste? ...] am Hunge[r. Sie plündern ...]"

So verwundert es nicht, dass der Handelsverkehr die Mittelmeerroute bevorzugte, stand doch die Strecke des transjordanischen Weges ausserhalb der Kulturländer völlig unter Kontrolle der arabischen Nomadenstämme – und gegen sie vermochten offenbar die ostjordanischen Könige den Reisenden keinen Schutz zu gewähren.

Die Schlussfolgerung drängt sich auf, dass Moab im Bereich des Handelssystems keine besondere Leistung für die neuassyrische Ökonomie erbracht hat.

Was den Tribut anbelangt, so war er als eine jährliche Pflichtabgabe[855] festgelegt, die die Vasallenstaaten nach Assyrien zu entrichten hatten[856], wobei die Quantität der Tributlieferung unterschiedlich geregelt war, abhängig von der Wirtschaftskraft der einzelnen Länder[857].

Es ist nun zu prüfen, ob man dem von den Moabitern jährlich aufgebrachten Tribut doch noch eine gewisse Bedeutung für die Ökonomie Assyriens beimessen darf.

Die Quellen liefern uns leider keine zuverlässige Auskunft bezüglich der jährlichen Tributabgaben Moabs; nur ein paar zerstreute Informationen sind erhalten. Nicht alle Quellen stellen die Tributlieferungen differenziert dar. Das betrifft besonders die Königsinschriften. Tiglat-pileser III. führt beispielsweise den Tribut der westlichen Länder summarisch und ohne Unterscheidung der Pflichtabgaben der einzelnen Länder auf: Von Matānbi'il II. von Arpad, Sanipu von Ammon, Salamānu von Moab, Mitinti von Askalon, Jauḫazi von Juda (und) Qaušmalaka von Edom, habe er „Gold, Silber, Zinn, Eisen, Blei, Buntkleidungen, Kleider (Machwerk) ihrer Länder, Purpur [...,] [allerlei Kos]tbarkeit(en), Erzeugnis des Meeres (und) des Festlandes, Erzeugnisse ihrer Länd(er), den königlichen Schatz, Maulesel, Jo[ch]gespanne [empfangen]"[858].

Noch allgemeiner ist diesbezüglich die Darstellung Sanheribs. Der König begnügt sich mit einer knappen Meldung über den jährlichen Tribut der westlichen Länder, welchen sie ihm im Jahre 701 in die Nähe der Stadt Ušnû gebracht haben. Zahlreiche Abgaben und schwere Pflichtgeschenke liessen sie dem Assyrerkönig zukommen[859].

---

855 Für die Verteilung und Verwendung der Tributgüter in Assyrien vgl. Bär, AOAT 243, 19ff.

856 Nicht selten sind diese Angaben ausdrücklich mit dem Adv. *šattišam* versehen: AKA 72, V 40; 47, II 94; Winckler, Sargon, II, Tf. 34, Nr. 72,113; Snh. 30, II 48; 70, 30; Ash. § 27 III 18; 65, 49; Rm. IX 118–119 = VAB 7/II, 80; BIA, 68, A§81; etc.

857 Dazu Elat, AfO Beih. 19, 244ff. (Quellenmaterial in Anm. 9); Bär, AOAT 243, 13ff.; Oded, War, 52ff.; Martin, St. Or, 7/1, 39ff.

858 Siehe S. 63f.

859 Snh. 168–170, II 50–59.

Nicht besser steht es um die Angaben Asarhaddons, der diese Länder namentlich verpflichtet hat, Baumaterial für seinen Palast in Niniveh zu liefern[860].

Dasselbe gilt für den Bericht Assurbanipals, der besagt, der König habe die Pflichtgeschenke von 22 Fürsten des Mittelmeers erhalten[861], und für den Brief ND 2765[862], in dem ebenfalls in einer pauschalen Darstellung von der Überbringung des Tributs die Rede ist.

Aus dem zitierten Quellenmaterial können wir also weder die Qualität noch die Quantität noch den Inhalt des von den Moabitern bezahlten Tributs ermitteln. Etwas präziser lässt sich dieser Sachverhalt nach zwei weiteren Dokumenten beurteilen: ADD 928 meldet, dass Moab im Jahre 707 „62 handförmige Silberschalen" (*kap-p[e* KÙ.]BABBAR (...) 62 TA ŠÀ *ša* [lú]*ma-'a-ba-a*[863]) nach Assyrien geliefert hat. Und ADD 1100[864] stellt fest, dass eine von den jährlichen Tributzahlungen der Moabiter – vermutlich zur Zeit Sanheribs – eine Goldmine betrifft: 1 MA.NA KÙ.GI [kur]*mu-'-ba-a-a* „eine Goldmine von den Moabitern". Anhand dieser zwei Belege lässt sich deutlich erkennen, dass der jährliche moabitische Tribut quasi bedeutungslos war – verglichen mit dem anderer Länder[865]. Moab hat also in der Ökonomie des neuassyrischen Imperiums so gut wie gar keine Rolle gespielt.

5.2 Sicherheitspolitik

Wenn Moab – wie festgestellt – keine Rolle in der neuassyrischen Wirtschaftspolitik gespielt hat, dann muss es einen anderen Grund geben, der uns die Interessen der neuassyrischen Herrscher an jener weitentfernten transjordanischen Region erklären kann. Das Motiv muss im Rahmen der Sicherheitspolitik gesucht werden. Hier lassen sich zwei verschiedene Fronten erkennen: die eine gegen den südlichen Nachbarn Ägypten gerichtet, die andere gegen die vom Osten drohende Gefahr der arabischen Nomadenstämme.

In der neuassyrischen Zeit hat Ägypten bereits jegliche direkte politische und wirtschaftliche Kontrolle über Palästina und Transjordanien verloren[866]. Die erfolgreiche Expansionspolitik Assyriens vertrieb die Ägypter aus jenen Regionen und drängte sie hinter die Grenzen ihres Landes zurück. Die palästinischen und transjordanischen Staaten wurden allesamt zu Vasallen des nördlichen Kolosses, teilweise gar in dessen Reichsgebiet einverleibt. Doch versuchten die Pharaonen in der Agonie ihrer Ansprüche zumindest aus der Ferne ihren politi-

---

860 Ash. § 27 V 74–80.

861 Zyl. B, I 1–50 = VAB 7/II, 138/40; BIA, 92ff.

862 Text 6, Rs. 5–9. Vgl. auch Text 8.

863 ADD 928, II 8, III 4. Dazu auch S. 103f.

864 Text 11, 3–4.

865 Vgl. TCL 3+, 36.38.50.70–71; TNAS, 18/20, II 20–30. Dazu siehe auch Elat, AfO Beih. 19, 244ff.

866 Sicherlich ist diese schwache Periode Ägyptens zum Teil durch die Zersplitterung des Reiches bedingt. Die neuassyrischen Quellen berichten von einer Reihe ägyptischer Lokalfürstentümer.

schen Einfluss zu bewahren. So traten sie der neuen Supermacht mit einer ganz anderen Strategie entgegen. Zwar vermieden sie wo möglich jede direkte militärische Konfrontation mit Assyrien, im Hintergrund aber hetzten sie die neuassyrischen Vasallenfürsten gegen ihren Herrn auf, indem sie Verschwörungen und Revolten militärisch unterstützten und abtrünnigen Königen Zuflucht gewährten, um auf diese Weise die Machtposition Assyriens in Palästina ins Wanken zu bringen – eine Politik, die durch Misserfolg gekennzeichnet war.

Bereits zur Zeit Tiglat-pilesers III. zeigte diese Politik ihre klaren Konturen. Als sich Ḫanūnu, der Fürst von Gaza, gegen die Assyrer empörte und infolgedessen Tiglat-pileser gegen sein Land vorrückte, ergriff der König sofort die Flucht nach Ägypten, von wo ihn der Assyrerkönig in seine Heimat zurückholte[867]. In der ägyptischen Grenzfestung Naḫal-muṣur holte er den König ein[868], wobei diese Stadt in seine Hände fiel. Gold und Silber holte er sich heraus und liess in ihrer Mitte als Symbol der Unterwerfung ein Bildnis seiner Herrschaft errichten[869].

In der von Israel hervorgerufenen Revolte gegen Salmanassar V. wissen wir nicht, was für eine Rolle Ägypten spielte. Fest steht nur, dass es in die Verschwörung der widerspenstigen Israeliten gegen Sargon II. (721/720) verwickelt war[870].

Als Ḫanūnu zur Zeit Sargons II. zum zweiten Mal versuchte, das assyrische Joch abzuschütteln, wurde ein ägyptischer *turtannu* namens Rē'û mit einem Kontingent zur Unterstützung des Aufständischen entsandt. Sargon II. schlug ihn jedoch bei Rapiḫu zurück[871]. In dem asdoditischen Aufruhr von 712 erwähnt derselbe Assyrerkönig den Pharao Pir'u[872] als einen der Helfershelfer[873] – derselbe Mann, der im 7. *palû* (715)[874] dem Assyrer seine Unterwerfung angeboten und ihm reichlichen Tribut zukommen lassen hatte[875].

Der Usurpator Jamani, der sich zu jener Zeit des Thrones in Asdūdu bemächtigt hatte, suchte nach der Niederlage vorerst Zuflucht bei Pir'u. Als Sargon II. ihn um dessen Auslieferung bat, blieb sein Hilfsgesuch wirkungslos[876]. Es scheint aber, dass Jamani – trotz des Schutzes durch den Pharao – sich in diesem Land nicht mehr sicher fühlte und weiterzog nach Meluḫḫa, wo er zunächst „wie

867 ND 400 (Text 5), 14'–19'; 3R, Tf. 10, Nr. 3, Vs. 8–9.

868 Der König scheint allerdings bei dieser Gelegenheit nicht tief in ägyptisches Gebiet eingedrungen zu sein.

869 ND 400 (Text 5), 18'–19'. Von Tributzahlung Ägyptens ist vermutlich in 2R, Tf. 67 Rs. 11 auch die Rede.

870 Sg. Ann. 17–18 (Winckler und Lie) (= Fuchs, ISK, S. 88, Z. 17–18).

871 Sg. Prunk. 25–26 (Fuchs, ISK, S. 197). Siehe auch Sg. Schwellen. IV 38–39 (Fuchs, ISK, S. 262).

872 Pi'ru ist wohl der König von Muṣri; vgl. Fuchs, ISK, S. 451.

873 P a+b (Text 7b), 26'–33'.

874 Nach Tadmor, JCS 12, 92. Sub. 3 (b) im 6. *palû*.

875 Sg. Ann. 97 (Winckler) / 123 (Lie) (= Fuchs, ISK, S. 110, Z. 123); Sg. Prunk. 27 (Fuchs, ISK, S. 198).

876 So lässt P a+b (Text 7b), 30'–40', diese Vermutung zu.

ein Dieb" blieb[877], bis der König von Meluḫḫa[878] ihn an Sargon II. auslieferte[879].

Im Jahre 701 stand Ägypten erneut auf der Seite des rebellischen judäischen Königs Hizkiah. Diesmal war es der König von Meluḫḫa[880], der seine Streitkräfte nach Palästina zu Hilfe schickte. Sie wurden aber von Sanherib bei Altḫaqū (= Elteke) vernichtend geschlagen. Ägyptische Prinzen – wer auch immer[881] – und Kriegsführer fielen ihm in die Hände[882].

Von diesem Hintergrund ausgehend lassen sich die ägyptischen Feldzüge Asarhaddons von 674/673 und 671/670[883] und Assurbanipals von 667 und 662[884] gut erklären. Sie endeten mit der fälligen Unterwerfung der zersplitterten ägyptischen Fürstentümer. Somit setzten die Assyrer der ständigen Bedrohung im Süden – Ursachen der Unruhen in Palästina – ein Ende.

Kein Wunder, dass die neuassyrischen Herrscher, angesichts der fortwährenden Gefahr nicht nur daran interessiert waren, Ägypten endgültig einzuklammern, sondern auch zuverlässige „Partner" zu suchen, die die Bedingungen für eine dauerhafte Sicherheitspolitik ohne Vorbehalte erfüllten[885]. Hier wird die Rolle Moabs und der weiteren transjordanischen Staaten deutlich sichtbar. Während die Könige Palästinas mit erstaunlicher Hartnäckigkeit immer wieder versuchten, sich mit Hilfe Ägyptens aus der assyrischen Vasallität zu befreien, hielt Moab den Assyrern die Treue[886]. Und dadurch wurde es zum Bollwerk Assyriens in jenen abgelegenen Gebieten gegen jede von Ägypten kommende politische Aufwieglung und Spionagetätigkeit. Es ist deshalb nicht erstaunlich, dass es keinem Pharao der neuassyrischen Zeit gelungen ist, die Moabiter weder durch Diplomatie noch durch Zwangsmassnahmen in die von ihnen in Palästina angezettelten Verschwörungen hineinzuziehen. Und selbst die von den Pharaonen entsandten Streitkräfte zur Unterstützung abtrünniger palästinischer Könige scheinen allesamt nur die Mittelmeerroute nordwärts eingeschlagen zu haben. Die transjordanische Strasse, die für Überraschungsangriffe gegen die in Palä-

---

877 XIV 12 (Winckler, Sargon, I, S. 82; Fuchs, ISK, S. 76).

878 Nach Kitchen, Egypt, § 335–36; ders., Suppl., 583, identisch mit Schabako.

879 Sg. Prunk. 109–111 (Fuchs, ISK, S. 221–222). Siehe auch Fuchs, SAAS 8, 125ff.

880 Nach Kitchen, Egypt, 154–172, wohl Schabitko.

881 Nach 2Kön. 19,9 war Taharka derjenige, der die ägyptische Armee gegen Sanherib führte. Eine Angabe, die chronologische Schwierigkeiten bereitet. Für die Diskussion vgl. Vera Chamaza, HRJ, 282ff.

882 Snh. 31, II 78–32, III 7; 69, 22–25; BAL I, 74.

883 Vgl. die BChron., IV 16.23–28; EChron., Rs. 2–3; Ash. § 27 III 37–50; § 76, 6–18. Weiter siehe AGS, Nr. 68.

884 Rm. I 52 – III 27 = VAB 7/II, 8.10.12.14; BIA, S. 17f., A§7; S. 37f., A§30; Zyl. B, I 22' – III 13 = VAB 7/II, 94; BIA, 92ff.; Zyl. C, I 1–22 = VAB 7/II, 138; BIA, 138ff.; K. 228+, Vs. 1–66 = VAB 7/II, Nr. 1; BIA, 184.7; K. 3038, 9–10 = VAB 7/II, Nr. 14; BIA, 175.

885 Zur Bedeutung solcher politischen Bündnisse für Assyrien vgl. Na'aman, Scr. Hier. 33, 80ff.

886 Mit Ausnahme der Revolte im Jahre 712. Wir wissen nicht recht, unter welchen Umständen sich Moab dafür hat überreden lassen.

stina weilenden assyrischen Truppen[887] besser geeignet gewesen wäre, blieb ihnen verschlossen. Die treuergebenen assyrischen Vasallenstaaten – wie Moab – kontrollierten ja das Gebiet östlich des Toten Meeres. Somit dürfte Moab in der assyrischen Sicherheitspolitik Transjordaniens eine wichtige Funktion erfüllt haben. Aber nicht nur gegen Ägypten bildete Moab eine Frontlinie, auch gegen die Inkursionen arabischer Nomadenstämme, die ständig die an der arabischen Wüste angrenzenden Länder verunsicherten und den Handelsbetrieb durch die ostjordanischen Gebiete erheblich störten.

Der mehrfach zitierte Brief ND 2773[888] an Tiglat-pileser III. macht diesbezüglich eine bezeichnende Meldung: Die Gidirīja seien ins Land der Moabiter eingedrungen und hätten ein Blutbad angerichtet.

Nabû-šuma-līšir, der Beauftragte für arabische Angelegenheiten, teilt dem König – wohl Assurbanipal – in seinem Schreiben ABL 262[889] folgende Vorkommnisse mit: Die Araber haben 30 assyrische Magnaten und 20 Biratäer, Diener des Königs, in der Stadt Ḫalulê[890] überfallen. Offensichtlich konnte sich nur ein einziger Mann retten, der zum König geschickt wurde, damit er den König persönlich über den Überfall informiere[891]. Zwar handelt diese Meldung nicht von der Ostjordangegend, doch dokumentiert sie die angesprochenen arabischen Raubzüge.

Von einem Gemetzel unter dem oben genannten Stamm berichtet derselbe Autor weiter in ABL 350[892].

In ABL 260[893] teilt Nabû-šuma-līšir dem König Assurbanipal mit, dass ein Araber namens Aja-kamaru aus dem Stamm der Bara'āja die Handelskarawanen, nachdem sie das Land der Nabatäer durchzogen hatten, überfallen, geplündert und die Händler umgebracht habe. Nur ein einziger Mitreisender kam mit dem Leben davon, welchem Nabû-šuma-līšir, nachdem er über den ereigneten Vorfall gehört hatte, zum König weiter schickte, damit er aus dem Mund des Überlebenden Kenntnis über das Geschehnis erhält.

Assurbanipal seinerseits wirft Jauta' vor, er sei andauernd in die Amurrû-Länder eingefallen und habe sie geplündert[894].

Solche Überfälle haben jedoch nicht den Charakter einer Auflehnung gegen die assyrische Macht[895] – wie etwa die Bestrebungen der palästinischen und

887 Zum Beispiel im Jahre 721/720 als der ägyptische *turtannu* zur Hilfe von Ḫanūnu eilte, oder im Jahre 701.

888 Text 3, 11–15.

889 Text 16, Vs.

890 Für die geographische Lage vgl. Vera Chamaza, OG, 90[695].

891 Ähnliche Vorfälle geschehen auch in Sippar, wovon Ṭāb-ṣilli-Ešarra Sargon II. berichtet; vgl. ABL 88 (SAA 1, 84, und Mattila, Nineveh, 98).

892 Text 13,8–12.

893 Text 15, Vs. 8 – Rs. 11.

894 Vgl. dazu oben S. 106f.

895 Ausgenommen der Aufstand des Haza'el gegen Sanherib und des Bündnisses des Jauta' mit Šamaš-šumu-ukīn.

syrischen Staaten. Sie tangieren aber die gedeihliche Entwicklung der Ökonomie. Nomadenstämme liessen sich nur selten auf einen offenen Krieg mit den Assyrern ein. Sie pflegten eher eine Art von „Guerillakrieg" zu führen, um sich dann wieder in vorübergehende Abhängigkeit zu begeben, wofür sie sicherlich schweren Tribut zahlen mussten.

Bereits Tiglat-pileser III. machte sich an die Aufgabe, die ruhelosen Araber unter seine Botmässigkeit zu bringen und auf diese Weise die Ursachen aller Übel in jenen Regionen zu beheben. Seine Annalen berichten ja von Unterwerfung der arabischen Fürstinnen Zabibî[896] und Samsi[897] – hier als *šar-rat* ^{kur}*a-ra-bi* „Königin der Araber" bezeichnet. Vom Empfang ihrer reichlichen Abgaben erfahren wir aus denselben Quellen.

Die sogenannte Kleine Inschrift[898] zählt einen weiteren Nomadenstamm zu den Untertanen dieses assyrischen Herrschers, nämlich die Idiba'ilāja, deren Scheich mit dem in den Annalen[899] bezeugten Idiba'ilāja ^{kur}*a-ra-bu* identisch sein dürfte[900].

Sargon II. musste in seinem 7. *palû* (715) erneut gegen die arabischen Stämme der Tamūdi, Marsīmani und Ḫajapā[901] vorrücken. Er warf sie nieder und siedelte sie schlussendlich in Samīrīna an[902]. Im selben Jahr liessen die Samsi und der Stamm der Saba'aer, dessen Scheich wohl It'amra war[903], dem Assyrerkönig ihren Tribut überbringen[904].

Sanherib widmete diesem Zweck einen eigenen Feldzug, der mit der Unterwerfung des Haza'el, Scheichs des Gidirīja, endete, und worüber auch Asarhaddon zu berichten weiss[905]. Dieselbe Politik verfolgten seine Nachfolger.

Alle diese militärischen Unternehmen gegen die arabischen Stämme zeigen aber deutlich, dass die assyrische Bekämpfungspolitik wirkungslos blieb. Denn sie konnten durch solche Massnahmen weder die Unruhestifter auf Dauer im Zaume halten, noch alle arabischen Stämme zum Gehorsam zwingen.

Dafür gibt es einen Grund: Die arabischen Stämme bildeten in der Tat eine Art von Konföderation mit selbständiger Gewalt. An der Spitze jedes Stammes stand ein Scheich. Daher ist die Bezeichnung *šarru* bzw. *šarrat* ^{kur}*aribi* „König" bzw. „Königin von Arabien" nicht als Hinweis auf eine konsolidierte staatliche Einheit zu verstehen. Diese gilt nur für die von den Scheichen verwalteten ein-

---

896 Tgl. III. Ann. 154–157.

897 Tgl. III. Ann. 210–217. 3R, Tf. 10, Nr. 2,19–22.

898 3R, Tf. 10, Nr. 2,28–33. Vgl. dazu Ephʿal, Arabs, 81ff.

899 Tgl. III. Ann. 240.

900 Nach Gen. 25,13 und 1Chr. 1,29 ist dieser Mann ein Nachkömmling von Ismael – wohl Anachronismus – und Vater des gleichnamigen Stammes.

901 Zu diesen Stämmen vgl. Ephʿal, Arabs, 67ff.

902 Sg. Ann. 122–123 (Lie) / 96–97 (Winckler) (= Fuchs, ISK, S. 110, Z. 122–123); Zyl. 20 = Fuchs, ISK, 34.

903 Sg. Ann. 123 (Lie) / 97 (Winckler) (= Fuchs, ISK, S. 110, Z. 123); Sg. Prunk. 27 (Fuchs, ISK 198). Vgl. weiter Ephʿal, Arabs, 128.

904 Sg. Ann. 121–122 (Lie) / 95–96 (Winckler) (= Fuchs, ISK, S. 110, Z. 121–122).

905 Dazu Anm. 724.

zelnen Stämme. Einer derartigen politischen Struktur war aber mit der militärischen assyrischen Bekämpfungsstrategie nicht dauerhaft beizukommen; die Assyrer konnten normalerweise nur vereinzelte Stämme unterwerfen ohne die Konföderation unter Kontrolle zu bringen. Kein Wunder, dass die von den Strafaktionen nicht betroffenen Stämme ihre Umtriebe weiter fortsetzten.

Aufgrund der relativ erfolglosen Bekämpfungspolitik entwickelten die neuassyrischen Könige eine ganz andere Strategie: Wollten sie eine dauerhafte Sicherheit in jenen Grenzgebieten, ja die Nomadenstämme vom Kulturlande fern halten, dann war es notwendig, mit zuverlässigen und loyalen Vasallenstaaten ein gutes Verhältnis aufzubauen, welches als Bollwerk gegen den Feind aus dem Osten auftreten sollte. Für eine solche Aufgabe boten sich die Moabiter an. Ganz besonders unter Assurbanipal lässt sich diese ihre Rolle herausstellen, als ihr Fürst Kamas-ḫaltâ auf der Seite Assyriens stand und gegen seine Erzfeinde, die Gidirīja kämpfte.

So bleibt als Schlussfolgerung, dass die Interessen Assyriens an transjordanischen Ländern weniger ökonomischer, als vielmehr sicherheitspolitischer Natur waren. Entsprechend sahen Funktion und Rolle Moabs aus: Assyrisches Bollwerk gegen die drohende Gefahr aus Ägypten und gegen das aus der arabischen Wüste kommende Unheil.

Die neuassyrischen Quellen unterrichten uns jedoch, dass selbst diese Art von internationaler Bekämpfungspolitik Assyriens nicht den erwarteten Erfolg brachte. Zwar konnte man so Ägypten aus Transjordanien fernhalten, Umtriebe der Nomadenstämme waren aber nicht ein für allemal zu stoppen.

6

Appendix 1: Texte

Text 1

ND 2715 = Iraq 17, Tf. XXX, Nr. XII

Bearbeitung: Saggs, Iraq 17, 127ff.; Postgate, TCAE, 131 (Vs. 10–18.21–22); Radner, SAAS 6, 63 (Z. 34).

Vs. 1 *a-na* LUGAL EN-*ia*
2 ÌR-*ka* ^{I}*qur-di-aš-šur*-IGI
3 TA UGU ^{uru}*ṣur-a-a ša* LUGAL *iq-bu-u-ni*
4 *ma-a*: INIM.INIM: ki-*šú* ⸢DÚG$^{!?}$⸣.GA$^{!?}$
5 *ka-ra-a-ni*.MEŠ *gab-bu ra-mu-ni-šú*
6 ÌR.MEŠ-*šú* ⸢*ša*⸣ *ina lìb-bi-šú-nu* É KAR.RA.MEŠ-*ni*
7 *e-ru-bu ú-ṣu-u i-du-nu i-ma-ḫa- [ru-]ni*
8 ^{kur}*lab-ba-na ina* IGI-*šú lì[b-b]i-šú-nu*
9 *e-li-u ú-ru-du* GIŠ$^{?}$.MEŠ *ú-še-ra-du-ni*
10 *ša* GIŠ$^{?}$.MEŠ *ú-še-ra-da-a-ni*
11 *mi-ik-si-šú a-ma-kis* ^{lú}*ma-ki-sa-ni*.MEŠ
12 *ina* UGU *ka-ra-a-ni*.MEŠ *ša* ^{kur}*lab-ba-na gab-bi*
13 ⸢*up-ta-qí-di ma*⸣*-ṣar-tú ša [x x]-e*
14 *i-na [ṣu]-ru* ^{lú}*ma-ki-su*
15 *ša ina* [UG]U *kar-ra-a-ni*.MEŠ
16 *ša ina* ^{kur}*ṣi-du-u-ni u-ra-du-ni-ni*
17 *ap-ti-qi-di* ^{uru}*ṣi-du-na-a-a*
18 *uk-ta-ši-du-ni-šú ḫa-ra-ma-ma*
19 ^{kur}*i-tú-ʾ-a-a ina* ^{kur}*lab-ba-na a-sa-p[ar]*
20 UN.MEŠ *ú-sa-ga-ri-ru*
21 *ur-ki-te i-sa-par-u-ni* ^{lú}*ma-ki-su*
22 *i-ta-su ina* ^{uru}*ṣi-du-ni ú-si-ri-bu*
23 *ki-i an-né-e aq-ṭí-ba-šú-nu*
24 *nu-uk* GIŠ.MEŠ *mu-ri-da-ni*
25 *dul-la-ku-nu ina lìb-bi e-pu-šá*
Rd. 26 *a-na* ^{kur}*mu-sir-a-a a-na*
27 ^{kur}*pa-la-áš-ta-a-a la ta-da-na*
Rs. 28 *ú-la-ma-a la ú-ra-ma-ku-nu*

29 *a-na* KUR-*e la te-li-a*
30 TA UGU ^{uru}*kaš-pu-na ša* LUGAL *iq-bu-u-ni*
31 *ma-a a-na mi-ni tú-ḫar-ri-di ta-di-na-šú-nu*
32 *a-ki-i ú-di-ni* TA É.GAL *la* ⸢*iš*⸣*-pa-ru-ni*
33 *a-ṣa-ab-ta dul-lu e-ta-pa-*[*á*]*š ur-ki-te*
34 ^{im}*ka-ni-ku i-sa-pa-ru-ni la il-lak-ni*
35 *iḫ-ḫur a-ḫi* TA UGU *a-na ul-lu-e*
36 *i-si-ta*$^{!}$*-te a-ta-áš-ḫa* KÁ.GAL-*ma*
37 *ša* É-*ni*.MEŠ *la ar-ṣap a-na*$^{!}$ IGI
38 ⸢*lik*$^{?}$⸣*-ta-ṣur* 4 ^{lú}ERIM.MEŠ 20-*šú-nu u-ṣa-bi-ta*
39 KI-*ia* ⸢*i*⸣*-tal-ku-ni* ^{lú}SAG $^{\text{lú!}}$GAL *bi-*⸢*ir*⸣*-te*
40 [*ina* UGU⸣-*šú-nu ap-ti-qi-di* 30 ^{lú}ERIM.MEŠ
41 [*x*⸣*-ia-na-a-a ina lìb-bi u-si-rib*
42 [EN.NU]N-*tú i-na-ṣu-ru* 30-*ma* ^{lú}ERIM.MEŠ
43 *i-pa-ta-ru-šu-nu ša* LUGAL *aq-bu-u-ni*
44 *ma-a* 10 UN$^{!}$.MEŠ ^{kur}*ia-su-ba-a-a*
45 *ina lìb-bi* ^{uru}*kaš-pu-na še-rib*
46 A.MEŠ *ina lìb-bi dan-nu* UN.MEŠ *i-ma-ru-ṣu*
47 *ki-ma* TA A.MEŠ-*šú-nu ina* ^{uru}*im-mu-u*
48 *i-taš-ku-nu ina* PAD$^{?}$.*x*.A$^{?}$ *ina* ^{uru}*kaš-pu-na*
49 *u-še-rab-šú-nu*

„[1–2]An den König, meinen Herrn, dein Diener Qurdi-Aššur-lamur. [3]Bezüglich der Stadt Tyrus, worüber mir der König folgendes sagte: [4]‚Sind die Reporte über *sie* gut?‘ [5]Alle Kai(stationen) sind verlassen worden. [6–7]Seine Diener, die [in] die Kaistationen eingezogen (und wieder) herausgekommen sind, haben sie verkauft (und Geld davon) angenommen. [8]Auf den Libanon – er liegt ihr (der Stadt Tyrus) gegenüber – [9]sind sie hinauf- (und wieder) hinabgestiegen. Bauholz haben sie heruntergebracht. [10–11]Die Ertragssteuer von dem Holz, das sie herabgebracht hatten, habe ich eingenommen. Steuereinnehmer [12–14]habe ich in allen Kaistationen des Libanon eingesetzt, (und) sie h[al]ten die Wache von/in [...] den Steuereinnehmer, [15–18]den ich in den Kaistationen von Ṣidūnu eingesetzt hatte, als die Sidonier hierher herabkamen, haben sie vertrieben. Infolgedessen [19]habe ich die Itu'uer in den Libanon geschic[kt]. [20]Die Leute sind in Panik geraten. [21–22]Nachdem sie mir (darüber) berichtet haben, haben sie den Steuereinnehmer in die Stadt Ṣidūnu hingebracht. [23–25]Ebenso habe ich ihnen folgendes gesagt: ‚Das Holz, das ihr hinunterbringt, sollt ihr darauf euere (eigene) Arbeit machen. [26–27]Aber ihr dürft (es) den Ägyptern (und) den Philistäern nicht verkaufen. [28–29]Andererseits kann ich euch nicht mehr erlauben, (dass) ihr in den Berg (noch einmal) hinaufsteigt.‘

[30–31]Bezüglich der Stadt Kašpūna, worüber mir der König folgendes mitteilte: ‚Warum willst du (Wache in dieser Stadt) einsetzen? (Warum) willst du (sie) ihnen übergeben?‘ [32–33]Da man mir bis jetzt vom Palast noch keinen Bescheid erteilt hat, habe ich (den Entschluss) gefasst, die Arbeit (selber) zu machen.

(Erst) später [34]hat man mir einen Brief (*kaniku*) geschickt (mit folgender Botschaft): ‚Er kann nicht zu mir kommen.' [35–37]Hinfort habe ich die Seite aus jener Stadtmauer eingerissen. Die Tore der Häuser habe ich (aber) nicht fertig machen können. Die Vorderseite[?] möge[?] man (noch) aufbauen. 4 von ihren 20 Männern habe ich[?] (für diese Aufgabe) eingesetzt. [39–40](Die anderen) sind mit mir (fort)-gegangen. Einen Vorsteher (und) einen Festungskommandanten habe ich über sie eingesetzt. 30 Männer [41–43][...] ... habe ich hineingeführt. Sie halten [die Wach]e. 30 (weitere) Männer haben sie abgelöst.

(Bezüglich dessen), was mir der König folgendes mitteilte: [44–45]‚Bringe 10 Männer des Landes Jasuba in die Stadt Kašpūna hinein!' [46]Der Wasser(strom) ist (hier) stark; die Bewohner sind krank geworden. [47–48]Wenn (Wasser) aus ihrem Wasser(strom) in die Stadt Immiu eingeleitet wird, so kann ich es ... in die Stadt Kašpūna hineinbringen."

Kommentar

Vs. 5 *ka-ra-a-ni*-MEŠ: Pl. von *kāru*. Hier müssen wohl die Kaistationen bzw. Zollstationen gemeint sein.

24 GIŠ[?].MEŠ, kaum PA.MEŠ, das in diesem Kontext keinen Sinn ergäbe.

35–36 *a-ḫi* TA UGU bezieht sich möglicherweise auf *i-si-ta*[!]*-te*. Das Demonstrativpronom *ul-lu-e* ist vor einem Nomen jedoch ungewöhnlich.

37 *a-na*[!] IGI mit dem Verb *raṣāpu* kann etwa das Zusammenfügen/Aufbauen der Frontseite (einer Mauer) zum Ausdruck bringen.

Text 2

ND 2686 = Iraq 17, Tf. XXXI, Nr. XIII

Bearbeitung: Saggs, Iraq, 17, 130f.; Oppenheim, History, 5; Radner, SAAS 6, 63 (Z. 3–4).

Vs. 1 [*a-na* LU]GAL EN-*ia*
2 Ì[R-*k*]*a* [I]*qur-di-aš-šur*-IGI
3 *ka-ni-ku an-ni-tú* [kur]*ar-mi-tú*
4 [Id]MUATI-*še-zib* ⸢TA⸣ *lìb-bi* [uru]*ṣur-ri*
5 ⸢*ú-si-bi-la*⸣ *ma-a ina* É.GAL
6 [[uru]]*ṣur lu* SI[LIM] *ina* É.GAL
7 [*šá ina* [u]][ru] ⸢SUHUŠ⸣-*še*
8 [I][‹[d]›U.GUR⸣-MU: *e-qu*
9 *ša* É DINGIR-*ni*.MEŠ-*šú*
10 *ša* SAG [uru]*ṣi-du-u-ni*
11 *i-ti-kis*: *ma-a a*-⸢*na*⸣ [uru]*ṣur-ri*
12 *la-an-tú-uḫ a-ni-tú*
13 *ú-sa-ak-li-ú-šú*

14 *e-qu ša i-ki-*⸢*su*⸣*-u-ni*
Rd. 15 *ina* GÌR KUR-*e* [*x x x*]
16 *ḫa-lí-qi*
Rs. 17 ^{Id}MUATI$^{!}$-*še-zib i-n*[*a*$^{?}$ *x x*]
18 [*x x x*] *x mu* [*x x*]
19 [*x x x*] *x an*$^{?}$ *i-tú-*[*x x*]
20 DINGIR [*x x x*] *x an-nu-tú*
21 *i*[*l-x x x*] *ú-si-ṣi*
22 *ḫu-x x a-na* ^{uru}*im-mi-ḫa*
23 *il-la-ka-a-ni*: *lu-na*[*m-*]*mi-*⸢*šá*⸣
24 *lil-li-ka* ^{še}NUMUN.MEŠ-*šú-nu*
25 *a-ri-iš ina* UGU
26 $^{\text{lú!}}$*kál-li-šú-nu*
27 *lil-li-ku-ú-ni*

„$^{1-2}$[An den Kö]nig, meinen Herrn, dein D[ein]er Qurdi-Aššur-lamur. $^{3-4}$Diesen Brief (*kaniku*) in Aramäisch hat Nabû-šēzib aus Tyrus geschickt: $^{5-7}$Es möge im Palast von Tyrus (alles) in Ordnung sein – im Palast, [der sich in] Ušše (befindet). $^{8-12}$Nergal-iddina hat einen Kultgegenstand seines Tempels, der das Haupt von Ṣidūnu ist, abgeschlagen, (mit folgender Begründung): ‚Ich will diesen nach Tyrus bringen'. ^{13}Ich habe ihn (aber) aufgehalten. ^{14}Der Kultgegenstand, den er abgeschlagen hatte, ^{15}(Rd.) ist am Fuss des Berges […] ^{16}geschädigt. ^{17}Nabû-šezib i[n …] ^{18}[…] … […] ^{19}[…] … […] ^{20}… […] … dies ^{21}… […] habe ich gesandt; ^{22}… in die Stadt Immiḫa $^{23-25}$wird er kommen: Er will au[fb]rechen (und dann fort)gehen. Ihre Getreidefelder habe ich angebaut. $^{26-27}$Ihr Schnellbote möge (fort)gehen."

Kommentar

17 ^{Id}MUATI$^{!}$ (Text: MAŠ).
26 LÚ$^{!}$ (Text: *in*) *kál-lu-*, der ^{lú}*kallû* gemeint.

Text 3

ND 2773 = Iraq 17, Tf. XXXII, Nr. XIV

Bearbeitung: Saggs, Iraq 17, 131ff.; Donner, MIO 5, 156ff.; Albright, BASOR 140, 34f.; Vogt, Bib. 37, 263f.; Olavarri, Est. B 21, 315ff.; Mittmann, ZDPV 89, 15ff.

Vs.

1 [*a-n*]*a* LUGAL *be-lí-ia*
2 ÌR-*ka* ^{I}*qur-di-aš-šur*
3 *lu šùl-mu a-na* LUGAL *be-lí-ia*

4 ^{lú}A.KIN *ša* ^{Id}*a-a-nu-r*[*i*]
5 ^{kur}*da-ab-i-la-a-a*
6 ^{I}*e-za-zu* MU-*šú ka-ni-ku*
7 *i-na* ŠU^{II}-*šú a-na* É.GAL
8 *ú-ba-la dib-*⌜*bi*⌝
9 *ša i-na* ŠÀ *ka-ni-ku-šú*
10 *i-na* UGU ^{uru}*ma-ʾ-ba-a-a*
11 *šu-nu ša* ^{kur}*gi-di-ra-a-a*
12 *a-na* ^{kur}*ma-ʾ-ba*
Rd. 13 *e-ti-qu-*[*u-ni u*]
14 ⌜*il*⌝*-li-ku-u-ni*
Rs. 15 GAZ-*šú i-du-ku-u-ni*
16 *i-na muḫ-ḫi šu-u-tú*
17 *ú-ma-a an-nu-rig*
18 *i-na* ŠU^{II} ^{lú}A.KIN-*ia*
19 *ap-ti-qi-su*
20 *a-na* É.GAL *ú-ba-la-šú*
21 *i-na* UD 29.KÁM
22 *ša* ^{itu}ZÍZ *i-ṣu-ni*

„$^{1-2}$An den König, meinen Herrn, dein Diener Qurdi-Aššur. ^{3}Möge es dem König, meinem Herrn, gut gehen. $^{4-8}$Der Bote von Aja-nūr[i] aus Dibon namens Ezazu bringt einen Brief (*kaniku*) zum Palast. Die Angelegenheit, $^{9-10}$die sein Brief (behandelt), betrifft die Moabiter. $^{11-15}$Ihnen, als die Gidirīja in das Land Moab eindrange[n und] (wieder) sich davon machten, haben sie ein Blutbad angerichtet.

$^{16-19}$ Was diesen (Brief) anbelangt, habe ich ihn nunmehr den Händen meines Boten anvertraut: ^{20}Zum Palast wird er ihn bringen. $^{21-22}$Am 29. des Monats Šabat ist er weggegangen."

Text 4

ND 10030 = CTN 3, Tf. 43, Nr. 143

Bearbeitung: CTN 3, S. 252f.

I (Anfang weggebrochen)
1' [*x x x x x x x x x x x x x x x*] *x*
2' [*x x x x x x x x x x x x x* E]N-*šú*
3' [*x x x x x x x x x x x x x x x*]-*tiš*/1
4' [*x x x x x x x x x x x x x x x*] 3
(Ende weggebrochen)
II (Anfang weggebrochen)

1’ [*x x x x x x x x*] *x*
2’ [*x x x x x x x x x*]-*u*$^{?}$
3’ [*x x x x x x x x*] *x* ^{giš}GIGIR.MEŠ
4’ [*x x x x x x* ^{gi}]^{š}GIGIR$^{?}$ *x liš*$^{?}$
5’ [*x x x x x x x x* ^{l}]^{ú}SAG.ME[Š]
6’ *ša* ⸢*x x x x*⸣
7’ IGI ^{l}[^{ú}*r*]*a*-⸢*bu*$^{!?}$⸣-‹*u*-›*te*
8’ *ša* ^{lú}SUM.⸢NINDA⸣.MEŠ
9’ 9 ^{lú}*na-si-ka-a-ni*
10’ *ša* ^{kur}*i-tú-ʾa*
11’ ^{lú}GAR«-*nu*».MEŠ
12’ ^{kur}*ma-ʾa-ba-a-a*
13’ [^{ku}]^{r}*nu-q* [*u*$^{?}$-*d*]*i-na-a-a*
(Ende weggebrochen)

III (Anfang weggebrochen)
5’ *x x x* [*x x*]
6’–8’ (zerstört)
9’ PAP [*x x x x*]
10’–13’ (zerstört)

14’ GEŠTIN *i*-[*x x x*]
15’ 1 *qa-a na-x* [*x x x*]
16’ 2 *qa* L[Ú *x x x*]
(Ende weggebrochen)

I „(*Anfang weggebrochen*)
$^{1'}$[…] $^{2'}$[…] sein]He]rr $^{3'}$[…] $^{4'}$[…] 3
(*Ende weggebrochen*)

II (*Anfang weggebrochen*)
$^{1'}$[…] … $^{2'}$[…] … $^{3'}$[…] Streitwagen $^{4'}$[…] Wagen$^{?}$ … $^{5'}$[…] die Vorstehe[r] $^{6'}$von […] $^{7'}$vor den Vor[steh]ern $^{8'}$der Kakardinnu, $^{9'}$9 Aramäerscheiche $^{10'}$der Itu’a-Stämme, $^{11'}$die Statthalter $^{12'}$der Moabiter $^{13'}$[(und)] der Nuq[du]inäer
(*Ende weggebrochen*)

III (*Anfang weggebrochen*)
$^{5'}$… […] $^{6'–8'}$[…] $^{9'}$insgesamt […] $^{10'–13'}$[…] $^{14'}$Wein … […] 1 $^{15'}$*qû* … […] $^{16'}$2 *qû* … […]
(*Ende weggebrochen*)“

Kommentar

I 2’ E]N, weniger warschienlich -*šú*, ist in der Keilschriftkopie noch deutlich zu erkennen. CTN 3, 143, hingegen liest „1“ und plaziert es auf Kol. II 9’ bezogen auf ^{lú}*na-si-ka-a-ni*. Dies ist kaum möglich, da daraus eine Inkongruenz zwischen der Zahl „1“ und dem Pl. ^{lú}*na-si-ka-a-ni* entsteht.

Ausserdem steht anfangs der Z. 9' bereits die Zahl „9" vor ^{lú}*na-si-ka-a-ni*, was in Harmonie mit dem Pl. steht.

I 3' Das einzige erhaltene Zeichen, „1" oder „*-d/tiš*", kann sich gut auf irgendein gezähltes Objekt, das nicht mehr erhalten ist, in der folgenden Z. 4' beziehen – kaum auf ^{lú}GAR«*-nu*».meš in Z. 11', da hier nochmals eine Inkongruenz entstünde.

II 4' Die erhaltenen Zeichen sind nicht sicher zu deuten.

II 7' ^{l}[^{ú} *r*]*a-*⸢*bu*$^{!?}$⸣*-‹u-›te* wohl für ^{lú}*rabûte*; Vgl. MVAG 12, 157,10.

II 8' ^{lú}SUM.⸢NINDA⸣.MEŠ (*kakardinnu*) eine noch unklare Berufsbezeichnung; siehe CAD K 42f.

II 11' ^{lú}GAR«*-nu*».MEŠ wohl für ^{lú}GAR.MEŠ. Dass das Plural-Zeichen MEŠ mit ^{lú}GAR zu verbinden ist, steht ausser Zweifel, denn sonst bliebe es isoliert. Für *mādu*/*ma'du* kann es kaum stehen, da dies keinen Sinn ergibt.

II 13' [^{ku}]⸢*nu-q*[*u-d*]*i-na-a-a* nach Deller (Zitat bei CTN 3, S. 253). Borger/Tadmor (ZAW 94, 250f.) hingegen lesen Mu'unaya und verbinden es mit Me'unim in 2Chr. 26,7. Doch ist *nu-* anfangs des Wortes in der Kopie deulich zu erkennen.

Text 5

ND 400 = Iraq 13, Tf. XI

Bearbeitung: Wiseman, Iraq 13, 21ff.; Borger/Tadmor, ZAW 94, 250f.; Na'aman, Tel Aviv 6, 69; Tadmor, Inscriptions, 176ff.
Übersetzung: TGI, 56, Nr. 25; Borger; TUAT I, 374f.
Weitere Lieratur: HKL I, 638, und II, 324.

(Anfang und Ende, rechter und linker Rand der Tafel weggebrochen)

1' [ ] *x x* [ ]

2' [ ]*-ma-šu ina na-ba-li* [ ]

3' [ ] *ú-šat-bi-ik* URU*-šu-a-tu* ⸢*a*$^{!!}$⸣-[ ]

4' [ ] MURUB$_4$ *tam-tim ar-ḫi-su-nu-ti-ma a-di x* [*x x x x*]

5' [*a-lik gir-ri-ia iš-me*]*-ma it-ru-ku* ŠÀ.MEŠ*-šú* ^{túg}*sa-qu il-la-biš x* [*x x x x x*]

6' [*an-na*]*-ka* ^{giš}ESI *tam-lit* NA$_4$.MEŠ KÙ.GI *a-di* K[Ù.BABBAR ...?]

7' [KUŠ AM.SI] ⸢ZÚ⸣ AM.SI Ì DÙG.GA ŠIM.HI.A DÙ*-a-ma* ANŠE.KUR.R[A.MEŠ *x x x x x*]

8' [*as-su*]*-uḫ* TA ^{uru}*ka-áš-pu-na ša* GÚ *tam-tim* [*šap-li-ti*]

9' [*a-di* ^{kur}*sa-u-i*] *ina* ŠU^{II} ^{lú}*šu-ut* SAG*-ia* ^{lú}GAR.KUR ^{uru}*ṣi-*[*mir-ra am-ni-šú-nu*]

10' [GIM *ur*]*-qí-ti* LÚ.ÚŠ.MEŠ ^{lú}*mun-‹daḫ-›ṣe-e-ni-šú-nu ú-mal-la* [EDIN ...]

11' [*ana* M]AR*-ši-ti-šú-nu* GUD.MEŠ*-šú-nu ṣe-e-ni-šú-nu* ANŠE.NITA*-šú-nu* [*bu-šu-u*]

12' [*ša*] *ina qé-rib* É.GAL-*šú* [*a-di maḫ-ri-ia u-bi-lu-ni-ma*]

13' [*ana ta-mu*]*r*$^{!?}$*-ti-šú-nu am-ḫur-šú-nu-ti-ma* KUR-*su-nu ú-*[*še*$^{!}$*-zi-bu*]

14' [^{I}*ḫa-a-nu*]*-ú-nu* ^{uru}*ḫa-az-za-ta-a-a la-pa-an* ^{giš}TUKUL.MEŠ KAL.MEŠ *ip-laḫ-ma a-*[*na* URU LUGAL-*ti-šú e-zib*]

15' [… GUN K]Ù.GI 8 ME GUN KÙ.BABBAR UN.MEŠ *a-di mar-ši-ti-šú-nu* DAM-*su* DUMU.ME[Š-*šú*]

16' [*áš-lu-la*] *sa-lam* DINGIR.MEŠ GAL.MEŠ EN.MEŠ-*ia ṣa-lam* LUGAL-*ti-ia ša* KÙ.GI [*ina qé-rib* É.GAL-*šú uš-ziz*]

17' [*ma-da-ta-šú*]*-nu u-kin*$^{!}$ *ù šu-ú ul-tu* ^{kur}*mu-uṣ-ri* GIM *iṣ-ṣu-*[*ri qup-pi ana áš-ri-šú u-tir-šú* UN.MEŠ-*šú*]

18' [UN.MEŠ *ša* ^{kur}*aš*]*-šur am-nu ṣa-lam* LUGAL-*ti-ia ina* ^{uru}*na-ḫal-mu-ṣur a-s*[*a*$^{!?}$*-kan*$^{?}$]

19' [KÙ.GI *ù* K]Ù.BABBAR *as-su-ḫa-am-ma a-na* ^{kur}*aš-šur*^{ki} [*ú-še-bi-la x x x*]

20' [*šá* LUGAL.MEŠ *a-*]*li-kut pa-ni la iš-pi-lu-ma la iš-pu-ra ši-pir-šú ki-šit-te* ^{kur}*ḫ*[*a-az-za-te iš-me-e-ma x x x x*]

21' [*x x x*] *x ir-šá-a na-kut-tú* ^{lú}MAḪ.MEŠ-*šú ša e-piš* ^{lú}ÌR-*ú-t*[*i ana muḫ-ḫi-ia ana* ^{uru}*kal-ḫa iš-pur-ma*]

22' [*x x x*] *x-ru-at-ti* ^{kur}*mu-'u-na/ba*$^{!}$*-a-a šá* KI.TA ^{ku}[^{r}*x x x x x x x x x x x x x x*]

23' [*x x x x x ṣ*]*i-i-ru ki-šit-ti* ŠU^{II}-*ia šu-tur-tú iš-*[*me-e x x x x x x x x x x x x*]

24' [^{mí}*sa-am-si šar-rat* ^{kur}*a-ra-bi ina si-ḫir-ti*] ^{kur}*sa-qu-ur-ri* KUR-*e* BAD$_4$. BAD$_4$ *áš-ku-na* 9 LIM 4 me *di-ik-ta-*[*šu a-duk* …]

25' [*x x x š*]*á* ^{giš}*be-li* ^{giš}NÍG.GIDRI.MEŠ ^{d}*iš-tar šá* [*x x x x x x x x x x x x x x x x*]

26' [*x x x a-na*] ^{uru}[*ba-zil a-šar su-ma-me in-na-bit*$^{??}$ GIM MUNUS.ANŠE. E]DIN.NA UR.GI$_7$ ‹*i-*›*na pa-ni šá-si-t*[*a x x x x x x x x x x x x x x x*]

27' [ANŠE.KUR.RA.]MEŠ MUNUS.MEŠ *a-na-qa-a-te a-*[*di*$^{!}$ ^{anše}*ba-ak-ka-ri-šú-nu* […$^{?}$ *ana* ^{kur}*aš-šur a-di maḫ-ri-ia u-bi-la* …]

„1'[…] … […] 2'[…] … auf dem Festland […] 3'[…] liess ich hinschütten. Jene Stadt … […] 4'[…] des Mittelmeeres eilte ich mich, viele … [… N. N.] 5'[hörte von dem Herankommen meines Einmarsches] und bekam Herzenklopfen; er legte sich Trauergewand … […] 6'[Zin]n, Ebenholz (mit) Steineinlagen, Gold und Si[lber,] 7'–8'[Elefantenhaut,] Elfenbein, Feinöl, allerlei Gewürze, Pferd[e …] nahm ich [weg. (das gesamte Gebiet)] von der Stadt Kašpūna, die am Ufer des [Oberen] Meeres (liegt), 9'[bis zum Berg Saui übergab ich] den Händen meines Kommissars, des Gouverneurs von Ṣ[imirra.] 10'[Wie Grün]gras [auf dem Feld] füllte ich [die Steppe] mit den Leichen ihrer Kämpfer. […] 11'Ihre [Ha]be, ihre Rinder, ihre Schafe, ihre Eselinnen, [das Vermögen,] 12'[das] in seinem Palast vorhanden war, [brachten sie vor mich;] 13'ich empfing sie als ihre [Pflichtgeschen]ke, und auf diese Weise re[teten sie] ihr Land. 14'[Ḫan]ūnu, der Ḫāzatäer, fürchtete sich vor (meinen) starken Waffen und [verliess seine Königsresidenz.] 15'[… G]old[talente,] 800 Silbertalente, die Einwohner nebst ihren Gütern, seine Frau, [seine] Kind[er] 16'[führte ich fort.] Bild(er) der grossen Götter, meiner Herren, eine Statue aus Gold meiner Königsherrschaft [liess ich in seinem Palast errichten.] [17'–18'][Tribut] erlegte ich ihnen auf. Und ihn [holte ich] aus Muṣri wie einen Voge[l im Käfig zu seinem Ort zurück. Seine Leute] zählte ich [zu den Bewohnern von As]syrien. Ein Bildnis meiner Königsherrschaft st[ellte ich in der Stadt Naḫal-muṣur auf. [19'][Gold und] Silber nahm ich heraus [und liess es] nach Assyrien [tragen …] [20'][Als …, der sich vor den Königen,] meinen Vorgängern, nicht gedemütigt hatte und mir keine Botschaft geschickt hatte, die Eroberung von [Ḫāzat vernahm, …] [21'][… b]ekam er Angst. Seine *ṣērāni*-Offiziere zwecks Bezeugung von Untertänigkei[t schickte er zu mir nach Kalḫu.] [22'][…]-*x-ru-at-ti*, der Mu'näer/Moabiter, der unterhalb […] [23'][… e]rhaben, als er die riesige Eroberung meiner Hände vernahm, […] [24'][Samsi, der Königin von Arabien, brachte ich in der Umgebung des] Saqurru-Gebirges [eine Niederlage bei, (und) ich tötete] 9400 [seiner] Mannschaft. […] [25'][…] … Schlachtgeräte, Szepter, Göttin(nen), die […] [26'][… nach Bazil, einem Ort des Durstes flüchtete sie. Wie eine Wildese]lin, (wie) ein Hund, schrie sie vor mir, […] [27'][Pferd]e, Eselinnen, Kamele nebs[t ihren Jungen brachte sie vor mich nach Assyrien. …]."

Kommentar

Ergänzungen nach den Annalen Tiglat-pilesers III., nach der Kleinen Inschrift I (3R, Tf. 10, Nr. 2) und nach ND 4301+4305 (Iraq 18, Tf. XXII–XXIII; Tadmor, Inscriptions, 182ff.).

3' Ergänzung nach YOS 10, 45,19.

5' *a-lik gi-ri-ia iš-me-]ma* vgl. TCL 3+,69.
^{túg}*sa-qu* < *saqqu*: Ähnliche Schreibung in CT 55, 780,2; 57, 67,19; ARM 7, 127,2; 10, 19,5.

6' Borger, TUAT I, 374, ergänzt Pferde „aus Ägypten".

9' Ergänzung nach Tontafelinschrift, Vs. 14.

10' Für die Ergänzung vgl. Snh. 46,9–10.

13' Borger, TUAT I, 375, ergänzt „verkleinerte ich …".

16' Borger, TUAT I, 375, ergänzt „im Palast von Gaza".

17' Borger, TUAT I, 375, ergänzt „und bestimmte sie [Göttern ihres Landes]" und übersetzt weiter: „Jener aber [floh] gleich einem Vogel aus Ägypten".

18' Borger, TUAT I, 375 übersetzt: „[…] bestimmte ich [zu einer Hafenstadt für] Assyrien".

22' ^{kur}*mu-'u-na/ba-a-a*. Die Lesung *-na-* ist tatsächlich durch Kollation bestätigt worden. Dennoch ist nicht auszuschliessen, dass es sich hier, aufgrund der paleographisch leichten Verwechselbarkeit der Zeichen NA und BA (vgl. MEA^{6} 5 und 70), um ^{kur}*mu-'u-ba-a-a* handelt. Für eine ähnliche Schreibform des Namens siehe ABL 632,4 und VAB 2/7, 66.112. Ob man danach etwa ^{kur}⌜*mu-uṣ*⌝-[*ri* …] ergänzen darf (so Borger/Tadmor, loc. cit.), und daraus die Lokalisierung ^{kur}*mu-'u-na-a-a* unterhalb Ägyptens erschliessen darf, ist es nicht sicher. Zum einen ist der Name Muṣri auf der Kopie nicht einwandfrei zu lesen; zum zweiten steht der ON ^{kur}*mu-'u-na-a-a* als Gentilizium zu dem vorangehenden PN, so zumindest nach der Meinung von Borger und Tadmor. Als ON bleibt er jedoch bis jetzt in der neuassyrischen Literatur so gut wie unbekannt. Für die weitere Diskussion siehe S. 69f.

24' Siehe Tgl. III. Ann. 210; Michel, WO 2, 40,35.

Ungewiss bleibt, ob das vorliegende Fragment ein Stück der sogenannten Tontafelinschrift (2R, Tf. 67; Rost, Tgl. III, Bd. II, Tf. XXXV–XXXVIII) bildet, dessen Fortsetzung sich unmittelbar auf deren Rückseite fände, wie Na'aman, Tel Aviv 6 (1979) 69 vorschlägt. Vgl. weiter 17'.18' und 2R, Tf. 67, Rs. 11. Weshalb denn die wiederholten Episoden, wenn beide Fragmente zusammengehören und Rs. 1 die Fortsezung der ersten wäre.

Text 6

ND 2765 = Iraq 17, Tf. XXXIII, Nr. XVI

Bearbeitung: Saggs, Iraq 17, S. 134f.; ders., Assyriology, 26; Postgate, TCAE, 117f. (Z. 33–46 = Rs. 4–17); Weippert, Edom, 15; Deller/Mayer, Or. 53 (1984) 74ff.; SAA 1, 110.

Vs. 1 [*a-na* LUGAL] EN-*i*[*a*]
2 [ÌR-*ka* ^{I}]$^{d!}$⸢MES$^{!}$⸣-*rém*$^{!}$-[*a-ni*]
3 [*lu šùl-mu*] ⸢*a-*⸣*na* LUGAL EN-[*ia*]

---

4 [*i-sin-n*]*u e-pi-*[*iš*]
5 ⸢^{d}⸣[AG$^{?}$ *ina šu*]*l-me* ⸢*it-tu-si*⸣
6 *e-ta-rab* ^{d}AG *u* ^{d}AMAR.UTU
7 *a-na* ⸢LUGAL⸣ *lik-ru-bu*

---

8 *ina* UGU ^{d}ALAD ^{d}⸢LAMA⸣
9 *ša* LUGAL *be-lí iš-pur-an-ni*
10 *ú-*⸢*ta*⸣*-si-ik ina* UGU KÁ$^{!?}$.MEŠ-*te*
11 *ša* ⸢É.GAL$^{!}$⸣.MEŠ *ak-ta-ra-ar*
12 *i-bat-tu-qu* ^{d}ALAD.^{d}LAMA
13 *bat-qu-te ina* IGI É LA *ap*$^{!}$*-du-ni*
14 *ni-*⸢*šak-k*]*an* KALAG.MEŠ-*te i-bat-tu-qu*
15 *ina* IGI ⸢KÁ⸣ *qa-ba-si*$^{!!}$*-te ni-*⸢*ak-kan*⸣
16 *ina* UGU ⸢$^{na_4?}$AM⸣.MEŠ *ša a-*[*n*]*a* ⸢LUGAL EN⸣-[*i*]*a*
17 *aq-bu-u-ni ú-pa-ḫu-šú-nu*
18 *a-na* ^{d}ALAD.^{d}LAMA *ú-ta-r*[*u*]*-šú-nu*
19 *ina* IGI KÁ$^{!}$ MURUB$_4$-*ti ni-*⸢*šak-kan*⸣
20 *i-su-ri* LUGAL *be-lí-*[*ia i-qab-bi*]
21 *ma-a dul-lu dan-n*[*u*$^{?}$ *x x x x*]

22 *dul-lu pa-ḫa la* $^{!}$[*x x x x x*]
23 *ki-i* 1 KÙŠ *r*[*u-x x x x x x*]
24 ^{d}ALAD.^{d}LAMA *x* [*x x x x x*]
25 [*x x*] ⌜*la*⌝$^{?}$ *ni-x-*[*x x x x*]
26 [*x x*] *x* [*x x x x x x x*]
Rd. 27 [*x x x*] ^{d}A[LAD$^{?}$.^{d}LAMA *x x x*]
28 [*x*]-*lak x* [*x x x x x*]
29 [*l*]*i-i-tu ša x* [*x x x*]
Rs. 1 ⌜*ša*⌝ *a-na* LUGAL EN-*ia a*[*q-bu-u-ni*]
2 *le-e-ṣi-ru lu-š*[*e-bi-lu-ni*]
3 ^{giš}*ziq-pu ina pi-it-*[*ti x x x x*]
4 45 ANŠE.KUR.RA.MEŠ *ša* [KU]R$^{!}$ ⌜*at*⌝-*ta-ḫar*
5 ^{lú}MAḪ.MEŠ ^{kur}*mu*[-*ṣ*]*ur-a-a*
6 ^{kur}*ḫa-za-ta-a-a* ^{kur}*ia-ú-du-a-a*
7 ^{kur}*ma-ʾ-ba-a-a* ^{kur}*ba-an-am-ma-na-a-a*
8 UD 12.KÁM *ina* ^{uru}*kal-ḫi e-tar-bu-u-ni*
9 *m*[*a*]-*da-na-*[*t*]*e-šú-nu ina* ŠU^{II}-*šú-nu*
10 ⌜24⌝ ANŠE.KUR.⌜RA⌝.MEŠ
11 *ša* ^{kur}*ḫa-za-ta-a-a ina* ŠU^{II}-*šú*
12 ^{kur}*ú-du-m*[*u*$^{?}$]-*a-a* ^{kur}[*aš-du-*]*da-a-a*
13 ^{kur}*an-*[*qa*]*r-ru-*[*n*]*a-a-a* [*x x x*] *x*
14 [*e-tar-b*]*u-u-ni* ^{lú}[M]AḪ [^{kur}*q*]*u-a-a*
15 [TA ^{u}]^{ru}⌜*kal-ḫi*⌝ *ú-ṣa-a*
16 [*x x x*] ^{giš}BAN *il-la-ka*
17 [^{lú} *qur-b*]*u*$^{?}$-*te*$^{?}$ ⌜*ša*⌝ ^{lú}*tar-ta-ni* KI-*šú*

„$^{Vs.1}$[An den König,] mein[en] Herrn, ^{2}[dein Diener] Marduk-rēm[anni.] ^{3}[Möge es] dem König, [meinem] Herrn, gut gehen.

^{4}[Das *isinn*]*u*-Fest hat man veran[staltet.] $^{5–6}$ [Nabû$^{?}$] ist wohlhabend hinaus- und zurückgekommen. Nabû und Marduk mögen den König, meinen Herrn, segnen.

$^{8–11}$Bezüglich des Stierkolosses, worüber mir der König, mein Herr, geschrieben hatte, habe ich angewiesen. Vor den Toren der Paläste habe ich (ihn) aufgestellt. $^{12–14}$Man wird den schadhaften Stierkoloss reparieren. Vor dem *tinū-ri*-Haus, (an dessen) Eingänge, werden wir (ihn) hinstellen. Die *lamassu*-Genien wird man anfertiegen und ^{15}vor dem Mitteltor aufstellen.

$^{16–17}$Bezüglich der Steinbilder, worüber ich d[e]m König, [mei]nem Herrn, berichtet habe, man wird (sie) umtauschen und (sie) zum Stierkoloss zurückbringen und ^{19}(vor) dem Mitteltor aufstellen. $^{20–21}$Vielleicht wird der König, [mein] Herr, sagen: ‚Es ist ein prächtig[es] Werk, [...'] ^{22}Das Ersatzwerk$^{?}$ ... [...] ^{23}wenn 1 Elle ... [...] ^{24}Der Stierkoloss ... [...] ^{25}[...] ... [...] ^{26}[...] ... [...] ^{27}[...] der Stierkol[oss ...] ^{28}[...] ... [...] ^{29}[Die Z]eichnungen von ... [...] $^{Rs.1–3}$worüber ich dem König, meinem Herrn, be[richtet habe,] will ich machen und brin[gen lassen.] Die *piqpu*-Stange [will ich] dementsprech[end ...]

^{4}45 Pferde vom [Pala]st habe ich empfangen. $^{5–9}$Die *ṣērāni-Offiziere* von Ägypten, Gaza, Juda, Moab (und) Ammon, sind am 12. Tag in Kalḫu mit ihrem Tribut in ihren Händen eingetroffen. $^{10–11}$24 Pferde von Gaza sind auch dabei. ^{12}Die (Offiziere von) Edo[m], [Asdo]d, $^{13–15}$E[kr]on, [...] ... [sind eingetrof]fen. Der Abgesandte von [Q]ue ^{15}ist [von] Kalḫu aufgebrochen. ^{16}[...] ein Bogen(schützer) [und ein [Leib]wachenoffizier des Feldherrn sind mit ihm fortgegangen."

Kommentar

Vs. 5 Die Ergänzung des GN Nabû basiert auf der Annahne, dass es sich hier um dessen Fest in Kalḫu handelt. Darauf deutet das Hinausgehen und Zurückkommen der Gottheit hin, wovon in Z. 6 die Rede ist. Dieses Fest wurde im *Ajar* gefeiert; dazu vgl. Menzel, AT I, 98ff.

Vs. 10 *ú-ta-si-ik*, wohl ein fehlerhaftes D Prt. von *esēku*.

Vs. 13 É LA = *bīt tinuri*, wie in CT 29, 48,17. Ob man anschließend *ap*$^{!}$*-du-ni* für *aptūni* („Eingänge") zu lesen ist oder DU.DU bzw. GIN.GIN-*ni* = *tallaktu*, das Labat, MEA^{6} 296, mit „chemin" wiedergibt, ist nicht sicher.

Rs. 13 Postgate, TCEA, 117, ergänzt [*a*$^{?}$-*n*]*a*$^{?}$ ⌜MURUB$_{4}$⌝.

Texte 7a–7c

Text 7a

Sargons Prisma a+b (Sm. 2022) = Winckler, Sargon, II, Tf. 45

Bearbeitung: Winckler, Sargon, I, S. 185; Tadmor, JCS 12 (1958) 79 (mit Kollation); Weippert, Edom, 99f.; Timm, ÄAT 17, 334 (nur Z. 13–16); Fuchs, SAAS 8, 43.72 + Tf. 9.
Übersetzung: Borger, TUAT I, 381.
Kollation: Juli 1995.

(Anfang und Ende, rechter und linker Rand der Tafel weggebrochen)

12' [*i*]-*na* 9 BALA-*ia a-na* [*x x x x x x x x x x x x x x x x x x*]
13' [*ti-a*]-*mat* GAL-*ti šá* ⌜*e*⌝-[*rib* ^{d}UTU-*ši x x x x x x x x*]
14' [^{uru}]*aš-du-d*[*i x x x x x x x x x x x x x x x x x x x x x x x x*]

Text 7b

Sargons Prisma a+b (K. 1671+1668a) = Winckler, Sargon, II, Tf. 44, II D

Bearbeitung: Winkler, Sg., Bd. I, 186ff.; Smith, Discoveries, 289ff. Für die Annalen und die Prunkinschrift Sargons vgl. die neue Berarbeitung von Fuchs, ISK, S. 132ff., 219f.; ders., SAAS 8, 44ff., 73ff. + Tf. 8.

Übersetzung: ARAB II § 190–218; AOT, 351; ANET^{3}, 287; Weippert, Edom, 100f.; Timm, ÄAT 17, 334f. (nur Z. 25–33). Borger, TUAT I, 381f.; Na'aman, BASOR 214, 32 Anm. 31.

Weitere Literatur: HKL I, 632, und II, 322.

1' *áš-šu* [*ḫul-tu e-pu-šu*] (Erg. aus Sg. Ann. 243[906], Sg. Prunk. 93)
2' *iš-tu* L[UGAL-*ti-šú* UGU KUR-*šú u-nak-kir*] (Erg. aus Sg. Prunk. 93)
3' ^{I}*a-ḫi-me-ti* [...]
4' *a-ḫu ta-lim-šú* UG[U-*šú-nu*] (Erg. aus Sg. Ann. 244.245, Sg. Prunk. 94)
5' *ú-ra*[*b-b*]*i šu-ú* [*a-na ni-ri-ia iš-du-ud*]
6' *bil-tu ma-da-at-t*[*u* ...]
7' *ki-ma ša* LUGAL.MEŠ-*ni* [*maḫ-ru-ti* AD.MEŠ-*ni*]
8' UGU-*šú áš-kun* ⌜*ù*⌝ [*šú-nu* ^{lú}*ḫat-ti-i*] (Erg. aus Sg. Ann. 198f., 245)
9' *lim-nu-ti i-na* IGI *x* [...]
10' *a-na la na-še-e b*[*i*]*l-ti* [ŠÀ-*šu-nu*] (Vgl. Sg. Prunk. 90f.)
11' *kit-pu-da le-mut-tu* [*a-na muḫ-ḫi* (*ana*)]
12' *ma-li-ki-šú-nu si-ḫu u b*[*ar-tu i-pu-šu-ma*]
13' ⌜*ki*⌝-*i ta-bik da-me ul-t*[*ú qé-reb* ^{uru}*as-du-di*]
14' *ú-še-su-šu i-x x* [...]
15' ^{I}*ia-ma-ni* ^{lú}ERIM.MEŠ *ḫup-*[*ši la* EN ^{giš}GU.ZA]
16' *a-na* LUGAL-*ti* UGU-*šú-nu i*[*š-ku-nu i-na* ^{giš}GU.ZA] (Vgl. Sg. Ann. 244f.)
17' *be-lí-šu ú-še-ši-*[*bu-šu* ...] (Vgl. Sg. Prunk. 38f.)
18' URU-*šu-nu* GAL$^{?}$ *x* [...]
19' *ša mit-*⌜*ḫu*⌝-[*ṣi* ...] (Vgl. Sg. Ann. 337)
20' [...]
21' [... -*u*]*r*$^{?}$ *x x* [...]
22' [...] *x ú* BAD ḪU[R$^{?}$ ...]
23' [*i*]-*na li-me-ti-šú ḫi-ri-ṣa* [*iḫ-ru-u*]
24' 20 *i-na* KÙŠ *a-na šu-pa-li* [*iḫ-ru-u adi*] (Vgl. Sg. Ann. 334f.)
25' *ik-šu-du* A.MEŠ *nag-*[*bi*] *a-na* LU[GAL.MEŠ-*ni*]
26' *ša* ^{kur}*pi-liš-te* ^{kur}*ia-ú-di* ^{kur}*ú-*[*du-me* ^{kur}É-*am-ma-na-a u*]
27' ^{kur}*ma-a-bi a-ši-bu-ut tam-tim na-áš bil-*[*ta u*]
28' *ta-mar-ti ša* ^{d}*a-šur*$_{4}$ *be-lí-i* [*a*]
29' *da-bab sa-ar-ra-a-ti at-me-e nu-ul-la-a-te*
30' *ša it-ti-ia a-na šum-ku-ri* UGU ^{I}*pi-ir-'-u*
31' LUGAL ^{kur}*mu-uṣ-ri mal-ku la mu-še-zi-bi-šú-nu*

---

906 Nach der Partitur von Fuchs, ISK.

32’ *šul-man-na-šú-nu iš-šu-ú-ma e-tir-ri-šu-uš*
33’ *ki-it-ra a-na-ku* ^{I}LUGAL-GIN.NA NUN *ke-e-nu*
34’ *pa-li-iḫ ma-mit* ^{d}*šà-máš* ^{d}AMAR.UTU *na-ṣi-ru*
35’ *zik-ri* ^{d}*a-šur*$_{4}$ ^{íd}IDIGNA ^{íd}BURANUN
36’ *i-na* ILLU *kiš-šá-ti e-du-ú* IGI *šat-ti* ⸢ERIM.ḪÁ$^{?}$⸣
37’ *na-pa-liš ú-še-tiq* ⸢*ù šu*⸣*-ú* ^{I}*ia-ma-ni*
38’ LUGAL-*šú-nu ša i-na e-*[*mu-qi-šú*]
39’ *it-tak-lu-ma ul i*[*k-nu*]-[*šu*⸣ *a-na be-lu-ti*
40’ [*a-*]*lik gir-ri-ia a-n*[*a ru-qa-*]*a-ti iš-me-ma* (Vgl. Sg. Prunk. 101f.)
41’ [*na-m*]*ur-rat* ^{d}[*a-šur*$_{4}$ *be-lí-i*]*a is-ḫ*[*up-*]*šu-ma*
42’ [*x x*] *x x* [*x ki-ma šur-še*] *ša kib-ri* ÍD
43’ [*ir-bu-ba* SUḪUŠ-*šú* …] *x x šup-li* A.MEŠ
44’ [*ru-qu-u-ti ki-ma* KU$_{6}$.MEŠ *i*]*ṣ-ba-tu*$_{4}$ *pa-še-ru*
45’ [… *a-na*] *ru-qa-a-ti*
46’ [*a-na* ^{kur}*mu-uṣ-r*]*i in-na-bit* (Erg. aus Sg. Prunk. 103)
47’ [*ù la in-na-mar a-šar-šú* ^{uru}]*as-du-di* (Erg. aus Sg. Prunk. 103–104)
48’ [^{uru}*gi-im-tu ù* ^{uru}]*as-d*[*u-di-im-mu*] (Erg. aus Sg. Prunk. 104)

Text 7c

Sargons Prunkinschrift 105–109 (Fuchs, ISK, S. 220f.)

105 *al-*[*me*] *ak-šud* DINGIR.MEŠ-*šú* DAM-*su* DUMU.MEŠ-*šú* DUMU.MUNUS. MEŠ-*šú*
106 NÍG.ŠU NI.GA *ni-ṣir-t*[*i*] É.GAL-*šú it-*[*x x*] UN.MEŠ KUR-*šú*
107 *a-na šal-la-ti am-nu* URU.MEŠ *šu-a-tu-nu a-na eš-šu-ti*
108 *aṣ-*[*bat*] UN.MEŠ KUR.KUR.MEŠ *ki-šit-ti qa-ti-ia*
109 *ša qé-reb x* [*x x ni-pi-*]*iḫ* ^{d}UTU-*ši i-*[*na*] *lìb-bi ú-*[*še-šib-ma*] ^{lú}*šu-ut* SAG-*ia* ^{lú}EN.NAM UGU-*šú-nu áš-kun* [*it-*]*ti* UN.MEŠ ^{kur}*aš-šur*^{ki} *am-nu-šú-nu-ti-*[*m*]*a*$^{!}$

Text 7a

„$^{12’}$[I]n meinem 9. Regierungsjahr [(zog ich)] gegen […]$^{13’}$das grosse [Me]er des [Sonnen]unter[gangs …] $^{14’}$[Die Stadt] Asdudu […].“

Text 7b

„$^{1’–2’}$Wegen [der Bosheiten, die er begangen hatte,] hob ich [seine] Her[rschaft über sein Land auf.] $^{3’–4’}$Aḫimiti, seinen Lieblingsbruder, erhöhte ich üb[er sie.] $^{5’}$(Und) er [zog mein Joch.] $^{6’–11’}$Tribut (und) Abgabe[n …] – wie die [früheren] Könige, [meine Väter,] – erlegte ich ihm auf. Aber jene bösen [Hethiter] in … […,] um mir den Tribut nicht (länger) bringen zu müssen, planten Böses in [ihrem Herzen. Gegen] ihren Fürsten [brachten sie] Aufstand und Re[bellion und] $^{13’–14’}$jagten ihn, wie einen der Blut vergossen hat, aus [Asdudu] hinaus …

[…] $^{15'-17'}$Jamani, einen von geringem (gesellschaftlichen) Rang, [der nicht thronberechtigt war,] set[zten sie] in die Königsherrschaft über sich ein, [auf den Thron] seines Herrn setzten sie [ihn$^{!}$ …] $^{18'}$Ihre Stadt … […] $^{19'}$die/der Schlacht […] $^{20'}$[…] $^{21'}$[…] … […] $^{22'}$[…] … […] $^{23'}$[i]n ihre(r) Umgebung [gruben sie] ihren Graben. $^{24'-25'}$20 Ellen in die Tiefe [gruben sie, bis] sie das Grundwasser erreichten. Den K[önigen $^{26'-33'}$von Philistea, Juda, E[dom, Ammon und] Moab, (so wie auch denen), die am (Ufer des) Meeres wohnen und die (allesamt) Trib[ut und] Pflichtgeschenke für Aššur, mei[nen] Herrrn, liefern mussten, ‹schickten sie› (Briefe voll mit) Lügengeschwätz und hochverräterischem Gerede. Um (ihn) gegen mich zum Feind zu machen, brachten sie Pi'ru, dem König vom Muṣri, einem Fürsten, der sie nicht retten kann, ihre Bestechungsgeschenke und baten ihn um militärische Hilfe. Ich, Sargon, der rechtmässige Fürst, $^{34'-37'}$der den Eid von Šamaš (und) Marduk fürchtet, der den Befehl von Aššur beachtet, liess (meine) Truppen den Tigris (und) den Euphrat beim Hochwasser, bei Frühjahrsflut, … […] wie Festland überschreiten. Jener Jamani, $^{38'-41'}$ihr König, der (ja) auf [seine (eigene)] K[raft] vertraute und sich meiner Herrschaft nicht b[eugen] wollte, hörte aus [der Fer]ne von dem Heranrücken meines Heerzuges, und [der furchterregende] Glanz von [Aššur, mei]nem [Herrn,] warf ihn nieder, und $^{42'}$[…] … [seine Beine wie eine Wurzel] am Ufer des Flusses [nachgaben.] $^{43'-44'}$[Gleich Fischen wählten sie …] … die Tiefe [ferner] Gewässer als Versteck. $^{45'}$[… in] die Ferne, $^{46'}$[… nach Muṣr]i flüchtete er sich, $^{47'}$[und sein Aufenthaltsort wurde nicht (mehr) gefunden.] Asdūdu, $^{48'}$[Gimtu und] Asd[ūdimmu]“

Text 7c

„$^{105-107}$belager[te] und eroberte ich; seine Götter, seine Frau, seine Söhne, seine Töchter, Hab und Gut, den Schatz seines Palastes, … […] rechnete ich zusammen mit den Bewohnern seines Landes zur Beute. Diese Städte gestaltete ich völlig neu: $^{108-109}$Leute aus den von mir eroberten Ländern, aus […] von Sonnenaufgang, [siedelte ich] in ihnen an (und) setzte meinen Hochkomissar als Statthalter über [sie ein.] Ich zählte sie zu den Einwohnern von Assyrien.“

Kommentar

Text 7a

Nach Sm. 2022 folgt Sm. 2049 – allerdings mit einer grossen Lücke zwischen beiden. H. Winckler hat Sm. 2022 als Teil des von ihm sogenannten „Prisma B“ angesehen, dem er weitere Fragmente zurechnet: K 167+K. 1668a, K. 1669, 79-7–8,14, Sm. 2021, Sm. 2022 und K. 1672. Dementsprechend bezeichnet er Winckler, Sargon, II, Tf. 44, als „Prisma A“, dessen Fragmente aber im einzelnen nicht katalogisiert sind.

Gadd, Iraq 16 (1954) 174f., folgt im ganzen der These von zwei Prismen, ordnet aber die Fragmente anderes als H. Winckler; Prisma A: K. 1668b+D.T. 6, K. 1669, K. 1673, K. 2021+82-5-22,8, Sm. 2022 und Rm. 2,92; Prisma B: K. 1668, K. 1671, 78-7-8,14, Sm. 2050, K. 1672, Sm. 2049.

Die Rezension A (= Prisma A), die den Feldzug Sargons II. gegen Kammanu erwähnt, wird dann nach dem 9. Regierungsjahr (712) datiert, während die Entstehung der Rezension B – wegen der Unterwerfung von Gurgum – auf das 10. Regierungsjahr (711) verlegt wird.

Weidner, AfO 14, 51f., ist der Meinung, dass alle Fragmente eine einzige Rezension bilden. Tadmor, JCS 12, 87ff., der sich der These E. Weidners anschliesst, hat festgestellt, dass es zwischen „A" und „B" keine Unterschiede gibt – weder im Stil, noch in der Narrativart oder gar in der Orthographie, welche uns veranlassen können, diese als zwei verschiedene Rezensionen aufzufassen.

Die Komposition von Prisma a+b (= P a+b), dürfte dann etwa im Jahre 710, ein Jahr vor der Rezesension der Khorsabad-Annalen, stattgefunden haben, da es mit dem Feldzug gegen Gurgum endet.

Text 7b

2' Fuchs, SAAS 8, 44: uru*as*]-[*du-di ú-še-sa-áš-šum-ma*].

3' Den Annalen und der Prunkinschrift zufolge dürfte nach der PN nichts mehr fehlen.

4' Fuchs, SAAS 8, 45: [UN.MEŠ uru*as-du-di*].

5' Abweichung von den Annalen und der Prunkinschrift. Sie verwenden *áš-kun* anstatt *ú-ra*[*b-b*]*i*. Fuchs, SAAS 8, 45, ergänzt *ú*-[*še-šib-šu i-na* gišGU.ZA AD/ŠEŠ-*šu*] und verweist auf Sg. Prunk. 30.

6'–9'.12'.15'–41' weichen von den Annalen und der Prunkinschrift ab. Fuchs, SAAS 8, 45, ergänzt in Z. 6 [*za-bil ku-dúr-ri a-lik* KASKAL, und in Z. 7 [AD.MEŠ-*ia e-mid-du*].

10' Fuchs, SAAS 8, 45: [ŠÀ-*šu-nu*]

15' Für *ḫupšu* vgl. Borger, TUAT I, 381.

34' Šamaš nach Borger, TUAT I, 381.

Text 8

ND 2762 = Iraq 21, Tf. XLIII, Nr. L

Bearbeitung: Saggs, Iraq 21, 159f.; RGTC 26, 203ff.

Vs. 1 *a-na* LUGAL *be-lí-ia* ⌜ÌR⌝-*ka*

2 IITU-KIN-*a-a* [*l*]*u-u* ⌜*šùl-mu*⌝

3 *a*-[*na* LUGAL] *be-lí-ia a-d*[*an*]-*n*[*iš*]

4 *šùl*-[*mu a-n*]*a* kur[*aš-šur*]

5 *šùl*-⌜*mu a*-⌝*na é-kur-ra*-[*te*]

6 *šùl-mu a*-[*na bi-r*]*a-a-ti*

7 *ša* LUGAL [*gab-b*]*u lìb-bu*

8 *ša* LUGAL *be-lí-ia a*-⌜*dan*⌝-*niš lu-u* ⌜DÙG.GA⌝

9 lúMAḪ.MEŠ-*ni* kur*ku-mu-ḫa-a*-⌜*a*⌝

10 KUR ⸢*x x*⸣-*sa-a-a*
11 ^{kur}*ma*[*r-q*]*a*-⸢*sa*⸣-*a-a*
12 ^{kur}*sa-ma-la-a-a* ^{kur}*ṣi-du*-⸢*na*$^{!}$⸣-*a-a*
13 ^{kur}*ma-ʾ-ba-a-a it-tal-ku-ni*
14 ⸢*ki-ma*⸣ *pi-ia* ^{uru}*kan-bi-si-zu*
15 ^{uru}*gu-za-na e-ta*-⸢*ba*$^{!?}$-*ru*⸣-*u*-[*ni*]
16 *a-sa-par ina* ^{uru}*ku-ba-n*[*a x x x*]
Rd. 17 *ik-ta-al-aʾ* [...]
Rs. 18 *ku*$^{?}$-[*x x x x*]
19 [*x*] *x* [*x x x*] ⸢*a*⸣-*na* ⸢*x x x*]
20 *a-na* L[UGAL *be-lí-i*]*a a-sa-par x* [*x*]
21 ^{lú}MAḪ.[MEŠ *x x x*] *x* ⸢*x x x*⸣
22 ⸢*x*⸣-*ta-m*[*e*$^{?}$ *x x*] *e*-⸢*ta-bu-ru-u-ni*⸣
23 *ú-ma-a ina* ^{uru}*ku-b*[*a-na* GAR]-*nu*
24 ^{lú}MAḪ-⸢*a-ni ša*⸣ KUR [*x*] *x x x*
25 *e-gi-ra-a*-⸢*ti*⸣ [*ina* ^{uru}*ku*-]*ba-na*
26 *a-sa-par di-ib-b*[*i x*⸣ [*x*] ⸢*x*⸣-*ni*
27 *e-gi*-⸢*ra-ti*⸣ [*x x x*]
28 ⸢*šá*$^{!}$ *i-na*⸣-*ṣu-ni* [*ana* LUGAL]
29 *be-lí*-[*i*]*a ú-še*-⸢*ba-la*⸣
30 *ki-ma* LUGAL *ú-nam-ma-šá*
31 *liš-pa-r*[*u*$^{!}$-*u-ni*ʾ *lal*-⸢*li*⸣-*ka*
32 LUGAL *be-lí* ⸢*ul i*$^{?}$⸣-*na-ḫás-si*
33 [*x x x* LUGAL] *be-lí-ia*

„^{1}An den König, meinen Herrn, dein Diener $^{2-3}$ Ulūlāja. Möge es dem König, meinem Herrn, se[hr] gut gehen. ^{4}He[il] sei dem Land [Assyrien], ^{5}Heil sei den Tempel[n], $^{6-7}$Heil sei [allen] [Festu]ngen des Königs. Das Herz ^{8}des Königs, meines Herrn, möge se[h]r zufrieden sein.

$^{9-13}$Die *ṣērāni*-Offiziere von Kummuḫi, ...-sāja, Marqasi, Samʾal, Ṣidūnu (und) Moab, sind gekommen. $^{14-15}$Entsprechend meinem Befehl haben sie die Stadt Kanbisizu (und) Gūzāna passiert. $^{16-17}$Ich habe (darüber) geschrieben. In der Stadt Kuban[a ...] hielten sie sich auf. [...] ^{18}... [...] ^{19}[...] ... [...] ... [...] ^{20} an den K[önig, meinen Herrn,] habe ich geschrieben. ^{21}Die *ṣērāni*-Offizier[e ...] ... haben ^{22}... [...] passiert. ^{23}Nunmehr befinden sie sich in der Stadt Kubana. ^{24}die *ṣērāni*-Offiziere des Landes [...] ... $^{25-26}$Die Briefe habe ich [in Ku]bana geschrieben. Die Worte ... [...] ... ^{27}Die Briefe, [...] $^{28-29}$die sie mir gebracht haben, habe ich [dem König,] [mei]nem Herrn, bringen lassen. $^{30-31}$Wann der König aufbricht, möge er mir schreiben, (denn) ich will kommen. ^{32}Der König, mein Herr, soll nicht zurückweichen. [... der König,] mein Herr.“

Kommentar

32 ⸢*i*$^{?}$⸣-*na-ḫás-si* ist nicht ganz sicher. Man kann auch *i-na-pa-si* lesen und von *napāšu* ableiten oder gar *i-na pa-si* lesen und von *pāsū* ableiten, doch bringt dies kein besseres Verständnis, da der Kontext beschädigt ist.

Text 9

ND 2409 = Iraq 21, Tf. XLIII, Nr. LI

Bearbeitung: Saggs, Iraq 21, S. 160ff.

1 [*a-na* LUGAL⸣ *be-lí-*[*ia*]
2 [ÌR-*k*]*a* ^{I}ITU-KIN-*a-*[*a*]
3 *lu-u šùl-mu a-na* LUGA[L]
4 *be-lí-ia a-dan-niš*
5 *šùl-mu a-na* ^{kur}*aš-šur*
6 *šùl-mu a-na* É.KUR.MEŠ
7 *šùl-mu a-na ḫal-ṣu*.MEŠ
8 *ša* ⸢LUGAL⸣ *gab-*[*bu*]
9 *lìb-bu ša* LUGA[L] *be-*⸢*lí-ia*⸣
10 *a-dan-niš lu-u* DÙG.GA
11 20 *ma-gàr-ru-tú*
12 *ša* ^{lú}*tu*[*r-ta-nu*]
Rs. 1 ⸢40$^{!}$⸣ *ša* ^{l}[^{ú}*x x x*]
2 30 ⸢*ša*⸣ ⸢^{lú}GA]L.BI.LUL
3 ⸢PAP⸣ 90 ⸢*ma-gàr*⸣*-ru-tu*
4 *ša x-up-*[*x*]*-e*$^{?}$
5 *a-na* LUGAL *be-lí-ia*
6 *ú-si-bi-*[*l*]*a*
7 UD 3.KAM *ša* ^{itu}⸢GU$_4$⸣
8 42 BAR.DIL$_4$.MEŠ *ú-*⸢*ba*$^{!}$*-la*$^{!}$⸣

„$^{Vs.1}$[An] den König, [meinen] Herrn, ^{2}[dei]n [Diener] Ulūlāja. $^{3–4}$Möge es dem König, meinem Herrn, sehr gut gehen. ^{5}Heil sei dem Land Assyrien, ^{6}Heil sei den Tempeln, $^{7–8}$Heil sei allen Festungen des Königs. $^{9–10}$Das Herz des Königs, meines Herrn, möge sehr zufrieden sein. $^{11–12}$20 Wagen aus dem Haus des *turtānu*, $^{Rs.1–3}$40 von … […], 30 von dem [Ob]ermundschenk, insgesamt 90 [Wagen] ^{4}von … […] … $^{5–6}$habe ich dem König, meinem Herrn, geschickt. $^{7–8}$Am 3. *Ajar* werde ich (noch) 42 *kusītu-* Gewänder (weiter) bringen lassen.“

Kommentar

Ergänzungen nach Text 4.

Text 10

ND 2372 = Iraq 21, Tf. XLIV, Nr. LIII

Bearbeitung: Saggs, Iraq 21, 163.

Vs.	1	[*a-na*⸣ ⸢LUGAL] ⸢*be-li*⸣*-i*[*a*]
	2	[ÌR]-⸢*ka*⸣ ^{I}[ITU-KI]N-*a-a*
	3	*lu šùl-mu*
	4	*a-na* LUGAL *be-lí-ia*
	5	*a-dan-niš*
	6	*šùl-mu a-na* ^{kur}*aš-šur*^{ki}
	7	*šùl-mu a-na* É.KUR.MEŠ
	8	*šùl-mu a-na bi-ra-ti*
	9	⸢*ša*⸣ [LUGA]L *g*[*ab-bu*]
Rs.	10	[*lìb-bu ša* LUGAL *be-lí-ia*]
	11	[*a-dan-ni*]*š lu* DÙG.GA

„[1][An] den König, mein[en] Herrn, dein [Diener] [Ulūlāja.] [3–5]Möge es dem König, meinem Herrn, sehr gut gehen. [6]Heil sei dem Land Assyrien, [7]Heil sei den Tempeln, [8–9]Heil sei allen Festungen des Königs. [10–11][Das Herz des Königs, meines Herrn,] möge [sehr] zufrieden sein."

Kommentar

Ergänzungen nach Texten 8–9. Der Brief lässt ausser dem Gruss an den König kein weiteres Anliegen erkennen.

Text 11

K. 1295 = ADD 1100; ABL 632

Photo: Barnett, IOTH, 58.
Bearbeitungen: RCAE, Nr. 632; SLA, Nr. 96; Martin, St. Or 8, 49f.; ANET[3], 301; Postgate, TCAE, 152f. (Rs. 3–4); SAA 11, 33.
Kollation: Juni 1995.

Vs.	1	2 MA.NA KÙ.GI
	2	^{kur}É-*am-man-a-a*
	3	1 MA.NA KÙ.GI
	4	^{kur}*mu-ʾ-ba-a-a*
	5	⸢10⸣ MA.NA KÙ.BABBAR
	6	^{kur}*ia-u-da-a-a*
	7	[*x* MA.N]A KÙ.BABBAR
	8	[^{kur}*x x x x*]

9 [*x* MA.NA KÙ.BABBAR$^{?}$]
Rd. 10 [^{kur}*x x x x*]-⌜*a-a*⌝
Rs. 1' [*x* MA.NA KÙ.BABBA]R$^{?}$
2' [^{kur}*gu*]-*ub-la-a-a*
3' [*ana šùl-m*]*u ša* LUGAL EN-*iá*
4' *us-si-bi-*[*l*]*u-u-ni*

„$^{Vs.1–2}$2 Goldminen von den Ammonitern, $^{3–4}$1 Goldmine von den Moabitern, $^{5–6}$10 Silberminen von den Jüdäern, $^{7–8}$[…] Silberminen [von den …] $^{9–10}$[… Silberminen$^{?}$ von den …]-*a-a* $^{Rs.1'–2'}$[… Silbermine]n$^{?}$ [von den Gu]bläern, $^{3'–4'}$haben sie als Wohlsein-Geschenk für den König, meinen Herrn, gesandt."

Kommentar

Vs. 2 Nach ADD 1100, bessere Kopie als ABL 632, kein *-na-* nach *-man*, bestätigt durch Kollation.

Text 12

83-1-18,74 = ABL 1117

Bearbeitung: RCAE II, Nr. 1117; SLA, Nr. 63.

Vs. 1 [*a-na* LUGAL KUR.KUR] *be-lí-ia*
2 Ì[R-*ka* ^{Id}AG-MU-S]I.SÁ ^{d}AG *u* ^{d}AMAR.UTU
3 UD.[MEŠ GÍD.DA MU.]AN.NA.MEŠ *da-ra-a-ta*
4 ^{giš}NÍG.[GIDRU *i-šar-tu*] ^{giš}GU.ZA [*da*]-*ru-ú*
5 *a-na* LUGAL KUR.KUR *be-lí-ia lid-di-nu*
6 ^{lú}*ṣe-ra-né-e šá* ^{I}*na-ad-nu*
7 ^{lú}*na-ba-a-tu-ú-a a-na pa-an* LUGAL TIN.TIR^{ki}
8 *ki-i il-li-ku-ú-ni* 1 ME ^{uru}*ḫi-ta-a-a*
9 *u* 5 ^{uru}*aš-šur šá i-na gú-ta-a*^{ki}
10 *ṣa-ab-tu* ÌR.MEŠ *šá* LUGAL *be-lí-iá*
11 *a-na nu-up-tu* LUGAL TIN.TIR^{ki}
12 *a-na* ^{I}*na-ad-nu ul-te-bi-li*
13 [*x x*] 1 ^{lú}*ḫi-ta-a-a* ÌR *šá* LUGAL EN-*iá*
14 [… (?) *a*]-*na* TIN.TIR^{ki} *ki-i iḫ-li-qa*
15 [*x x x x*] *x-nu ki-i-*⌜*x x*⌝ [*x x*] *x*
16 [*x x x x*] *x-pu-ú* [*x x x*]
17 [*x x* ^{lú}*ḫi-ta-*]*a-a* ÌR LUGAL [*be-lí-i*]*a*$^{!}$
18 [*x x x x*] *x pu is*$^{?}$ [*x x x*]
19 [*x x x x š*]*im* [*x x x*] *ki*$^{?}$
20 [*x x x x x*]-*ti*$^{?}$ [*x x x x*]
Rs. 1' [*x x x x x* ÌR.]MEŠ *šá* LUGAL

2’ [EN-*ia x x x*] *x-ti šá* LUGAL TIN.TIR^{ki}
3’ [*x x x*] *as*$^{?}$*-ba-ta a-na* LUGAL EN-*iá*
4’ [*x x x*]*-ṣi-za-ia a-nu-um-ma*
5’ [*x x x*] *x a-na pa-an* LUGAL EN-*iá*
6’ [*x x x*]*-ra ḫu-ub-tu*
7’ [*x x x*]*-ra-x a-na pa-an* ^{lú}GAL.MEŠ
8’ *a-na* UGU ZIMB[IR^{ki} *a*]*l-ta-par-šú-nu-ti*
9’ *a-du-ú* DINGIR.MEŠ *a-na ba-laṭ* ZI.MEŠ
10’ *šá* LUGAL *be-lí-ia ú-ṣal-li*
11’ ^{I}ŠEŠ-DÙG.GA ^{lú}*ḫi-ta-a-a*
12’ *šá a-na* ^{uru}É*-e-muk-a-ni*
13’ LUGAL EN-*a iš-pa-ru-šú*
14’ *ši-pir-ti šá* LUGAL *a-na* ^{uru}É*-e-muk-a-nu*
15’ *it-ta-din en-na ina pa-an* LUGAL EN-*iá*
16’ [*x x*⌉*-lu-šú ia-a-nu ki-i šá* LUGAL EN-*a*
Rd.17’ *i-li-ʾ-ú li-pu-uš*

„$^{Vs.1}$[An den König der Länder,] meinen Herrn, $^{2–5}$[dein Diener Nabû-šumalī]šir. Nabû und Marduk mögen [lange] Ta[ge,] dauerhafte [Ja]hre, ein [gerechtes] Szep[ter,] einen [da]uerhaften Thron dem König, meinem Herrn, schenken. $^{6–12}$Als die *ṣērāni*-Offiziere von Nādnu, dem Nabatäer, zum König von Babylon gegangen sind, hat der König von Babylon 100 Ḫitäer und 5 Assyrer, die in Kutû gefangen gehalten waren – Diener des Königs, meines Herrn – als besonderes Geschenk zu Nādnu überbringen lassen. $^{13–14}$[...] ein Ḫitäer, Diener des Königs, meines Herrn, ist nach Babylon geflüchtet. ^{15}[...] ... wie/als ... [...] ... ^{16}[...] ... [...] ^{17}[... der Ḫitä]er, Diener des Königs [mein]es [Herrn,] ^{18}[...] ... [...] ^{19}[...] ... [...] ... ^{20}[...] ... [...]
$^{Rs.1’}$[... Diene]r des Königs, $^{2’}$[meines Herrn ...] ... des Königs von Babylon $^{3’}$[...] habe ich ergriffen, den König, meinen Herrn, $^{4’}$[...] ... Nunmehr $^{5’}$[...] ... vor den König, meinen Herrn, $^{6’}$[...] ... Raub $^{7’–8’}$[...] ... die Kommandanten habe [ich] nach Sipp[ar] geschickt. $^{9’–10’}$Nun flehe ich die Götter für die Lebenserhaltung des Königs, meines Herrn, an. $^{11’–15’}$Aḫi-ṭâbu, der Ḫitäer, dem der König, mein Herr, nach Bīt-Amukāni gesandt hat, hat die Botschaft des Königs für Bīt-Amukāni übermittelt. Nun hat er vor den König, meinen Herrn, $^{16’–Rd.17’}$[...] ... ist nicht. Der König, mein Herr, möge tun, was er vermag.“

Text 13

83-1-18,29 = ABL 350

Bearbeitung: RCAE I, Nr. 350, SLA, Nr. 24; Klauber, AB, 16.

Vs. 1 *a-na* LUGAL KUR.KUR *be-lí-ia*
2 ÌR-*ka* ^{Id}AG-MU-SI.SÁ
3 ^{d}AG *u* ^{d}AMAR.UTU UD.MEŠ GÍD.DA.MEŠ
4 MU.AN.NA.MEŠ *da-ra-a-ta*
5 ^{giš}NÍG.GIDRU *i-šar-ti* ^{giš}GU.ZA
6 *da-ru-ú a-na* LUGAL KUR.KUR
7 *be-lí-iá lid-din-nu a-na* UGU
8 ^{lú}*qí-dar-ra-a-a šá* LUGAL
9 *be-lí-a ṭè-e-mu iš-kun-an-ni*
10 *a-na* KUR *ki-i al-li-ku*
11 *i-na šim-ti šá* LUGAL *be-lí-iá*
12 *di-ik-ta-šú-nu ma-ʾ-*⸢*da*⸣*-ti*
13 *ù* UZU *kap-pa-a-*[*a i-na*$^{?}$ *da-*]*me*
14 [*x x x*] ⸢*x x x x x*⸣
(Ende weggebrochen)

Rs. (Anfang weggebrochen)
1' [*x x*] *x* LUGAL-*u-tú* [*x x x*]
2' *ap-pi-tim-ma ki-i*
3' *im-ḫa-aṣ-šú-nu-ti ig-da-ru*
4' *ù a-de-e šá* LUGAL *be-lí-iá*
5' *ki-i ik-šu-du-šú-nu-ti*
6' *šá la-pa-an* GÌR AN.BAR *ú-še-zi-bu*
7' *ina bu-bu-tu i-ma-ti*

„$^{Vs.1-2}$An den König der Länder, meinen Herrn, dein Diener, Nabû-šuma-līšir. $^{3-7}$Nabû und Marduk mögen dem König lange Tage, dauerhafte Jahre, ein gerechtes Szepter, (und) einen dauerhaften Thron schenken. Bezüglich $^{8-9}$der Gidirīja, worüber mir der König, mein Herr, Bescheid erteilte, $^{10-12}$was dieses Land (eben) anbelangt – als ich (dorthin) mit der Bestimmung des Königs, meines Herrn, kam, (fand) ein riesiges Gemetzel unter ihnen (statt), ^{13}und [meine] Handfläche [… mit Bl]ut ^{14}[…] … […] (*Ende weggebrochen*)

$^{Rs.}$(*Anfang weggebrochen*) $^{1'}$[…] … die Königsherrschaft […] $^{2'-3'}$Sobald er sie schlug, gerieten sie in Angst. $^{4'-5'}$Und als die (Verordnungen des) Eids des Königs, meines Herrn, sie erreichten, $^{6'-7'}$wer sich dem eisenen Schwert entkam, der starb am Hunger."

Kommentar

Vs. 13 AHw I 444 B schlägt vor, etwa [*ma-li da*]-*me* „[meine] Handflächen [wurden voll Bl]ut" zu ergänzen. Doch ist diese Ergänzung angesichts des lückenhaften Kontexts nicht sicher. Ausserdem wäre die Lücke viel zu klein.

Text 14

K 937, Vs. 4'–15' = ABL 564

Bearbeitung: RCAE I, Nr. 564; Klauber, AB 10, 33; SAA 15, 168.

4' ^{I}*am-ia-ta-*' ⸢LÚ.2-*u*⸣ [ÌR *ša* LUGAL]
5' ⸢EN-*i*]*a ina pa-ni* LUGAL *be-lí-iá*
6' *e-ta-reb* 2 ME 50 ^{lú}*kal-*⸢*da*⸣*-a-a*
7' *ù* ^{lú}*qur-bu-tú i-si-šú*
8' *na-ṣa it-tal-ku-u-ni*
9' É ^{I}*am-ia-ta-*'
10' ÌR *ša* LUGAL *be-lí-iá e-ta-ra-bu*
11' GÉME.MEŠ *iḫ-te-si ina lìb-bi*
12' *ka-dam*$^{!}$*-ma-ti e-te-si-pi*
13' ŠÁH.MEŠ-*šú uṭ-ṭa-bi-ḫi*
14' *ù* ^{lú}ERIM.MEŠ *gab-bi am-mar*
15' *i-si-šú il-li-ku-u-ni-ni*

„$^{4'-8'}$Als Amiate', der Abgesandte, [Diener des Königs, mei]nes Her[rn,] zur Audienz beim König, meinem Herrn, eintraf, brachte er 250 Kaldäer und einen *qurbūtu-Offizier* mit sich. Sie kamen $^{9'-12'}$ins Haus des *Amiate*', des Dieners des Königs, meines Herrn. Er hat die Mägde misshandelt und in den Kerker$^{?}$ gesteckt $^{13'-15'}$und alle Männer, soviel sie mit ihm kamen, hat er hingeschlachtet."

Text 15

K 562 = ABL 260

Bearbeitung: RCAE I, Nr. 260 und SLA, Nr. 91.

Vs. 1 *a-na* LUGAL KUR.KUR *be-lí-iá*
2 ÌR-*ka* ^{Id}AG-MU-SI.SÁ
3 ^{d}AG *u* ^{d}AMAR.UTU UD.MEŠ GÍD.DA.MEŠ
4 MU.AN.NA.MEŠ *da-ra-a-ti*
5 ^{giš}NÍG.GIDRU *i-šar-tu* ^{giš}GU.ZA

6 *da-ru-ú a-na* LUGAL KUR.KUR
7 *be-lí-ia lid-di-nu*
8 *a-na* UGU *šá* LUGAL *be-lí-a*
9 *tè-e-me iš-kun-an-ni*
10 *um-ma ṭè-em šá* ^{lú}*ar-a-bi*
11 *ma-la ta-šim-mu-ú*
12 *šup-ra a-lak-ti ši-i*
Rs. 1 *ul-tu* ^{lú}*ni-ba-ʾ-a-ti*
2 *ki-i tu-ṣa-a* ^{Id}*a-a-ka-ma-ru*
3 DUMU-*šú šá* ^{I}*am-me-ʾ-ta-ʾ*
4 ^{lú}*bar-ʾ-a-a a-na muḫ-ḫi-šú-nu*
5 *ki-i it-bu-ú* ERIM.MEŠ *id-duk*
6 *ù iḫ-ta-bat* 1-*en ina lìb-bi-šú-nu*
7 *ki-i ú-še-zi-bu*
8 *a-na lìb-bi* URU *šá* LUGAL *i-ter-ba*
9 *a-du-ú a-na* LUGAL *be-lí-ia*
10 *al-tap-raš-šú* LUGAL
11 *šá pi-i-šú liš-mi*

„$^{\text{Vs.1–2}}$An den König der Länder, meinen Herrn, dein Diener Nabû-šuma-līšir. $^{\text{3–7}}$Nabû und Marduk mögen dem König der Länder, meinem Herrn, lange Tage, dauerhafte Jahre, ein gerechtes Szepter und einen dauerhaften Thron schenken.

$^{\text{8–12}}$Bezüglich dessen, worüber mir der König, mein Herr, folgenden Bescheid erteilt hat: ‚Schicke (mir) Nachtrichten über die Araber, welche auch immer du hörst.' Als die Karawanen, $^{\text{Rs.1–7}}$das (Land) der Nabatäer verliessen, hat (sie) Aja-kamaru, der Sohn des Amme'ta', aus (dem Stamm) der Bara'āja, angegriffen, Menschen getötet und geplündert. (Nur) ein Einziger unter ihnen hat sich retten können. $^{\text{8}}$Er ist in der Stadt des Königs eingetroffen. $^{\text{9–11}}$Nun habe ich dem König, meinem Herrn, geschrieben. Der König möge es aus seinem (eigenen) Mund erfahren."

Text 16

K 607 = ABL 262, Vs.

Bearbeitung: RCAE I, Nr. 262.

1 *a-na* LUGAL KUR.KUR *be-lí-ia*
2 ÌR-*ka* ^{Id}AG-MU-SI.SÁ
3 ^{d}AG *u* ^{d}AMAR.UTU UD.MEŠ GÍD.DA.MEŠ
4 MU.AN.NA.MEŠ *da-ra-a-ti*
5 ^{giš}NÍG.GIDRI *i-šar-tu* ^{giš}GU.ZA *da-ru-ú*
6 *a-na* LUGAL KUR.KUR *be-lí-ia lid-di-nu*
7 LÚ KUR ^{lú}*aš-šur*^{ki}.MEŠ ÌR.MEŠ

8 *šá* LUGAL *šá a-na na-da-n*[*u*$^{!}$] *ma-ḫa-ru*
9 *a-na* ^{uru}BI.BAR.BAR EME [*i*]*š-ku-nu*
10 ^{lú}*a-ra-bu a-na muḫ-ḫi-šú-nu*
11 *ki-i it-bu-ú* 30 LÚ KUR ^{d}*aš-šur*.MEŠ
12 ^{lú}EN.MEŠ ^{uru}*ḫa-lu-le-e*
13 *ù* 20 ^{lú}*bir-ta-a-a* ÌR.MEŠ *šá* LUGAL
14 *it-ti-šú-nu iḫ-bil* LÚ
15 *ul-tu lìb-bi-šú-nu ki-i ú-še-zi-ba*
16 [*x x x*]*-di-a ina šim-ti*
17 [*x x x x* L]UGAL *be-lí-ia*
18 [*x x x x x x*] *ki* ⌜ÌR$^{?}$⌝

„[1–2]An den König der Länder, meinen Herrn, dein Diener Nabû-šuma-līšir. [3–6]Nabû und Marduk mögen dem König der Länder, meinem Herrn, lange Tage, dauerhafte Jahre, ein gerechtes Szepter und einen dauerhaften Thron schenken.

[7–9]Die Assyrer, Diener des Königs, die man zur Geschäftsverhandlung in der Stadt Bibarbar eingesetzt hatte [10–15]als sich die Araber gegen sie empörten, haben sie 30 Assyrer, Magnaten der Stadt Ḫalulê und 20 Biratäer, Diener des Köngis, unter ihnen überfallen. (Nur) ein Mann von ihnen hat sich retten können. [16][…] mit dem Schicksal [17][…] der König, mein Herr, [18][…] … ein Diener$^{?}$."

Kommentar

9 Die Lesung des ON ^{uru}BI.BAR.BAR ist nicht sicher. Er ist nur hier belegt.

7

Appendix 2: Tabellarische Übersichten

7.1 Chronologische Übersicht

Assyrische Könige	Babylonische Könige	Moabitische Könige
Tiglat-pileser I. (1115– 1077)		(Sedentarisationsprozess) ↓
Aššur-apal-ekur (1076/1075–1074)		↓ ↓
Aššur-bēl-kala (1073– 1056)		↓ ↓
Eriba-Adad II. (ca. 1055–1054)		↓ ↓
Šamšī-Adad IV. (1053– 1050)		↓ ↓
Aššur-nāṣir-apli I. (ca. 1049–1031)		↓ ↓
Salmanassar II. (1030 – 1019)		↓ ↓
Aššur-rēš-iši II. (ca. 971 – 967)		↓ ↓
Tiglat-pileser II. (966 . 935)		Kemošyat (Staatsbildung)
Aššur-dān II. (934 – 912)		
Adad-nārārī II. (911 – 891)		
Tukulti-Ninurta II. (890 – 884)		
Aššur-nāṣir-apli II. (883 – 859)		Meša ↓
Salmanassar III. (858 – 824)		[...]
Šamšī-Adad V. (823 – 810)		[...]

Assyrische Könige	**Babylonische Könige**	**Moabitische Könige**
Adad-nārārī III. (809 – 782)		[...]
Salmanassar IV. (781 – 772)		[...]
Aššur-dān III. (771 – 754)		[...]
Aššur-nārārī V. (753 – 746)		Salamānu ↓
Tiglat-pileser III. (745 – 727)		↓
Salmanassar V. (726 – 722)		(?) ↓
Sargon II. (721 – 704)		Kammasu-nādbi ↓
Sanherib (703 – 681)		↓
Asarhaddon (680 – 669)		Muṣuri ↓
Assurbanipal (668 – 626)		Kamas-ḫaltâ
Aššur-etil-ilāni (625 – 621)	Nabopolassar (625– 605)	[...]
Sîn-šarru-iškun (620–612?)	↓	[...]
Aššur-uballiṭ II. (?)	↓	[...]
	Nebukadnezar II. (604– 562)	[...]
	Amel-Marduk (561– 560)	∅
	Nergal-šar-uṣur (559– 556)	∅
	Nabonid (555–534)	∅

Symbole

[...] kein Beleg von Moab in den Quellen

∅ kein direkter oder indirekter Beweis für die Existenz des moabitischen Staates

7.2 Übersicht der Haupttexte

Textnummer	Fund-/Museumsnr.	Publikation	Absender	Adressat	Herkunft	Datierung
Text 1	ND 2715	Iraq 17, Tf. 30,12	Qurdi-Aššur	Tiglat-pileser III.	Tyrus/Ṣidūnu	734–727 v.Chr.
Text 2	ND 2686	Iraq 17, Tf. 31,13	Qurdi-Aššur	Tiglat-pileser III.	Tyrus/Ṣidūnu	734–727 v.Chr.
Text 3	ND 2773	Iraq 17, Tf. 32,14	Qurdi-Aššur	Tiglat-pileser III.	Tyrus/Ṣidūnu	734–727 v.Chr.
Text 4	ND 10030	CTN III, Tf. 43, Nr. 143	[...]	Tiglat-pileser III.	[...]	734–727 v.Chr.
Text 5	ND 400	Iraq 13, Tf. 11				
Text 6	ND 2765	Iraq 17, Tf. 33,16	Marduk-remānni	Sargon II.	Kalḫu	714 v.Chr.
Text 7a	Sm. 2022	Win. II, Tf. 45				
Text 7b	K 1671+1668a	Win. II, Tf. 44 II D				
Text 7c	Prunkinschrift	Win. II, Tf.				
Text 8	ND 2762	Iraq 21, Tf. 43,50	Ulūlāja	Sargon II.	Kubana	707 v.Chr.
Text 9	ND 2409	Iraq 21, Tf. 43,51	Ulūlāja	Sargon II.	Kubana	709/708 v.Chr.
Text 10	ND 2372	Iraq 21, Tf. 44,53	Ulūlāja	Sargon II.	Kubana (?)	709–706 v.Chr.
Text 11	K 1295	ADD 1100 und ABL 632	Ø	Sanherib	Ø	ab 700 v.Chr
Text 12	83-1-18,74	ABL 1117	Nabû-šuma-līšir	Assurbanipal	Palästina/Transjordanien	651 v.Chr.
Text 13	83-1-18,29	ABL 350	Nabû-šuma-līšir	Assurbanipal	Palästina/Transjordanien	649/648 v.Chr.
Text 14	K 937	ABL 564	Nabû-šuma-līšir	Assurbanipal	Palästina/Transjordanien	z.Zt. Assurbanipals
Text 15	K 562	ABL 260	Nabû-šuma-līšir	Assurbanipal	Palästina/Transjordanien	z.Zt. Assurbanipals
Text 16	K 607	ABL 262	Nabû-šuma-līšir	Assurbanipal	Palästina/Transjordanien	z.Zt. Assurbanipals
	*K 4693	CT 53, Nr. 71	Nergal-balliṭ	Sargon II.	Palästina/Syrien	720 v.Chr.
	*K 7514	CT 53, Nr. 388	[...]	Sargon II.	Palästina/Syrien	um 720 v.Chr.
		*ABL 218	Nergal-balliṭ	Sargon II.		

Texte mit einem Sternchen (*) sind im Kontext des Hauptkorpus bearbeitet.
[...]: Absender oder Adressat ist nicht mehr im Text erhalten.
Ø : Absender oder Adressat sind nicht im Text vorhanden.

8

Abkürzungen

8.1 Allgemeine Abkürzungen

D	D-Stamm	Ptz.	Partizip
Dt	Dt-Stamm	Pl.	Plural
Dtn	Dtn-Stamm	PN	Personenname
EN	Eigenname	Prt.	Präteritum
ePP	enklitisches Personalpronomen	Rs.	Rückseite
		Sg.	Singular
Frag.	Fragment	Š	Š-Stamm
G	G-Stamm	Št.	Št-Stamm
GN	Gottesname	TN	Toponym
Gt	Gt-Stamm	Gtn	Gtn-Stamm
ON	Ortsname	Vs.	Vorderseite

8.2 Bibliographische Abkürzungen

Die Abkürzungen folgen im allgemeinen dem im *Handbuch der Keilschriftliteratur*, Bd. I–III, Berlin (1967, 1975) von R. Borger verwendeten Abkürzungssystem. Die sonstigen Abkürzungen, die dort nicht erscheinen, werden hier zusammengestellt.

AASOR	Annual of the American Schools of Oriental Research
AbB	F. R. Kraus: Altbabylonische Briefe
ABC	A. K. Grayson: Assyrian and Babylonian Chronicles
AHBJ	E. Vogt: Der Aufstand Hiskiahs und die Belagerung Jerusalems 701 v. Chr.
ADAJ	Annual of Department of Antiquities of Jordan
ÄAT	Ägypten und Altes Testament
AGE	K. L. Tallqvist: Akkadische Götterepitheta
AHw.	W. von Soden: Akkadisches Handwörterbuch
AMI	Archäologische Mitteilungen aus Iran
$ANET^3$	J. B. Pritchard (Hrsg.): Ancient Near Eastern Texts Relating to the Old Testament
AnOr	Analecta Orientalia

Anp.	Y. Le Gac: Les inscriptions d'Aššur-naṣir-aplu III, roi d'Assyrie (885–860 av. J.-C.)
ANRW	Aufstieg und Niedergang der römischen Welt
APA	Acta Praehistorica et Archaeologica
APN	K. L. Tallqvist: Assyrian Personal Names
ARAB	D. D. Luckenbill: Ancient Records of Assyria and Babylonia.
ARI	A. K. Grayson: Assyrian Royal Inscriptions
ARRIM	Annual Review of the Royal Inscriptions of Mesopotamia Project
Asb.	Th. Bauer: Das Inschriftenwerk Assurbanipals
Ash.	R. Borger: Die Inschriften Asarhaddons, Königs von Assyrien
ASS	M. Dietrich: Die Aramäer Südbabyloniens in der Sargonidenzeit
ATD	Das Alte Testament Deutsch
BagM Beih.	Baghdader Mitteilungen Beiheft
Balawat	F. Delitzsch / A. Billerbeck: Die Palasttore Salmanassars „II". von Balawat
BASOR	Bulletin of the American Schools of Oriental Research
BAT	Biblical Archaeology Today
BBVO	Berliner Beiträge zum Vorderen Orient
BChron.	Babylonische Chronik; CT 34, Tf. 43–50
BÉHÉ	Bibliotheque de l'Éole des hautes études, IVe section
BIA	R. Borger: Beiträge zum Inschriftenwerk Assurbanipals
Bib.	Biblica, commentari periodici Pontificii Instituti Biblici
Bib. Arch.	The Biblical Archaeologist
Bib. St.	Biblische Studie
BK	Zürcher Bibelkommentare
BZ	Biblische Zeitschrift
BZL^{2}	R. Borger: Assyrisch-babylonische Zeichenliste
CAD	A. L. Oppenheim, u. a. (Hrsg.): The Assyrian Dictionary of the University of Chicago
CAH	J. B. Bury (u. a.) (Hrsg.): The Cambridge Ancient History
Cat.	C. Bezold: Catalogue of the Cuneiform Tablets in the Kouyunjik Collection
Chic.	Chicago-Prima Sanheribs; D. D. Luckenbill: The Annals of Sennacherib, 163–187
CM	Cuneiform Monographs
CSMS	The Canadian Society for Mesopotamian Studies
CT	Cuneiform Texts from Babylonian Tablets in the British Museum
CTCA	A. Herdner, Corpus des tablettes en cuneiformes alphabétiques découvertes à Ras Shamra-Ugarit

CTN	Cuneiform Texts from Nimrud
DDD	K. van der Toorn (et al.) (Hrsg.), Dictionary of Deities and Demons in the Bible
EChron.	Esarhaddon Chronicle; S. Smith: Babylonian Historical Texts, Tf. I–III (BM 25091)
Ep. C^a	Eponymen-Canon a; A. Ungnad, in RlA 2 (1938) 412ff.
Ep. C^b	Eponymen-Canon b; A. Ungnad, in RlA 2 (1938) 412ff.
Ep. Can.	siehe Smith, Ep. Can.
Er.-Ep.	L. Cagni: Das Erra-Epos
Est. B	Estudios bílbicos
FCS	S. Smith: The First Campaign of Sennacherib
FRLANT	Forschungen zur Religion und Literatur des Alten und Neuen Testaments
Fuchs, ISK	A. Fuchs: Die Inschriften Sargons II. aus Khorsabad
GA	A. Ungnad / L. Matouš: Grammatik des Akkadischen
GAG	W. von Soden: Grundriß der akkadischen Grammatik
GKA	H. Klengel: Geschichte und Kultur Altsyriens
GS 2	H. Klengel: Geschichte Syriens im 2. Jahrtausend v. u. Z.
HAO	W. von Soden: Herrscher im Alten Orient
HAT	Handbuch zum Alten Testament
HIKI	K. Jaroš: Hundert Inschriften aus Kanaan und Israel
HRJ	G. W. Vera Chamaza: Hizkijjahu rey de Judá
ISK	A. Fuchs: Die Inschriften Sargons II. aus Khorsabad
ITN	W. Weidner: Die Inschriften Tukulti-ninurtas I. und seiner Nachfolger
JANES	The Journal of the Ancient Near Eastern Society of Columbia University
JBL	Journal of the Biblical Literature and Exegesis
JEA	Journal of Egyptian Archaeology
KAI	H. Donner / W. Röllig: Kanaanäische und Aramäische Inschriften
King., Cat. Supl.	L. W. King: Catalogue of the Cuneiform Tablets in the Kouyunjik Collection
KTU	M. Dietrich / O. Loretz / J. Sanmartin: Die keilalphabetischen Texte aus Ugarit
LAS	S. Parpola: Letters from Assyrian Scholars to the Kings Esarhaddon and Assurbanipal
Lyon, Sg.	D. G. Lyon: Keilschrifttexte Sargon's, Königs von Assyrien
MEA^6	R. Labat / F. Malbran-Labat: Manuel d'épigraphie akkadienne
Menzel, AT	B. Menzel, Assyrische Tempel
M-I	Mescha-Inschrift; H. Donner / W. Röllig: Kanaanäische und aramäische Inschriften. Bd. 1. Wiesbaden ^{5}2002. S. 41f., Nr. 181.

MIO	Mitteilungen des Instituts für Orientforschung
MRS	Mission de Ras Shamra
NAT	S. Parpola: Neo-Assyrian Toponyms
Nbk.	J. N. Strassmaier: Inschriften von Nabuchodonosor, König von Babylon
OBO	Orbis Bilbicus et Orientalis
OG	G. W. Vera Chamaza: Die Omnipotenz Aššurs
OLA	Orientalia Lovaniensia Analecta
P a+b	Prisma a+b Sargons; H. Winckler: Keilschrifttexte Sargons, Bd. 2, Tf. 44 II D (K1672+1668a); Text 7a und 7b
PBC	Pinches, Berens Collctions
PE	E. Forrer: Die Provinzeinteilung des assyrischen Reiches
PEA	R. C. Thompson: The Prisms of Esarhaddon and Ashurbanipal found at Nineveh
PKB	J. A. Brinkman: A Political History of Post-Kassite Babylonia
PHAK	Palästina Historisch-archäologische Karte
PIHANS	Publications de l'Institut historique-archéologique néerlandais de Stamboul
PNAE	The Prosopography of the Neo-Assyrian Empire. Helsinki 1998ff.; hrsg. von K. Radner (Bd. 1/I–II) und H. D. Baker (Bd. 2/I–II, 3/I)
PNPI	J. Stark: Personal Names in Palmyrene Inscriptions
RAI	Rencontre Assyriologique Internationale
Rass.	Rassam-Cylinder Sanheribs; B. Evetts, ZA 3 (1888) 311–319
RES	Repertoire d'épigraphie sémitique
RGTC	Répertoire géographique de texts cunéiformes zum Tübinger Atlas des Vorderen Orients
RIMA	The Royal Inscriptions of Mesopotamia Assyrian Periods
RIMS	The Royal Inscriptions of Mesopotamia Supplements
RlA	E. Ebeling (u. a.) (Hrsg.): Reallexikon der Assyriologie und Vorderasiatischen Archäologie
Rost, Tgl. III.	P. Rost: Die Keilschrifttexte Tiglat-Pilesers III.
RSO	Revista degli studi orientali
SAA	State Archives of Assyria
SAAB	State Archives of Assyria Bulletin
SAAS	State Archives of Assyria Studies
SÄK	Studien zur altägyptischen Kultur
SBLMS	Society of Biblical Literature Monographs Series
SBT SS	Studies in Biblical Theology, Second Series
Scr. Hier.	Scripta Hierasolymitana
Scheil, TN II.	V. Scheil: Annales de Tukulti-Ninip II

Sg. Ann.	Annalen Sargons. Editionen: • H. Winckler: Keilschrifttexte Sargons, Bd. 1, S. 1–79 • A. G. Lie: The Inscriptions of Sargon II • A. Fuchs: ISK, S. 82–188
Sg. Prunk.	Prunkinschrift Sargons. Editionen: • H. Winckler: Keilschrifttexte Sargons, Bd. 1, S. 96–135 • A. Fuchs: ISK, S. 189–248
Sg. Schwellen.	Schwelleninschriften Sargons. Editionen: • H. Winckler: Keilschrifttexte Sargons, Bd. 1, S. 136–163 • A. Fuchs: ISK, S. 249–275
SHAJ	A. Hadidi (Hrsg.): Studies in the History and Archaeology of Jordan
SHANE	Studies in the History of the Ancient Near East
SLA	R. H. Pfeiffer: State Letters of Assyria
Smith, Ep. Can.	G. Smith: The Assyrian Eponym Canon
SMSR	Studi e materiali di storia delle religioni
Snh.	D. D. Luckenbill: The Annals of Sennacherib
St. Bib. Franz.	Studii Biblici Francicani Liber Annus
Šmš	C. F. Lehmann-Haupt: Šamaššumukîn, König von Babylon
TAVO	Tübinger Atlas des Vorderen Orients
Tayl.	Taylor-Prima Sanheribs; 1R, Tf. 37–42; D. D. Luckenbill: The Annals of Sennacherib, 23–47, 128–131
TCAE	J. N. Postgate: Taxation and Conscription in the Assyrian Empire
TCL 3+	TCL 3 + VAT 8698a–C (B. Meissner, ZA 34 (1922) 113ff.) + KAH II, 141, I–IV
Tgl. III. Ann.	P. Rost: Die Keilschrifttexte Tiglat-Pilesers III.
Tn I.	L. W. King: Records of the Reign of Tukulti-Ninib I, King of Assyria
TNAS	L. D. Lavine: Two Neo-Assyrian Stelae from Iran
TNB	K. L. Tallqvist: Neubabylonisches Namenbuch zu den Geschäftsurkunden aus der Zeit des Šamaššumukîn bis Xerxes
TR	Texte aus Tell al-Rimah
TUAT	Texte aus der Umwelt des Alten Testaments
UKN	Urartskie Klinoobraznye Nadpisi
UTB	C. H. Gordon: Ugaritic Textbook
UVB	Vorläufiger Bericht über die von der Notgemeinschaft der Deutschen Wissenschaft in Uruk-Warka unternommenen Ausgrabungen
Virolleaud, Sin	Ch. Virolleaud: L'astrologie chaldéenne, le livre intitulé «Sin»
WA	World Archaeology

Winckler, Sargon	H. Winckler: Die Keilschrifttexte Sargons nach den Papierabklatschen und Originalen neu herausgegeben
VT(Sup)	Vestus Testamentum (Supplement)
ZAW	Zeitschrift für die alttestamentliche Wissenschaft
ZDPV	Zeitschrift des Deutschen Palästina-Vereins

8.3 Symbole

[ ]	Ergänzung
[…]	Lücke unbestimmbaren Umfangs
[*x x x*]	Lücke annähernd bestimmbaren Umfangs
⸢ ⸣	Nur zum Teil erhaltene Zeichen
‹ ›	Zeichen, die vom antiken Schreiber ausgelassen wurden, aber zu ergänzen sind
« »	Zeichen, die vom antiken Schreiber geschrieben wurden, aber zu tilgen sind
*	Kollation
x	Unlesbares Zeichen

9

Bibliographie

Adams, R.: Romancing the Stones. New Light on Glueck's 1934 Survey of Eastern Palestine as a Result of recent Work by the Wadi Fidan Projekt. In P. Bienkowski (Hrsg.): Early Edom and Moab. The Beginning of the Iron Age in Southern Jordan. Sheffield Archaeological Monographs 7. Sheffield 1992. 177ff.

Aharoni, Y.: The Land of the Bible. London 1966.

— Arad. Its Inscriptions and Temples. Bib. Arch. 31 (1968) 2ff.

Aharoni, Y. / Avi-Yonah, M.: The Machmillan Bible Atlas. New York 1968.

— / — Der Bibel-Atlas. Die Geschichte des Heiligen Landes 3000 Jahre vor Christus bis 200 Jahre nach Christus. 264 Karten mit kommentierendem Text. Augsburg 1990.

Ahlström, G. W.: Royal Administration and National Religion in Ancient Palestine: SHANE 1. Leiden 1982.

— Who Were the Israelites? Winona Lake, Indiana, 1986.

— Diffusion in Iron Age Palestine. Some Aspects. Scandinavian Journal of the Old Testament 1 (1990) 81ff.

Albright, W. F.: Explorations in Eastern Palestine, I. AASOR 14 (1933) 1ff.

— Soundings at Ader, a Bronze Age City in Moab. BASOR 53 (1934) 13ff.

— The Land Damaskus between 1850 and 1750 B. C. BASOR 83 (1941) 30ff.

— Further Light on Synchronisms between Egypt and Asia in the Period 935–685 B. C. BASOR 141 (1956) 23ff.

Alt, A.: Kleine Schriften zur Geschichte des Volkes Israel. Bd. I. München ^{4}1968.

Anbar, M.: La distribution géographique des Beni-yamina d'après les archives royales de Mari. In J. M. Durand / F.-R. Kupper (Hrsg.): Miscellanea Babylonica. Mélanges offerts á Maurice Birot. Paris 1985. S. 17ff

Arbino, G. P.: Effects of Neo-Assyrian Administration on Populations West of the Euphrates. UMI Diss. Ann Arbor, Michigan, 1995.

Astour, M. C.: The Origen of the Terms "Canaan", "Palestine", and "Purple". JNES 24 (1965) 346ff.

— Some Divine Names from Ugarit. JAOS 86 (1966) 278ff.

— Two Ugaritic Serpent Charms. JNES 27 (1968) 20ff.

— The Nether World and its Denizens at Ugarit. Mesopotamia 8 (1980) 227ff.

— The Ḫapiru in the Amarna Texts. Basic Points of Controversy. UF 31 (1999) 31ff.

Asurmendi, J. M.: La guerra Siro-Efraimita. Historia y profetas. Institución san Jerónimo 13. Valencia 1981.

Aufrecht, W. E. / Shury, W. D.: Three Iron Age Seals. Moabite, Aramaic and Hebrew. IEJ 48 (1998) 57ff.

Bär, J.: Der assyrische Tribut und seine Darstelltung. Eine Untersuchung zur imperialen Ideologie im neuassyrischen Reich. AOAT 243. Kevelaer/Neukirchen-Vluyn 1996.

Bartlett, J. R.: The Historical Reference of Num. xxi,27–29. PEQ 101 (1969) 94ff.

— The Moabites and Edomites. In D. J. Wiseman: Peoples of Old Testament Times. Oxford 1973. S. 229ff.

— The „United" Campaign againt Moab in Kings 3:4–27. In J. F. Sawyer / D. J. A. Clines (Hrsg.): Midian, Moab and Edom. o. O. 1983. S. 135ff.

Bauer, Th.: Das Inschriftenwerk Assurbanipals. 2 Bde. Leipzig 1933.

Behrens, E.: Assyrisch-babylonische Briefe kultischen Inhalts. LSS 2/II. Leipzig 1906.

Belck, W. / Lehmann, C. F.: Ein neuer Herrscher von Chaldia. ZA 9 (1894) 82ff. 339ff.

Bernhard, K. H.: Beobachtungen zur Identifizierung moabitischer Ortslagen. ZDPV 76 (1960) 137ff.

— The Political Situation in the East of Jordan during the Time of the King Mesha. SHAJ I (1982) 163ff.

Bezold, C.: Catalogue of the Cuneiform Tablets in the Kouyunjik Collection. Bd. I–IV. London 1889–1896.

Bing, J. D.: A History of Cilicia during the Assyrian Period. Ph. D. Ann Arbor, Michigan, 1969.

Birot, M.: Figure dans l'étude de A. Duport-Sommer, sur les débuts de l'histoire araméene. In *Congress Volume.* VTSup 1. Leiden 1953. S. 40ff.

— Textes administratifs de la salle 5. Archives royales de Mari 9. TCL 30. Paris 1960.

Böhl, F. M. Th.: Opera Minora, studies en bijdragen op Assyriologisch en Oudtestamentisch terrein. Groningen/Djakarta 1953.

Bonder, B.: Mesha's Rebellion against Israel. JANES 3 (1970/1971) 88ff.

Boraas, R. S.: Heshbon 1976. The Fifth Campaign at Tell Hesban. Berrien Springs, MI, 1978.

Boraas, R. S. / Geraty, L. T.: Heshbon 1974. The Fourth Campaign at Tell Hesban. Berrien Springs, MI, 1976.

Boraas, R. S. / Horn, S. H.: Heshbon 1973. The Third Campaign at Tell Hesban. Berrien Springs, MI, 1975.

Borger, R.: Die Inschriften Asarhaddons, König von Assyrien. AfO Beih. 9. Graz 1956.

— Assyriologische und altarabische Miszellen. Or NS 26 (1957) 1ff.

— Einleitung in die assyrischen Königsinschriften. Erster Teil: Das zweite Jahrtausend v. Chr. HdO 5. Leiden/Köln 1964.
— Der Aufstieg des neubabylonischen Reiches. JCS 19 (1965) 59ff.
— Handbuch der Keilschriftliteratur. 3 Bde. Berlin 1967–1975.
— Babylonisch-assyrische Lesestücke. 2 Bde. AnOr 54. Rom ^{2}1979.
— Assyrisch-babylonische Zeichenliste. AOAT 33. Kevelaer/Neukirchen-Vluyn ^{2}1981.
— Historische Texte in akkadischer Sprache. In O. Kaiser (Hrsg.): Texte aus der Umwelt des Alten Testaments. Bd. 1. Gütersloh 1982–1985. S. 354ff.
— Beiträge zum Inschriftenwerk Assurbanipals. Die Prismenklassen A, B, C=K, D, E, F, G, H, J und T. Sowie andere Inschriften. Mit einem Beitrag von Andreas Fuchs. Wiesbaden 1996.
Borger, R. / Tadmor, H.: Zwei Beiträge zur alttestamentlichen Wissenschaft aufgrund der Inschriften Tiglatpilesers III. ZAW 94 (1982) 245ff.
Bottéro, J.: Le problème des Habiru à la 4e recontre assyriologique internationale. Paris 1954.
Bright, J.: La historia de Israel. Bilbao 1970.
Brinkman, J. A.: A Political History of Post-Kassite Babylonia 1158–722 B. C. AnOr 43. Rom 1968.
— Sennacherib's Babylonian Problem. An Interpretation. JCS 25 (1973) 89ff.
— A Futher Note on the Date of the Battle of Qarqar and Neo-Assyrian Chronology. JCS 30 (1978) 173ff.
Brown, R. M.: Ceramic from the Kerak Plateau. In J. M. Miller (Hrsg.): Archaeological Survey of the Kerak Plateau. Atlanta 1991. S. 169ff.
Brown, S. C.: The Collapse of the Neo-Assyrian Empire. CSMS 34 (1999) 69ff.
Buccellati, G.: "River Bank", "High Country" and "Pasture Land". The Growth of Nomadism on the Middle Euphrates and Khabur. In S. Eichler / M. Wäfler / D. Warburton (Hrsg.): Tell Al-Hamādīja 2. OBO Series Archaeologica 6. Fribourg 1990. S. 87ff.
Budge, E. A.: CT 25. London 1909 (Nachdruck 1967).
Budge, E. A. W. / King, L. W.: Annals of the Kings of Assyria. London 1902.
— CT 8. London 1899 (Nachdruck 1961).
Burrows, E.: Ur. Exacavations. Texts II. Archaic Texts. London 1935.
Bury, J. B. / Cook, S. A. / Adcock, F. E., (Hrsg.): The Cambridge Ancient History. Bd. III: The Assyrian Empire. Cambridge 1954.
Cagni, L.: L'Epopea di Erra. St. Sem. 34. Rom 1969.
Cameron, G. G.: The Annals of Shalmaneser III King of Assyria. A new Text. Sumer 6 (1950) 6ff.
Campbell Jr., E. F. / Wright, G. E.: Tribal League Dhrines in Amman and Shechem. Bib. Arch. 32 (1969) 104ff.
Canova, R.: Iscrizioni e monumenti protocristiani del paese di Moab. Rom 1954.
Caqout, A.: Le dieu ʿAthtar et les textes de Ras Shamra. Syria 35 (1958) 45ff.

Carneiro, R. L.: Political Expansion as an Expression of the Principle of Competitive Exclusion. In R. Cohen / E. R. Service (Hrsg.): Origins of the State, The Anthropology of Political Evolution.Insitute for the Study of Human Issues. Philadelphia 1978. S. 205ff.

Charpin, D. / Durand, J.-M.: Fils de Sim'al. Les origines tribales des rois de Mari. RA 80 (1986) 141ff.

Clay, A. T.: Legal and Comercial Transactions, dated in the Assyrian, Neobabylonian and Persian Periods, Chiefly from Nippur. BE 8. Philadelphia 1908.

— Miscellaneous Inscriptions in the Yale Babylonian Collection. YOS 1. New Haven / London / Oxford 1915.

— Neo-Babylonian Letters from Erech. YOS 3. London/Oxford 1919.

Coats, G. W.: The Wilderness Itinerary. CBQ 34 (1972) 135ff.

— The Way of Obedience: Tradition-historical and Hermeneutical Reflections on the Balam Story. Semeia 24 (1982) 53ff.

Cogan, M.: Tyre and Tiglat-Pileser III. Chronological Notes. JCS 25 (1973) 96ff.

— Imperialism and Religion. Assyria, Judah and Israel in the Eighth an Seventh Century B. C. SBLMS 19. Missoula, Montana, 1974.

— Judah under Assyrian Hegemony. A Reexamination of Imperialism and Religion. JBL 112/3 (1993) 403ff.

Cogan, M. / Ephʿal, I., (Hrsg.): Ah Assyria … Studies in Assyrian History and Ancient Near Eastern Historiography. Presented to Hayim Tadmor. Scr. Hier. 33. Jerusalem 1991.

Cohen, R.: States Origins. A Reappraisal. In H. J. M. Claessen / P. Skalnik (Hrsg.): The Early State. Mounton Pulishers. New York 1978. S. 31ff.

Contenau, G.: Contrats et lettres d'Assyrie et de Babylonie. TCL 9. Paris 1926.

Cornwall, P. B.: Two Letters from Dilmun. JCS 6 (1952) 137ff.

Cowley, A. E.: Aramaic Papyri of the 5th Century B. C. Oxford 1923.

Craig, J. A.: Assyrian and Babylonian Religious Texts. 2 Bde. Leipzig 1895/1897.

Cross, F. M. / Freedmam, D. N.: Early Hebrew Orthography. A Study of the Epigraphic Evidenc. AOS 36. New Haven 1952.

— /— The Amonite Oppression of the Tribes of Gad and Reuben. Missing Verses from I Samuel 11 Found in 4Q Samuel. In H. Tadmor / M. Weinfeld (Hrsg.): History, Historiography and Interpretation. Studies in Biblical and Cuneiform Literatures. Jerusalem 1983. S. 148ff.

Dalley, S.: Foreign Charlotry and Cavalry in the Armies of Tiglath-Pileser III and Sargon II. Iraq 47 (1985) 31ff.

Darnell, J. C. / Jasnow, R.: On the Moabite Inscriptions of Ramesses II at Luxor Temple. JNES 52 (1993) 263ff.

Daviau, P. M. M.: Moab's Northern Border. Khirbat al-Mudayna on the Wadi ath-Thamad. Bib. Arch. 60/4 (1997) 222ff.

Davies, G. I.: The Wilderness Itineraries and the Composition of the Pentateuch. VT 33 (1983) 1ff.

de Geus, C. H. J.: The Amorites in the Archaeology of Palestine. UF 3 (1971) 41ff.

Dearman, J. A.: The Moabite Sites of Horonaim and Lulith. PEQ 122 (1990) 41ff.

— Settlement Patterns and the Beginning of the Iron Age in Moab. In P. Bienkowski (Hrsg.): Early Edom and Moab. The Beginning of the Iron Age in Southern Jordan. Sheffield Archaeological Monographs 7. Sheffield 1992. S. 65ff.

— Roads and Settlements in Moab. Bib. Arch. 60/4 (1997) 205ff.

Dearman, J. A., (Hrsg.): Studies in the Mesha Inscription and Moab. American Schools of Oriental Research. The Society of Biblical Literature. Archaeology and Biblical Studies 02. Atlanta 1989.

Dearman, J. A. / Miller, J. M.: The Melqart Stele and the Ben-Hadad of Damascus. Two Studies. PEQ 115 (1983) 95ff.

del Olmo Lette, G.: Mitos y leyendas de Canaan según la tradición de Ugarit. Institución san Jerónimo 1. Madrid 1981.

— Interpretación de la mitología cananea. Estudios de semántica Ugarítica. Institución san Jerónimo 2. Valencia 1984.

de Saulcy, F.: Voyage autour de la Mer Morte et dans les terres bilbiques exécuté de décembre 1850 à avril 1851. Bd. 1. Paris 1853.

de Vaan, J.M.C.T.: »Ich bin eine Schwertklinge des Königs«. Die Sprache des Bel-Ibni. AOAT 242. Kevelaer/Neukirchen-Vluyn. 1995.

de Vaux, R.: Le pays de Canaan. JAOS 88 (1968) 23ff.

— Historia antigua de Israel. 2 Bde. Madrid 1975.

Delitzsch, F.: Beiträge zur Erklärung der babylonisch-assyrischen Brieflitteratur I. BA 1 (1889) 185ff.

— Zur Erklärung der babylonisch-assyrischen Brieflitteratur. II. BA 1 (1889) 613ff.

— Zur Erklärung der babylonisch-assyrischen Brieflitteratur. II. (Fortsetzung und Schluß). BA 2 (1891) 19ff.

Delitzsch, F., (Hrsg.): Keilschrifttexte aus Assur verschiedenen Inhalts. WVDOG 35. Leipzig 1920.

Delitzsch, F. / Billerbeck, A.: Die Palasttore Salamanassars „II". von Balawat. BA VI/1. Leipzig 1908.

Dietrich, M.: Die Aramäer Südbabyloniens in der Sargonidenzeit (700–648). AOAT 7. Kevelaer/Neukirchen-Vluyn 1970.

— Neo-Babylonian Letters from the Kuyunjik Collection. CT 54. London 1979.

— Bēl-ibni, König von Babylon (703–700). Die Rolle des Königs in den neubabylonischen Briefen. In M. Dietrich / O. Loretz (Hrsg.): dubsar antamen. Studien zur Altorientalistik. Feschrift für Willem H. Ph. Römer. AOAT 253. Münster 1998. S. 81ff.

— Zypern und die Ägäis nach den Texten aus Ugarit. In S. Rogge (Hrsg.): Zypern. Insel im Brennpunkt der Kultur. Schriften des Instituts für interdisziplinäre Zypern-Studien 1. Münster 2000. S. 63ff.

Dietrich, M. / Loretz, O.: (Bücherbesprechung). H. B. Huffmon. OLZ 61 (1966) 235ff.

— /— Keret, der leidende „König der Gerechtigkeit“. Das Wortpaar *sdq* || *yšr* als Schlüssel zur Dramatik des Keret-Epos (KTU 1.14 I 12–21a). UF 31 (1999) 133ff.

Dietrich, M. / Loretz, O. / Sanmartin, J.: Zur ugaritischen Lexikographie (XI). Lexikographische Einzelbemerkungen. UF 6 (1974) 19ff.

— / — / — Untersuchungen zur Schrift- und Lautlehre des Ugaritischen (III). Formen und ugairtisch-hurrische Lautwert(e) des keilalphabetischen Zeichens „*z*“. UF 7 (1975) 103ff.

— / — / — The Cuneiform Alphabetic Texts from Ugarit, Ras Ibn Hani and Other Places (KTU: Second enlarged Edition). ALASP 8. Münster 1995.

Dietrich, W.: Die frühe Königszeit in Israel. 10. Jahrhundert v. Chr. Biblische Enzyklopädie 3. Stuttgart/Berlin/Köln 1997.

Dhorme, P. E.: Deux ex-voto Babyloniens. RB NS 8 (1911) 277ff.

Donbaz, V.: Two Neo-Assyrian Stelae in the Antakya and Kahramanmara, Museums. ARRIM 8 (1990) 5ff.

Donbaz, V. / Grayson, K.: Royal Inscriptions on Clay lones from Ashur now in Istanbul. RIMS 8. Toronto 1984.

Donner, H.: Neue Quellen zur Geschichte des Staates Moab in der zweiten Hälfte des 8. Jhs. v. Chr. MIO 5 (1957) 155ff.

— Remarks and Observations on the Historical Topography of Jordan. ADAJ 8–9 (1964) 88ff.

— Geschichte Israels und seiner Nachbarn in Grundzügen. ATD Erg. 4/2. Göttingen 1986.

Donner, H. / Röllig, W.: Kanaanäische und aramäische Inschriften. 3 Bde. Wiesbaden ^{3}1971–1976; Bd. 1. Wiesbaden ^{5}2002.

Dornemann, R. H.: The Archaeology of the Transjordan in the Bronze und Iron Ages. Milwaukee Public Museum. Milwaukee 1983.

Dossin, G.: Mélanges Syriens offerts à M. R. Dussaud, II. Paris 1939.

— Lettres. Archives royales de Mari 1. TCL 22. Paris 1946.

— Lettres. Archives royales de Mari 5. TCL 26. Paris 1951.

Drijvers, H. J. W.: Hatra, Palmyra und Edessa. Die Städte der syrisch-mesopotamischen Wüste in politischer, kulturgeschichtlicher und religionsgeschichtlicher Beleuchtung. ANRW II/7.2 (1980) 799ff.

Dupont-Sommer, A.: Les Araméens. Paris 1949.

Durand, J. M.: Les monuments palestiniens et judäiques musée du Louvre. Paris 1912.

— Réalités amorrites et traditions bibliques. RA 92 (1998) 3ff.

Durand, J. M. / Kupper, F.-R., (Hrsg.): Miscellanea Babylonica. Mélanges offertes à Maurice Birot. Paris 1985.

Ebeling, E.: Aus den Keilschrifttexten aus Assur religiösen Inhalts. MDOG 58 (1917) 22ff.
— Stiftungen und Vorschriften für assyrischen Tempel. Berlin 1954.
— Keilschrifttexte aus Assur juristischen Inhalts. WVDOG 50. Leipzig 1927.
Ebeling, E. / Meissner, B., (Hrsg.): Reallexikon der Assyriologie. Unter Mitwirkung zahlreicher Fachgelehrter. Berlin/Leipzig 1932ff.
Ebeling, E. / Meissner, B. / Weidner, E.: Die Inschriften der altassyrischen Könige. Leipzig 1927.
El-Amin, M.: Die Reliefs mit Beischriften von Sargon II. in Dûr-Scharrukîn. Sumer 9 (1953) 35ff.
Elat, M.: The Campeigns of Shalmaneser II against Aram and Israel. IEJ 25 (1975) 25ff.
— The Economic Relations of the Neo-Assyrian Empire with Egypt. JAOS 98 (1978) 207ff.
— The Impact of Tribute and Booty on Countries and People within the Assyrian Empire. AfO Beih. 19 (1982) 244ff.
Ephʿal, I.: "Arabs" in Babylonia in the 8th Century B. C. JAOS 94 (1974) 198ff.
— The Ancient Arabs: Nomads on the Border of the Fertile Crescent 9th–5th Centuries B. C. Jerusalem/Leiden 1982.
Evetts, B.: On five unpublished cylinders of Sennacherib. ZA 3 (1888) 311–331.
Fales, F. M. / Postgate, J. N.: Imperial Administrative Records. Part I. SAA 7. Helsinki 1992.
Faust, D. E.: Contracts from Larsa. Dated in the Reign of Rin-Sin. YAOS 8. New Haven 1941.
Fiey, J. M.: The Iraqi Section of the Abbassid Road Mosul-Nisibin. Iraq 26 (1964) 106ff.
Finkelstein, I.: The Emergence of the Monarchy in Israel. The Environmental and Socio-Economic Aspects. JSOT 44 (1989) 43ff.
— The Emergence of Early Israel. Anthropology, Environment and Archaeology. JAOS 110 (1990) 677ff.
Finkelstein, J. J.: "Mesopotamia". JNES 21/2 (1962) 73ff.
Flannery, K. V.: The Cultural Evolution of Civilizations. Annual Review of Ecology and Systematics 3 (1972) 399ff.
Fohrer, G.: Geschichte der israelitischen Religion. Berlin 1969.
Forrer, E.: Die Provinzeinteilung des assyrischen Reiches. Leipzig 1921.
— Amurru. In RlA 1 (1928) 99ff.
Frame, G.: Babylonia 689–627 B. C. A Political History. PIHANS 69. Leiden 1992.
Frahm, E.: Einleitung in die Sanherib-Inschriften. AfO Beih. 26. Wien 1997.
Frankenstein, S.: The Phoenician in the Far West. A Function of the Neo-Assyrian Imperialism. Mesopotamia 7 (1979) 263ff.
Freedman, D. N.: A Second Mesha Inscription. BASOR 175 (1964) 50ff.
Frick, F. S.: The Formation of the State in Ancient Israel. A Survey of Models and Theories. JSOT Press. Sheffield 1985.

Fritz, V.: Die Entstehung Israels im 12. und 11. Jahrhundert v. Chr. Biblische Enzyklopädie 2. Stuttgart/Berlin/Köln 1996.

Fröhlich, B. / Ortner, D. J.: Excavations of the Early Bronze Age Cementery at Bab Edhra Jordan, 1971. ADAJ 26 (1982) 249ff.

Fuchs, A.: Die Inschriften Sargons II. aus Khorsabad. Göttingen 1994.

— Die Annalen des Jahres 711 v. Chr. SAAS 8. Helsinki 1998.

Fuchs, A. / Parpola, S.: The Correspondence of Sargon II. Part 3. SAA 15. Helsinki 2001.

Gadd, C. J.: Inscribed Barrel Cylinder of Marduk-apla-iddina II. ND 2090. Iraq 15 (1953) 123ff.

— Inscribed Prism of Sargon II from Nimrud. Iraq 16 (1954) 173ff.

Gadd, C. J. / Legrain. L. / Smith, S.: Royal Inscriptions. UET 1. London 1928.

Garelli, P.: The Archivement of Tiglath-Pileser III. Novelty or Continuity? In M. Cogan / I. Ephʿal (Hrsg.): Ah Assyria … Studies in Assyrian History and Ancient Near Eastern Historiography. Presented to Hayim Tadmor. Scr. Hier. 33. Jerusalem 1991. S. 46ff.

Gelb, F. H.: Two Assyrian King Lists. JNES 13 (1954) 209ff.

Gese, H. / Höfner, M. / Rudolph, K.: Die Religionen Altsyriens, Altarabiens und der Mandäer. Stuttgart 1970.

Gesenius, W. / Buhl, F.: Hebräisches und aramäisches Handwörterbuch über das Alte Testament. Berlin/Göttingen/Heidelberg ^{17}1962.

Gibson, J. C. L.: Observations of some Important Ethnic Terms in the Pentateuch. JNES 20/4 (1961) 217ff.

Giveon, R.: Les béduins shosou des documents égyptiens. Leiden 1971.

Glueck, N.: Explorations in Eastern Palestine II. AASOR 15 (1935).

— Explorations in Eastern Palestine III. BASOR 118–119 (1939) 251ff.

— The Other Side of the Jordan. ASOR. New Haven 1940. Rev. Edition Cambridge 1970.

— Ostraca from Elath. BASOR 80 (1940) 3ff.

— Ezion-Geber. Bib. Arch. 28 (1965) 70ff.

— Rivers in the Desert. A History of the Negev. New York 1968.

Görg, M.: Beiträge zur Zeitgeschichte der Anfänge Israels. Dokumente-Materialien-Notizen. ÄAT 2. Wiesbaden 1989.

Goetze, A.: Kleinasien. Handbuch der Altertumswissenschaften 2. München 1933.

— Hurrian Place Names in *-š(š)e*. In R. von Kiessle (u. a.) (Hrsg.): Festschrift Johannes Friedrich. Heidelberg 1959. S. 195ff.

— An Inscription of Simbar-šīhu. JCS 19 (1965) 121ff.

— Old Babylonian Omen Texts. YOS 10. New Haven 1966.

Gordon, C. H.: Ugaritic Textbook. AnOr 38. Rom 1965.

Gray, J.: The Desert God ʿAṯtar in the Literature and Religion of Canaan. JNES 8 (1949) 72ff.

Grayson, A. K.: The Walters Art Gallery Sennacherib Inscription. AfO 20 (1963) 83ff.

— Problematical Battles in Mesopotamian History. In K. Güterbock / T. Jacobsen (Hrsg.): Studies in Honor of Brunno Landsberger. Chicago 1965. S. 337ff.

— Assyrian Royal Inscriptions. Bd. I: From the Beginnings to Ashur-reshaishi I. Wiesbaden 1972.

— The Empire of Sargon of Akkad. AfO 25 (1974–1975) 56ff.

— Assyrian and Babylonian Chronicles. TCS 5. Locust Valley / New York 1975.

— Assyrian Rulers of the Third and Second Millenia BC. II (858–745 BC). RIMA 3. London 1996.

Grayson, A. K. / Lambert, W. G.: Akkadian Prophecies. JCS 18 (1964) 7ff.

Gross, W.: Bileam. Literar- und formkritische Untersuchung der Prosa in Num 22–24. Studien zum Alten und Neuen Testament 38. München 1974.

Gunneweg, A. H. J.: Geschichte Israels bis Bar Kochba. Theologische Wissenschaft 2. Stuttgart/Berlin/Köln/Mainz. [5]1984.

Haider, P. W.: Zum Moab-Feldzug Ramses II. SAK 14 (1987) 108ff.

Harding, G. L.: An Early Iron Age Tomb at Madaba. PEFA 6 (1953) 27ff.

Harper, R. F.: Assyrian and Babylonian Letters. Belonging to the Kouyunjik Collection of the British Museum. 14 Bde. London/Chicago 1892–1914.

Helck, W.: Die Bedrohungen Palästinas durch einwandernde Gruppen am Ende der 18. und am Anfang der 19, Dynastie. VT 18 (1968) 475ff.

— Die Beziehungen Ägyptens zu Vorderasien im 3. und 2. Jahrtausend v. Chr. ÄAT 5/2. Wiesbaden 1971.

Hennessy, J. B.: Excavation of a Bronze Age Temple at Amman. PEQ 98 (1966) 155ff.

Hentschel, G.: 1Könige. Die Neue Echter Bibel. Kommentar zum Alten Testament, mit der Einheitsübersetzung. Würzburg 1984.

Herdner, A.: Corpus des tablettes en cunéiformes alphabétiques découvertes à Ras-Schamra-Ugarit de 1929 à 1939. Paris 1963.

Herrmann, S.: Geschichte Israels in alttestamentlicher Zeit. München 1980.

Hess, R. S.: Canaan and Canaanite at Alalakh. UF 31 (1999) 225ff.

Hoffken, P.: Zu den Heilszusätzen in der Völkerorakelsammlung des Jeremiabuches. VT 27 (1977) 398ff.

Höfner, M. / Merkel, E.: Salman (Salmān). WM I. Sp. 466ff.

Hoftijzer J. / van der Kooij, G.: Aramaic Texts from Deir ʿAlla. Leiden 1976.

Hommel, F.: Geschichte Babyloniens und Assyriens. Berlin 1885–88.

Horn, S.: The Discovery of the Moabite Stone. In C. L. Meyers / M. O'Conner (Hrsg.): The Word of the Lord Shall Go Forth. Essays in Honor of David Noel Freedman. Winona Lake 1983. S. 497ff.

Horowitz, W.: Moab and Edom in the Sargon Geography. IEJ 43/2–3 (1993) 151ff.

Horstfield, M. G. / Vincent, G. H.: Chronique. Une stèle Égypto-Moabite au Balouʿa. RB 41 (1932) 417ff.

Hübner, U.: Mord auf dem Abort? Überlegungen zu Humor, Gewaltdarstellung und Realienkunde in Ri 3,12–30. BN 40 (1987) 130ff.

Hude, C.: Herodoti Historiae. Oxford [3]1988.

Hulin, P.: The Inscriptions on the Carved Throne-Base of Shalmaneser III. Iraq 25 (1963) 48ff.

Ibach Jr., R. D.: Archaeological Survey of the Hesbon Region. Catalogue of Sites and Characterisation of Periods. Hesban 5. Berrier Springs, MI, 1987.

Jaroš, K.: Hundert Inschriften aus Kanaan und Israel. Fribourg 1982.

Jean, Ch. F.: Contrats de Larsa. TCL 11. Paris 1926.

Jensen, P.: Die Götter כמוש und מלך und die Erscheinungsform Kammuš und Malik des assyrisch-babylonischen Gottes Nergal. ZA 42 (1934) 235ff.

Jepsen, A.: Israel und Damaskus. AfO 14 (1941/44) 153ff.

Jepsen, A., (Hrsg.): Von Sinuhe bis Nebukadnezer. Dokumente aus der Umwelt des Alten Testaments. Stuttgart/München [2]1976.

Jirku, A.: Der angebliche assyrische Bezirk Gilead. ZDPV 51 (1928) 249ff.

Johns, C. H. W.: Assyrian Deeds and Documents Recording the Transfer of Property Including the so-called Private Contracts, Legal Decisions and Proclamations. 4 Bde. Cambridge 1898–1923.

— Babylonian and Assyrian Laws Contracts and Letters. Edinburgh 1904.

— Ancient Assyria. Cambridge 1912.

Jones, B.: In Search of Kir-hereseth. A Case Study in Site Identification. JSOT 52 (1991) 3ff.

Josephus, F.: Antiquitates Judaicae. Wiesbaden [4]1982.

Katzenstein, H. J.: The History of Tyre from the Beginning of the Second Millenium B. C. E. until the Fall of the Neobabylonian Empire in 538 B. C. E. Jerusalem 1973.

Keel, O. / Shuval, M. / Uehlinger, Ch.: Studien zu den Stempelsiegeln aus Palästina/Israel. Bd. 3. Die Frühe Eisenzeit. OBO 100. Freiburg/Göttingen 1990.

Kataja, L. / Whiting, R.: Grants, Decrets and Gifts of the Neo-Assyrian Period. SAA 12. Helsinki 1995.

Kerner, S.: Das Chalkolithikum im palästinisch-jordanischen Raum. Ein Flickenteppich. In K. Bartl / R. Bernbeck / M. M. Heinz (Hrsg.): Zwischen Euphrat und Indus. Aktuelle Forschungsprobleme in der Vorderasiatischen Archäologie. Deutsches archäologisches Institut. Abteilung Baghdad. Hildesheim / Zürich / New York 1995. S. 68ff.

Kessler, K.: Die Anzahl der assyrischen Provinzen des Jahres 738 v. Chr. in Nordsyrien. WO 8/1 (1975) 49ff.

— Untersuchungen zur historischen Topographie Nordmesopotamiens nach keilschriftlichen Quellen des 1. Jahrtausends v. Chr. TAVO Reihe B 26. Wiesbaden 1980.

— Zu den Beziehungen zwischen Urartu und Mesopotamien. In V. Haas (Hrsg.): Das Reich Urartu. Ein altorientalischer Staat im 1. Jahrtausend v. Chr. XENIA 17/1 (1986) 59ff.

— Das Neuassyrische Reich der Sargoniden (720–612 v. Chr.) und das Neubabylonische Reich (612–539 v. Chr.). TAVO, Karte B IV 13. Wiesbaden 1991.

King, L. W.: Records of the Reign of Tukulti-Ninib I, King of Assyria, about B. C. 1275. Studies in Eastern History 1. London 1904.

— Chronicles Concerning Early Babylonian Kings. London 1907.

Kinnier Wilson, J. V.: The Kurba'il Statue of Shalmaneser III. Iraq 24 (1962) 9ff.

— The Nimrud Wine Lists. A Study of Men and Administration at the Assyrian Capital in the Eighth Century B. C. CTN 1. London 1972.

Kitchen, K. A.: Some New Light on the Asiatic Wars of Ramesses II. JEA 50 (1964) 47ff.

— The Third Intermediate Period in Egypt (1100–650 B. C.). Wiesbaden 1975.

— The Egyptian Evidence on Ancient Jordan. In P. Bienkowski (Hrsg.): Early Edom and Moab. The Beginning of the Iron Age in Southern Jordan. Sheffield Archaeological Monographs 7. Sheffield 1992. S. 22ff.

Klauber, E. G.: Assyrisches Beamtentum nach Briefen aus der Sargonidenzeit. LSS 5/II. Leipzig 1910.

— Politisch-religiöse Texte aus der Sargonidenzeit. Leipzig 1913.

Klengel, H.: Aziru von Amurru und seine Rolle in der Geschichte der Amārnazeit. MIO 10 (1964) 57ff.

— Geschichte Syriens im 2. Jahrtausend v. u. Z. Teil 3: Mittel- und Südsyrien. Berlin 1969.

— Nomaden und Handel. Iraq 39 (1977) 163ff.

— Geschichte und Kultur Altsyriens. Wien/München 1980.

— König Hammurapi und der Alltag Babylons. Zürich [4]1991.

Knauf, E. A.: *Bwtrt* and Batora. GM 87 (1985) 45ff.

— Midian. Untersuchungen zur Geschichte Palästinas und Nordarabiens im 1. Jahrtausend v. Chr. Wiesbaden 1989.

— Hesbon, Sihons Stadt. ZDPV 106 (1990) 135ff.

— The Cultural Impact of Secondary State Formation. The Cases of the Edomites and Moabites. In P. Bienkowski (Hrsg.): Early Edom and Moab. The Beginning of the Iron Age in Southern Jordan. Sheffield Archaeological Monographs 7. Sheffield (1992) 47ff.

Knudtzon, J. A.: Assyrische Gebete an den Sonnengott für Staat und königliches Haus der Zeit Asarhaddons und Assurbanipals. 2 Bde. Leipzig 1893.

Knudtzon, J. A. / Weber, O. / Ebeling E.: Die El-Amarna-Tafel, mit Einleitung und Erläuterungen. Erster Teil. VAB 2. Leipzig 1915.

Kraus, F. R.: Könige, die in Zelten wohnen. Amsterdam. 1965.

Krealing, E. G.: Difficulties in the Story of Ehud. JBL 54 (1935) 205ff.

Kühne, C.: Die Chronologie der internationalen Korrespondenz von El-Amarna. AOAT 17. Kevelaer/Neukirchen-Vluyn 1973.

Kupper, J.-R.: Lettres. Archives royales de Mari 3. TCL 24. Paris 1948.

— Lettres. Archives royales de Mari 6. TCL 27. Paris 1953.

— Les nomades en Mésopotamie au temps des rois de Mari. Paris 1957.
— Sutéens et Ḫapiru. RA 55 (1961) 197ff.
Kupper, J.-R. / Leemans, W. F.: Die Orts- und Gewessernamen der 3. Dynastie von Ur. RGTC 3. Wiesbaden 1980.
Kwasman, Th. / Parpola, S.: Legal Transactions of the Royal Court of Nineveh. Part I. SAA 6. Helsinki 1991.
Labat, R. / Malbran-Labat, F.: Manuel d'épigraphie akkadienne. Paris ^{6}1988.
Lacheman, E. R.: Nuzi Geographical Names I. Names of Countries. BASOR 78 (1940) 18ff.
Lambert, W. G.: A Catalogue of Texts and Authors. JCS 16 (1962) 59ff.
— The Reigns of Aššurnasirpal II and Shalmaneser III. An Interpretation. Iraq 36 (1974) 103ff.
— Kammuš. In RlA 5 (1976–1980) 335.
Lamprichs, R.: Die Westexpansion des neuassyrischen Reiches. Eine Strukturanalyse. AOAT 239. Kevelaer/Neukirchen-Vluyn 1995.
— Der Expansionsprozeß des neuassyrischen Reiches. Versuch einer Neubewertung. In K. Bartl / R. Bernbeck / M. M. Heinz (Hrsg.): Zwischen Euphrat und Indus. Aktuelle Forschungsprobleme in der Vorderasiatischen Archäologie. Deutsches archäologisches Institut. Abteilung Baghdad. Hildesheim / Zürich / New York 1995. S. 209ff.
Landsberger, B.: Sam'al, Studien zur Entstehung der Ruinenstätte Karatepe. Ankara 1948.
Lanfranchi, G. B. / Parpola, S.: The Correspondence of Sargon II. Part II. SAA 5. Helsinki 1990.
Layard, A. H.: Inscriptions in the Cuneiform Character from Assyrian Monuments. London 1851.
Le Gac, Y.: Les inscriptions d'Aššur-naṣir-aplu III, roi d'Assyrie (885–860) av. J.-C., nouvelle édition des textes originaux, d'après les estampages du British Museum et les monuments. Paris 1907.
Lehmann-Haupt, C. F.: Šamaššumukin, König von Babylon 668–648 v. Chr. Inschriftliches Material über den Beginn seiner Regierung. AB 8. Leipzig 1892.
Lemaire, A.: Traditions amorrites et bible. Le prophétisme. RA 93 (1999) 49ff.
Levine, L. D.: Two Neo-Assyrian Stelae from Iran. Ontario 1972.
— Sennacherib Southern Front. 704–689 B. C. JCS 34 (1982) 28ff.
Lewy, J.: The Chronology of Sennacherib's Accession. AnOr 12 (1935) 225ff.
Lie, A.G.: The Inscriptions of Sargon II, King of Assyria. The Annals. Part I. Paris 1929.
Liebig, M.: Aššur-etel-ilāni, Sin-šum-līšir, Sin-šar-iškun und die Babylonische Chronik. ZA 90 (2000) 281ff.
Lipiński, E.: Baʿli-Maʿzer II und the Chronology of Tyre. RSO 45 (1970) 59ff.
Liver, J.: The Wars of Mesha, King of Moab. PEQ 99 (1967) 14ff.
Liverani, M.: The Ideology of the Assyrian Empire. Mesopotamia 7 (1979) 297ff.

— Prestige and Interest. International Relations in the Ancient Near East (1600–1100 BC). History of the Ancient Near East Studies 1. Padova 1990.

Loretz, O.: Habiru-Hebräer. Eine sozio-linguistische Studie über die Herkunft des Gentiliziums *ʿibrî* vom Appellativum *ḫabiru*. BZAW 160. Berlin / New Yoek 1984.

— Mari-Amurriter und Israeliten ohne die amurritischen Traditionen Ugarits (Rezensionsartikel zu *Actes de la table ronde „Les traditions amorrites et la Bible"*, Paris 20–21 Juin 1997). UF 31 (1999) 323ff.

Luckenbill, D. D.: The Annals of Sennacherib. OIP 2. Chicago 1924.

— Ancient Records of Assyria and Babylonia. 2 Bde. Chicago 1926–1927.

Luke, J. T.: Pastoralism and Political Significance of the Major West Semitics Tribal Groups on the Middle Euphrates, ca. 1828–1758 BC. Ph. D. University of Michigan 1965.

Lutz, H. F.: Select Sumerian and Babylonian Texts. PBS 1/II. Philadelphia 1919.

— Neo-Babylonian Administrative Documents from Erech. Parts I–II. UCP 9/I. Berkeley 1972.

Lyon, D. G.: Keilschrifttexte Sargon's, Königs von Assyrien (722–705 v. Chr.). AB 5. Leipzig 1883.

Maisler, B.: Untersuchungen zur alten Geschichte und Ethnographie Syriens und Palästinas. I Teil. Arbeiten aus dem orientalischen Seminar der Universität Gießen 2. Gießen 1930.

Magnanini, P.: Le inscrizioni fenice dell'oriente. Testi, traduzioni, glossari. Istituto di studi del Vicino Oriente. Roma 1973.

Malamat, A.: The Historical of Two Biblical Prophecies on the Nations. IEJ 1 (1950/1951) 149ff.

Mallowan, M. E. L.: The Excavations at Nimrud (Kalḫu), 1952. Iraq 16 (1954) 59ff.

Manitius, W.: Das stehende Heer der Assyrerkönige und seine Organisation. ZA 24 (1910) 185ff.

Marcus, M. I.: Geography as an Organizing Principle in the Imperial Art of Shalmaneser III. Iraq 49 (1987) 77ff.

Martin, W. J.: Tribut und Tributleistungen bei den Assyrern. St. Or. VII/1. Rom 1936.

Masson, M. E. / Pugachenkova, G. A.: Shakhri Syahz pri Timure i Ulug Beke (= engl. „Shahr-i Sahz from Tīmūr to Ūlūgh Beg"). Iraq 18 (1980) 121ff.

Mattila, T. R.: Nineveh, 612 BC. The Glory and Fall of the Assyrian Empire. Catalogue of the 10th Anniversary Exhibition of the Neo-Assyrian Text Corpus Projekt. Helsinki 1995.

Mattingly, G. L.: Nelson Glueck and Early Bronce Age Moab. ADAJ 26 (1982) 418ff.

— The Natural Environment of Central Moab. ADAJ 27 (1983) 597ff.

— Moabite Religion and the Meshaʿ Inscription. In J. A. Dearman (Hrsg.): Studies in the Mesha Inscription and Moab. Atlanta 1989. S. 211ff.

— The Culture-Historical Approach and Moabite Origins. In P. Bienkowsky (Hrsg.): Early Edom and Moab. The Beginning of the Iron Age in Southern Jordan. Sheffield Archaeological Monographs 7. Sheffield (1992) 55ff.

— A New Agenda for Research on Ancient Moab. Bib. Arch. 60/4 (1997) 214ff.

Mayer, W.: Sanherib und Babylonien. Der Staatsmann und Feldherr im Spiegel seiner Babylonpolitik. AOAT 240 (1995) 305ff.

— Politik und Kriegskunst der Assyrer. ALASPM 9. Münster 1995.

Mazar, B.: The Tobiads. IEJ 7 (1957) 229ff.

McKay, J. W.: Religion in Judah under the Assyrians 732–609 B. C. SBT SS 26. London 1973.

Meissner, B.: Könige Babyloniens und Assyriens. Leipzig 1926.

Meissner, B. / Rost, P.: Die Bauinschriften Sanheribs. Leipzig 1893.

— Die Bauinschriften Asarhaddons. BA III (1896) 189ff.

— Die Eroberung der Stadt Ulhu auf Sargons 8. Feldzug. ZA 34 (1922) 113ff.

Melikišvili, G. A.: Urartskie Klinoobraznye Nadpisi II. Ves Drevistor 1971.

Mendenhall, G. E.: The Tenth Gegeneration. The Origins of the Biblical Tradition. University Press. Baltimore 1973.

— Ancient Israels Hyphenated History. In D. N. Freedman / D. F. Graf (Hrsg.): Palestine in Transition. The Emergence of Ancient Israel. Sheffield (1983) 91ff.

Menzel, B.: Assyrische Tempel. 2 Bde. Studia Pohl Series Maior 10. Rom 1981.

Messerschmidt, L.: Keilschrifttexte aus Assur historischen Inhalts. Erstes Heft. WVDOG 16. Leipzig 1911 (Nachdruck 1972).

Messerschmidt, L. / Ugnad, A., (Hrsg.): VS 1. Leipzig 1907.

Metzger, M.: Grundriss der Geschichte Israels. Neukirchen-Vluyn ^{6}1983.

Meyer, E.: Die Israeliten und ihre Nachbarstämme. Alttestamentliche Untersuchungen mit Beiträgen von B. Luther. Halle 1906 (Nachdruck 1967).

Michel, E.: Die Assur-Texte Salmanassars III. (858–824). WO 1/I (1947) 5ff.

— Die Assur-Texte Salmanassars III. (858–824) (Fortsetzung). WO 1/III (1947) 57ff.

— Die Assur-Texte Salmanassars III. (858–824) (2. Fortsetzung. WO 1/IV (1947) 205ff.

— Die Assur-Texte Salmanassars III. (858–824). 3. Fortsetzung. WO 1/V (1950) 285ff.

— Ein neu entdeckter Annalen-Text Salmanassars III. WO 1/VI (1952) 454ff.

— Die Assur-Texte Salmanassars III. (858–824). 9. Fortsetzung WO 2/V–VII (1959) 408ff.

Milik, J. T.: Nouvelles inscrptions sémitiques et grecques du pays de Moab. Studii Biblici Franziscani Liber Annuus 9 (1958/59) 330ff.

Millard, A. R.: Another Babylonian Chronicle Text. Iraq 26 (1964) 14ff.

— The Eponyms of the Assyrian Empire (910–612 BC). SAAS 2. Helsinki 1994.

Miller, J. M.: The Moabite Stone as a Memorial Stela. PEQ 106 (1974) 9ff.

— Archaeological Survey of Central Moab, 1978. BASOR 234 (1979) 43ff.
— Recent Archaeological Developments Relevant to Anciant Moab. SHAJ 1 (1982) 169ff.
— Moab and Moabites. In J. A. Dearman (Hrsg.): Studies in the Mesha Inscription and Moab. Atlanta (1989) 1ff.
— Salomon. International Potentate or Local King? PEQ 123 (1991) 28ff.
— Early Monarchy in Moab? In P. Bienkowsky (Hrsg.): Early Edom and Moab. The Beginning of the Iron Age in Southern Jordan. Sheffield Archaeological Monographs 7. Sheffield (1992) 77ff.
— Ancient Moab. Still Largely Unknown. Bib. Arch. 60/4 (1997) 194ff.
Miller, P. D.: A Note on the Mešaʿ Inscription. Or NS 38 (1969) 461ff.
Mittmann, S.: Das südliche Ostjordanland im Lichte eines neuassyrischen Keilschriftbriefes aus Nimrud. ZDPV 89 (1973) 15ff.
— The Ascent of Luhith. SHAJ 1 (1982) 175ff.
Moran, W. L.: Mari Notes on the Execretion Texts. Or. 26 (1957) 342ff.
Morton, W. H.: Report of the Director of the School in Jerusalem. BASOR 140 (1955) 4ff.
— Dhībān. RB 64 (1957) 221ff.
— The 1954, 55 and 65 Excavations at Dhiban in Jordan. In J. A. Dearman (Hrsg.): Studies in the Mesha Inscription and Moab. Atlanta (1989) 239ff.
Moscati, S.: The Aramaean "Aḫlam". JSS 4 (1959) 303ff.
— Sulla storia del nome Canaan. An.Bib. 12 (1959) 266ff.
Müller, H.-P.: Religionsgeschichtliche Beobachtungen zu den Texten von Ebla. ZDPV 96 (1980) 10ff.
— Die aramäische Inschrift von Deir ʿAllā und die älteren Bileamsprüche. ZAW 94 (1982) 214ff.
— Moabitische historische Inschriften. In O. Kaiser (Hrsg.): Texte aus der Umwelt des Alten Testaments. Bd. 1. Gütersloh 1982–1985. S. 646ff.
Murphy, J. M.: A Fragment of an early Moabite Inscription from Dibon. BASOR 125 (1952) 214ff.
Musil, A.: Arabia Petraea II. Edom. Topographischer Reisebericht. 1. Teil. Wien 1907.
Myers, J. M.: Edom and Judah in the Sixth-Fifth Centuries B. C. In H. Goetze (Hrsg.): Near Eastern Studies in Honor of W. F. Albright. Baltimore 1971.
Na'aman, N.: Two Notes on the Monolith Inscription of Salmanesser III from Kurkh. Tel Aviv 3 (1976) 89ff.
— The Brook of Egypt and the Assyrian Policy on the Egyptian Border. Shnaton 3 (1978/9) 138ff.
— The Brook of Egypt and the Assyrian Policy on the Borders of Egypt. Tel Aviv 6 (1979) 68ff.
— Habiru and Hebrews. The Transfer of a Social Term to the Literary Sphere. JNES 45 (1986) 271ff.
— "Forced Participation in Alliances in the Course of Assyrian Campaigns to the West". Scri. Hier. 33 (1991) 80ff.

— Province System and Settlement Pattern in Southern Syria and Palestine in the Neo-Assyria Period. In M. Liverani (Hrsg.): Neo-Assyria Geography. Dipartimento di Scienze storiche, archeologiche e antropologiche dell'Antichità. Quaderni di Geografia Storica 5. Rom 1995.

— King Mesha and the Foundation of the Moabite Monarchy. IEJ 47 (1997) 83ff.

— Jehu Son of Omri. Legitimizing a Loyal Vassal by his Overlord. IEJ 48 (1998) 236ff.

— Lebo-Hamath, Ṣubat-Hamath, and the Northern Boundary of the Land Canaan. UF 31 (1999) 417ff.

Na'aman, N. / Zadok, R.: Sargon II's Deportations to Israel and Philistia (716–708 B. C.). JCS 40/1 (1988) 36ff.

Nashef, K.: Die Orts- und Gewässernamen der mittelbabylonischen und mittelassyrischen Zeit. RGTC 5. Wiesbaden 1982.

Negueruela, I.: Le palais royal d'Ugarit. MRS 9 (1956) 284ff.

— The Proto-Aeolic Capitels from Mudeibia in Moab. ADAJ 26 (1982) 395ff.

Noth, M.: Israelitische Stämme zwischen Ammon und Moab. ZAW 60 (1944) 11ff. (Nachdruck in H. W. Wolf (Hrsg.): Aufsätze zum biblischen Landes- und Altertumskunde I. Neukirchen-Vluyn 1971. S. 391ff.)

— Die Nachbarn der israelitischen Stämme im Ostjordanlande. ZDPV 68 (1951) 1ff. (Nachdruck in H. W. Wolf (Hrsg.): Aufsätze zum biblischen Landes- und Altertumskunde I. Neukirchen-Vluyn 1971. S. 434ff.)

— Die Ursprünge des alten Israels im Lichte neuer Quellen. Köln 1969.

— Geschichte Israls. Göttingen [8]1976.

Nougayrol, J. / la Roche, E. / Virolleaud, Ch. / Schaeffer, C. F. A.: Ugaritica V. Paris 1968.

O'Callaghan, R. T.: „Aram Naharaim". Rom 1948.

Oded, B.: Observations on Methods of Assyrian Rule in Transjordanien after the Palestinian Campaign of Tiglath-Pileser III. JNES 29 (1970) 177ff.

— The Phoenician Cities and the Assyrian Empire in the Time of Tiglath-Pileser III. ZDPV 90 (1974) 38ff.

— Mass Deportations and Deportees in the Neo Assyrian Empire. Wiesbaden 1979.

— War, Peace and Empire. Justifications for War in Assyrian Royal Inscriptions. Wiesbaden 1992.

Olávarri, E.: Moab en neuvo documento asirio del s. VIII a. C. Est. B 21 (1962) 315ff.

— Sondages à 'Arô'er sur l'Arnon. RB 72 (1965) 77ff.

— Fouilles à 'Arô'er sur l'Arnon. RB 76 (1969) 230ff.

Olivier, J. P. J.: In Search of a Capital for the Northern Kingdom. JNWSL 11 (1983) 117ff.

Olmstead, A. T.: Western Asia in the Days of Sargon of Assyria. New York 1908.

— The Text of Sargon's Annals. AJSL 47 (1930/1931) 259ff.

— History of Assyria. Chicago/London [3]1968.

Oppenheim, A. L., u. a. (Hrsg.): The Assyrian Dictionary of the University of Chicago. Chicago/Glückstadt 1956ff.

Oppert, J. / Ménant, J.: Grande inscription du palais de Khorsabad. Paris 1863.

Owen, D. I.: Texts and Fragments 83–34. JCS 26 (1974) 63ff.

Parker, B.: Administrative Tablets from North-West Palace, Nimrud. Iraq 23 (1961) 15ff.

Parpola, S.: Neo-Assyrian Toponyms. AOAT 6. Neukirchen-Vluyn 1970.

— A Note on the Neo-Assyrian Census Lists. ZA 64 (1974) 96ff.

— (Bücherbesprechung). J. N. Postgate. ZA 65 (1975) 293ff.

— (Bücherbesprechung). J. Kinnier Wilson. JSS 21 (1976) 165ff.

— Neo-Assyrian Letters from the Kuyunjik Collection. CT 53. London 1979.

— Letters from Assyrian Scholars to the Kings Esarhaddon and Assurbanipal. 2 Bde. AOAT 5/I–II. Neukirchen-Vluyn 1970/1983.

— The Correspondence of Sargon II. Part I. SAA 1. Helsinki 1987.

— Letters from Assyrian and Babylonian Scholars. SAA 10. Helsinki 1993.

Parpola, S. / Watanabe, K.: Neo-Assyrian Treaties and Loyalty Oaths. SAA 2. Helsinki 1988.

Petschow, H., Die neubabylonische Zweigesprächsurkunde und Genesis. JCS 19 (1965) 103ff.

Pettinatto, G.: Il Calendario de Ebla al tempo del Re Ibbi-Sipiš sulla base die TM 75.G424. AfO 25 (1974), 35ff.

— Culto ufficiale ad Ebla durante il regno di Ibbi-Sipiš. OA 18 (1979) 146ff.

— The Royal Archives of Tell Mardikh-Ebla. BA 39 (1976) 49ff.

Pettinato, G. / Matthie, P.: Aspetti ammistrativi e topografici di Ebla nel III millenio av. Cr. RSO 50 (1976) 6ff.

— Zu nidba$_x$ in il Calendario semitico del 3. Millenio ricostruito sulla base die testi die Ebla. OA 17 (1977) 259ff.

— Catalogo dei testi cuneiformi di Tell Mardikh-Ebla. Napoli 1979.

Pfeiffer, R. H.: State Letters of Assyria. AOS 6. New York 1935.

Piccirillo, M.: Una Tomba del Ferro I a Madaba. LA 25 (1975) 199ff.

Pinches, T. G.: The Babylonian Tabletts of the Berens Collection. Asiatic Society Monographs 16. London 1915.

Pomponia, F. / Xella, P.: Les dieu d'Ebla. Étude analytique des divinités éblaïtes à l'époque des archives royales du IIIe millénaire. AOAT 245. Münster 1977.

— RESHEPH *ršp*. In K. van der Toorn (u. a.) (Hrsg.): Dictionary of Deities and Demons in the Bible. Leiden 1995. S. 700ff.

Pongratz-Leisten, B.: Herrschaftswissen in Mesopotamien. SASS 10. Helsinki 1999.

Posener, G.: Princes d'Asie et de Nubie. Brussels 1940.

Postgate, J. N.: Neo-Assyrian Royal Grants and Decrees. Studia Pohl Series Maior 1. Rom 1969.

— The Governor's Palace Archive. CTN 2. London 1973.

— Assyrian Texts and Fragments. Iraq 35 (1973) 13ff.

— Taxation and Conscription in the Assyria Empire. Studia Pohl Series Maior 3. Rom 1974.

— The Economic Structure of the Assyrian Empire. Mesopotamia 7 (1979) 193ff.

— The Land of Assur and the Yoke of Assur. WA 23/3 (1992) 247ff.

Radner, K.: Die neuassyrischen Privatrechtsurkunden als Quelle für Menschen und Umwelt. SAAS 6. Helsinki 1997.

Pritchard, J. P., (Hrsg.): Ancient Near Eastern Texts Relating to the Old Testament. Priceton. ^{3}1969.

Reicke, B., (Hrsg.): Palästina. Historisch-archäologische Karte. Göttingen 1981.

Rawlinson, H. C. (/ Norris, E.), The Cuneiform Inscriptions of Western Asia. 2 Bde. London 1861/1870.

Rawlinson, H. C. (/ Pinches, T. G.): A Selection from the Miscellaneous Inscriptions of Assyria and Babylonia. Bd. IV und V. London ^{2}1891. 1880–1884 (Nachdruck 1909).

Reed, W. / Winnot, F. V.: A Fragment of an Early Moabite Inscription from Kerak. BASOR 76 (1960) 137ff.

Rendsburg, G. A.: A Reconstruction of Moabite-Israelite History. JANES 13 (1981) 67ff.

Richter, W.: Die Überlieferungen um Jephtah Ri 10,17–12,6. Bib. 47 (1966) 485ff.

— Exegese als Literaturwissenschaft. Entwurf einer alttestamentlichen Literaturtheorie und Methodologie. Göttingen 1971.

Rost, P.: Die Keilschrifttexte Tiglat-Pilesers III., nach den Papierabklatschen und Originalen des Britischen Museums. 2 Bde. Leipzig 1893.

Rothenberg, B.: Ancient Copper Industries in the Western Arabah. PEQ 94 (1962) 5ff.

Rowley, H. H., (Hrsg.): Atlas zur Bibel. Wuppertal. 1965.

Rowton, M. B.: The Topological Factor in the *Ḫapiru* Problem. In H. G. Güterbock / T. Jacobson (Hrsg.): Studies in Honor of Benno Landsberger on his Seventy-Fith Birtday. Chicago (1965) 357ff.

— The Physical Environment and the Problem of the Nomads. In J.-R. Kupper (Hrsg.): La civilisation de Mari. Paris 1967. S. 109ff.

— The Abu Amurrim. Iraq 31 (1969) 68ff.

— Antonomy and Nomadism in Western Asia. Or NS 42 (1973) 24ff.

— Urban Antonomy in a Nomadic Environment. JNES 32 (1973) 201ff.

— Enclosed Nomadism. JESHO 17 (1974) 1ff.

— Dimorphic Structure and the Problem of the 'Apiru-'Ibrim. JNES 35 (1976) 13ff.

Safer, F.: A further Text of Shalmanesser III from Assur. Sumer 7 (1951). 3ff.

Saggs, H. W. F.: The Nimrud Letters, 1952—Part II. Iraq 17 (1955)

— The Nimrud Letters, 1952—Part IV. Iraq 19 (1957) 158ff.

— The Nimrud Letters, 1952—Part V. Iraq 20 (1958) 182ff.

— The Nimrud Letters, 1952—Part V. Iraq 21 (1959) 158ff.

— The Nimrud Letters, 1952—Part VI. Iraq 25 (1963) 70ff.
— Historical Texts and Fragments of Sargon II of Assyria. Iraq 37 (1975) 11ff.
San Nicolò, M.: Babylonische Rechturkunden des ausgehenden 8. und des 7. Jahrhunderts v. Chr. 1. Hälfte (Nr. 1–86). ABAW NF 34. München 1951.
San Nicolò, M. / Ungnad, A.: Neubabylonische Rechts- und Verwaltungsurkunden. Rechts- und Wirtschaftsurkunden der Berliner Museen aus vorhellenistischer Zeit. Band I. Leipzig 1974.
Sass, B.: The Genesis of the Alphabet and ist Development in the Second Millenium BC. ÄAT 13. Wiesbaden 1988.
Sauer, J. A.: Iron I Pillared House in Moab. BA 42 (1979) 9.
— Ammon, Moab and Edom. In J. Ariran, u. a. (Hrsg.). BAT (1984) 206ff.
Schawe, J.: (Bücherbesprechung). Th. Bauer. AfO 10 (1935–1936) 164ff.
Scheil, V.: La campagne de Sennachérib contre les Arabes. OLZ 7 (1904) 69ff.
— Annales de Tukulti Ninip II. Roi d'Assyrie 889–884. Paris 1909.
Schmitt, Chr.: Das Hesbonlied Num. 21,27aβb-30 und die Geschichte der Stadt Hesbon. ZDPV 104 (1988) 26ff.
Schmökel, H., (Hrsg.): Kulturgeschichte des Alten Orient. Mesopotamien, Hethiterreich, Syrien-Palästina, Urartu. Ausburg 1995.
Schnabel, P.: Berossos und die babylonisch-hellenistische Literatur. Leipzig 1923.
Schniedewind, W. M. / Zuckerman, B.: A Possible Reconstruction of the Name of Haza'el's Father in the Tel Dan Inscription. IEJ 51 (2001) 88ff.
Schottroff, W.: Horonaim, Nimrim, Luhlith und der Westrand des Landes Araroth. ZDPV 82 (1966) 163ff.
Schramm, W.: Einleitung in die assyrischen Königsinschriften. Zweiter Teil. 934–722 v. Chr. HdO 5/2. Leiden 1973.
Schroeder, O.: Die Tontafeln von El-Amarna. Erster Teil. VS 11. Leipzig 1915.
— Die Tontafeln von El-Amarna. Zweiter Teil. VS 12. Leipzig 1915.
— Altbabylonische Briefe. VS 16. Leipzig 1917.
— Keilschrifttexte aus Assur historischen Inhalts. Zweites Heft. WVDOG 37. Leipzig 1922 (Nachdruck 1972).
Sethe, K.: Die Ächtung feindlicher Fürsten, Völker und Dinge auf altägyptischen Tongefäßscherben des Mittleren Reiches. Abhandlungen der Preussischen Akademie der Wissenschaften. Berlin 1926.
Simons, J.: Handbook for the Study of Egyptian Topographical Lists Relating to Western Asia. Leiden 1937.
— The Geographical and Topographical Texts of the Old Testament. Leiden 1959.
Smelik, K. A. D.: King Mesha's Inscription. In K. A. D. Smelik (Hrsg.): Converting the Past Studies in Holy Land. London 1992. S. 59ff.
Smith, G.: History of Assurbanipal. Translated from the Cuneiform Inscriptions. London 1871.
— The Assyrian Eponym Canon, Containing Translations of the Documents and an Account of the Evidence, on the Comparative Chronology of the As-

syrian and Jewish Kingdoms, from Death of Salomon to Nebuchadnezzar. London 1875.
— History of Sennacherib. Translated from the Cuneiform Inscriptions. London 1878.
Smith, S.: The First Campaign of Sennacherib, King of Assyria, B. C. 705–681. London 1921.
— Miscellanea. RA 21 (1924) 75ff.
— Babylonian Historical Texts Relating to the Capture and Downfall of Babylon. London 1924.
— The Statue of Idrimi. London 1949.
Smith, S. A.: Miscellaneous Assyrian Texts of the British Museum, with Textual Notes. Leipzig 1887.
— Keilschrifttexte. Neue Bautexte, unveröffentlichte Briefe und Depeschen mit Originaltext-Ausgabe u. s. w. (mit Nachträgen). Heft II. Leipzig 1887.
— Assyrian Letters II. PSBA 10/1 (1888) 60ff., Tf. Iff., 305ff., Tf. Iff.
— Uneditierte Briefe, Depeschen, Omentexte u. s. w. Heft III. Leipzig 1889.
Soggin, J. A.: 'Ehud und 'Eglon. Bemerkungen zu Richter III 11b–31. VT 39 (1989) 95ff.
Stamm, J. J.: Die akkadische Namengebung. Leipzig 1939 (Nachdruck 1968).
Stark, J.: Personal Names in Palmyrene Inscriptions. Oxford 1971
Stern, E.: Hazor, Dor and Megiddo in the Time of Ahab and under Assyrian Rule. IEJ 49/1 (1990) 12ff.
Strassmaier, J. N.: Inschriften von Nabuchodonosor, König von Babylon (604–561 v. Chr.). Babylonische Texte 5–6. Leipzig 1889.
Streck, M.: Das Gebiet der heutigen Landschaft Armenien, Kurdistan und Westpersien nach den babylonisch-assyrischen Keilschriften. ZA 13 (1898) 57ff.
— Assurbanipal und die letzten assyrischen Könige bis zum Untergang Niniveh's. VAB 7/I–III. Leipzig 1916.
Streck, M. P.: Das amurritische Onomastikon der altbabylonischen Zeit. Bd. 1: Die Amurriter. Die Onomastische Forschung. Orthographie und Phonologie. Nominalmorphologie. AOAT 271/1. Münster 2000.
Tadmor, H.: The Campaigns of Sargon II of Assur. A Chronological-Historical Study. JCS 12 (1958) 22ff. und 77ff.
— The Southern Border of Aram. IEJ 12 (1962) 114ff.
— The Inscriptions of Tiglath-pileser III King of Assyria. Jerusalem 1994.
Tallqvist, K. L.: Assyrian Personal Names. Acta Societatis Scientiarum Fennicae 43/1. Helsingfors 1914
— Neubabylonisches Namenbuch zu den Geschäftsurkunden aus der Zeit des Šamaššumukin bis Xerxes. ASSF 43/I. Helsingfors 1914.
— Akkadische Götterepitheta. St. Or. 7. Helsingforsiae 1938 (Nachdruck 1974).
Thomas, F.: Sargon II., der Sohn Tiglat-pilesers III. In M. Dietrich / O. Loretz (Hrsg.): Mesopotamica – Ugaritica – Biblica. Festschrift für Kurt Bergerhof zur Vollendung seines 70. Lebensjahres am 7. Mai 1992. AOAT 232. Kevelaer/Neukirchen-Vluyn 1993. S. 465ff.

Thompson, H. O.: An Iron Age Tomb at Madaba. In L. T. Geraty / L. G. Herr (Hrsg.): The Archaeology of Jordan and other Studies. Presented to Siegfried H. Horn. Michigan (1986) 331ff.

Thompson, R. C.: The Prisms of Esarhaddon and Ashurbanipal found at Nineveh 1927–28. London 1931.

Thompson, R. C., (u. a.): The British Museum Excavations on the Temple of Ishtar at Nineveh 1930–31. AAA 19. London 1932

Thompson, R. C. / Mallowan, M. E. L.: The British Museum Excavations at Nineveh 1931–32. AAA 20 (1933) 71ff. + Tf. XXXV–LVI.

Timm, S.: Die territoriale Ausdehnung des Staates Israel zur Zeit der Omriden. ZDPV 96 (1980) 20ff.

— Moab zwischen den Mächten. Studien zu historischen Denkmälern und Texten. ÄAT 17. Wiesbaden 1989.

— König Hesion II. von Damaskus. WO 24 (1993) 55ff.

Thureau-Dangin, F.: Une relation de la huitième campagne de Sargon. TCL 3. Paris 1912.

— Nouvelles lettres d'El-Amarna. RA 19 (1922) 91ff.

— L'inscription des lions de Til-Barsip. RA 27 (1930) 11ff.

Tushingham, A. D.: The Excavations at Dibon (Dhibân) in Moab. The Third Campaign 1952–53. BASOR 40 1972.

Unger, E.: Reliefstele Adadniraris III. aus Saba'a und Semiramis. Konstantinopel 1916.

— Babylon. Die heilige Stadt nach der Beschreibung der Babylonier. Berlin/Leipzig 1931.

— Sargon II. von Assyrien, der Sohn Tiglat-pilesers III. IAMN 9. Istanbul 1933.

— Jaua, mâr Humrî . OLZ 9 (1906) 223ff.

— VS 4. Leipzig 1907.

van der Toorn, K. / Becking, B. / van der Horst, P. W., (Hrsg.): Dictionary of Deities and Demons in the Bible. Leiden 1995.

van Zyl, A. H.: The Moabites. Leiden 1960.

Vera Chamaza, G. W.: Hizkijjahu rey de Judá. Interpretación y reconstrucción de las narraciones de Ezequías. Institución san Jerónimo 20. Valencia 1988.

— Sanheribs letzte Ruhestätte. BZ 199 (1992) 241ff.

— Sagon II's Ascent to the Throne. The political Situation. SAAB 6/1 (1992) 21ff.

— Syntactical and Stylistical Observations on the Text of the VIIIth Campaign of Sargon (TCL 3). SAAB 6/2 (1992) 109ff.

— Der VIII. Feldzug Sargons II. Eine Untersuchung zu Politik und historischer Geographie des späten 8. Jhs. v. Chr. (Teil I). AMI 26 (1994) 91ff.

— Der VIII. Feldzug Sargons II. Eine Untersuchung zu Politik und historischer Geographie des späten 8. Jhs. v. Chr. (Teil II). AMI 28 (1995–96) 235ff.

— Die Omnipotenz des Gottes Aššur. Entwicklungen in der Aššur-Theologie unter den Sargoniden Sargon II., Sanherib und Asarhaddon. AOAT 295. Münster 2002.

Virolleaud, Chr.: L'astrologie chaldéenne, le livre intitulé „Sin"; „Ištar". Fasc. 7. Paris 1909.

— Le palais royal d'Ugarit II. MRS 7. Paris 1957.

Vogt, E., Der Aufstand Hiskiahs und die Belagerung Jerusalems 701 v. Chr. AnBi 106. Rom 1986.

von Rad, G.: Der heilige Krieg im alten Israel. Göttingen ^{5}1969.

von Soden, W.: Herrscher im Alten Orient. Berlin 1954.

— Akkadisches Handwörterbuch. Unter Benutzung des lexikalischen Nachlasses von Bruno Meissner (1868–1974) bearbeitet von W. von Soden. 3 Bde. Wiesbaden 1951–1981.

— Grundriß der akkadischen Grammatik, samt Ergänzungsheft zum Grundriß der akkadischen Grammatik (unter Mitarbeit von Werner R. Mayer). AnOr 33. Rom ^{3}1995.

von Soden, W. / Röllig, W.: Das akkadische Syllabar. AnOr 42. Rom ^{3}1976.

von Weiher, E.: Der babylonische Gott Nergal. AOAT 11. Neukirchen-Vluyn. 1971.

Wäfler, M.: Nicht-Assyrer neuasyrischer Darstellungen. AOAT 26. Kevelaer/ Neukirchen-Vluyn 1975.

— Zum assyrisch-urartäischen Westkonflikt. APA 11–12 (1980–1981) 79ff.

— Die Auseinandersetzungen zwischen Urartu und Assyrien. In V. Haas (Hrsg.): Das Reich Urartu. Ein altorientalischer Staat im 1. Jahrtausend v. Chr. Xenia 17/1 (1986) 87ff.

Wallis, G.: Die vierzig Jahre der achten Zeile der Mesa Inschrift. ZDPV 81 (1971) 180ff.

Walsh, J. T.: From Egypt to Moab. A Source Critical Analysis of the Wilderness Itinerary. CBQ 39 (1977) 20ff.

Ward, W. A. / Martin, M. F.: The Baluʿa Stela. A New Transcription with Palaeographical and Historical Notes. ADAJ 8–9 (1964) 5ff.

— Comparative Studies in Egyptian and Ugarit. JNES 20 (1961) 31ff.

— The Shasu Beduinen. JESHO 15 (1972) 35ff.

Warmenbol, E.: La stèle de Ruğm el-ʿAbd. Levant 15 (1983) 63ff.

Watterman, L., Royal Correspondence of the Assyrian Empire. 3 Bde. Ann Arbor / New York / London 1930/1972.

Weidner, E.: Keilschrifturkunden aus Boghazköi. Bd. III. Berlin 1922.

— Die Annalen des Königs Aššurdan II. von Assyrien. AfO 3 (1926) 151ff.

— Die Annalen des Königs Aššurbêlkala von Assyrien. AfO 6 (1930–1931) 75ff.

— Der Staatsvertrag Aššurnirâris VI. von Assyrien mit Mati'ilu von Bît-Agusi. AfO 8 (1932–1933) 17ff.

— Assyrische Beschreibungen der Kriegs-Reliefs Aššurbânipals. AfO 8 (1932–1933) 174ff.

— Die Feldzüge Šamši-Adads V. gegen Babylonien. AfO 9 (1933–1934) 89ff.
— Neue Bruchstücke über Sargons achten Feldzug. AfO 12 (1937–1939) 144ff.
— Keilschrifttexte nach Kopien von T. G. Pinches. AfO 13 (1939–1940) 51ff.
— Studien zur Zeitgeschichte Tukulti-Ninurtas I.. AfO 13 (1939–1940) 109ff.
— Assurbânipal in Assur. AfO 13 (1939–1940) 204ff.
— Die assyrischen Eponymen. AfO 13 (1939–1940) 308ff.
— Šilkan(he)ni, König von Muṣri, ein Zeitgenosse Sargons II. Nach einem Bruchstück der Prisma-Inschrift des assyrischen Königs. AfO 14 (1941–44) 40ff.
— Das Reich Sargons von Akkad (mit 2 Tafeln). AfO 16 (1952–1953) 1ff.
— Babylonische Privaturkunden aus dem 7. Jahrhundert v. Chr. AfO 16 (1952/1953) 35ff.
— Die Feldzüge und Beuten Tiglatpilesers I. AfO 18 (1957–1958) 342ff.
— Die Inschriften Tukulti-Ninurtas I. und seiner Nachfolger. AfO Beih. 12. Granz 1959.
— Der Kanzler Salmanassars I. AfO 19 (1959–1960) 33ff.
Weippert, H.: Palästina in vorhellenistischer Zeit. Handbuch der Archäologie. Vorderasien 2/1. München 1988.
Weippert, M.: Edom. Studien und Materialien zur Geschichte der Edomiter auf Grund schriftlicher und archäologischer Quellen. Diss. Tübingen 1971.
— Die Landnahme der israelitischen Stämme in der wissenschaftlichen Diskussion. FRLANT 92. Göttingen 1967.
— Menachem von Israel und seine Zeitgenossen in einer Steleninschrift des assyrischen Königs Tiglatpileser III. aus dem Iran. ZDPV 89 (1973) 26ff.
— Semitische Nomaden des 2. Jahrtausends. Ueber die *š³św* der ägyptischen Quellen. Bib. 55 (1974) 265ff.
— The Israelite "Conquest" and the Evidence from Transjordan. In F. M. Cross (Hrsg.): Symposia Celebrating the 75th Anniversary of the American Schools of Oriental Research (1900–1975). Cambridge 1979.
— Zur Syrienpolitik Tiglathpilesers III. In H. J. Nissen / J. Renger (Hrsg.): Mesopotamien und seine Nachbarn. Politische und kulturelle Wechselbeziehungen im alten Vorderasien vom 4. bis 1. Jahrtausend v. Chr. BBVO 1. Berlin 1987. S. 395ff.
— Synkretismus und Monotheismus. Religionsinterne Konfliktbewältigung im alten Israel. In J. Assman / D. Harth (Hrsg.): Kultur und Konflikt. Frankfurt 1990. S. 143ff.
— Moab. RlA 8 (1993–1997) 318ff.
Weissbach, F. H.: Die Keilschriften der Achämeniden. VAB 3. Leipzig 1911.
— Zu den Inschriften der Säle im Palaste Sargon's II. von Assyrien. ZDMG 72 (1918) 161ff.
Wetzstein, J. G.: Reise in den beiden Trachonen und um das Hauran-Gebirge. ZAEK NF 7 (1859) 109ff.
Winckler, H.: Geschichte Babyloniens und Assyriens. Leipzig 1892.
— Sammlung von Keilschrifttexten. Bd. II. Leipzig 1893–1894.

— Altorientalische Forschungen. Zweite Reihe. Leipzig (1898)–1899.
— Die Keilschrifttexte Sargons nach den Papierabklatschen und Originalen neu herausgegeben. 2 Bde. Leipzig 1889.
— Auszug aus der vorderasiatischen Geschichte. Leipzig 1905.
Winnet, F. V. / Reed, W. L.: A Fragment of an Early Moabite Inscription from Kerak. BASOR 172 (1963) 1ff.
— The Excavations at Dibon (Dhiban) in Moab. AASOR 36/7 (1964) 66ff.
Winter, I. J.: North Syria in the Early First Millenium. With Special Reference to Ivory Carving. Ph. D. Columbia University 1973.
Wiseman, D. J.: Two Historical Inscriptions from Nimrud. AfO 13 (1950) 21ff.
— A Fragmentary Inscription of Tglat-pileser III from Nimrud. Iraq 13 (1951) 21ff.
— Chronicles of Chaldaean Kings (626–556 B. C.) in the British Museum. London 1956.
— A Fragmentary Inscription of Tiglath-pileser III from Nimrud. Iraq 18 (1956) 117ff.
— Fragments of Historical Texts from Nimrud. Iraq 26 (1964) 118ff.
Worschech, U.: Die Beziehungen Moabs zu Israel und Ägypten in der Eisenzeit. ÄAT 18. Wiesbaden 1990.
— Ergebnisse der Grabungen von el-Bālūʿ 1987. Ein Vorbericht. ZDPV 106 (1990) 86ff.
— Das Land jenseits des Jordan. Biblische Archäologie in Jordanien. Wuppertal 1991.
— Pferd, Göttin und Stier. Funde zur moabtischen Relgion aus el-Bālūʿ (Jordanien). UF 24 (1992) 385ff.
— Der Gott Kemosch. Versuch einer Charakterisierung. UF 24 (1992) 393ff.
— Siedlungsarchäologische und sozio-ökologische Entwicklungen in *šū-tū* (Moab) während des 2. Jahrtausends v. Chr. UF 25 (1993) 441ff.
— Egypt and Moab. BA 60/4 (1997) 229ff.
Wright, G. E.: Arquelogía bíblica. Madrid 1975.
Würthwein, E.: Die Bücher der Könige. 1.Könige 1–16. ATD 11/1. Göttingen 1977.
— Die Bücher der Könige. 1.Kön. 17 – 2.Kön. 25. ATD 11/2. Göttingen 1984.
Yamada, S.: Peter Hulin's Copies of Shalmaneser III's Inscriptions. Iraq 57 (2000) 65ff.
Younker, R. W.: Moabite Social Structure. Bib.Arch. 60/4 (1997) 237ff.
Zadok, R.: Historical and Onomastic Notes. WO 9 (1977–1978) 35ff.
— Phoenicians, Philistines and Moabites in Mesopotamia. BASOR 230 (1978) 57ff.
— Geographical Names According to New- and Late-Babylonian Texts. RGTC 8. Wiesbaden 1985.
— Sargon II it's Deportations to Israel and Philistia (716–708 B. C.). JCS 40/1 (1988) 36ff.

Zimansky, P.: Urartian Geography and Sargons Eighth Campaign. JNES 49 (1990) 1ff.

Zorell, F.: Lexicon Hebraicum Veteris Tesmtamenti. Rom 1984.

10

Indizes

10.1 Stellen

10.1.1 Altes Testament

10.1.2 Moabitische Texte

10.1.3 Ugaritische Texte

10.1.4 Andere nordwestsemitische Texte

10.1.5 Akkadische und sumerische Texte

10.1.6 Hethitische Texte

10.1.7 Griechische Texte

10.2 Wörter

10.2.1 Hebräische Wörter

10.2.2 Ugaritische Wörter

10.2.3 Moabitische Wörter

10.2.4 Akkadische Wörter und sumerische Logogramme

10.2.5 Ägyptische Wörter

10.2.6 Hethitische Wörter

10.2.7 Arabische Wörter

10.3 Namen

10.3.1 Gottheiten

10.3.2 Toponyme und Gentilizia

10.3.3 Personen

10.4 Sachen

Ugarit-Verlag Münster

Ricarda-Huch-Straße 6, D-48161 Münster (www.ugarit-verlag.de)

Lieferbare Bände der Serien AOAT, AVO, ALASP(M), FARG, Eikon und ELO:

Alter Orient und Altes Testament (AOAT)

Herausgeber: *Manfried* DIETRICH - *Oswald* LORETZ

43 Nils P. HEEßEL, *Babylonisch-assyrische Diagnostik*. 2000 (ISBN 3-927120-86-3), XII + 471 S. + 2 Abb., € 98,17.

245 Francesco POMPONIO - Paolo XELLA, *Les dieux d'Ebla. Étude analytique des divinités éblaïtes à l'époque des archives royales du IIIe millénaire*. 1997 (ISBN 3-927120-46-4), VII + 551 S., € 59,31.

246 Annette ZGOLL, *Der Rechtsfall der En-ḫedu-Ana im Lied nin-me-šara*, 1997 (ISBN 3-927120-50-2), XII + 632 S., € 68,51.

248 *Religion und Gesellschaft. Veröffentlichungen des Arbeitskreises zur Erforschung der Religions- und Kulturgeschichte des Antiken Vorderen Orients (AZERKAVO), Band 1*. 1997 (ISBN 3-927120-54-5), VIII + 220 S., € 43,97.

249 Karin REITER, *Die Metalle im Alten Orient unter besonderer Berücksichtigung altbabylonischer Quellen*. 1997 (ISBN 3-927120-49-9), XLVII + 471 + 160 S. + 1 Taf., € 72,60.

250 Manfried DIETRICH - Ingo KOTTSIEPER, Hrsg., *"Und Mose schrieb dieses Lied auf". Studien zum Alten Testament und zum Alten Orient. Festschrift Oswald Loretz*. 1998 (ISBN 3-927120-60-X), xviii + 955 S., € 112,48.

251 Thomas R. KÄMMERER, *Šimâ milka. Induktion und Reception der mittelbabylonischen Dichtung von Ugarit, Emār und Tell el-'Amārna*. 1998 (ISBN 3-927120-47-2), XXI + 360 S., € 60,33.

252 Joachim MARZAHN - Hans NEUMANN, Hrsg., *Assyriologica et Semitica. Festschrift für Joachim* OELSNER *anläßlich seines 65. Geburtstages am 18. Februar 1997*. 2000 (ISBN 3-927120-62-6), xii + 635 S. + Abb., € 107,88.

253 Manfried DIETRICH - Oswald LORETZ, Hrsg., *dubsar anta-men. Studien zur Altorientalistik. Festschrift für W.H.Ph. Römer*. 1998 (ISBN 3-927120-63-4), xviii + 512 S., € 72,60.

254 Michael JURSA, *Der Tempelzehnt in Babylonien vom siebenten bis zum dritten Jahrhundert v.Chr.* 1998 (ISBN 3-927120-59-6), VIII + 146 S., € 41,93.

255 Thomas R. KÄMMERER - Dirk SCHWIDERSKI, *Deutsch-Akkadisches Wörterbuch*. 1998 (ISBN 3-927120-66-9), XVIII + 589 S., € 79,76.

256 Hanspeter SCHAUDIG, *Die Inschriften Nabonids von Babylon und Kyros' des Großen*. 2001 (ISBN 3-927120-75-8), XLII + 766 S., € 103,--.

257 Thomas RICHTER, *Untersuchungen zu den lokalen Panthea Süd- und Mittelbabyloniens in altbabylonischer Zeit* (2., verb. und erw. Aufl.). 2004 (ISBN 3-934628-50-8; Erstausgabe: 3-927120-64-2), XXI + 608 S., € 88,--.

258 Sally A.L. BUTLER, *Mesopotamian Conceptions of Dreams and Dream Rituals*. 1998 (ISBN 3-927120-65-0), XXXIX + 474 S. + 20 Pl., € 75,67.

259 Ralf ROTHENBUSCH, *Die kasuistische Rechtssammlung im Bundesbuch und ihr literarischer Kontext im Licht altorientalischer Parallelen*. 2000 (ISBN 3-927120-67-7), IV + 681 S., € 65,10.

260 Tamar ZEWI, *A Syntactical Study of Verbal Forms Affixed by -n(n) Endings . . .* 1999 (ISBN 3-927120-71-5), VI + 211 S., € 48,06.

261 Hans-Günter BUCHHOLZ, *Ugarit, Zypern und Ägäis - Kulturbeziehungen im zweiten Jahrtausend v.Chr.* 1999 (ISBN 3-927120-38-3), XIII + 812 S., 116 Tafeln, € 109,42.

262 Willem H.Ph. RÖMER, *Die Sumerologie. Einführung in die Forschung und Bibliographie in Auswahl* (zweite, erweiterte Auflage). 1999 (ISBN 3-927120-72-3), XII + 250 S., € 61,36.

263 Robert ROLLINGER, *Frühformen historischen Denkens. Geschichtsdenken, Ideologie und Propaganda im alten Mesopotamien am Übergang von der Ur-III zur Isin-Larsa Zeit* (ISBN 3-927120-76-6)(i.V.)

264 Michael P. STRECK, *Die Bildersprache der akkadischen Epik*. 1999 (ISBN 3-927120-77-4), 258 S., € 61,36.

265 Betina I. FAIST, *Der Fernhandel des assyrischen Reichs zwischen dem 14. und 11. Jahrhundert v. Chr.*, 2001 (ISBN 3-927120-79-0), XXII + 322 S. + 5 Tf., € 72,09.

266 Oskar KAELIN, *Ein assyrisches Bildexperiment nach ägyptischem Vorbild. Zu Planung und Ausführung der „Schlacht am Ulai"*. 1999 (ISBN 3-927120-80-4), 150 S., Abb., 5 Beilagen, € 49,08.

267 Barbara BÖCK, Eva CANCIK-KIRSCHBAUM, Thomas RICHTER, Hrsg., *Munuscula Mesopotamica. Festschrift für Johannes RENGER.* 1999 (ISBN 3-927120-81-2), XXIX + 704 S., Abb., € 124,76.

268 Yushu GONG, *Die Namen der Keilschriftzeichen.* 2000 (ISBN 3-927120-83-9), VIII + 228 S., € 44,99.

269/1 Manfried DIETRICH - Oswald LORETZ, *Studien zu den ugaritischen Texten I: Mythos und Ritual in KTU 1.12, 1.24, 1.96, 1.100 und 1.114.* 2000 (ISBN 3-927120-84-7), XIV + 554 S., € 89,99.

270 Andreas SCHÜLE, *Die Syntax der althebräischen Inschriften. Ein Beitrag zur historischen Grammatik des Hebräischen.* 2000 (ISBN 3-927120-85-5), IV + 294 S., € 63,40.

271/1 Michael P. STRECK, *Das amurritische Onomastikon der altbabylonischen Zeit I: Die Amurriter, die onomastische Forschung, Orthographie und Phonologie, Nominalmorphologie.* 2000 (ISBN 3-927120-87-1), 414 S., € 75,67.

272 Reinhard DITTMANN - Barthel HROUDA - Ulrike LÖW - Paolo MATTHIAE - Ruth MAYER-OPIFICIUS - Sabine THÜRWÄCHTER, Hrsg., *Variatio Delectat - Iran und der Westen. Gedenkschrift für Peter CALMEYER.* 2001 (ISBN 3-927120-89-8), XVIII + 768 S. + 2 Faltb., € 114,53.

273 Josef TROPPER, *Ugaritische Grammatik.* 2000 (ISBN 3-927120-90-1), XXII + 1056 S., € 100,21.

274 Gebhard J. SELZ, Hrsg., *Festschrift für Burkhart Kienast. Zu seinem 70. Geburtstage, dargebracht von Freunden, Schülern und Kollegen.* 2003 (ISBN 3-927120-91-X), xxviii + 732 S., € 122,--.

275 Petra GESCHE, *Schulunterricht in Babylonien im ersten Jahrtausend v.Chr.* 2001 (ISBN 3-927120-93-6), xxxiv + 820 S. + xiv Tf., € 112,48.

276 Willem H.Ph. RÖMER, *Hymnen und Klagelieder in sumerischer Sprache*. 2001 (ISBN 3-927120-94-4), xi + 275 S., € 66,47.

277 Corinna FRIEDL, *Polygynie in Mesopotamien und Israel.* 2000 (ISBN 3-927120-95-2), 325 S., € 66,47.

278/1 Alexander MILITAREV - Leonid KOGAN, *Semitic Etymological Dictionary. Vol. I: Anatomy of Man and Animals.* 2000 (ISBN 3-927120-90-1), cliv + 425 S., € 84,87.

279 Kai A. METZLER, *Tempora in altbabylonischen literarischen Texten.* 2002 (ISBN 3-934628-03-6), xvii + 964 S., € 122,--.

280 Beat HUWYLER - Hans-Peter MATHYS - Beat WEBER, Hrsg., *Prophetie und Psalmen. Festschrift für Klaus SEYBOLD zum 65. Geburtstag.* 2001 (ISBN 3-934628-01-X), xi + 315 S., 10 Abb., € 70,56.

281 Oswald LORETZ - Kai METZLER - Hanspeter SCHAUDIG, Hrsg., *Ex Mesopotamia et Syria Lux. Festschrift für Manfried DIETRICH zu seinem 65. Geburtstag.* 2002 (ISBN 3-927120-99-5), XXXV + 950 S. + Abb., € 138,--.

282 Frank T. ZEEB, *Die Palastwirtschaft in Altsyrien nach den spätaltbabylonischen Getreidelieferlisten aus Alalaḫ (Schicht VII).* 2001 (ISBN 3-934628-05-2), XIII + 757 S., € 105,33.

283 Rüdiger SCHMITT, *Bildhafte Herrschaftsrepräsentation im eisenzeitlichen Israel.* 2001 (ISBN 3-934628-06-0), VIII + 231 S., € 63,40.

284/1 David M. CLEMENS, *Sources for Ugaritic Ritual and Sacrifice. Vol. I: Ugaritic and Ugarit Akkadian Texts.* 2001 (ISBN 3-934628-07-9), XXXIX + 1407 S., € 128,85.

285 Rainer ALBERTZ, Hrsg., *Kult, Konflikt und Versöhnung. Veröffentlichungen des AZERKAVO / SFB 493, Band 2.* 2001 (ISBN 3-934628-08-7), VIII + 332 S., € 70,56.

286 Johannes F. DIEHL, *Die Fortführung des Imperativs im Biblischen Hebräisch.* 2004 (ISBN 3-934628-19-2), XIV + 409 S., € 78,00.

287 Otto RÖSSLER, *Gesammelte Schriften zur Semitohamitistik*, Hrsg. Th. Schneider. 2001 (ISBN 3-934628-13-3), 848 S., € 103,--.

288 A. KASSIAN, A. KOROLËV†, A. SIDEL'TSEV, *Hittite Funerary Ritual šalliš waštaiš.* 2002 (ISBN 3-934628-16-8), ix + 973 S., € 118,--.

289 Zipora COCHAVI-RAINEY, *The Alashia Texts from the 14th and 13th Centuries BCE. A Textual and Linguistic Study*. 2003 (ISBN 3-934628-17-6), xiv + 129 S., € 56,--.

290 Oswald LORETZ, *Götter – Ahnen – Könige als gerechte Richter. Der "Rechtsfall" des Menschen vor Gott nach altorientalischen und biblischen Texten.* 2003 (ISBN 3-934628-18-4), xxii + 932 S., € 128,--.

291 Rocío Da RIVA, *Der Ebabbar-Tempel von Sippar in frühneubabylonischer Zeit (640-580 v. Chr.)*, 2002 (ISBN 3-934628-20-6), xxxi + 486 S. + xxv* Tf., € 86,--.

292 Achim BEHRENS, *Prophetische Visionsschilderungen im Alten Testament. Sprachliche Eigenarten, Funktion und Geschichte einer Gattung.* 2002 (ISBN 3-934628-21-4), xi + 413 S., € 82,--.

293 Arnulf HAUSLEITER - Susanne KERNER - Bernd MÜLLER-NEUHOF, Hrsg., *Material Culture and Mental Sphere. Rezeption archäologischer Denkrichtungen in der Vorderasiatischen Altertumskunde. Internationales Symposium für Hans J. Nissen, Berlin 23.-24. Juni 2000.* 2002 (ISBN 3-934628-22-2), xii + 391 S., € 88,--.

294 Klaus KIESOW - Thomas MEURER, Hrsg., *„Textarbeit". Studien zu Texten und ihrer Rezeption aus dem Alten Testament und der Umwelt Israels. Festschrift für Peter WEIMAR zur Vollendung seines 60. Lebensjahres.* 2002 (ISBN 3-934628-23-0), x + 630 S., € 128,--.

295 Galo W. VERA CHAMAZA, *Die Omnipotenz Aššurs. Entwicklungen in der Aššur-Theologie unter den Sargoniden Sargon II., Sanherib und Asarhaddon.* 2002 (ISBN 3-934628-24-9), 586 S., € 97,--.

296 Michael P. STRECK - Stefan WENINGER, Hrsg., *Altorientalische und semitische Onomastik.* 2002 (ISBN 3-934628-25-7), vii + 241 S., € 68,--.

297 John M. STEELE - Annette IMHAUSEN, Hrsg., *Under One Sky. Astronomy and Mathematics in the Ancient Near East.* 2002 (ISBN 3-934628-26-5), vii + 496 S., Abb., € 112,--.

298 Manfred KREBERNIK - Jürgen VAN OORSCHOT, Hrsg., *Polytheismus und Monotheismus in den Religionen des Vorderen Orients.* 2002 (ISBN 3-934628-27-3), v + 269 S., € 76,--.

299 Wilfred G.E. WATSON, Hrsg., *Festschrift Nick WYATT.* 2004 (ISBN 3-934628-32-X)(i.V.)

300 Karl LÖNING, Hrsg., *Rettendes Wissen. Studien zum Fortgang weisheitlichen Denkens im Frühjudentum und im frühen Christentum. Veröffentlichungen des AZERKAVO / SFB 493, Band 3.* 2002 (ISBN 3-934628-28-1), x + 370 S., € 84,--.

301 Johannes HAHN, Hrsg., *Religiöse Landschaften. Veröffentlichungen des AZERKAVO / SFB 493, Band 4.* 2002 (ISBN 3-934628-31-1), ix + 227 S., Abb., € 66,--.

302 Cornelis G. DEN HERTOG - Ulrich HÜBNER - Stefan MÜNGER, Hrsg., *SAXA LOQUENTUR. Studien zur Archäologie Palästinas/Israels. Festschrift für VOLKMAR FRITZ zum 65. Geburtstag.* 2003 (ISBN 3-934628-34-6), x + 328 S., Abb., € 98,--.

303 Michael P. STRECK, *Die akkadischen Verbalstämme mit* ta-*Infix.* 2003 (ISBN 3-934628-35-4), xii + 163 S., € 57,--.

304 Ludwig D. MORENZ - Erich BOSSHARD-NEPUSTIL, *Herrscherpräsentation und Kulturkontakte: Ägypten - Levante - Mesopotamien. Acht Fallstudien.* 2003 (ISBN 3-934628-37-0), xi + 281 S., 65 Abb., € 68,--.

305 Rykle BORGER, *Mesopotamisches Zeichenlexikon.* 2004 (ISBN 3-927120-82-0), viii + 712 S., € 74,--.

306 Reinhard DITTMANN - Christian EDER - Bruno JACOBS, Hrsg., *Altertumswissenschaften im Dialog. Festschrift für WOLFRAM NAGEL zur Vollendung seines 80. Lebensjahres.* 2003 (ISBN 3-934628-41-9), xv + 717 S., Abb., € 118,--.

307 Michael M. FRITZ, *". . . und weinten um Tammuz". Die Götter Dumuzi-Ama'ušumgal'anna und Damu.* 2003 (ISBN 3-934628-42-7), 430 S., € 83,--.

308 Annette ZGOLL, *Die Kunst des Betens. Form und Funktion, Theologie und Psychagogik in babylonisch-assyrischen Handerhebungsgebeten an Ištar.* 2003 (ISBN 3-934628-45-1), iv + 319 S., € 72,--.

309 Willem H.Ph. RÖMER, *Die Klage über die Zerstörung von Ur.* 2004 (ISBN 3-934628-46-X), ix + 191 S., € 52,--.

310 Thomas SCHNEIDER, Hrsg., *Das Ägyptische und die Sprachen Vorderasiens, Nordafrikas und der Ägäis. Akten des Basler Kolloquiums zum ägyptisch-nichtsemitischen Sprachkontakt Basel 9.-11. Juli 2003.* 2004 (ISBN 3-934628-47-8), 527 S., € 108,--.

311 Dagmar KÜHN, *Totengedenken bei den Nabatäern und im Alten Testamtent. Eine religionsgeschichtliche und exegetsiche Studie.* 2005 (ISBN 3-934628-48-6) (i.V.)

312 Ralph HEMPELMANN, *„Gottschiff" und „Zikkurratbau" auf vorderasiatischen Rollsiegeln des 3. Jahrtausends v. Chr.* 2004 (ISBN 3-934628-49-4), viii + 154 S., + Tf. I-XXXI, Abb., € 55,--.

313 Rüdiger SCHMITT, *Magie im Alten Testament.* 2004 (ISBN 3-934628-52-4), xiii + 471 S., € 94,--.

314 Stefan TIMM, *„Gott kommt von Teman . . ." Kleine Schriften zur Geschichte Israels und Syrien-Palästinas. Hrsg. von Claudia Bender und Michael Pietsch.* 2004 (ISBN 3-934628-53-2), viii + 274 S., € 63,--.

315 Bojana JANKOVIĆ, *Vogelzucht und Vogelfang in Sippar im 1. Jahrtausend v. Chr. - Veröffentlichungen zur Wirtschaftsgeschichte Babyloniens im 1. Jahrtausend v. Chr., Bd. 1.* 2004 (ISBN 3-934628-54-0), xx + 219 S., € 56,20.

316 Christian SIGRIST, Hrsg., *Macht und Herrschaft. Veröffentlichungen des AZERKAVO / SFB 493, Band 5.* 2004 (ISBN 3-934628-55-9), xii + 239 S., € 63,--.

317 Anja ULBRICH, *KYPRIS. Heiligtümer und Kulte weiblicher Gottheiten auf Zypern in der kypro-archaischen und -klassischen Epoche (Königszeit).* 2005 (ISBN 3-934628-56-7) (i.V.)

318 Manfred HUTTER / Sylvia HUTTER-BRAUNSAR, *Offizielle Religion, lokale Kulte und individuelle Religiosität. Akten des religionsgeschichtlichen Symposiums „Kleinasien und angrenzende Gebiete vom Beginn des 2. bis zur Mitte des 1. Jahrtausends v. Chr." (Bonn, 20.-22. Februar 2003).* 2004 (ISBN 3-934628-58-3), 504 S., Abb., € 121,--.

319 Catherine MITTERMAYER, *Die Entwicklung der seitlich abgebildeten Tierkopfzeichen. Eine Studie zur syro-mesopotamischen Keilschriftpaläographie des 3. und frühen 2. Jahrtausends v. Chr.* 2005 (ISBN 3-934628-59-1), 169 S., € 48,80.

321 Galo W. VERA CHAMAZA, *Die Rolle Moabs in der neuassyrischen Expansionspolitik.* 2005 (ISBN 3-934628-61-3), VIII + 203 S. (i.D.)

322 Siam BHAYRO, *The Shemihazah and Asael Narrative of 1 Enoch 6-11: Introduction, Text, Translation and Commentary with reference to Ancient Near Eastern and Biblical Antecedents.* 2005 (ISBN 3-934628-62-1), X + 295 S. (i.D.)

323 Mirko NOVÁK / Friedhelm PRAYON / Anne-Maria WITTKE, Hrsg., *Die Außenwirkung des späthethitischen Kulturraumes. Güteraustausch - Kulturkontakt - Kulturtransfer. Akten der zweiten Forschungstagung des Graduiertenkollegs „Anatolien und seine Nachbarn" der Eberhard-Karls-Universität Tübingen (20. bis 22. November 2003).* 2004 (ISBN 3-934628-63-X)(i.V.)

324 Wilfred H. van SOLDT, *The Topography of the City-State of Ugarit.* 2005 (ISBN 3-934628-64-8), VI + 253 S. (i.D.)

Neuauflage:

257 Thomas RICHTER, *Untersuchungen zu den lokalen Panthea Süd- und Mittelbabyloniens in altbabylonischer Zeit* (2., verb. und erw. Aufl.). 2004 (ISBN 3-934628-50-8; Erstausgabe: 3-927120-64-2), XXI + 608 S., € 88,--.

Elementa Linguarum Orientis (ELO)

Herausgeber: *Josef TROPPER - Reinhard G. LEHMANN*

1 Josef TROPPER, *Ugaritisch. Kurzgefasste Grammatik mit Übungstexten und Glossar.* 2002 (ISBN 3-934628-17-6), xii + 168 S., € 28,--.

2 Josef TROPPER, *Altäthiopisch. Grammatik des Ge'ez mit Übungstexten und Glossar.* 2002 (ISBN 3-934628-29-X), xii + 309 S. € 42,--. — Weiterführung durch Otto Harrassowitz, Wiesbaden.

Altertumskunde des Vorderen Orients (AVO)

Herausgeber: *Manfried DIETRICH - Reinhard DITTMANN - Oswald LORETZ*

1 Nadja CHOLIDIS, *Möbel in Ton.* 1992 (ISBN 3-927120-10-3), XII + 323 S. + 46 Taf., € 60,84.

2 Ellen REHM, *Der Schmuck der Achämeniden.* 1992 (ISBN 3-927120-11-1), X + 358 S. + 107 Taf., € 63,91.

3 Maria KRAFELD-DAUGHERTY, *Wohnen im Alten Orient.* 1994 (ISBN 3-927120-16-2), x + 404 S. + 41 Taf., € 74,65.

4 Manfried DIETRICH - Oswald LORETZ, Hrsg., *Festschrift für* Ruth Mayer-Opificius. 1994 (ISBN 3-927120-18-9), xviii + 356 S. + 256 Abb., € 59,31.

5 Gunnar LEHMANN, *Untersuchungen zur späten Eisenzeit in Syrien und Libanon. Stratigraphie und Keramikformen zwischen ca. 720 bis 300 v.Chr.* 1996 (ISBN 3-927120-33-2), x + 548 S. + 3 Karten + 113 Tf., ∈ 108,39.

6 Ulrike LÖW, *Figürlich verzierte Metallgefäße aus Nord- und Nordwestiran - eine stilkritische Untersuchung.* 1998 (ISBN 3-927120-34-0), xxxvii + 663 S. + 107 Taf., ∈ 130,89.

7 Ursula MAGEN - Mahmoud RASHAD, Hrsg., *Vom Halys zum Euphrat.* Thomas Beran *zu Ehren.* 1996 (ISBN 3-927120-41-3), XI + 311 S., 123 Abb., ∈ 71,07.

8 Eşref ABAY, *Die Keramik der Frühbronzezeit in Anatolien mit »syrischen Affinitäten«.* 1997 (ISBN 3-927120-58-8), XIV + 461 S., 271 Abb.-Taf., ∈ 116,57.

9 Jürgen SCHREIBER, *Die Siedlungsarchitektur auf der Halbinsel Oman vom 3. bis zur Mitte des 1. Jahrtausends v.Chr.* 1998 (ISBN 3-927120-61-8), XII + 253 S., ∈ 53,17.

10 *Iron Age Pottery in Northern Mesopotamia, Northern Syria and South-Eastern Anatolia.* Ed. Arnulf HAUSLEITER and Andrzej REICHE. 1999 (ISBN 3-927120-78-2), XII + 491 S., ∈ 117,60.

11 Christian GREWE, *Die Entstehung regionaler staatlicher Siedlungsstrukturen im Bereich des prähistorischen Zagros-Gebirges. Eine Analyse von Siedlungsverteilungen in der Susiana und im Kur-Flußbecken.* 2002 (ISBN 3-934628-04-4), x + 580 S. + 1 Faltblatt, ∈ 142,--.

Abhandlungen zur Literatur Alt-Syrien-Palästinas und Mesopotamiens (ALASPM)

Herausgeber: *Manfried DIETRICH - Oswald LORETZ*

1 Manfried DIETRICH - Oswald LORETZ, *Die Keilalphabete.* 1988 (ISBN 3-927120-00-6), 376 S., ∈ 47,55.

2 Josef TROPPER, *Der ugaritische Kausativstamm und die Kausativbildungen des Semitischen.* 1990 (ISBN 3-927120-06-5), 252 S., ∈ 36,30.

3 Manfried DIETRICH - Oswald LORETZ, *Mantik in Ugarit.* Mit Beiträgen von Hilmar W. Duerbeck - Jan-Waalke Meyer - Waltraut C. Seitter. 1990 (ISBN 3-927120-05-7), 320 S., ∈ 50,11.

5 Fred RENFROE, *Arabic-Ugaritic Lexical Studies.* 1992 (ISBN 3-927120-09-X). 212 S., ∈ 39,37.

6 Josef TROPPER, *Die Inschriften von Zincirli.* 1993 (ISBN 3-927120-14-6). XII + 364 S., ∈ 55,22.

7 *UGARIT - ein ostmediterranes Kulturzentrum im Alten Orient. Ergebnisse und Perspektiven der Forschung.* Vorträge gehalten während des Europäischen Kolloquiums am 11.-12. Februar 1993, hrsg. von Manfried DIETRICH und Oswald LORETZ.

Bd. I: *Ugarit und seine altorientalische Umwelt.* 1995 (ISBN 3-927120-17-0). XII + 298 S., ∈ 61,36.

Bd. II: H.-G. BUCHHOLZ, *Ugarit und seine Beziehungen zur Ägäis.* 1999 (ISBN 3-927120-38-3): **AOAT 261**.

8 Manfried DIETRICH - Oswald LORETZ - Joaquín SANMARTÍN, *The Cuneiform Alphabetic Texts from Ugarit, Ras Ibn Hani and Other Places.* (*KTU: second, enlarged edition*). 1995 (ISBN 3-927120-24-3). XVI + 666 S., ∈ 61,36.

9 Walter MAYER, *Politik und Kriegskunst der Assyrer.* 1995 (ISBN 3-927120-26-X). XVI + 545 S. ∈ 86,92.

10 Giuseppe VISICATO, *The Bureaucracy of Šuruppak. Administrative Centres, Central Offices, Intermediate Structures and Hierarchies in the Economic Documentation of Fara.* 1995 (ISBN 3-927120-35-9). XX + 165 S. ∈ 40,90.

11 Doris PRECHEL, *Die Göttin Išḫara.* 1996 (ISBN 3-927120-36-7) — Neuauflage geplant in AOAT.

12 Manfried DIETRICH - Oswald LORETZ, *A Word-List of the Cuneiform Alphabetic Texts from Ugarit, Ras Ibn Hani and Other Places (KTU: second, enlarged edition).* 1996 (ISBN 3-927120-40-5), x + 250 S., ∈ 40,90.

Eikon

Beiträge zur antiken Bildersprache

Herausgeber: *Klaus Stähler*

1 Klaus STÄHLER, *Griechische Geschichtsbilder klassischer Zeit.* 1992 (ISBN 3-927120-12-X), X + 120 S. + 8 Taf., ∈ 20,86.

2 Klaus STÄHLER, *Form und Funktion. Kunstwerke als politisches Ausdrucksmittel.* 1993 (ISBN 3-927120-13-8), VIII + 131 S. mit 54 Abb., ∈ 21,99.

3 Klaus STÄHLER, *Zur Bedeutung des Formats.* 1996 (ISBN 3-927120-25-1), ix + 118 S. mit 60 Abb., ∈ 24,54.

4 *Zur graeco-skythischen Kunst. Archäologisches Kolloquium Münster 24.-26. November 1995.* Hrsg.: Klaus STÄHLER, 1997 (ISBN 3-927120-57-X), IX + 216 S. mit Abb., ∈ 35,79.

5 Jochen FORNASIER, *Jagddarstellungen des 6.-4. Jhs. v. Chr. Eine ikonographische und ikonologische Analsyse.* 2001 (ISBN 3-934628-02-8), XI + 372 S. + 106 Abb., ∈ 54,19.

6 Klaus STÄHLER, *Der Herrscher als Pflüger und Säer: Herrschaftsbilder aus der Pflanzenwelt.* 2001 (ISBN 3-934628-09-5), xii + 332 S. mit 168 Abb., ∈ 54,19.

7 Jörg GEBAUER, *Pompe und Thysia. Attische Tieropferdarstellungen auf schwarz- und rotfigurigen Vasen.* 2002 (ISBN 3-934628-30-3), xii + 807 S. mit 375 Abb., ∈ 80,--.

8 *Ikonographie und Ikonologie. Interdisziplinäres Kolloquium 2001.* Hrsg.: Wolfgang HÜBNER - Klaus STÄHLER, 2004 (ISBN 3-934628-44-3), xi + 187 S. mit Abb., ∈ 40,--.

Auslieferung - Distribution:
BDK Bücherdienst GmbH
Kölner Straße 248
D-51149 Köln

Distributor to North America:
Eisenbrauns, Inc.
Publishers and Booksellers, POB 275
Winona Lake, Ind. 46590, U.S.A.